간지서당

간지서당:
논어로 보는 천간, 서유기로 보는 지지 이야기

발행일
초판 2쇄
2023년 12월 18일(癸卯年 甲子月 庚戌日)

지은이
박장금

일러스트
Cho-hui

펴낸이
김현경

펴낸곳
북드라망
주소. 서울시 종로구 사직로8길 24 1221호(내수동, 경희궁의아침 2단지)
전화. 02-739-9918
팩스. 070-4850-8883
이메일. bookdramang@gmail.com

ISBN
979-11-92128-39-9 03150

책으로 여는 지혜의 인드라망, 북드라망
bookdramang.com

干支

간지서당

논어로 보는 천간, 서유기로 보는 지지 이야기

박장금

書堂

차례

2부 지지 서당

머리말

간지, 디지털 시대에 새로운 삶을 창조할 수 있는 우주적 관점

독립, 때가 되었다!

2023년 8월 31일, 나의 독립이 결정된 날이다. 지금까지는 감이당 울타리 안에 있었지만 이제 두 발로 서야 한다. 그래서 이 책은 나의 독립의 책이 되었다. 그런데 왜 간지(干支)에 관한 책인가? 물론 내가 독립을 하게 될 줄 알고 이 책을 쓴 것은 아니지만 결과적으로 독립의 기반을 마련하는 책이 되었다. 솔직히 두렵다. 하지만 이 상황을 받아들이고 이것에 맞게 행동하기 위해 간지는 삶의 내비게이션 역할을 톡톡히 하는 중이다. 간지의 관점에서 보면 '때'가 된 것이다.

때? 그렇다. 때를 아는 것은 참으로 중요하다. 때는 환경 속의 역동적인 변화로, 우리는 그 변화에 적극적으로 반응하고 적응해 가야 한다. 자연은 그렇게 하고 있다. 예컨대, 봄에는 새싹을 틔우고, 여름

에는 꽃을 활짝 피우고, 가을에는 열매를 맺으며, 겨울에는 씨앗을 만든다. 내 삶을 사계절의 변화에 비추어서 본 적이 있었나? 나는, 인문의역학을 공부하기 전에는 내가 원하는 목표를 설정하고 그것대로 이루어지면 좋아하고 그렇지 않으면 괴로워하는 그런 삶을 살았다. 그렇게 살다가 돌아보니 내 몸은 병들어 있었고, 엉망진창인 관계만 남았다.

연구실에 와서 공부를 하면서 비로소 알게 되었다. 경쟁 구도 속에서 소유하기 위해 달리다 보니, 내가 누구인지 무엇을 위해 살아야 하는지 내 감정 상태도 알지 못하는 불통의 신체가 되어 버렸다는 것을. 자신과도 소통이 안 되는데 상대와 소통이 되겠는가. 질문하지 않고 사유하지 않고 달린 결과, '불통의 신체! 조급한 신체! 중년과 노년과 죽음이 두려운 신체!'만 남았다. 그러다 연구실 『동의보감』 세미나에서 손진인의 두근거리는 문장을 만났다. "둥근 머리는 하늘을 닮았고, 네모난 발은 땅을 닮았다"로 시작되는 몸-자연-우주로 연결되는 문장! "나는 누구지? 어떻게 살아야 하지?"라는 질문이 심연에서 터져 나왔고, 미미했지만 나를 자연으로 만난 그 느낌이 삶의 방향을 제시해 줄 것만 같았다. '내 심신도 자연의 원리로 작동하는 거라면, 그렇게 살면 되는 거잖아?'라는 생각이 들었고, 난 『동의보감』과 명리에 매혹되고 말았다.

기, 나를 움직이게 하는 것

현대 무용의 거장 피나 바우쉬(Pina Bausch)는 이렇게 말했다. "나는 인간이 어떻게 움직일 것인가보다 무엇이 그들을 움직이게 하는가에 더 관심이 있다"고. 거장은 역시 다르다. 주체에 주목하는 게 아니라 만물을 움직이게 하는 그 무엇, 그리고 나를 움직이게 하는 그 무엇을 질문하다니! '간지'는 이 질문에 대한 답이라 할 수 있다. 하지만 춤만 그렇겠는가. 지구가 태양을 돌면서 밤과 낮, 사계절이 생기고 만물은 각자 개별적으로 움직이는 듯 보여도 자연의 질서에 따라 움직인다. 이렇듯, 자연에서는 태양을 중심으로 지구가 돌지만 약간의 오차가 발생한다. 극미한 오차의 간극을 완전히 메울 수는 없지만, 밤과 낮, 사계절의 질서는 존재한다. 그리고 나 또한 그 법칙에서 예외일 수가 없다.

중국의 선현들은 자연을 탐구했지만 자신과 대상을 분리한 채 접근한 적은 없었다. 여기서 중요한 것은 변화를 관찰하는 주체가 일어나는 현상에 참여한다는 것이다. 이것은 양자역학이 이중 슬릿 실험을 통해 '관찰자가 관찰대상이다'를 밝혀 낸 성과와 다르지 않은 것이고, 그들은 이런 세계를 삶으로 변주해 냈다고 난 생각한다. 마르셀 그라네가 『중국 사유』라는 책을 쓸 수밖에 없었듯이, 그들의 질문이 생명에서 시작했기 때문에 중국 사유는 서양 근대 사유와는 다를 수밖에 없다. "중국사회체제사의 두드러진 특징은 어디에도 찾아볼 수 없는 연속성에 있다. 학파 여부를 떠나 모든 중국철학자는 오랜 지혜의 전통에서 비롯된 범국가적 상징체계는 필시 그 적합성과 효능성을 지니고 있다고 철저히 믿었다. 상징체계에 대한 중국인의 믿음은 이성(理性)에 대한 서구인의 믿음에 비견된다. 중국 사유의 원칙이 되는 여러 개념들에 대한 믿음은 이런저런 가르침의 유행에서가 아니라 장기간 체험된 사회실행체제의 효능성에서 나온다."

마르셀 그라네, 『중국 사유』, 유병태 옮김, 한길사. 2015, 44~45쪽

그렇다. 중국 사유가 신화적이고 신비롭게 느껴질지라도 그것은 우리의 느낌일 뿐 철저하게 생명력을 기르기 위한 효능감에서 출발하고 있다. 어쨌든 서양과 크게 다른 점은 자연관인데, 서양은 입자 모델을 따르지만 동양은 파동 모델을 따른다. 이것은 기(氣)라는 개념을 만들어 냈는데, 『설문해자』에서는 기(氣)를 '구름의 기운'(雲氣)으로 풀고 있다. 『주역』에서도 밀운불우(密雲不雨)* 등, 구름과 비 등 대기에 대한 비유가 많이 등장하는데, 이것도 기상의 변화에 침투하여 흘러 다니는 형체 없는 에너지를 상상한 것이다. 기라는 글자 속에는 '쌀 미(米)' 자가 있는데, 밥 지을 때 위로 올라가는 수증기를 의미한다. 얼음은 형체가 있는 듯하지만 곧 물과 수증기로 변하듯, 보이는 것과 보이지 않는 것은 연결되어 있다. 그것은 한 번은 발산하는 양이 되고, 한 번은 수렴하는 음이 되는데, 이 질서를 도(道)라고 했다. 도! '도를 아십니까'가 바로 떠오를 정도로 의미가 변질되었지만, 도는 자연과 우주의 원리인 동시에 우리가 살아가야 할 '길'이었다.

동양에서 질서는 기가 흘러가는 스텝 혹은 리듬이다. 눈에 보이지 않거나 중첩되어 있는 기를 파악하기는 어렵다. 그렇다고 전혀

* 빽빽한 구름이 끼었으나 비가 내리지 않는다는 뜻으로, 일이 일어날 조짐은 많이 보이나 정작 성사가 되고 있지 않은 상태를 의미한다.

알 수 없는 것도 아니다. 만물의 움직임을 파악하면 알 수 있다. 겨울에 환기를 시켜 보라. 바람이 불며 열기와 냉기가 교체된다. 우리가 바람 자체를 볼 수는 없지만 바람의 감촉이나 사물의 흔들림으로 알 수가 있다. 전기도 볼 수는 없지만 빛과 열을 통해 흐름을 알 수 있듯이! 기는 풍한서습조화(風寒暑濕燥火)로 표현된다. 그리고 천간과 지지는 기를 10개와 12개로 클로즈업해서 드러내는 마법의 글자들이다. 『이상한 나라의 앨리스』에서 앨리스가 탁자 위에 있는 물약을 마시거나 케이크를 먹거나 부채를 부칠 때마다 몸이 줄었다 커졌다 하면서 모험이 시작되듯이, 자신을 변용한 만큼, 새로운 세계와의 접속이 시작된다. 간지—천간과 지지는 시공을 초월하여 우리와 모든 것을 연결시켜 주는, 무한히 연결되는 우주적 시선, 종횡무진으로 펼쳐내는 상상력을 담을 수 있는 우주적 그물망인 것이다. 미시와 거시의 세계를 두루 관찰함으로써 얻은 선현들의 지혜의 정수!

간지, 수천 년을 관통한 불멸의 지혜

간지(干支)란 하늘의 기 10개, 땅의 기 12개이다. 간지는 시간과 공간으로 분리되지 않는다. 천간은 갑을병정무기경신임계(甲乙丙丁戊己庚辛壬癸)이고 지지는 자축인묘진사오미신유술해(子丑寅卯辰巳午未申酉戌亥)이다. 간지는 갑골문에 기록되었는데, 그 시기를 기원전 1,751~1,050년 정도로 추정한다. '간지'라는 명칭은 후한 시대 왕충(王充)의 『논형』(論衡)에 처음 등장하는데, 『사기』, 『한서』, 『회남자』, 『백호통의』, 『황제내경』 등에 간지에 대한 설명은 빠지지 않는다. 아니 빠질 수가 없다. 천지와 소통할 수 있는 입구이자 출구이기 때문이다. 내 운명을 알고 싶어 배운 글자가 중국 사유의 근간을 이룬다니 놀라웠다. 또한 선현들이 자신이든 국가든 운명을 알기 위해 분투한 결과를 공유한다는 뿌듯함도 느꼈다! 해서 난 하늘과 땅 사이에 태어난 인간이 어떻게 살아야 하는가의 질문에 대한 답으로 간지 이야기를 이 책에 담고자 했다.

천간편의 구성은 고전 속 천간의 각 글자에 대한 설명과 계절적인 의미 그리고 천간의 특징과 매칭되는 인물 소개(공자와 공자 제자들)로 이루어진다. 지지편은 역시 고전에 기록된 지지에 대한 설명과 계절적인 의미, 몸과의 관계성, 그리고 연결되는 동물과 『서유기』에 등장하는 캐릭터 소개로 이루어진다.

기의 세계에서 고정된 나라는 존재는 없다. 나 또한 기의 이합집산이므로 존재의 리듬과 속도가 다른 이들과 다르다. 자신이 타고난 기질과 관계 맺는 방식 등을 이해하지 않고서는 타자와 관계를 맺을 수가 없다. 명리학은 천간과 지지로 타고난 리듬을 잘 보여 주는데, 각각 장단점이 있다. 때문에 모든 사람은 다른 리듬을 가진 사람과의 관계 속에서 배워야 한다. 이런 이유로 천간의 특징을 인물로 보여 주고 싶었다. 화 기운이 강한 나는 성격이 급하다. 불은 아주 작은 화력만으로도 모든 것을 태울 수 있는데, 그런 기운을 타고난 나는 주변에 불을 지르고 다녔다(하지만 내 자신은 전혀 알지 못했다). 하지만 공동체에서 공부를 하면서 나의 기질적인 문제를 적나라하게 알게 되었다. 숨길 수가 없다. 난 천간으로 보면 정화(丁火)이다. 공자의 제자 재여를 정화 기질의 인물로 설정했는데, 그는 공자 제자 중 가장 미움(?)을 받은 제자이다. 그는 늦여름의 화기를 타고났기에 속도가 빨라서 공자가 무슨 말을 하면 그 말의 뜻을 헤아리기보다는 곧바로 반박해서 스승을 난감하게 했다. 공자는 정화의 응집한 열기로 말을 쏟아내는 재여를 훈련시키기 위해 초강수 멘트를 날리기도 한다. 하여 재여는 그런 배움과 훈련을 통해 '언변 제일'의 제자로 등극한다. 하지만 그는 타고난 기질로 인해 제 명에 못 죽고 이른 죽음을 맞게 된다. 같은 화(火) 기운이지만 병화(丙火)인 자로는 제자 중 가장 환골탈태한 제자이다. 그는 자신이 타고난 병화 기질을 거들먹거리는 것으로밖에 사용하지 못했는데, 공자 스쿨에서 열심히 훈련하여 병화의 맹렬하게 발산하는 기운을 사심 없는 공명정대한 정치 실천으로 변환해 낸다. 하지만 자로 역시 자신의 장점이 단점이 되는 한계를 보여 준다.

이렇듯, 공자와 그의 제자들은 천간의 다양한 흐름을 보여 준다. 그것으로 인해 우리는 자신을 비추어 볼 수 있고, 내가 타고난 리듬이 어떤 색깔을 만들 수 있으며 어떤 한계를 가지는가 또한 알 수가 있다. 예컨대 심장은 우리 몸에 피를 발산시키지만 피를 만들지는 못한다. 비위는 음식물을 받아들여 소화시키지만 그것을 저장하지는 못한다. 이처럼 오장육부 각각의 고유 기능이 있기에 협업하면서 몸의 기가 순환되듯이, 우리도 타자들과의 협업을 통해 살아가고 있는 것이다. 이런 원리를 좀 더 일찍 알았다면 경쟁과 소유에 매몰되지 않고, 운명 탐구를 통한 소통과 공감에 주력했을 것이다. 해서 모두에게 말해 주고 싶다. 세상에 나쁜 운명은 없으며, 그렇기 때문에 모두가 나로 살기가 가능하다고!

지지의 특징은『서유기』속 캐릭터들과 연결하여 설명했다. 구법(求法) 여행기인『서유기』에는 정말 많은 동물 요괴들이 등장한다. 일단 손오공이 원숭이이고, 저팔계가 돼지 캐릭터이다 보니 연결을 시도해 보았는데, 12지지의 여정이 구법의 여행기와 너무 잘 맞아 떨어졌다. 12개의 리듬을 타려면 구도의 마음이 아니고는 불가능하기 때문이다. 구도라는 말 자체가 진지하고 무거운 느낌이 있다. 간지는 자연의 생장수장(生長收藏)의 변화에 주목한다. 10개의 천간과 12개의 지지의 시공간의 변화를 감지한 자! 변화시키는 힘인 시간과 그 힘을 받아 변화하는 장(場)인 공간과 일치할 수 있는 자! 그들이 구도자, 군자, 현자로 말해지는데, 지금은 너무 낡은 느낌이지만 이 말들은 그 시대의 가장 '혁명적인 삶'을 살아 낸 자들의 명칭이었다. 요즘 말로 하자면 가장 힙한 자들이라고나 할까.

디지털 시대의 혁명적인 삶, 스승과 도반과 함께하는 배움의 길

전 지구가 디지털 네트워크로 연결되는 시대에 우리 또한 인간 중심적 관점을 넘어 우주적 관점에서 세계와 삶을 이해하고 바라보는 훈련을 해야 한다. 즉, 양자역학적인 삶을 창조해야 하는 것이다. 이것은 주체와 대상의 분리가 없는 삶이 될 것이다. 그리고 천간과 지지는 오직 나와 외부를 가르는 물리적 자연이 아니라 생명적 자연 그 자체에 주목하면서 우리에게 길을 제시한다. 천간과 지지를 통과하는 순간 자연과 우주가 원환 고리 안으로 연결된다. 그러므로 '간지 탐구'는 양자역학적인 삶을 위한 유용한 지도가 될 수 있다.

뉴턴 역학적인 삶은 보이는 것을 중시하는 세계다. 늘 기준이 있고 도달해야 할 목표가 있다. 그래서 경쟁이 불가피하다. 하지만 양자 역학이 만들어 내는 세계는 10개의 천간과 12개의 지지가 오케스트라처럼 협업하는 관계이다. 각각의 악기가 경쟁하지 않고 각자의 음색으로 조화를 이루며 음악은 연주된다. 예컨대 12개의 경맥은 육장육부(기존의 오장에 삼초부를 추가하여 육장)와 연결되는데 각각 작동하는 시간이 다르다. 이것은 2017년 노벨 생리의학상을 받은 세 명의 과학자가 그 원리를 규명한 서캐디안리듬(circadian rhythm)과 통하는 지점이 있다. 우리 몸의 생체시계로 해가 뜨면 일어나고, 밤이 되면 잠을 자는 일상의 리듬은 생체시계의 작용에 따라 낮에 작동하는 교감신경의 양(陽)적인 활동과 밤에 작동하는 부교감신경의 음(陰)적인 활동이 균형을 이루면서 이루어진다는 것이다(이 책 지지편의 몸에 대한 절에서 12경맥을 통한 서캐디안리듬에 대해 알 수 있을 것이다). 이 리듬은 하루에만 적용되는 게 아니라 매월, 매년, 10년 등 삶 전반에 걸쳐 일어난다.

2023년 계묘년은 나에게 많은 사건과 변화의 연속인 해이다. 그리고 여전히 난 그 속에 있다. 간지로 보면 2023년의 리듬과 내 운명의 리듬이 모두 충돌한다. 그 충돌의 리듬을 어찌해 볼 도리가 없다. 예컨대 난 여름의 리듬이 강해서 겨울의 리듬을 타는 건 쉽지가 않다. 그렇게 하려면 기존의 나의 습관을 내려놓지 않고는 불가능하다. 내가 현명해서 미리 내 고집과 습관을 바꾸었으면 좋았으련만, 그렇게 되지는 않았다. 문제는 내가 타고난 기질이 장점이기도 하지만 단점이 되기도 한다는 것이다. 그리고 그것을 자신은 모른다는 것이다. 이것은 탁구를 배우면서 정확하게 알게 되었다. 머리로는 안다고 생각했는데 막상 동작을 하면 안 되는 거다. 난 배운 대로 한 것 같은데 탁구 선생님은 그 자세가 아니란다. 그래서 알게 되었다. 내가 아는 것과 행하는 것에 간극이 있다는 것을. 그리고 내가 행하는 것을 내가 볼 수 없으며 혼자서는 교정할 수 없다는 것도.

탁구에 대한 경험은 공부와 삶을 돌아보게 했다. 난 열심히만 하면 된다고 생각했다. 나의 행함에 문제가 있을 거라고는 의심한 적이 거의 없었다. 그러면서 누군가 나의 태도를 지적하면 나는 그런 의도가 아니라며 억울해하거나 외부를 탓하는 게 기본 태도였다. 탁구를 친 지 1년이 되었다. 난 '애제자'(애먹이는 제자)가 되었다. 내 앎과 행의 간극은 여전하다. 녹음기를 틀어 놓은 것 같은 지적에 나조차 지겨울 정도인데, 그럼에도 정말 바뀌지 않는다. 그래서 왜 공자의 제자들이 끊임없이 배우고, 『서유기』의 삼장 일행이 구도의 여행을 떠날 수밖에 없었는가를 이해하게 되었다. 그리고 왜 배움에는 스승과 도반이 필요한지도 알게 되었다. 내가 내 탁구 자세의 문제를 볼 수 없듯이 스승과 도반의 거울이 필요한 것이다. 모두에게서 천간과 지지의 흐름을 느낀다. 그 속에서 난 천간과 지지라는 입구와 출구를 오가면서 다차원의 변형체가 되는 훈련을 하는 중이다. 쉽지는 않지만 함께 좌충우돌하면서 가는 길이 기의 세계, 디지털 시대에 혁명적인 삶을 만들어 간다는 자부심이 있기 때문이다. 이제 본격적으로 천간과 지지를 내비게이션 삼아 동양고전에만 머물지 않고 동서양 고전, 고대와 현대의 분과학들을 크로스하면서 자연과 우주가 밟은 그 리듬의 삶, 운명탐구의 길을 가고자 한다.

이 운명탐구의 길에 들어서게 한 모든 분들께 감사드린다. 처음, 공부와 접속하게 한 채운 선생님, 그리고 15년 동안 애제자(?)로 속을 끓게 해드린 고미숙 선생님, 의역학 공부를 가르쳐 주신 도담 선생님, 동양고전 공부에 있어 많은 덕을 베풀어 주신 길진숙 선생님, 위기의 상황마다 나를 구해 준 오창희 언니와 살림당 멤버들(김주란, 김희진, 이경아, 안혜숙), 그리고 명리스쿨을 함께한 장현숙·성승현, 가끔이지만 촌철살인 조언을 해준 안상헌 선생님, 탁구로 공부와 삶을 재점검하게 만든 이수영 선생님, 존재만으로도 늘 든든한 문성환 선생님과 근영과 줄자, 남산강학원 친구들(윤하, 미솔, 보라, 하늘, 은샘 등)과 사이재의 친구들(순정, 소담, 미진, 지연, 보순, 기재 등), 올해 책으로 나를 구해 준 김현경 대표…, 모두가 나의 은인이다. 이 밖에도 자성과 금성 학인들과 15년 동안 함께 공부한 분들께 감사를 드린다. 마지막으로 나의 네 명의 동생들과 부모님께 감사를 드린다. 내가 공부를 놓지 않은 건, 부모님이 하신 '인간이 먼저 돼라'라는 말씀을 잊을 수 없었기 때문이다. 인간이란 화두를 들고 이기심을 벗어나 누군가와 나누는 그런 삶을 살고 싶다. 부모님이 나에게 해주셨듯이, 그리고 공동체가 나에게 베푼 것처럼, 나도 조건 없이 나누는, 그런 존재가 되고 싶다.

앞에서도 언급했지만, 올해 여러 사건 중 가장 큰 것은 나의 독립이다. 15년 동안 감이당에 몸을 담았으나 이제 홀로 독립하여 네트워크 관계를 맺어야 한다. 간지적인 접근을 하자면, 지금 난 자수(子水)의 단계에 서 있다. 아주 미미한 독립이라는 꼿꼿한 양기, 쥐의 힘이 필요한 때이다.

이 책은 북드라망의 제안으로 2021년 겨울부터 쓰기 시작했다. 2022년에 천간을 마무리했고, 2023년에 지지까지 썼다. 천간을 쓸 때는 지금까지 공부한 것을 정리한다는 마음으로 썼다. 지지를 쓸 때는 땅의 세계로 넘어와서 그런지, 정말 사건의 연속이었다. 그때 나를 잡아 준 것은 '글쓰기와 걷기'였다. 자연은 풍한서습조화를 겪으면서 순환한다. 내가 마음먹은 대로 되지 않는 게 너무 당연하다. 결국 나의 에고로 인해 괴로운 것이다. 간지의 리듬을 타면 어떤 것도 즐기게 된다. 모든 과정이 나를 살게 하는 리듬이기 때문이다. 그래서 난 독립을 즐기기로 했다. 때가 왔기 때문이다. 독립이라는 사건을 '간지 탐구'를 통해 나의 관점이 아니라 자연과 우주의 관점에서 이해하는 매직을 경험할 것이다. 지금까지의 관찰자 태도에서 벗어나 참여자가 될 것이다. 나의 관점의 변화가 인식을 변화시켜서 새로운 삶을 창조할 것이다. 즉, 스승과 도반과 배우면서 걷고 쓰는 길을 멈추지 않을 것이다.

2023년 9월 26일

계묘(癸卯)년 신유(辛酉)월 정해(丁亥)일 임인(壬寅)시

남산 필동 '하심재'에서

박장금

1부

천간 서당

초봄의 생명을 살리는 나무, 갑목

갑목형 인물,
살림 제일 공자

"인디언들은 나무를 '키 큰 사람' 또는 '서 있는 사람'이라고 부른다. 하늘을 향해 팔 벌리고 서서 기도하는 사람이라는 뜻이다. 그리고 사람을 가리켜 '서서 돌아다니는 나무'라고 부른다. 말하자면 존재방식만 달랐지 나무나 사람이나 다 같은 생명이라는 것이다. 나무도 사람처럼 생각하고 느끼고 말할 줄 안다는 것이다. 인디언들에게 나무와 대화한다는 것은 궁극적으로 마음을 열고 존재의 문 안으로 들어가는 것이다. 그래서 나무가 바로 나임을, 내가 나무임을 느끼고 아는 것이다. 그런 점에서 석가모니가 보리수 밑에서 깨달음을 얻었다는 것은 매우 상징적이다."서정록, 『잃어버린 지혜, 듣기』, 샘터, 2007, 116쪽

"나무는 직립한다. 뿌리는 땅속 깊은 지하세계를, 가지는 하늘을 향해 뻗어 나간다. 사람의 형상과 닮았다. 하늘과 땅을 연결하는 존재라는 점에서 상통한다. 그래서인가. 나무는 하늘의 메시지를 전달하는 역할을 자임했다. 태곳적 숲은 신성한 영역이었다. 나무는 샤먼들에게 영감을 주는 원천이었다. 문명이 시작되자 나무는 지식을 전달하는 전령사가 된다. 처음엔 죽간으로, 그다음에는 종이로. 종이가 발명된 지 1,900여 년, 문자는 종이와 만나서 책이 되었다. 문자를 통해 지식과 지혜를 더 길게, 더 멀리 전달하고자 하는 열망은 마침내 책을 창조했다. 나무가 인류에게 선사한 최고의 선물이다."고미숙, 『고미숙의 글쓰기 특강: 읽고 쓴다는 것, 그 거룩함과 통쾌함에 대하여』, 북드라망, 2019, 55~56쪽

"'갑'(甲) 자는 딱딱한 껍질을 실로 이어 놓은 모양을 본뜬 글자이다. 네모 모양의 껍질이 무엇인지에 대해서는 거북이 등껍질, 물고기 비늘, 나무를 십자로 묶어서 짠 방패, 열매의 단단한 겉껍질 따위를 본뜬 것이라는 둥 여러 설이 존재한다. 글자의 모양을 뜯어보면 밭[田]에 초목이 싹[丨]을 틔우는 모습이 들어 있다. 이 글자는 딱딱한 껍질을 뚫고 새로운 생명이 움트는 모습을 형상화하고 있다. (……) 그래서 천간의 시작도 이 글자가 차지했다. 갑은 움트는 생명력으로 열 개의 태양이 떠오르는 포문을 연다. 그리하여 이 글자는 나무처럼 생명력 있게 쭉쭉 뻗어 나간다는 뜻에서 오행 중 목에 배속하여 갑목(甲木)이라고 부른다. 목 중에서도 양목(陽木)에 해당하는 갑목은 쭉 뻗은 소나무처럼 하늘로 뻗어 나가는 성질을 가진다."(류시성·손영달, 『갑자서당』, 북드라망, 2012, 155쪽)

1) 갑목의 상징

『오행대의』(五行大義)에서 "『시위추탁재』(詩緯推度災)에 말하기를 갑(甲)은 억누르고 잡아 가두는 것[押]이니, 봄에는 열고 겨울에는 닫는다"고 했다. 갑은 천간(天干)을 시작하는 글자이다. 자연의 흐름은 시작과 끝이 있는 직선적인 시간이 아니라 순환하는 시간으로, 갑은 마지막 계(癸)와 연결되어 있다. 계는 음(陰) 중의 음으로 모든 기운을 안으로 품는다. 그래서 갑목은 계수가 응축한 기운을 억누르고 잡아 가둔 후에 그것을 받아서 분출한다. 이런 상태를 '누를 압, 단속할 갑'(押)으로 보았다. 그런데 이렇게 억누르고 잡아 가둔 기운은 아무 때나 열리지 않는다. 봄이 되어야 비로소 닫힌 문이 열린다. 발아하기 위해서는 적절한 시기와 토양이 필요하기 때문이다. 씨앗이 땅에 떨어져 묻히면 땅의 강한 압력을 받게 된다. 겨울 동안 땅의 지력을 받아 응축하고 또 응축된 기운은 초봄이라는 열린 시기가 되면 개구리가 기지개를 펴듯, 씨앗 속에 잠재된 생명력을 강하게 분출하게 된다. 즉, 아무리 질 좋은 씨앗도 봄이 와야 굳은 땅을 뚫고 나와 초록의 싹을 내밀게 되는 것이다.

정현(鄭玄)이 『예기』(禮記) 「월령」(月令)에 주를 달아 말하기를 "갑(甲)은 싹 틔우고 잡아당기는 것이며, 을(乙)은 꼬불꼬불한 것이니, 봄이 되면 모든 물건이 씨앗의 껍질을 뚫고 나오는 것이다"라고 했다. 겨우내 저장된 기운이 싹을 틔우게 되는데, 그것을 잡아당기는 것을 갑이라고 보았다. 이것을 『한서』(漢書)에는 '출갑우갑'(出甲于甲)이라고 하는데 "갑에서 껍질을 벗고 나오며"라고 했고, 『사기』(史記)에는 "갑이란 만물의 껍데기를 벗겨 내고 싹이 트게 하는 것이다"라고 했다. 갑목은 수직상승하는 성질을 가졌기 때문에 참나무나 잣나무처럼 위로 솟아오르는 형상을 가진 나무가 갑을 대표하는 물상이 된다. 이 밖에도 집을 지을 수 있는 목재나 건축 자재, 사람의 성장을 돕는 책을 상징한다. 갑은 모든 것의 시작으로 초봄, 빅뱅에 의한 최초의 폭발, 어린이, 선구자 등 창조적인 시작을 상징하는 글자이자 우주적 기운인 것이다.

2) 갑목의 계절

갑(甲)의 계절은 꽁꽁 얼어붙은 한겨울을 보낸 후에, 새싹이 움트는 초봄이다. 겨울에는 조용히, 죽은 듯이 있다가 봄이 오면 모든 생명이 일시에 튀어 오른다. 그렇다. 생명은 추운 겨울에 에너지를 모으면서 봄을 기다렸다. 이제 저장된 힘을 분출해야 하는 계절이 온 것이다.

『설문해자』(說文解字)에는 "'동방을 상징하는 우두머리로, 양기가 생겨나 움직이며, 초목의 머리에 씨를 뜻하는 갑을 덮어쓴 모습이다.' 일설에는 '사람 머리 부분이 갑이며, 갑은 사람의 머리를 형상했다'"라고 쓰여 있다. 껍질은 씨앗의 껍질이다. 새싹이 껍질을 뚫고 나온 것인지 껍질이 터져 새싹이 나온 것인지 알 수는 없지만 내부의 압력이 팍 하고 터지면서 새싹이 동시에 나왔음을 설명하고 있다. 갑이 씨앗을 뚫고 나올 수 있었던 것은 위로 뻗는 힘이 강하기 때문이다. 사람 몸에서 머리가 갑인 것도 가장 위에 있어서이다. 이는 단순히 위치만의 문제는 아니다. 우리가 어떤 행동을 할 때에도 머리가 생각한 일을 실천하게 되므로, 사유가 시작되는 머리가 갑이 된 건 자연스러워 보인다. 『서경』(書經)에서는 목의 성질을 '곡직'(曲直)이라고 했는데, 목 중 을목이 좀 더 곡직에 부합된다. 새싹이 흙을 뚫고 나아가려면 몸을 나선형으로 돌려야 더 잘 뚫을 수가 있기 때문이다. 우리는 보통 직진하면 더 잘 뚫을 것 같고, 나선형으로 돌려서 뚫으면 느릴 것 같지만 그렇지 않다. 곡직의 방식이야말로 막힌 것을 뚫을 수 있는 최선의 방법인 것이다.

을과 비교하면 갑은 직선 운동을 하는 것처럼 보이지만, 갑목도 목이므로 미미하지만 곡직, 나선 운동을 한다. 음의 끝판 왕 계수의 압력을 뚫고 나오려면 곡직의 운동이 반드시 필요하기 때문이다.

나선형으로 만들어진 용수철은 누르면 압축됐다가 손을 떼면 튀어 오르는데 새싹이 껍질을 뚫고 나오는 원리와 같다. 우리 몸속 DNA도 이중나선 구조로 무한 잠재 정보들이 집적되어 있다가 조건이 되면 발현되는 것이다. 영어로 봄은 스프링인데, 봄의 속성을 너무 잘 드러낸 계절적 표현이라 할 수 있다.

3) 갑목의 특징

 # 성장

갑은 나무처럼 위로 뻗어 가는 기운이다. 새로 나온 싹은 작지만 앞으로 커 나갈 잠재력이 무궁무진하다. 인생의 주기로 보면 갑은 유아기에 해당한다. 생명에너지로 가득한 그 시기에는 호기심도 많아 세상의 모든 것을 배우기 좋아한다. 유년기에 암기력이 좋은 것도 갑목이 계수를 통해 분출하듯, 저장하는 힘을 내장했기 때문이다. 해서 갑목은 성장 욕구가 누구보다 강하다. 마치 어린아이가 성인을 향해 가듯, 새싹이 거목의 비전을 향해 자라나는 것과 같다.

 # 창조

24절기 중 '봄을 세운다'는 의미의 입춘(立春)은 봄을 시작하는 절기이다. 봄은 새롭게 창조하는 계절이다. 이런 기운을 타고난 사람은 아무도 상상하지 못하는 세상, 아무도 시도할 엄두조차 나지 않는 세상을 향해 기꺼이 나아가는 걸 두려워하지 않는다. 이런 성향이 개척자와 모험가 그리고 선구자가 되게 한다. 갑목은 새로운 일을 할 때 장애가 생겨도 좌절하지 않는다. 오히려 어려움을 겪으면 겪을수록 내부의 힘은 압력을 받아서 더 강하게 분출된다. 남들이 어려워하는 일일수록 강한 힘이 생기고 상승 욕구가 솟구치는 것이다. 또한 높은 이상을 가지며, 진취적이고 도전적이다. 갑은 기존의 가치에 매이지 않고 남에게 구속당하는 걸 무척 싫어한다. 틀에 박힌 일이야말로 갑목에게는 무척 어려운 일이며, 특히 '안정'은 갑목에게 절대 어울리지 않는 단어이다.

 # 갑목을 대표하는 인물

기업인이지만 무한한 상상력과 창조력으로 화성 탐사나 전기 자동차 등 도무지 가능할 것 같지 않은 것을 현실로 만들어 내는 일론 머스크, 변기에 사인을 한 후 「샘」이라는 작품으로 전시하여 현대 미술에 결정적 충격을 가한 마르셀 뒤샹, 자본의 폭주 속에서도 자신의 개성과 비전이 담긴 작품 세계를 유지하면서 80세에도 창작 활동을 멈추지 않는 마틴 스코세이지 감독 등이 있다. 봉준호 감독은 영화 공부를 하면서 "가장 개인적인 것이 가장 창의적인 것이다"를 가슴에 새겼다고 했는데 이 말은 마틴 스코세이지 감독의 말로 갑목 성향을 타고난 그다운 멘트라 생각된다. 이외에도 갑목을 타고난 인물은 도스토옙스키, 위르겐 하버마스, 라이프니츠, 세르반테스, 발자크, 버지니아 울프, 에밀리 브론테, 투르게네프, 호르헤 루이스 보르헤스, 프리모 레비, 조지 오웰, 조지 엘리엇, 줄리어스 로버트 오펜하이머, 제인 구달 등이 있다.

* * *

갑이 시작되면 마무리되는 계수까지 10년이 걸리므로, 갑은 10년의 흐름을 주도한다 할 수 있다. 하지만 갑목은 마지막 계수에서 기운이 뻗어 나오기 때문에 계수는 갑목에 결정적인 영향을 미친다. 예컨대 2024년 갑진(甲辰)년은 갑목의 분출이 시작되는 때이다. 2023년에 어떤 비전으로 압축하고 응축한 씨앗을 만드는가가 갑진년의 변화를 결정할 것이다. 그리고 그 힘은 갑을 시작으로 마무리되는 계수까지 10년(갑진년[2024]~계축년[2033])을 주도할 것이다. 그러므로 매년 천간이 끝나는 계수의 스텝에서 어떤 씨앗을 만들 것인가를 매번 질문해야 한다. 그래야 계수와 갑목이 교차되는 그 지점에서 각자 본성에 맞는 새로운 삶이 창조될 것이다. 10년이 너무 길게 느껴진다면 10일 단위의 계수일과 갑목일 교차 지점에 주목해도 좋다. 이런 변화의 흐름에 내 삶을 맡길 때 나를 넘어 전체를 볼 수 있는 폭넓은 시야가 열릴 것이다.

4) 갑목형 인물, 살림 제일 공자

 # 배움과 성장

『논어』「학이」 편의 시작은 "배우고 때때로 그것을 익히면 또한 기쁘지 않겠는가?"(學而時習之 不亦說乎)이다. 공자가 갑목 성향을 타고났다는 것을 이 문장은 잘 말해 주고 있다. 앞에서 말했듯이 시작 기운인 갑목은 유년기에 해당하는데, 자라기 위해선 많은 것을 받아들여야 한다. 잘 먹고, 잘 배워야 어른으로 성장할 수 있으니까. 학이시습지(學而時習之)는 배우고 때맞춰 익히는 일을 말한다. '습'(習) 자를 파자(破字)하면 깃털 우(羽) + 흰 백(白)으로, 새끼 새가 독립하여 훨훨 날기 위해 끊임없이 날갯짓하는 모습이 연상된다. 인간 또한 성장하기 위해 끊임없이 배우는 존재여야 함을 일깨워 주는 글자인 것이다.

공자는 갑목답게 배움을 통해 익숙한 것과 결별하고 새로운 존재가 될 것을 『논어』 첫머리부터 강조한다. 『논어』는 공자가 단독으로 저술한 책은 아니지만, 남회근 선생에 따르면 그 구조가 아주 잘 짜인 텍스트로, 『논어』 20편을 연결하면 한 편의 문장이 된다는 것이다. 단순한 병렬구조가 아니라 처음부터 정교하게 계획된 밑그림 하에서 씨줄과 날줄이 교차되면서 직조된 태피스트리와 같은 텍스트라고나 할까. 그의 말이 맞다면 더더욱 배움을 말한 『논어』 첫 문장은 날로 창조되는 존재로서 공자의 갑목 성향을 잘 보여 주는 문장이라고 생각한다.

'학이시습지 불역열호' 다음에 오는 문장은 벗과 기쁨에 대한 내용이다. "벗이 멀리서 찾아오면 또한 즐겁지 않겠는가?"(有朋自遠方來 不亦樂乎) 벗을 보면 나무가 뿌리 네트워크를 통해 서로 소통하는 모습이 연상된다. 갑의 성질을 대표하는 나무는 보이지 않는 뿌리가 핵심이다. 뿌리는 인간으로 치면 뇌의 역할을 하게 된다. 뿌리는 섬세한 감각을 가지고 있는데 그 섬세함으로 앞으로 뻗어 나갈 것인지 멈출 것인지를 계속 판단하기 때문이다. 또한 뿌리는 양분을 흡수할 뿐 아니라, 다른 나무들과 활발하게 연락을 취한다. 나무는 뿌리를 통해 수 킬로미터까지 소통을 하기 때문에 숲이 형성될 수 있는 것이다. 그러니까, 숲은 나무의 뿌리 네트워크를 통해 이루어진 공동체이다. 나무는 혼자 우뚝 서 있는 것처럼 보여도 가장 공동체적인 생명체인 것이다.

그런 점에서 갑목 공자가 유붕자원방래(有朋自遠方來)라고 한 것은 자신의 본성을 잘 드러낸 구절이다. 『주역』에는 기쁨에 대한 내용을 담은 중택태(重澤兌)괘가 나온다. 이 괘는 연못 두 개가 연결된 모습이다. "「상전」에서 말했다. 연결된 연못이 태괘의 모습이다. 군자는 이것을 본받아 동지들과 강학하고 학습한다"(象曰, 麗澤兌 君子以朋友講習)라고 했다. 공자는 이 괘에 주석을 달았는데, 서로 붙어 있는 연못이 서로 스며들어서 함께 불어난다고 보았다. 연못은 나무에 수분을 공급하는데, 그런 연못이 거듭되어 있으니 양분을 서로서로 공급해 주면서 성장을 북돋울 수 있는 것이다.

우리는 기쁨이라고 하면 보통 감각적 즐거움을 떠올린다. 사실 감각적 쾌락이란 나의 즐거움으로만 끝나지 않는다. 나의 즐거움은 많은 경우 남의 고통을 기반으로 하기 때문이다. 또한 그 즐거움은 지속되지 않으니 갈애를 남길 수밖에 없다. 공자가 말하는 기쁨은 다르다. 공자는 진정한 기쁨에 대해 붕우강습(朋友講習)이라고 말한다. 즉 벗과 함께 이치를 논하고 학업에 정진하여 서로를 유익하게 하는 일이 진정한 기쁨이라는 것. 공자는 삶에서 친구들과 함께 배우는 것처럼 유익한 것이 없고 그것은 소멸되지 않는 기쁨이라고 말한다. 친구들이 찾아오면 배우고, 배우고 익히면 친구들이 찾아오고…. 진정한 기쁨이란 우정과 배움의 공동체를 통해 가능하다. 그리고 친구와 배움이 하나가 되면서 배움의 공동체는 점점 더 성장해 간다. 이런 공자의 마음이 자라고 자라 공자 스쿨이라는 숲을 이루게 했을 것이다.

갑목이 하늘을 향해 자랄 수 있는 것은 쉬지 않고 기운을 응축하고 다른 나무들과 기운을 공유하기 때문이다. 자신의 정보를 흘러가게 하는 존재는 인정욕망에 휘둘릴 수가 없다. 배움이 지식의 소유가 아니라, 사람들과 연결하게 하고 그것이 지복감을 주기 때문이다. 이런 마음은 다음 문장으로 이어진다. "다른 사람이 나를 알아주지 않아도 화내지 않는다면 또한 군자가 아니겠는가?"(人不知而不慍不亦君子乎) 공자는 여기서 더 나아가 "다른 사람이 나를 제대로 알지 못하는 것을 걱정하지 말고 내가 다른 사람을 알지 못하는 것을 걱정하라"「학이」, 『낭송 논어』, 김수경 외 풀어 읽음, 북드라망, 2019, 50쪽고 말한다. 이것은 「학이」 편의 마지막 문장이다. 인정욕망에서 벗어나 남을 알아주는 마음을 내는 것. 이것이 생명을 살리는 초봄 기운을 타고난 갑목 공자의 마음인 것이다.

공자는 배움의 기쁨을 누릴 때 만날 수 있는, 삶의 청사진을 우리에게 제시한다. "나는 열다섯에 배움에 뜻을 두었고, 삼십에 자립했다. 사십에 불혹하니 마음이 흔들리지 않았고, 오십에 지천명하여 하늘의 명을 알았다. 육십에 이순했으니 다른 사람의 말이 귀에 거슬리지 않았으며, 칠십에는 마음이 하고자 하는 바를 따라도 법도에서 벗어나지 않았다."「위정」, 『낭송 논어』, 55쪽

이 문장은 '학이시습지'의 목적이자 효능을 알려 주는 문장이다. 이것은 배운 것을 그냥 익히는 게 아니라 '시'(時), 때에 맞춰 익히라

는 것이다. 때에 맞춰 익힌 결과, 공자는 15, 30, 40, 50, 60, 70세마다 자기 변신에 성공한다. 이것은 마치 사계절마다 자연이 변화하는 모습을 연상시킨다. 봄에는 봄에 맞게, 여름에는 여름에 맞게, 가을에는 가을에 맞게, 겨울에는 겨울에 맞게! 이렇게 다가오는 생의 계절마다 그것에 맞게 죽을 때까지 배우고 변신하기를 멈추지 않았던 공자! 생의 주기마다 배움의 청사진을 제시한 공자 덕분에 우리는 어떻게 살아가야 하는가의 기준을 알게 된다. 그러므로 생명을 살리려는 마음으로 충만한 갑목에게 멈춤은 있을 수가 없다. 새가 날갯짓을 멈추지 않듯이 인간은 늘 배우고 때에 맞게 익히는 존재라는 것. 갑목 공자가 우리에게 제시한 삶의 길인 것이다.

겨울에 뿌리를 둔 초봄의 마음

공자(B.C. 551~B.C. 479)는 여러 제후들이 패권을 다투던 춘추 시대 말기에 태어났다. 그가 태어난 곳은 약소국 노(魯)나라 곡부(曲阜)이다. 그의 이름은 구(丘)로 '언덕 구' 자를 사용한다. 이름이 구가 된 데에는 산에서 기도를 통해 낳았다는 설과 그의 머리가 언덕처럼 솟아올라서 그렇게 지었다는 설이 있는데 난 후자 쪽을 지지한다. 다른 곳보다 머리가 남다르다는 것은 갑목 기운을 타고났다는 징표로 보이기 때문이다. 목기(木氣)는 수기(水氣)와 연결되어 있으므로 뇌는 위쪽에 위치하지만 신장의 수기와 연결되어 있다. 수기의 신장은 나무에서 뿌리와 같은 역할을 한다. 갑목은 수(水)가 생하기 때문에 뇌의 활동은 신장 기운을 바탕으로 활발하게 활성화된다. 그러므로 머리가 발달했다는 것은 신장 기운과 잘 교류되고 있음을 의미한다.

이제마의 사상의학에 따르면 "모든 사람이 유년기에는 듣고 보기를 좋아하고, 부모를 사랑하고 어른들을 공경하니 봄철에 터져 나오는 새싹"이제마, 『낭송 동의수세보원』, 박장금 풀어 읽음, 북드라망, 2015, 60쪽 같다고 했는데 갑의 시기와 상통한다. 유아기 때 몸에 비해 머리가 큰 것은 모든 힘이 머리로 집중되기 때문이다. 뇌과학에 의하면 아이들의 뇌는 생후 몇 년 동안 세상을 탐색한 다음에 최대한 많은 신경 연결을 형성한다고 한다. 나중에 무엇이 필요한지 알 수 없기 때문에 신경 연결을 넘치도록 만드는 것이다. 나이가 들면서 연결된 배선이 가지치기를 하게 되고 머리에 집중되었던 기운이 차차 몸 아래로 내려가게 되는 것이다.

후성유전학에서는 시대마다 문화가 다르기 때문에 아이는 사회적 문화나 부모가 준 삶의 지혜를 무의식적 차원에서 흡수한다고 말한다. "인간의 활동과 사회적 풍습은 워낙 급속히 변화하기 때문에 문화적 활동을 유전적으로 프로그램 된 본능을 통해 전달한다면 이로울 것이 없다. 어린이들은 환경을 주의 깊게 관찰하다가 부모가 준 삶의 지혜를 무의식 차원의 메모리에 직접 다운로드한다. 그 결과 부모의 행동과 믿음은 어린이의 행동과 믿음이 된다."브루스 H. 립턴, 『당신의 주인은 DNA가 아니다』, 이창희 옮김, 두레, 2014

아이의 머리가 발달한 것은 시대의 문화 등 엄청난 정보를 받아들여 성장하기 위함이다. 이제마는 봄 기운을 타고난 사람은 아이들처럼 듣고 보기를 좋아하고 부모를 사랑하고 어른들을 공경한다고 했다. 이것은 갑목이 계수에서 이어받았고 계수는 갑목을 생하기 때문에 늘 근원을 생각하고 나를 낳아 준 뿌리인 부모를 잊지 않는다는 것이다.

공자는 어릴 때부터 제사 지내는 그릇[祭器]을 가지고 노는 남다른 아이였다. 인생 주기에서 갑목은 가장 어린 시기이지만, 마지막 계수와 연결되어 있으니 생과 사를 연결하는 영적인 시기라 할 수 있다. 어떤 원주민 문화에 따르면 아이들은 대여섯 살까지 전생을 기억한다고 한다. 해서, 그들은 아이가 태어나면 조상님이 오셨다고 생각했다. 그리고 노인은 저세상에 가기 위해 준비하는 자라 여겼다. 아이들은 저세상에서 이 세상으로 온 조상님이고 노인은 이 세상에서 저세상으로 가는 자라는 것. 이것은 티베트의 환생 제도와도 통하는 지점이다. 근대인이 보기에 황당무계한 이야기인 것 같지만 티베트는 생사의 보이지 않는 연결을 적극적으로 탐구해서 환생을 제도로 만들었던 것이다. 그 결과 이 시대의 영적 멘토 달라이 라마가 등장할 수 있었던 것이다.

생명의 흐름은 단절이 아니며 생과 사가 하나라고 생각할 때, 계수를 이어받은 갑목 성향의 공자가 어린 시절에 제기를 가지고 놀았다는 것은 그리 놀라운 일이 아니게 된다. 겨울의 기다림이 봄으로 이어짐을 아는 마음, 공자의 이 마음이 예(禮)를 만들어 냈을 것이다. 조상 덕분에 내가 존재한다는 마음은 자연스럽게 후손을 살리는 마음으로 이어진 것이 아닐까. 이것이 갑목의 마음이자 공자의 마음이다.

공자는 어려서 집안 형편이 어려웠다. 그런 탓에 그는 생계를 위해 가리지 않고 일을 해야만 했다. 그럼에도 그는 15세에 학문에 뜻을 두고 독학으로 역사, 시, 예법, 음악 등을 갈고닦았다. 이것이 공자가 거목이 될 수 있었던 삶의 태도일 것이다. 그는 온갖 허드렛일을 하면서도 배움을 중단하지 않았고 오히려 자신의 시공간을 모두 배움터로 만들었다. "나는 나면서부터 아는 사람이 아니라 옛것을 좋아하여 부지런히 구하는 사람이다."「술이」, 『낭송 논어』, 221쪽 이것이 진정한 갑목의 태도이다. 아이들의 배움은 교실로 한정되지 않는다. 아이들은 그들의 동선이 가닿는 모든 곳이 배움이 일어나는 곳이 된다. 배움의 열정! 이것이 갑목의 태도이다. 나무가 오직 위를 향해 자라듯이 공자는 오직 배움을 향해 우직하게 성장했던 것이다. "공자께서 말씀하셨다. '군자는 먹을 때는 배부름을 구하지 않고, 집에 머무를 때는 편안함을 구하지 않는다. 일을 할 때는 민첩하게 하고 말을 할 때는 신중하게 하고, 도가 있는 사람에게 나아가 바르게 하면 배움을 좋아한다고 할 수 있다.'"「위정」, 『낭송 논어』, 47쪽

공자는 키가 9척 6촌으로, 신체 자체가 거목의 모습이다. 오늘날로 따지면 190cm가 넘는 키였는데, 나는 이런 공자의 모습이 페터 볼레벤이라는 산림전문가이자 저술가의 모습과 비슷하지 않을까 나름대로 추측해 본다. 페터 볼레벤은 『자연 수업』고기탁 옮김, 해리북스, 2020이라는 저서에서 나무와 숲에 대한 새로운 접근으로 반향을 일으킨 바 있다. 어쨌든 공자는 키가 너무 커서 사람들이 이상하게 여길 정도였다니 모두가 우러러봐야 하는 신체였나 보다. 오직 하늘을 향하는 나무처럼 그는 사람들 속에서 신체적으로나 정신적으로나 우뚝 솟아 있었다.

그는 아무도 관심 갖지 않았던 500년 전 주나라 문왕의 정치적

비전을 계승하길 자처했다. 주 문왕의 비전이란 사람을 살리는 고귀한 길이다. 공자는 그 비전을 자기 삶으로 삼았고, 그것을 사람들에게 가르쳤고, 그것을 실현하기 위해 천하를 주유했다. 『논어』에는 노나라 문지기가 공자에 대해 "안 되는 줄 알면서도 해보려고 하는 사람 말입니까?"「헌문」, 『낭송 논어』, 475쪽라고 질문하는 장면이 나온다. 공자는 이런 말을 들을 정도로 그의 비전은 당시 사람들에게도 이상적으로 보였던 듯하다. 하지만 주변 사람들의 평가에 휘둘리지 않고 사람을 살리기 위한, 배움의 길을 멈추지 않았다. 이것이 갑목이다. 아무도 가지 않은 길을 가는 자. 선구자이자 개혁가. 그렇다 해서 그가 외롭고 고독하다 여기면 오산이다.

 # 살리는 마음, 솔직한 마음

공자는 늘 사람들과 함께 있었다. 그는 함께 배우고, 함께 밥을 먹고, 함께 얘기했다. 심지어 정치적 비전 실현을 위해 천하를 주유할 때조차 사람들과 함께 움직였다. 하여, 『논어』는 공자라는 거목과 연결된 많은 나무들의 생생한 기록이라 할 수 있다. 『논어』에 등장하는 공자는 놀라울 정도로 솔직하고 자기 감정을 숨기지 않는다. 안회가 죽자 공자가 슬퍼하는 장면은 갑목의 진솔한 모습을 잘 보여 준다. "아! 하늘이 나를 버렸구나! 하늘이 나를 버렸구나!"「선진」, 『낭송 논어』, 332쪽 공자는 곡을 하다가 울부짖었고 제자들은 스승의 슬픔에 놀라 너무 과한 게 아니냐며 묻는다. 그러자 공자는 안회를 위해 슬퍼하지 않는다면 도대체 무엇을 위해 슬퍼하겠냐며 반문한다. 공자 정도면 슬픈 감정을 숨기거나 대충 수습할 것도 같은데 감정을 표현함에 있어서 어떤 억압도, 어떤 가식도 보여 주지 않는다. 공자는 자신의 슬픔을 솔직하고 담백하게 드러낼 뿐이다.

동양의학에서 눈물은 간(肝)의 물이다. 간은 오행상 목에 배속되는 장부로 갑목 공자는 간 기운을 충실하게 타고난 자이다. 감정과 오장육부는 연결되어 있으므로 슬플 때 슬퍼할 수 있는 것은 건강의 징표이다. 그러니까 감정 그 자체만으로는 문제가 되지 않는다. 문제는 슬퍼할 타이밍이 끝났는데 다른 정서로 변환하지 못할 때이다. 감정이 정체되고 계속 쌓이면 병이 되기 때문이다. 공자는 자신의 감정을 솔직하게 드러냈고 후회나 아쉬움 따위는 남기지 않았다. 이것 또한 소통의 장부인 간 기운이자 목 기운을 잘 타고났기 때문이다.

공자는 안회의 죽음을 슬퍼했지만 그 장례예식에 대해서는 단호한 태도를 보였다. 이것도 간담(肝膽) 중 담 기능의 원활함을 보여주는 것으로, 갑목은 간뿐 아니라 담 기운까지 충실하게 타고난다. 담의 중요 기능은 결단력으로, 공자의 단호함은 담에서 나온다. 안회의 부친이 공자에게 수레를 팔아 관 치장을 하자고 제안하자 단호히 거절한다. 공자는 자기 자식에게도 그렇게 하지 않았다며 그것은 자식을 사랑하는 게 아니라고 말한다. 공자는 왜 안회의 장례를 후하게 치르지 않은 걸까. 수레는 공자가 사람들과 만나기 위한 교통수단이었다. 안회를 위한답시고 수레를 팔아 버리면 공자의 활동은 올 스톱된다. 산 자가 일상을 변함없이 꾸려 가는 것. 이것이 산 자가 죽은 자를 애도하는 최선의 길이라고 공자는 생각했을 것이다. 공자의 의지가 이처럼 확고했음에도 제자들은 스승의 말을 듣지 않고 장례를 후하게 치렀다. 이런 제자들에게 공자는 "회(回)는 나를 아버지처럼 대했는데, 나는 그를 자식처럼 대하지 못했구나. 이는 내 탓이 아니라, 자네들의 탓이다"「선진」, 『낭송 논어』, 334쪽라며 제자들을 꾸짖었다. 솔직히 오직 배움만을 추구하며 단순 소박하게 살았던 안회에게 후한 장례가 맞기나 한 것인가. 공자가 추구한 인(仁)의 비전을 공유한 안회가 원하는 바였을 리가 없다. 공자는 '나의 잘못이 아니고 너희들의 잘못이다!'라고 자신의 속내를 솔직하게 드러낸다.

공자가 제자들에게 이렇게 물은 적이 있다. "그대들은 내가 숨기는 것이 있다고 생각하는가?" 그리고 말한다. "나는 숨기는 것이 없다. 내가 행하고서 그대들과 같이 하지 않는 것이 없다. 이것이 바로 나다."「술이」, 『낭송 논어』, 225쪽 이것은 공자가 숨김 없이 드러내는 갑목 성향임을 잘 나타낸 문장이라 생각된다. 아이처럼 배움을 좋아하는 자만이 자신을 숨기지 않고 모든 것을 드러낼 수 있다. 그리고 그런 자만이 "다른 사람을 좋아할 수 있고, 사람을 미워할 수"「이인」, 『낭송 논어』, 110쪽 있는 것이다.

공자는 사람들이 삶 속에서 배워야 한다고 생각했기 때문에 인정물태가 담겨 있는 『시경』(詩經)을 중시했을 것이다. 사무사(思無邪)란 말은 '생각함에 사특함이 없다'는 뜻이다. 이것은 갑목에게 적합한 멘트이다. 아이와 같은 천진한 마음! 공자는 3백 편의 시를 모아 『시경』을 편찬하면서 '사무사'라 했다. 시는 요즘으로 치면 유행가로 인정물태가 가장 잘 표현된 노래이다. 공자는 아들 백어(伯魚)에게 "『시경』의 「주남」(周南)과 「소남」(召南)을 공부하지 않으면 마치 담벼락을 마주하고 서 있는 것과 같다"고 할 정도로 시 공부를 강조한 바 있다. 공자는 『시경』 처음에 나오는 남녀 간의 사랑 노래에 대해 "「관저」는 즐거워하지만 지나치지 않고, 슬퍼하지만 마음을 해치지 않는다"「팔일」, 『낭송 논어』, 98쪽고 했다. 인간의 즐거움과 슬픔을 담아내지만 정도에 지나치지 않는 시 공부를 해야 삶에서 감정 조절을 배울 수 있다고 생각한 것이다.

누군가 공자에게 정치를 왜 하지 않느냐고 묻는다. 그러자 공자는 "『서경』에 말하기를 '효로다! 부모에게 효도하여 형제간에 우애가 있고 정치로 펼친다'라고 했다. 이 또한 정치를 하는 것이니 어찌 지위에 있어야만 정치를 하는 것이 되겠는가?"「위정」, 『낭송 논어』, 73쪽라고 했다. 공자에게 정치를 한다는 건 벼슬에 나아가는 문제가 아니었다. 일상에서 사람을 살리는 관계를 맺는 것! 그것이 공자 정치의 핵심이자 갑목의 정치적 비전인 것이다.

시작이 반이라는 말이 있다. 아름드리 거목도 새싹에서 시작하며, 어떤 대단한 일도 아주 작은 일에서부터 시작된다. 누구나 시작은 미미하다. 하지만 아무리 미미해도 일단 시작을 하게 되면 새로운 길이 열린다. 공자는 척박한 토양에서 인(仁)의 새싹을 틔웠다. 그 새싹은 점점 자라 거목이 되었고 그를 중심으로 숲이 형성되었다. 지구에 나무가 없다면 다른 생명은 살아갈 수 없다고 한다. 인간만 해도 식물이 광합성을 통해 생산한 산소로 숨을 쉬고 있다. 예컨대, 아마존은 세계 산소의 20%를 방출하는 동시에 연간 약 10억 톤의 탄소를 흡수한다고 한다. 우리는 숲의 호흡으로 살고 식물을 먹으면서 살아가고 있다. 공자 또한 거대한 숲을 형성했고, 그것은 여전히 우리의 정신적인 자양분이 되고 있다. 지구의 허파로 불리는 아마존이 소중하듯 2천 5백 년 전에 공자가 조성한 인(仁)의 숲은 시공을 초월하여 우리를 숨 쉬게 하고 있다.

늦봄의
꿈틀거리는 생명력,
을목

을목형 인간,
배움 제일 안회

"프랑세(Raoul Heinrich Francé, 1874~1943, 오스트리아-헝가리의 식물학자)는 움직임이 없는 식물이란 없다고 했다. 즉 식물의 성장 자체가 일련의 움직임으로서, 식물은 부단히 굽히고, 방향을 바꾸고, 흔들리는 등의 움직임을 보이고 있다고 했다. 그는 또한 여름날이면, 낙원 같은 나무그늘로부터 뻗어 나온 수천 개의 작은 가지들이 자기들을 받쳐 줄 든든한 줄기가 자기들 밑에서 빨리 자라나기를 기다리는 열망으로 몸을 떤다고 묘사했다."

"식물에게는 또한 방향이나 미래에 대한 지각 능력도 있다. (……) 고산 지대의 꽃들은 계절을 정확하게 알아내는 능력이 있다. 이 꽃들은 봄이 언제 오는가를 알고 있어서 아직 남아 있는 눈더미들을 스스로 열을 내어 녹이면 뚫고 나와 싹을 틔운다.

프랑세는 외부 세계에 대해 그처럼 확실하고도 다양하며, 신속하게 대응하는 식물들은 바깥 세계와 교신할 수 있는 어떤 수단을 가졌음에 틀림없다고 주장했다. 그것도 우리 인간과 비슷한 감각을 지녔거나 혹은 보다 뛰어나게 말이다. 그뿐 아니라 이 식물들은, 오감을 통해 자신에게 주관적으로 보여진 세계만 보는 인간 중심적 관점에 사로잡힌 인간으로서는 도저히 알 수 없는 사건과 현상들을 끊임없이 관찰, 기록하고 있다고 했다."

피터 톰킨스·크리스토퍼 버드, 『식물의 정신세계』, 황금용·황정민 옮김, 정신세계사, 1992, 8쪽, 11쪽

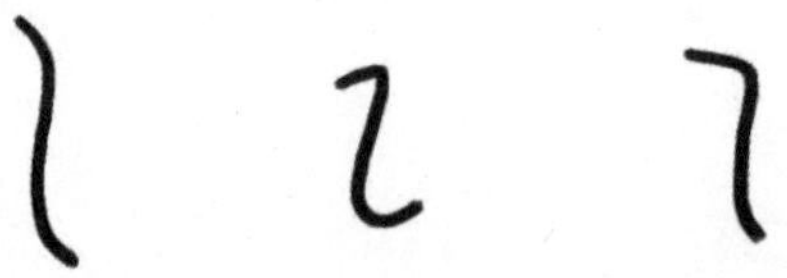

"'을'(乙) 자는 봄에 새싹이 구부정하게 자라는 모양을 본뜬 글자이다. 이 글자의 모양을 놓고도 여러 의견이 분분한데, 사람의 목을 본뜬 글자라는 설, 새의 부리와 가슴과 꼬리를 본뜬 글자라는 설, 물고기의 창자라는 설 등이 있다. 이 중 초목의 싹을 본뜬 글자라는 설이 음양오행의 이치에 가장 부합하는 설명을 담고 있다. 초목은 껍질을 헤치고 몸을 비틀면서 솟아오른다. 이 글자는 한눈에 보기에도 새싹이 꿈틀거리면서 빠져나오는 모양을 하고 있다. 만물이 움트는 기운이 그 안에 가득하다. 그래서 갑목과 마찬가지로 목에 배속되어 을목(乙木)으로 불린다. 을목은 음(陰)에 해당하는 나무다. 갑목이 수목(樹木)에 비유된다면 을목은 넝쿨과 화초에 해당한다."(류시성·손영달, 『갑자서당』, 156쪽)

1) 을목의 상징

『오행대의』에서 "을(乙)은 꼬불꼬불한 것이니, 봄이 되면 모든 물건이 씨앗의 껍질을 뚫고 나오는 것이다"라고 했고, 『한서』(漢書)에서는 '분알우을'(奮軋于乙), 즉 "을에서 힘내어 헤집고 가까스로 자라며"라고 했다. 분알(奮軋)이란 싹이 떨쳐 나오는 것으로, 이는 새싹이 자라서 나올 때 마치 '乙' 자와 같이 굽은 모양으로 애를 쓰면서 위로 올라온다는 뜻이다. 『석명』(釋名)에서는 "을(乙)은 꼬불꼬불함이다. 스스로 싹 틔워 굽어서 나오는 것"이라고 했다. 땅속의 싹은 직선으로 자라는 듯 보이지만 나선운동을 하면서 위로 올라온다. 나사는 회전운동을 하기 때문에 아무리 단단한 벽이라 해도 가볍게 뚫을 수 있다. 새싹의 원리도 그러하다. 굳은 땅을 뚫고 나와 성장하려면 직진만으로는 뚫을 수가 없다. 나선운동은 곡선으로 움직이는 것이라 뒤로 물러서는 것처럼 보여도 그 힘으로 진퇴를 거듭하다 보면 도저히 뚫을 수 없어 보이는 벽이 뚫리게 된다. 식물의 싹은 시계방향으로 돌면서 성장을 하는데 이런 생명의 꿈틀거리는 힘이 을목인 것이다. 『사기』(史記)에는 "을(乙)이란 만물이 한꺼번에 일어나는 모양을 말하는 것이다"라고 했고, 『백호통의』(白虎通義)에서는 "을(乙)은 만물이 빼곡하게 구부러져 있다 절기에 맞춰 [씨방, 껍질에서] 나가려는 것"이라고 했다.

『설문해자』에서는 "봄이 되어 구불구불 움을 틔워 자라나는 모습인데, 이때는 음기가 아직 강성할 때라, 자라나기가 매우 어렵다. '곤'(丨)과 같은 뜻이다. 을이 갑에 이어 나오는 것은, 사람의 [머리 다음에] 목이 있는 것과 같은 이치다"라고 했다. 봄이 되면 싹이 을의 운동성으로 구불구불 올라온다. 하지만 아직 겨울의 한기가 완전히 사라진 것은 아니기 때문에 어렵게 땅을 뚫고 올라오는 것이다. 몸 전체에서 갑이 머리라면 을은 목으로 내려왔다는 것이다.

을은 '새 을'(乙) 자를 쓰는데, 새라 하니 구만 리 하늘을 나는 『장자』(莊子)의 대붕을 빼놓을 수 없다. 물고기 곤(鯤)이 오랜 시간 물속에 잠겨 있다가 큰 새 붕(鵬)으로 변화하여 비상하는 모습! 곤이 붕이 되는 변화에서 약동하는 자연의 생명력이 느껴진다. 을목을 '새 을' 자와 통용해서 쓴 것은 을목이 새의 비상하는 기운과 통한다고 본 게 아닐까. 심해의 곤을 하늘로 끌어내어 변신을 설명할 때 새로 상징했으니 말이다. 니체의 『차라투스트라는 이렇게 말했다』에는 독수리가 등장한다. 독수리는 범속한 인간들 위로 인간 극복을 향해 가는 동물로, 자기 시야를 벗어나 더 넓고 깊게 볼 수 있는 존재로의 변화를 보여 주고 있다. 을목은 봄을 완성하는 기운으로 존재가 변신하려는 그 결정적 순간이자 자유의 순간이다. 또한 음양을 표현한 태극 마크에도 '새 을' 자가 들어 있다. 태극 속에 조용히 잠자던 새는 대기가 따뜻해지면 몸을 꿈틀거리면서 솟아오른다. 을목은 하늘을 향해 힘차게 날아오르는 새뿐 아니라 따뜻한 봄바람을 의미한다. 태양이 동쪽에서 떠오르듯 을목은 죽었던 지상의 생명들을 아지랑이가 피어오르듯이 구불거리면서 살아나게 만드는 것이다.

을목은 껍질을 헤치고 나오는 갑목 다음 스텝으로 새싹이 꿈틀거리면서 성장하는 기운으로 충만하다. 갑목이 위로 우뚝 솟은 참나무나 소나무라면 을목은 덩굴처럼 옆으로 성장하는 화초, 넝쿨, 채소 등 바람이나 지형지물에도 유연하게 대처하는 식물들을 상징한다. 그 밖에도 부드러움과 아름다움을 드러내는 것들로 의복, 향수, 인테리어를 상징하며, 나무에서 2차 가공을 한 것으로 종이, 섬유, 공예품 등을 상징하기도 하며 성장과 관련하여 교육 등을 상징한다.

2) 을목의 계절

갑목이 추운 겨울의 압박을 뚫고 스프링처럼 튀어 올라 봄을 시작하는 기운이라면 을목은 그 기운을 이어받아 봄을 완성하는 기운이다. 늦봄 기운인 을목은 위로 솟는 갑목 새싹에 비해 활짝 피어 옆으로 퍼지려고 한다. 태풍이 몰아쳐도 쓰러지지 않고, 밟혀도 죽지 않고 살아남을 정도로 생명력이 강하고, 환경적응력이 뛰어나다. 차가운 겨울을 이겨내고 솟아오르는 늦봄의 생명력! 갑목의 기상을 이어받은 을목은 아지랑이가 피어나는 듯한 생명력으로 봄을 완성시킨다. 봄에는 생명을 살리는 봄바람이 부는데 이것을 풍목(風木)이라 부른다. 늦봄이 와도 봄의 날씨는 여전히 변덕스럽다. 따뜻하다고 해서 섣불리 앞으로 나아갔다간 얼어 죽기 십상이다. 환경이 불안정하다 보니 을목은 주변 분위기를 찬찬히 파악하면서 기다려야 할 때는 기다리고 나아가야 할 때는 나아간다. 당송팔대가로 알려진 한유(韓愈)가 지은 「만춘」(晩春)이라는 시를 소개하니, 늦봄의 기운을 느껴 보시라.

> 초목은 머지않아 봄이 가는 줄 알므로草木知春不久歸
> 알록달록 갖가지 꽃을 피우며 향기를 다투네.百般紅紫鬪芳菲
> 버드나무, 느릅나무는 마땅한 재주가 없어서楊花楡莢無才思
> 그저 온 하늘에 솜 버들 눈송이만 만들어 날리네.惟解漫天作雪飛

완연한 봄이 왔다. 초목들은 안다. 봄이 계속되지 않는다는 것을. 하여 봄날이 가기 전에 초목들은 자신의 생명력을 한껏 드러내느라 분주하다. 화려한 초목은 알록달록 갖가지 색으로 향기를 뿜는다. 재주 없는 초목이라고 해서 절대 기죽지 않는다. 화려하거나 향기는 없지만 자기가 가진 솜 버들을 하늘 가득 눈송이처럼 뿌려서 만춘에 화답한다. 만춘이라는 시공이 열리면 만물은 자신의 생명력을 한껏 드러내기 위해 최선을 다한다. 이것이 바로 을목의 힘이다.

3) 을목의 특징

 # 섬세하고 예민함

식물은 섬세하고 예민하다. 인간은 들을 수 없는 소리를 듣고, 적외선이나 자외선 같은 파장도 구별할 뿐 아니라 엑스레이나 티비 같은 고주파도 감지한다. 이렇듯 을목은 환경을 예민하게 읽고 그것에 맞추면서 자신의 생장을 끝까지 이루어 내는 기운으로 특유의 유연함과 부드러움을 지녔다. 반면 외부에 민감하게 작용하는 성질은 작은 변화에도 타격을 받거나 아픔을 참고 견디는 모습으로 드러난다. 주변에 민감하다 보니 눈치를 보거나 의존적 성향을 보일 때도 있다.

 # 유연함

『주역』에는 바람이 거듭된 중풍손(重風巽)괘가 있는데, 을목과 딱 맞아떨어지는 괘이다. 바람은 아무리 꽉 막힌 공간이라도 틈새를 비집고 들어갈 수 있다. 『주역』에서 화산려(火山旅) 다음에 중풍손괘가 나온다. 여행[旅]을 끝난 후에 돌아오면 모든 게 낯설기 때문에 공손하고 순종하는 태도로 사람들과 관계를 맺어야 받아들여질[巽] 수 있기 때문이다. 중풍손은 바람이 중첩된 것으로 매우 공손하고 유연하기 때문에 어디든 비집고 들어갈 수 있다. 이런 태도가 을목과 연결되는 것이다.

 # 자기 변형

을목은 험한 상황에서도 유연한 태도로 임하기 때문에 자신이 원하는 바를 달성하게 된다. 어떤 척박한 환경 속에서도 강인한 생명력을 잃지 않는 잡초처럼! 툰드라나 사막 지역에서도 돋아나는 풀들처럼! 을목은 자신의 생장을 위해 지형지물을 잘 이용한다. 나무를 감고 올라가는 덩굴식물이 딱 그런 모습이다. 살기 위해 자기를 변형시킴은 물론이고 주변의 모든 것을 활용하여 생장을 멈추지 않는다. 이렇듯 을목은 풀이 그러하듯 겉은 약해 보여도 자신의 몸을 구부리고 변형하면서까지 살아남아 여름에게 배턴을 넘겨준다. 외유내강(外柔內剛)! 을목에게 딱 맞는 표현이다.

을목 성향의 사람은 봄이 여름을 향하듯 목적이 분명하지만 주변과 화합을 하면서 자신이 원하는 것을 찬찬히 이루어 간다. 대립하거나 공격하지 않고 부드러움이나 인자함을 견지한다. 하지만 을목이 사적 이익을 추구할 때는 변덕스럽고 이해타산적이 되거나 수단과 방법을 가리지 않는다. 관계에 민감해서 갈등을 회피하고 감정을 억압해서 화병이나 간기울결이라는 병에 노출되기 쉬우니 조심해야 한다.

 # 을목을 대표하는 인물

음악으로 사회에 반향을 일으킨 존 레논, 여성 해방을 위해 활동했던 페미니스트 글로리아 스타이넘, 존 레논의 연인으로 유명하지만 전위적인 예술 운동인 플럭서스 멤버이기도 했던 오노 요코, 음악의 천재로 불리는 모차르트 등이 있다. 모차르트는 자연의 을목 기운을 그대로 악보로 옮겨 놓은 게 아닌가 싶을 정도로 놀라운 구조, 자연스러움, 깊이, 대중의 사랑 등 모든 면에서 거의 완벽하다 할 정도의 작품을 남겼다. 아마 태교 음악으로 계속 사랑을 받는 것도 그가 생명을 살리는 을목 기운을 타고났기 때문이 아닐까 싶다. 이외에도 을목을 타고난 인물은 철학자 마르틴 하이데거와 버트런드 러셀, 화가인 프란시스코 고야와 뒤러, 작가 프란츠 파농, 플로베르, 입센, 고골, 에드거 앨런 포, 랭보, 그리고 체 게바라, 빔 벤더스, 알렉시스 드 토크빌, 구양수 등이 있다.

4) 을목형 인간, 배움 제일 안회

 # 지칠 줄 모르는 배움의 열정

천간 중 갑목과 을목은 봄의 기운이다. 봄이 오면 새싹이 돋듯, 만물은 자라기 시작한다. 을목이 갑목을 이어받듯이, 안회(顔回)가 공자에게 무한한 존경을 표하는 장면이 있다. "선생님의 도는 우러러볼수록 더욱 높고, 파고들수록 더욱 견고하다. 바라보면 앞에 있더니 홀연히 뒤에 있다. 선생님께서는 차근차근 사람들을 잘 이끌어 주시니, 나를 학문으로 넓혀 주시고, 예로써 잡아 주신다. 그만두고 싶어도 그만둘 수 없구나. 이미 나의 능력을 다하여도 여전히 선생님의 도는 저 앞에 우뚝 서 있다. 그래서 따르려 해도 따라갈 수가 없구나."「자한」, 『낭송 논어』, 278쪽

을목 안회가 바라보는 공자의 모습은 딱 갑목이다. 우뚝 솟은 나

무처럼 높고 굳건하여 풀과 같은 자신은 따라갈 수 없는 경지! 안회는 알았다. 스승이 세운 지표가 자신 안에 꿈틀거리는 생명력을 유감없이 발휘하게 한다는 것을. 스승이 세운 비전 덕분에 자신의 능력을 다하게 된다는 것을.

봄의 기운을 공자와 공유한 안회는 누구보다 스승의 마음을 잘 읽었고, 읽은 만큼 열심히 배우고 익혔다. 그렇기에 안회는 공자 제자 중 '배움 제일'이자, 공자가 가장 인정한 제자가 될 수 있었다. 공자가 말하지 않았던가. "회는 그 마음이 삼 개월 동안 인(仁)을 떠나지 않았다. 그 나머지 사람은 하루에 한 번, 한 달에 한 번 이를 뿐"「옹야」, 『낭송 논어』, 174쪽이었다고.

인(仁)의 경지란 무엇일까. 어느 날 노나라 애공(哀公)이 학생 중에 누가 배우길 좋아하냐고 묻자, 공자는 안회가 배우길 좋아한다고 하면서 다음과 같이 말한다. "안회가 배움을 좋아하여 노여움을 남에게 옮기지 않았으며, 잘못을 되풀이하지 않았습니다. 불행히도 명이 짧아 죽었습니다. 지금은 없으니, 아직 배움을 좋아하는 사람에 대해 듣지 못했습니다."「옹야」, 『낭송 논어』, 170쪽

공자 제자가 3천 명이나 되었는데 노여움을 남에게 옮기지 않고, 잘못을 반복하지 않는 제자가 안회뿐이었다는 것이다. 난 인(仁)이 언급될 때마다 매우 추상적이라는 느낌을 받았다. 한데 안회의 실천은 일상에서 매우 필요한 내용이라 공자님의 가르침에 대해 달리 생각하게 되었다. 우리는 살면서 얼마나 자주 분노하며 또 얼마나 자주 같은 실수를 반복하는가. 안회가 도달한 인의 경지는 3개월 동안 감정을 조절하고 잘못을 반복하지 않았다는 것이다. 신동준 선

생은 "공자가 생각한 인은 머리와 책 속에 들어 있는 추상적인 개념이 아니라 일상생활 속의 다양한 인간관계에 내재해 있는 실천적인 개념이다. (……) 공자의 인은 바로 인간에 대한 전적인 신뢰가 선행되어야만 실현가능한 덕목"신동준, 『공자와 천하를 논하다』, 한길사, 2007, 415쪽이라고 말한다. 그러니까, 인은 딱히 무엇이라고 할 수 있는 개념이 아니다. 실천 속에서만 말해질 수 있을 뿐이다. 안회의 행동은 인이 무엇인가에 대해 구체적으로 알려 준다. 갑목 공자가 기존의 틀을 깨면서 인의 비전을 세웠다면 을목 안회는 인의 실천이 무엇인가를 삶에서 보여 주고 있는 것이다.

공자는 안회가 죽은 후 "내게 회가 있음으로써 문인들이 더욱 가까워졌다"라며 통곡했는데, 이에 대한 역사학자 안핑 친의 해석은 이렇다. "공자는 안회가 있을 때 자신과 제자들 사이의 관계가 더 가까워졌다고 생각했다는 것이다. 다른 제자들이 안회를 좋아했기 때문에 공자에게도 더 끌릴 수 있었다고 보거나, 아니면 안회의 존재 덕분에 공자가 더 편안하고 부드러우며 마음이 밝을 수 있었다고 보아야 할 것이다."안핑 친, 『공자평전』, 김기협 옮김, 돌베개, 2010, 102쪽 다양한 제자들이 공자에게 배우겠다고 모여들었을 것이다. 하지만 인의 비전이 너무 혁명적이어서 제자들은 감을 못 잡거나 가능한 일이냐고 속닥거렸을 수도 있다. 그런데 안회가 감정을 제어하고 습관을 바꾸는, 환골탈태의 모습을 보이자, 인이란 존재를 바꾸는 일이라고 이해하게 되지 않았을까. 또 이런 안회의 변화로 인해 사람들은 공자의 가르침의 효과에 대해 구체적으로 이해하게 되지 않았을까.

공자가 아무리 자신을 편하게 대하라고 해도 제자들이 스승을 편하게 대하긴 어려웠을 것이다. 이때 공자의 가르침을 체화한 안회가 중간 매개 역할을 자연스럽게 하지 않았을까. 을목 안회가 사람들과 소통하는 모습을 상상해 보라. 얼마나 겸손한 태도로 사람들을 대했겠는가. 이렇듯 안회는 학습 능력이 뛰어난 제자일 뿐 아니라 다른 제자들과 소통이 가장 원활한 제자였을 것이다.

갑목은 강하고 진취적인 데 비해 을목은 유연하고 부드러운 모습이다. 하지만 을목은 갑목과 달리 모든 장애를 극복하면서 끝까지 자신의 목적을 달성해 간다. 현실적인 면에서 보면 을목은 갑목보다 강해 보이는 면이 있다. 공자와 안회를 비교해도 딱 그렇다. 공자의 이상적 비전을 현실에서 배우고 익혀서 배움의 길을 실천한 것은 안회이므로. 공자에게 안회는 여러 방면에서 자신의 비전이 가능하다는 걸 보여 준 소중한 제자인 셈이다.

공자는 자신이 세운 정치적 비전을 이해하고 익히는 안회에게 칭찬을 아끼지 않는다. "회는 그 마음이 삼 개월 동안 인을 떠나지 않았다. 그 나머지 사람은 하루에 한 번, 한 달에 한 번 이를 뿐"「옹야」, 『낭송 논어』, 174쪽이라며 기특해했으며, "가르쳐 주면 게을리하지 않는 사람은 회일 것이다"「자한」, 『낭송 논어』, 289쪽라며 스승이 제자에게 보내는 최고의 찬사를 보낸다. 공자는 을목의 강인한 생명력으로 지치지 않고 배우고 익히는 안회를 꿰뚫어 보았던 것이다.

 # 안빈낙도와 요절, 가장 봄다운 삶

안회는 배움 제일인 동시에 가난에도 불구하고 즐거움을 잃지 않는, 안빈낙도의 아이콘이다. 공자는 말한다. "현명하구나, 회여! 한 그릇의 밥과 한 바가지의 물로 누추한 거리에 사는 것을, 다른 사람은 그 근심을 감당하지 못하는데 회는 그 즐거움을 바꾸지 않는구나. 현명하구나. 회여!"「옹야」, 『낭송 논어』, 179쪽 "회는 거의 도를 터득했지만 자주 쌀독이 비었다. 사(賜)는 천명을 받아들이지 않고 재산을 불렸으나, 그의 예측이 자주 적중했다."「선진」, 『낭송 논어』, 342쪽 봄은 성장의 계절이다. 열심히 자랄 뿐, 열매 맺는 시기는 아니다. 을목 기질을 타고난 안회는 배움을 자양분 삼아 성장을 욕망할 뿐, 결실(재물) 거두기에는 관심을 두지 않았다. 타고난 본성상, 일부러 재물을 멀리한 게 아니라, 그의 욕망이 오직 배움에만 있었던 것이다. 그러니 쌀독이 자주 빌 수밖에!

을목(乙木)은 결실의 계절이 아니다. 봄의 초목이 그러하듯이 봄에는 온 힘을 다해 자랄 뿐이다. 어떤 척박한 상황에서도, 장애물이 가로막혀도 성장을 멈추지 않는다. 세찬 바람에도 나긋나긋하게 눕는 풀이나 갑목을 감고 타고 오르는 덩굴식물처럼, 벽에 기대어 자신의 세력을 펼치는 담쟁이처럼. 안회에게 장애물은 배움을 가로막는 조건들이었다. 가난, 미천한 집안, 약한 몸 등. 하지만 그는 어떤 역경 속에서도 배움을 통한 성장을 멈추지 않았기 때문에 학문과 도덕의 최고 경지에 도달할 수 있었고, 안빈낙도의 아이콘이 될 수 있었던 것이다.

주지하듯, 배움 제일 안회는 요절했다. 요절은 온전한 삶을 살지 못했다는 아쉬움을 남기지만 역설의 달인 장자는 전혀 다른 접근법을 제시한다. 짐승 털이 가장 크고, 태산은 작고, 낳자마자 죽은 아이가 가장 오래 산 자이고, 800살을 산 팽조(彭祖)는 요절을 했다는 것이다. 우리의 통념을 완전 뒤집는 언술들! 장자가 미친 것일까. 아니면 허풍을 떤 것일까. 이건 어떤가. 바이러스에 비하면 짐승의 털은 태산만큼 클 것이다. 태산도 우주의 시선으로 보면 먼지보다 작다. 우리 눈에 별은 먼지처럼 보이지 않는가. 갓 태어난 아이의 죽음도 찰나에 비하면 엄청난 시간이다. 장수의 아이콘 팽조도 지구의 수명에 비하면 요절이다. 어떤가! 생명의 세계에는 비교가 불가능하다. 신라 의상대사의 시 「법성게」(法性偈)의 '일미진중함시방'(一微塵中含十方)처럼 티끌에도 모든 것이 담겨 있는 것이다. 그러니 하루살이의 하루에도 영원이 담겨 있는 것이고.

여전히 안회가 요절했다고 할 수 있을까. 안회는 빼어난 을목 기운을 타고난 만큼 가장 봄답게 살다 간 자일 뿐이다. 공자는 안회가 죽자 다음과 같이 말한다. "애석하다! 나는 그가 앞으로 나아가는 것만 보았지, 멈추는 것은 본 적이 없다." "싹이 났는데도 꽃을 피우지 못하는 경우가 있구나! 꽃을 피웠더라도 열매를 맺지 못하는 경우도 있구나!"「자한」, 『낭송 논어』, 290, 291쪽 학문의 발전을 중단하지 않았던 자. 그리고 꽃을 피우거나 열매를 맺기보다는 오직 배움을 통한 성장으로 존재를 걸었던 안회! 공자는 안회가 꽃을 피우지 못하고 열매를 맺지 못해서 아쉽다고 하지 않는다. 찬란한 봄을 영원처럼 살았던 안회의 삶을 있는 그대로를 존중하고 있는 것이다.

공자가 안회에 대해 다음과 같이 말한 적이 있다. "내가 회와 하루 종일 말을 했는데, 내 말에 질문이 없어서 어리석은 것 같았다. 물러난 뒤에 혼자 생활하는 것을 보니 배운 대로 하고 있었다. 회는 어리석지 않도다."「위정」, 『낭송 논어』, 61쪽 공자는 안회가 너무 조용해서 처음에는 어리석은 사람으로 여겼었다. 그러나 그의 행동을 지켜보니 가르침을 너무 잘 실천하고 있는 게 아닌가. 공자는 안회가 어리석은 사람이 아니라고 정정한다. 공자의 가르침을 누구보다 잘 이해했고 그것을 묵묵히 실천한 제자였던 것. 남회근 선생은 배움의 태도에 있어서 윗사람이 말한다고 무조건 복종하는 것은 옳은 게 아니라고 말한다. 오히려 복종만 하는 것은 배움의 태도가 아니라는 것. 물러가 자신을 살펴보고 한 걸음 나아가 가르침대로 뜻을 발휘하여 확충할 수 있어야 하는데, 이것이 배움의 태도이고 안회는 배움의 정석을 보여 준 것이다.

공자는 오직 안회에게 다음과 같이 말한 적이 있다. "등용되면 도를 행하고 물러나면 숨는 것은 오직 나와 너만이 할 수 있다"고.「술이」, 『낭송 논어』, 210쪽 이 말에서 공자와 안회의 공통 감각의 정도를 알 수가 있다. 공자와 안연! 사제이자 친구이고 부자이기도 한 이 관계를 무엇으로 설명할 수 있을까. 갑목(甲木)은 성질이 곧고 높은 이상적인 힘, 인 사상을 싹트게 한 공자의 모습이다. 반면 을목(乙木)은 유연하고 부드러워 주변 관계 속에서 목적한 바를 이루는 현실적인 힘, 열심히 배워 인의 경지를 터득한 안회의 모습이다. 봄의 기운을 공유한 공자와 안회였기에 이상적이고 전설적인 사제관계가 가능했을 것이다. 꿈틀거리는 생명력을 배움의 열정으로 전환시킨 안회! 차가운 마음의 대지 위에 따듯한 봄바람을 일으킨 안회! 공자는 기뻤을 것이다. 모두가 안회처럼 배운다면 자신의 비전으로 살리는 세상이 될 것이므로. 새싹을 이어받아 나뭇가지가 옆으로 벌어져 자라나듯 공자의 혁명적인 인(仁)의 사상은 안회를 만나 줄기를 뻗기 시작한다. 갑목 공자가 기존의 틀을 깨고 인의 비전을 세웠다면 을목 안회는 인의 사상을 일상에서 실천하는 길을 열었던 것이다. 하여 난 공자와 안회를 '갑을 사제'라 부르고 싶다.

초여름을 여는
맹렬한 태양,
병화

병화형 인물, 실천 제일 자로

"빛은 생명의 근원이다. 이 지구상의 모든 살아 있는 것들은 지구의 자전에 의해 나타나는 빛과 어둠의 리듬에 반응한다. 생명은 습관을 가진 창조물이며, 이 습관이란 빛에 반응해 온 습관을 의미한다. 빛을 공급하는 태양은 생명의 발전소이다. 태양이 없으면 식물은 생장할 수 없으며 따라서 동물도 살아남을 수 없다. 이산화탄소를 당으로 전환하고 생명을 주며 에너지의 합성을 가능케 하는 산소를 이 세상에 공급하는 것은 바로 식물의 광반응계이다. (……) 모든 산소, 생명 유지의 수단인 산소는 태양의 빛으로부터 나온다." 로저 코그힐, 『빛의 치유력』, 임형태 옮김, 생각의나무, 2006, 59쪽

"광자가 일단 태양을 벗어나기만 하면 지구까지의 여정은 비교적 짧은 편이다. 모든 전자가 파동 형태가 그렇듯, 빛도 항상 일정한 속도를 유지한다. 빛은 거의 1초에 30만 킬로미터 속도로 움직이므로 태양의 표면을 떠난 광자는 약 8분 후에 지구에 도착한다. 광활한 우주 공간을 1억 5천만 킬로미터나 날아온 광자는 그 하나하나가 우리가 사는 이 행성의 모양을 만들고 변형시킬 수 있는 놀라운 능력을 지니고 있다." 브라이언 콕스·앤드류 코헨, 『태양계의 놀라운 신비』, 최세민 옮김, 21세기북스, 2012, 36쪽

'병'(丙) 자는 다리가 있는 상이나 받침대의 모양을 본뜬 글자이다. 이 상은 제물을 올려놓는 제사상으로, 여기에 불을 밝힌 모양을 본뜬 글자가 '병'인 것이다. 한편 이 글자는 천간에서 세번째로 등장하는 글자로, 양기(陽氣)가 가장 강한 화기(火氣)를 지니고 있다. 그래서 이를 병화(丙火)라고 부르는데, 양기가 충만한 그 이름에 걸맞게 어떤 것도 두려워하지 않고 하늘을 환히 밝히는 성질을 지닌다. 병화는 자주 태양에 비유된다. 병화는 태양처럼 공명정대하게 세상을 밝히려는 성질이 있다."(류시성·손영달, 『갑자서당』, 157쪽)

1) 병화의 상징

『오행대의』에서 "'병(丙)은 자루[柄]이다. 물건이 생겨나 자라면 각각 줄기자루를 잡는 것이다'는 말에 정현이 주를 달아 말하기를 '병은 빛나는 것[柄]이니, 여름에 모든 물건이 강대해져서 빛나게 나타나 보이는 것이다'"라고 했다. 『석명』에는 "병(丙)은 빛남이다. 만물이 생겨나 모두 뚜렷하게 보이는 것이다"라고 했다. 『한서』에서는 "명병우병"(明炳于丙), '병(丙)에서 밝게 빛난다'고 말한다. 병(炳)은 밝게 드러난다는 의미로, 이는 양기가 충만하여 생장하는 모습이 현저해진다는 뜻이다. 『백호통의』에서는 "병(丙)은 만물이 윤기가 나고 분명해진다는 뜻"이라고 했다. 지금까지의 내용을 종합해보면 병은 만물을 밝게 성장시켜 물건의 정체를 세상에 출현시키는 기운이다. 을목 다음 단계인 병화는 사방팔방으로 자신의 기운을 한껏 펼치기 때문에 그 기세가 빠르고 맹렬하다. 그리고 그 기세로 인해 어둠을 없애고 사물을 밝게 비출 수 있는 것이다.

『회남자』(淮南子)에서는 "병자(丙子)일에 정령을 받으면 어진 사람을 등용하고 공이 있는 사람에게 상을 주며, 제후를 세우고 재화를 방출한다"고 했다. 병의 기운으로 명령을 받을 때 정치적인 태도가 달라진다는 점이 흥미롭다. 개인이 정치를 하는 게 아니라 태양 기운과 일치가 되면서 고차원적인 힘으로 고양된 정치를 하게 되는 것이다.

『서경』(書經) 「홍범」(洪範)에는 화(火)를 염상(炎上)이라 했는데, 염상이란 불길이 위로 타오르는 모습을 의미한다. 병화의 대표 물상은 태양이다. 태양 빛은 사방으로 뻗어 나가 세상을 밝히지만 잡을 수가 없다. 병화는 어떤 기운도 남기지 않기 때문에 사방팔방으로 에너지를 확산할 수 있는 것이다. 실제로 태양은 1초마다 4×10^{23}킬로와트의 에너지를 뿜는다. 이것은 미국 한 해 소비 전력의 100만 배에 해당된다고 한다. 이렇게 빛을 계속 엄청나게 뿜어 대면 금방 소멸될 것 같은데 태양은 여전히 건재하다.

태양은 50억 년 동안 빛을 발산 중이라고 한다. 그토록 많은 빛을 방사하면서도 여전히 빛나는 힘의 원천은 무엇일까? 태양이 되기 위해서는 먼지와 가스덩어리인 구름에서 시작해야 한다. 분자구름이 점점 더 수축하고 뭉치면서 열이 발생했고, 계속된 열은 중심부 온도가 뜨거워져 수소가 융합하여 헬륨이 되었다. 태양은 갑자기 웰메이드 된 채 '뿅' 하고 등장한 게 아니다. 엄청난 시간 동안 분자구름이 뭉치고 뭉치는 시간이 있었기에 그 결과, 지금처럼 생명을 살리는 빛이 된 것이다. 우리 삶에서도 태양처럼 분자구름이 뭉치는 시간을 만들어 내지 않으면 만물을 살리는 태양의 상태를 유지할 수 없을 것이다. 『사기』에서는 "양도(陽道)가 뚜렷하게 밝은 것"을 병이라고 했다. 병화의 대표 물상은 태양으로 높이 떠서 비추거나 살리는 빛이다. 거침없이 밖으로만 쏟아내는 에너지로 태양, 용광, 빛, (밝음의 절정이라) 화려한 모든 것, 고도로 발달한 문명 등을 상징한다.

2) 병화의 계절

늦봄 을목 다음에 오는 초여름 기운이 병화이다. 병화는 앞선 목 기운들과 달리 분산 운동을 한다. 봄에는 나무들이 수직으로 성장하다가 병화의 초여름에는 그 힘이 산포되어 생명의 잠재력이 사방팔방으로 팽창할 수 있게 된다. 병화의 변화 속도는 무척 빠르다. 마치 쌀알이 뻥튀기 기계를 통과하면 금방 부풀어 나오는 것과 같다. 하지만 이런 급격한 변화로, 병화는 화려하면 화려할수록 지구력과 지속성은 떨어질 수밖에 없는 한계를 가진다.

병화는 겉이 화려한 만큼 속은 텅 비어 있다. 여름에 뿌리 식물을 캐면 약성이 떨어지는 것도 모든 기운이 말단인 잎에 쏠려 뿌리에는 기운이 남아 있지 않기 때문이다. 만약 약재로 사용하려면 겨울에 캐야 한다. 나무도 그렇다. 봄이 되면 줄기를 따라 물이 차오른다. 하지만 여름이 되면 줄기를 넘어 잎사귀까지 물이 위로 올라가면서 초목이 번성한다. 봄의 새싹은 뾰족하다. 대지를 뚫고 솟아오르기 위해서이다. 하지만 여름에는 기운이 불꽃처럼 흩어지는데, 가장 극단으로 흩어진 상태가 아름다운 꽃잎이고 얇고 납작한 잎들이다. 있는 힘을 다해 펼쳤기 때문에 나뭇잎 내부에는 남아 있는 힘이 거의 없다. 그렇기 때문에 여름이 가고 가을이 되어 찬바람이 불면 여름의 번성했던 잎들은 힘없는 낙엽이 되어 우수수 떨어질 수밖에 없다. 그렇다. 병화는 안다. 가을이 오면 아무리 화려한 잎이라도 우수수 떨어진다는 것을. 그럼에도 내부에 기운을 남기지 않고 불꽃처럼 기꺼이 뿜어내야 하는 게 병화의 운명인 것이다. 그렇게 자신의 모든 것을 아끼지 않고 비워야 비운 만큼 채우는 작업이 일어나기 때문이다.

3) 병화의 특징

 # 빛남

밤은 어둡다. 하지만 태양이 뜨면 어두운 밤은 물러간다. 따듯한 햇빛을 받아 대지의 만물은 성장하기 시작한다. 그렇다. 만물은 따듯한 태양의 빛을 받아 발생하고 양육된다. 『태양계의 놀라운 신비』를 쓴 브라이언 콕스에 따르면 "지구가 태양에 의존하는 정도는 상상을 초월한다. 태양계의 모든 행성은 각기 다양한 수준의 햇빛을 받아들이지만, 우리가 알고 있는 한 그저 햇빛의 따듯함을 누리는 것 이상으로 햇빛을 이용하는 곳은 단 하나이다. 지구에서는 그야말로

'햇빛을 먹고 산다.' 태양은 지구에 있는 거의 모든 생명체의 에너지원이다. 모든 식물, 해조류, 박테리아류 다수가 광합성을 통해 태양의 힘을 이용하여 자신들이 먹을 양분을 만들고 이런 작용이 복잡하게 얽히고설킨 지구 생명계의 기반이 된다. 광합성은 지구 대기에 존재하는 산소를 일정 수준으로 유지하게 해줄 뿐 아니라 에너지원이라는 점에서도 거의 모든 생명체가 살아가는 토대"브라이언 콕스·앤드류 코헨, 『태양계의 놀라운 신비』, 43쪽이다. 즉, 지구 위의 생명은 햇빛을 먹고 산다는 것이다.

『주역』에서 화지진(火地晉)괘는 땅 위에 밝은 해가 떠오른 상으로 병화와 닮은 괘이다. 해가 땅 위로 솟아오르면 세상은 밝아진다. 진괘에 의하면, 장성한 사물은 그 상태로 머물면 안 되고, 반드시 사회에 진출해야 한다. 태양도 때가 되면 천지를 비추기 위해 떠오르듯, 사람도 때가 되면 세상에 진출하여 세상을 이롭게 하기 위해 활동해야 한다는 것이다. 이런 성향이 공정하고 공평하며 용기 있고 과단성 있는 모습으로 드러난다. 앞서 보았듯 태양이 50억 년 동안 빛을 발할 수 있는 건 오랜 시간 동안 분자구름이 뭉친 것으로 태양이 중천에 뜰 수 있는 것은 과정을 충분히 거친 결과인 것이다. 이런 과정을 망각하고 혼자 빛나려 하거나 능력을 과신할 때 위험해진다. 열정이나 적극성이 조급증이나 빠른 싫증이 될 수 있고 잘난 척 등으로 구설에 휘말리기 쉽다. 태양은 자신의 힘을 과시하기 위해 빛나지 않는다. 만물을 살리기 위해 빛을 낸다. 화지진괘에 대한 공자 주석에 의하면 거듭된 불을 본받아서 "스스로 밝은 덕을 밝"히라고(自昭明德) 했는데, 자신을 내세우고 싶을 때마다 새겨야 할 말이다.

번성

화지진괘는 군주의 역할을 예로 들고 있는데, 태양이 만물과 교감하듯 군자가 백성과 교감하려면 먼저 신하들과 적극적으로 소통해야 한다. 여름은 태양이 자신의 힘을 가장 크게 드러내는 시기로 만물이 번성하는 계절이다. 세상으로 진출하는 것도 같은 이치를 따라야 한다. 사회 진출을 자기 능력으로 여겨 기고만장했다가는 세상을 비추기는커녕 세상도 자신도 불태워 버릴지 모를 일이다. 홀로 화려함을 과시하거나 '자뻑' 했다간 허장성세로 인해 공허해지고 시들어 버릴 것이다. 하여 세상에 진출할 때는 태양의 마음으로 해야 한다. 많은 사람과 공감하고 소통해야 함을 진괘는 강조하고 있다. 이것이 병화가 가져야 할 태도인 것이다.

빠른 속도

병화 성향을 타고난 자는 태양이 그러하듯 만물을 기르는 임무를 부여받았다. 이런 임무를 수행하려다 보니, 사회에서 인정받는 직업이나 역할과 인연이 닿는다. 병화는 어떤 일을 해도 불처럼 번성하는 속성이 있으므로, 자신의 소명을 잊으면 위험해질 수 있다. 언변과 표현력이 좋기 때문에 자신의 능력을 과신하거나 잘난 척하여 타인을 무시하기 쉽다. 만물을 밝히는 속성은 부정과 불의를 못 참는 것으로 드러나기도 한다. 하지만 너무 시비를 따지게 되면 강한 분별심의 함정에 빠질 수 있으니 조심해야 한다. 자신의 옳음을 너무 강조하게 되면, 다른 관점이나 상대방에 대한 고려를 할 수 없기 때문이다.

태양이 그러하듯 병화는 워낙 기세가 산포하는 성질이라 거칠 것도 두려움도 없다. 이것이 너무 지나치면 조급하고 거친 성향으로 드러날 수 있다. 물불을 가리지 않고 좌충우돌하거나 천방지축으로 설치다가 실수하기 쉽다. 또한 병화는 폼생폼사를 조심해야 한다. 이 한계를 넘어서려면 시비를 따지는 습관을 멈추고, 태양이 만물을 두루 비추듯 주변을 찬찬히 살피면서 마음과 시야를 열고 소통하는 자세가 필요하다. 그럴 때 알레그로나 비바체 같은 병화만의 속도를 가지게 될 것이다.

 # 병화를 대표하는 인물

인류에게 이익을 주는 마음으로 과학을 한 알베르트 아인슈타인, 데이비드 봄이 있고, 스마트폰이라는 빛의 세례를 받게 한 스티브 잡스 등이 있다. 우리 시대의 과학자와 기업가지만 인류를 위한 비전을 가진 인물들이다. 병화는 태양의 마음을 가진 만큼 공공의 이익을 위한 마음을 타고났다. 그리고 영적 멘토들은 대부분 진리를 빛으로 표현한다. 그들이 말하는 사랑, 자비는 태양이 만물을 살리고 비추는 빛과 다르지 않다. 그런데 왜 우리는 빛의 모습으로 살아가지 못할까. 거칠게 말하자면 자의식의 감옥에 갇혀 자신을 빛으로 향하도록 하지 못하기 때문이다. 그러므로 병화 탐구란 나를 에고라는 어둠에서 해방시켜 빛이 되게 하는 일이 될 것이다. 이외에도 병화 기질을 타고난 인물로 고흐, 조너선 스위프트, 마크 트웨인, 자크 데리다, 에마뉘엘 레비나스, 이반 일리치, 간디, 존 밀턴, 차이콥스키, 올리버 색스, 마크 로스코, 홍명희 등이 있다.

4) 병화형 인물, 실천 제일 자로

공자 제자 가운데 병화 기운을 타고난 인물은 자로(子路)다. 그는 공자 스쿨에 들어가기 전에는 동네 건달로 공자를 업신여기고 행패를 부렸던 인물이다. 하지만 공자 스쿨에 들어간 후 배운 걸 실천하지 못해 안달하는 제자로 돌변한다. "자로는 가르침을 듣고 그것을 아직 실천하지 못하면, 행여 다른 가르침을 들을까 두려워했다"「공야장」, 『낭송 논어』, 150쪽 할 정도로 실천의 달인이었다. 그의 즉각적인 실천력을 말해 주는 에피소드 중 하나가 효를 배우자 쌀이 생기면 백 리(약 40km)나 되는 부모님 댁으로 한걸음에 달려가 봉양하였다는 이야기다. 안연이 학습파였다면 자로는 행동파였다고나 할까.

초봄 갑목 기운은 새싹을 위로 솟구치게 하지만 내부엔 여전히 밖으로 분출 못한 에너지가 저장되어 있다. 하지만 초여름의 시기가 오면 달라진다. 내장된 기운이 폭발하듯 밖으로 모두 펼쳐지는데, 병화 기운을 타고난 자로는 이런 발산력으로 스승에게 배운 것을 곧장 실천했던 것이다. 또, 그는 무엇을 해도 끝장을 봐야 했다. 남김없이 발산하는 병화 기질의 자로는 사심이 없고, 공명정대했다. 공자님은 자로에 대해 "한마디 말로 소송을 판결할 수 있는 사람은 유(由, 자로의 이름)일 것이다. 자로는 판결을 묵히는 법이 없다"「안연」, 『낭송 논어』, 373쪽고 말씀하셨다. 송사는 이해관계가 얽힌 분쟁을 푸는 매우 까다로운 일이다. 자로는 이 어려운 일을 말 한마디로 판결할 수 있는 자였다. 그가 얼마나 공명정대했으면 한마디 말로 판결 가능했겠는가. 또한 태양 같은 자로는 심장의 기운을 사용하기 때문에 언변과 표현력을 타고났다. 자로는 태양처럼 만물을 살리고 밝히는 빛처럼 행동했고, 사람들은 그의 사심 없는 판결을 신뢰했을 것이다.

우리도 알지만 의지를 낸다고 해서 바로 실천할 수 있는 건 아니다. 실천하려면 용기가 필요하다. 공자도 용기백배 자로를 인정한 바 있다. 자로는 공자께 군자도 용맹을 숭상하냐고 묻는다. 그러자 군자는 용맹이 아니라 '의'(義)를 숭상한다며 군자가 용맹만 있고 의가 없으면 난을 일으키고, 소인은 용맹만 있고 의가 없으면 도적이 된다고 했다. 용맹한 자로에게 공자는 의의 중요성을 알려 주신다. 공자는 걱정이 됐을 것이다. 병화 자로가 용기는 있지만 충분히 숙고하지 않고 급히 행동하는 것에 대해. 10개의 천간 중 병화는 가장 속도가 빨라 물불을 가리지 않고 행동한다. 빠른 속도 때문에 의도와 달리 실수하게 되고 후회도 잘한다. 그것도 잠시, 그때뿐이다. 병화 자로는 언제 그랬냐는 듯 맹렬한 기세로 달려 나간다.

 # 공자의 자로 훈련법

어느 날 공자는 제자들이 자신을 어려워하자 편하게 얘기하라고 분위기를 풀어 준 적이 있었다. 그러자 자로가 "천승(千乘)의 나라가 큰 나라 사이에 끼어 침략을 당하고 이로 인해 기근이 든 상황에서 제가 그 나라를 다스린다면, 3년 안에 백성을 용감하게 하고 의로움을 알게 할 수 있습니다"「선진」, 『낭송 논어』, 351쪽라고 했고, 공자는 빙그레 웃는다. 너무나 천진한 채, 의욕만 앞서는 자로를 보니 어이가 없어 웃음이 나왔을 것이다. 천방지축 자로를 어떻게 속도 조절을 하게 만들까? 공자의 웃음에는 이런 고민이 담겨 있지 않았을까 싶다.

거침없고 좌충우돌하며 종횡무진하는 병화를 누가 막겠는가. 하지만 공자는 자로와 대화를 하면서 그를 쉬지 않고 조련한다. 자로가 스승에게 묻는다. "들으면 바로 실천해야 합니까?" 공자께서 말씀하셨다. "부모형제가 계신데 어찌 들으면 바로 실천하겠느냐?" 염유가 물었다. "들으면 곧 행해야 합니까?" 공자께서 말씀하셨다. "들으면 바로 실천해야 한다." 공서화가 물었다. "유(자로)가 '들으면 바로 실천해야 하는지' 물었을 때는 선생님께서 '부모형제가 계시다'고 말씀하셨습니다. 구(求, 염유의 이름)가 '들으면 바로 실천해야 하는지'를 물었을 때는 선생님께서 '들으면 바로 실천해야 한다'고 말씀하셨습니다. 제가 의아해서 감히 묻습니다." 공자께서 말씀하셨다. "구는 소극적으로 물러나기 때문에 적극적으로 나아가게 한 것이다. 유는 남을 이기려 하기 때문에 물러서도록 한 것이다."「선진」, 『낭송 논어』, 345, 346쪽

자로와 염유는 공자에게 같은 질문을 했지만 공자는 제자들의 성향에 맞게 맞춤형 대답을 했다. 자로는 급하게 행하려고 할 뿐, 주변 상황을 돌아보고, 숙고하는 과정이 없으니 부모와 형제가 있음을 일깨워 주었다. 자로는 그때서야 부모와 형제를 고려하지 않은 자신의 조급함과 경솔함에 대해 깨닫게 되었을 것이다.

자로는 공자에게 군자에 대해 물었다. 공자가 "공경으로써 자신을 수양하는 것이다"라고 하자 자로는 "이것뿐입니까"라는 말이 떨어지기가 무섭게 실천하려 했다. 그러자 공자는 "자신을 수양하여 사람을 편안하게 해야 한다"라고 말한다. 자로가 또 급한 마음으로 "이것뿐입니까"라고 묻자, 공자는 "자신을 수양하여 백성을 편안하

게 하는 것이다. 자신을 수양하여 백성을 편안하게 하는 것은 요임금과 순임금께서도 오히려 미치지 못할까 근심하셨을 것이다"라고 말한다.

공자는 행동 전에 먼저 수양할 것을 강조했는데, 자로가 속도조절을 하도록 만들기 위함이다. 안회와 자공이라면 충분히 생각한 후에 실천했겠지만, 성질 급한 자로는 단편적으로 생각해서 행동을 하다가 큰 사고를 칠 수 있기 때문이다. 불은 만물을 비추고 따듯하게 하지만 적재적소에 맞게 적절히 사용하지 못하면 의도와 상관없이 모든 것을 다 태울 수 있는 성질을 가졌다. 공자는 병화의 맹렬한 불기운을 타고난 자로가 화력을 잘 조절하여 세상을 이롭게 하는 불이 되길 바랐을 것이다. 공자는 "도가 행해지지 않으니, 뗏목을 타고 바다를 떠다니련다. 아마도 나를 따를 사람은 유(자로)겠지?" 했다. 자로가 이 말씀을 듣고 기뻐했다. 공자께서 말씀하셨다. "유는 용기를 좋아함이 나보다는 나으나, 사리 판단을 하지 못하는구나."「공야장」, 『낭송 논어』, 142쪽 공자는 이익에 취해 도가 무너지는 시대 상황을 보면서 떠나고 싶은 심정이었던 듯하다. 그런데 자로는 이런 스승의 심정을 헤아리기는커녕 스승이 자신과 함께 떠난다는 말에 신나할 정도로 단순했다. 이것이 병화의 한계다. 속도가 빠르다 보니 상대의 마음을 헤아리거나 상황을 입체적으로 보는 힘이 약한 것이다.

공자가 안연에게 "등용되면 도를 행하고 물러나면 숨는 것은 오직 나와 너만이 할 수 있다"라고 하자 자로는 질투가 폭발해서 스승께 질문을 한다. "선생님께서 삼군을 통솔하신다면 누구와 함께하시겠습니까." 공자는 "맨손으로 호랑이를 잡고, 걸어서 황하를 건너다가 죽더라도 후회하지 않는 사람과 나는 함께하지 않을 것이다. 반드시 일을 맡으면 두려워하고 도모하기를 잘하여 성공하는 사람과 함께할 것이다"「술이」, 『낭송 논어』, 210쪽라고 답한다.

자로는 공자가 안연을 인정하는 모습을 보면서 자신도 인정받고 싶었던 것 같다. 하지만 공자는 인정은커녕 너같이 앞뒤 안 가리는 자와는 함께하지 않겠다고 선을 긋는다. 공자가 아무리 물을 뿌려도 자로의 맹렬한 불은 수그러들지 않고 다시 타오른다. 공자도 질세라 끊임없이 제동을 건다. 공자의 핀잔을 아무리 들어도 기죽지 않는 자로와 지치지 않는 꾸짖음으로 자로를 훈련시키는 공자! 이 대화를 보노라면 위태로움보다는 스승과 제자가 가르침과 배움을 위해 노력하는 사제 간의 애정이 듬뿍 느껴진다.

 # 명대로 살진 못했지만 끝까지 배움을 실천한 자로

병화는 초여름으로 왕성하게 성장하는 기운이다. 그렇다. 병화는 추위를 쫓고 만물을 생기 있게 하는 기운이다. 하지만 자비심을 잃은 불은 활활 타올라 나도 남도 모두를 태울 수 있다. 공자가 제자들을 한 명씩 논평한 적이 있다. "민자건은 공자를 곁에서 모실 때 온화했고, 자로는 굳세었고, 염유와 자공은 유연했다. 공자께서 즐거워하셨다. '유는 제명대로 살지 못하겠구나.'"「선진」, 『낭송 논어』, 336쪽

공자가 걱정했던 대로 자로는 타고난 명대로 살지 못했다. 자로는 당시 현장에 없었기 때문에 휘말리지 않을 수도 있었지만, 그는 위나라 변란을 평정하겠다며 굳이 불구덩이 한가운데로 들어가 장렬하게 전사하고 말았다. 죽음을 불사하고 달려드는 것은 병화만이

할 수 있는 행동이다. 공자는 이 소식을 듣고 자로의 죽음을 예상했다. 자로가 몸을 사리지 않고 직진할 것을 알았기 때문이다. 하지만 자로는 죽음 앞에서도 공자가 가르쳐 준 것에 대한 실천을 멈추지 않았다. "군자는 죽어도 관은 벗지 않는다"며 갓끈을 매고 죽은 것이다. 끝까지 갓끈을 고쳐 쓴 모습에서 예를 실천하고자 하는 의지가 얼마나 큰지를 느낄 수 있었다. 한 점 사심이 없었기에 매 순간 용맹할 수 있었던 자로! 그가 죽고 공자는 "내가 유를 얻고부터 귀에 나쁜 말이 들리지 않았는데"라며 그에 대한 애정을 가감 없이 드러낸다. 이렇듯 자로는 공자에게 죽을 때까지 든든한 제자였던 것이다.

자로의 용맹함이 공자를 지켜 준 것도 있지만 그의 변신이야말로 공자를 더욱 빛나게 했을 것이다. 거칠고 급한 성품을 가진 자로가 배우고 익혀서 명성 있는 정치가로 환골탈태했으니 공자의 가르침이 증명된 게 아닌가. 스승에게 제자의 변신처럼 기쁜 일이 어디에 있겠는가. 그의 변신이야말로 공자의 비전이 세상에 통한다는 증거가 아닌가. 이렇듯 자로는 공자 스쿨의 태양과 같은 존재였다. 모범생 안회와는 전혀 다른 버전이지만 자로가 변할 수 있다면 누구나 배움을 통해 변할 수 있다는 믿음을 사람들에게 주지 않았을까! 자로는 공자보다 아홉 살 아래로 나이 차가 가장 작은 제자로, 공자 옆에서 생사고락을 함께했다. 자로가 죽고 다음 해에 공자가 세상을 떠났으니 그 인연이 매우 깊었음을 알 수 있다.

자로가 스승에게 정치에 대해 물으면 "앞장서고, 수고해라"라고 했고, 좀 더 듣기를 청하자 "싫증내지 마라"고 했다. 자로는 스승의 잔소리 같은 가르침을 통해 깨닫고 실천하고 또 가르침을 듣고 실천하길 멈추지 않았다. 자로의 거친 기질은 이렇게 공자의 잔소리 같은 가르침을 통해 점점 훈련되어 세상을 밝히고 만물을 살리는 태양 병화가 되어 가고 있었다.

남의 눈에 잘 띄는 병화 기운을 타고난 탓에 기이한 의상을 입고 건들거리며 등장부터 심상치 않았던 자로. 자로의 환골탈태 후에 공자는 다음과 같이 말한다. "낡은 솜옷을 입고, 여우나 담비 가죽옷을 입은 사람과 함께 서 있어도 부끄러워하지 않는 사람은 유일 것이다. 『시경』에 이르기를 '남을 해치지 않고 남의 것을 탐내지 않는다면 어찌 훌륭하지 않겠는가?' 했다."「자한」, 『낭송 논어』, 296쪽 자로는 이 구절을 내내 외우고 다녔다.

안회의 안빈낙도와는 전혀 다른, 자로만의 실천적 삶이 펼쳐진다. 자로는 이 구절을 내내 외우고 다니면서 인정욕망에 휘둘리지 않고 당당하게 배움의 길을 열어 나갔다. 처음 공자 앞에 등장한 '허세 작렬' 자로를 기억해 보라. 이런 자로가 낡은 솜옷을 입고도 기죽지 않았다는 건, 스승의 가르침이 자로에게 충만함을 주었다는 뜻이리라. 남을 해치지 않고 남의 것을 탐내지 않으며 인의 실천이 삶의 전부가 된 자로! 자로를 보면 50억 년 동안 빛나는 태양과 오버랩되는 지점이 있다. 태양이 되려면 빛나는 만큼, 수축하는 시간을 거쳐야 하듯이 병화 자로는 공자 스쿨에서 배움과 수행을 멈추지 않았다. 그 내공이 만물을 따듯하게 비추고 살리는 태양 같은 자로를 만든 것이리라. 그리고 태양이 그러하듯 2천 년이 지난 지금에도 자로는 우리 시대를, 그리고 우리 삶을 여전히 비추고 있다.

늦여름의
뜨거운 열기,
정화

정화형 인물, 언변 제일 재여

"에트나 화산은 고대부터 많은 시인, 예술가, 역사가들에게 영감을 주고 그들을 흥분시켜 왔다. 시칠리아섬에 있는 약 3,353미터 높이의 에트나는 유럽에서 가장 키가 큰 화산일 것이다. 에트나라는 이름은 그리스어 '아이토'(aitho)에서 유래했는데, 이는 '내가 불에 탄다'라는 뜻이다. 기원전 1500년경에 첫 폭발이 있은 뒤로 최소 190번의 폭발이 있었다. 고대 시인 헤시오도스는 에트나의 폭발을 주제로 시를 썼으며, 플라톤은 기원전 387년에 단지 에트나 화산을 보기 위해 그리스에서 달려왔다. 오디세우스는 에트나의 꼭대기에서 키클롭스(시칠리아섬에 살았던 애꾸눈의 거인족)가 던진 바위를 피했다고 한다. 로마인들은 이곳을 불카누스의 대장간이자 거인 엔셀라두스가 쉬는 장소라고 믿었다. 폭발은 거인이 숨 쉬는 표시이며, 지진은 몸을 움직일 때 일어나는 것이라고 생각했다. (……)
에트나산에는 세 개의 생태계가 존재한다. 하단부에는 감귤, 바나나, 올리브, 무화과나무 등 아열대성 식물이 자라며, 좀 더 따뜻한 중간 부분에서는 포도나무와 다양한 핵과나무가 번성한다. 상단부에도 밤나무, 자작나무, 소나무가 서식한다. 그러나 그 이상 올라가면 용암과 재만 보일 뿐이다. 정상 부근에는 눈이 내려와 쌓인다. 항상 연기를 내뿜는 에트나산은 지난 50년 동안 화산활동이 점점 활발해지고 있다." 사이먼 윈체스터·세바스찬 영거 외, 『지구의 생명을 보다』, 박영원 옮김, 휘슬러, 2005, 204쪽

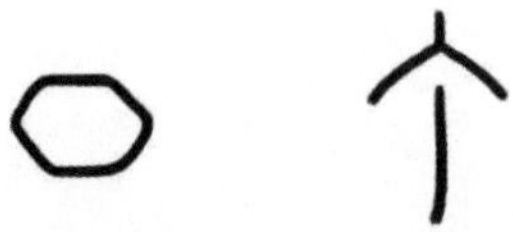

'정'(丁)은 못의 머리 모양을 본뜬 글자이다. 못은 어떤 대상을 단단하게 고정시키는 역할을 한다. 여기서 '단단하다·성하다'는 뜻이 나왔다. 이 글자가 천간의 네번째 글자로 쓰인 것은 '머무를 정(亭)' 자의 멈춘다는 뜻에서 유래했다. 이 글자에는 사물이 성장을 하다가 멈춘다는 의미가 들어 있다. 사물이 성장의 막바지에 다다른 시점, 계절로는 여름의 시기이다. 그래서 이 글자를 화에 배속하여 정화(丁火)라고 부른다.
정화는 불 중에서도 음의 화에 속한다. 병화가 강한 폭발력을 내재한 화기 그 자체를 의미한다면, 정화는 우리가 실생활에서 사용하는 불이라고 할 수 있다. 촛불, 난롯불, 등불, 전깃불 등 실생활에 활용되는 대부분의 불들이 바로 구체적이고 실용적인 열기를 전하는 정화의 사례가 될 수 있다."(류시성·손영달, 『갑자서당』, 158쪽)

1) 정화의 상징

『오행대의』에 "정(丁)은 '머무를 정(亭)'과 같고, 정(亭)은 그쳐 쉬는 것이니, 물건이 생겨나서 크다가 그치게 되는 것"이라고 했다. 화(火)는 분산하고 발산하는 성질인데 머물고 그쳐 쉰다니 상반된 의미인 듯하다. 왜 그렇게 표현한 것일까. 앞서 병화는 온 사방에 자신의 기운을 펼쳐 내는 기운이었다. 자연은 그 기세를 계속 끌고 가지 않는다. 한 번 전진했으면 한 번 후퇴하면서 나아간다. 병화는 폭발하듯 발산했기 때문에 더 이상 나아갈 곳이 없다. 이제 잠시 쉬면서 음기를 받아들이게 되는데 이 단계가 정화인 것이다. 그렇다고 멈추는 건 아니다. 겉은 쉬는 듯 보이지만 팽창을 속으로 다진다고나 할까.

『한서』에서는 "정(丁)은 씩씩하고 왕성하다는 의미가 있으니(大

盛于丁), 어린 싹이 끊임없이 자라 커진다는 것을 의미"한다고 했다. 『사기』에는 "정(丁)이란 만물의 장정(壯丁)"이라고 했는데, 장정은 건장하게 성장한 청년이다. 하여 '정'은 만물이 청년 단계에 이른 상태라는 것이다. 병화가 외적 성장이라면 정화는 안팎 모두 충실하게 성장했음을 의미한다. 『설문해자』에는 "정(丁)은 여름에 만물이 튼실해지는 모습이다. 정은 병 다음이고 사람 심장을 본뜬 것"이라고 했다. 왜 심장을 본떴다고 했을까. 이것은 의학고전 『황제내경』(黃帝內經)식 접근이다. 오장육부 중 심장은 화기에 속하며 온몸에 기혈을 산포하는데, 이런 기능을 발산하는 정과 연결시킨 것이다.

정화는 병화 다음 단계로 병화의 빛을 안으로 모으는 과정이다. 마치 프리즘에 빛을 통과시켜 열을 모으는 것과 같다. 즉, 태양 빛은 병화고, 모인 열은 정화에 해당한다. 정화는 태양이 한껏 내뿜은 빛을 모으고 응축한 열인 것이다. 병화가 가공되지 않은 태양이나 자연의 에너지를 상징한다면 정화는 별이나 인공으로 만든 전기나 촛불, 인간이 만든 문명 등을 상징한다.

2) 정화의 계절

병화가 태양의 빛으로 세상을 따듯하게 하는 초여름 계절이라면 정화는 태양이 보낸 빛을 대지가 흡수해서 가열된 뜨거운 늦여름 계절이다. 병화가 성장의 시작이라면 정화에 이르러 성장이 완성된다. 즉, 병화가 겉으로 폭풍 성장하는 시기라면 정화는 안팎 모두 충실하게 성장하는 시기로, 병화가 꽃이 피어나기 시작하는 때라면 정화는 꽃이 만개한 상태라 할 수 있다. 겨울에 응축했던 에너지가 폭죽이 터지듯 폭발할 때, 속에는 아무것도 남지 않는다. 즉, 늦여름 정화 계절에는 만물이 있는 힘을 다해 자신의 힘을 안팎으로 펼치므로 속은 텅 비게 된다. 늦여름의 나뭇잎은 두께는 얇아지고 면적은 최대한 넓적해진다. 이런 정화의 기세는 확장하는 거라 외적인 번영과 화려함이 펼쳐지고 그것들은 우리에게 감각적인 즐거움을 주게 된다. 하지만 정화의 확산은 외부와의 교감의 과정이지 외적인 성장 그 자체가 목적은 아니다. 그때 우리는 뜨거운 여름이 계속되지 않고 차가운 바람이 곧 불어온다는 것을 기억해야 한다.

"좋은 일이로다. 좋은 일이야! 인간 세계에는 진정 즐거운 일들이 있고말고. 허나 그걸 오래도록 간직할 수는 없는 게지. 옛말에도 '아름다운 것에도 모자람이 있고, 좋은 일에도 마가 낀다'고 하지 않더냐. '즐거움이 극에 달하면 슬픔이 생기는 법'이요, '사람도 달라지고 산천도 변하는 법'이지. 결국에는 한바탕 꿈이 되고 만사가 공(空)으로 돌아가는 것이라네."조설근·고악, 『낭송 홍루몽』, 윤은영 풀어 읽음, 북드라망, 2014, 21쪽 부귀의 정점에서 태어난 주인공 가보옥이 가문의 흥망성쇠를 경험하는 이야기가 펼쳐지는 소설 『홍루몽』. 이 소설은 '붉은 누각의 꿈'이라는 제목처럼 세속에서 누렸던 부귀가 소멸되는 과정을 그린다. 붉은 누각은 즐거움과 아름다움을 선사하지만 그것이 극에 달해 꿈처럼 소멸될 때 슬픔은 생겨날 수밖에 없다. 이런 변화의 흐름을 고요한 상태에서 지켜볼 수 있어야 한다. 이런 초연한 태도만이 정화의 계절을 제대로 통과하게 해줄 것이다.

3) 정화의 특징

 # 헌신

늦여름의 정화 기운은 대기를 팽창시킨다. 생명은 그 팽창과 함께 자신을 마음껏 드러낸다. 여름 기운의 병화와 정화는 에너지를 밖으로 표현하는 기운이다. 병화는 여름의 시작이니 나서기 좋아하고 화려하다. 그에 비해 정화는 상대적으로 작고 조용해 보인다. 하지만 정화는 돋보기로 빛을 모아 열로 전환한 기운이므로 뜨겁다. 정화의 열은 세상을 밝히진 못해도 사물을 변화시킬 수 있다. 쇠를 녹이고 물을 가열한다. 하여 정화 기질을 타고난 사람들은 자신의 에너지를 사용하여 변화를 끌어내고 싶어 한다. 이것이 정화가 헌신, 봉사, 희생의 아이콘이 된 이유이다. 하지만 그 쓰임이 적절하지 못하면 위험해진다. 정화는 빛이 아닌 열이라 화상을 입히거나 화재를 발생시킬 수 있기 때문이다.

 # 내면의 정신력

정화는 병화보다 상대적으로 조용해 보인다. 빛이 열이 되듯 양기가 안으로 모이기 때문이다. 그런데 응집된 열은 폭탄과 같아서 정화가 화가 나거나 흥분하면 말리기 어렵다. 그리고 정화는 늦여름 기운으로 가을을 앞두고 있기 때문에 여름을 지속할 수 없는 두려움과 불안함을 늘 가지고 있다. 이런 정서를 잘 활용하면 병화처럼 번영에 집중하기보다는 번영과 몰락의 사이에서 내면의 정신력으로 깊은 사유를 하게 된다. 반면 충분히 사유하지 못할 때는 감정 기복이 심해지고 자기중심적이 될 수 있다.

정화의 성향을 잘 사용하려면 어떻게 해야 할까. 『주역』에는 불이 거듭된 중화리(重火離)괘가 있는데, 이 괘에서 해법을 찾을 수 있다. 빛나는 태양·달·별에 대한 괘가 중화리인데, 여기서 '리'는 매달리거나 붙잡는다는 뜻이다. 고대인들은 둥근 우산 같은 천체에 해·달·별이 매달려 있다고 상상했다. 이것은 해·달·별은 하늘에 매달려 있는 것이지 홀로 빛나는 게 아님을 알려 준다. 또한 해·달·별이 하늘에 매달려 있듯이 인간들도 얽히고설킨 존재임을 말해 준다. 서로가 서로에게 연결되어 매달려 있는 존재가 '나'라는 것이다. 해·달·별이 하늘과 분리되어 있을 수 없듯이, 인간도 만물과 연결된 존재라는 걸 기억해야 굳건하고 빛날 수 있다는 것이다.

그리고 리괘에서는 "암소를 기르는 것이 길하다"고 말하는데, 암소는 음양 가운데 음으로 '굳건한 심지'를 의미한다. 불이 정미롭게 타려면 연료가 필요하듯, 불을 유지하려면 근원을 탐구해야 한다. 번쩍이는 번개가 번개 홀로 칠 수 없음을 우리는 잘 알고 있다. 대기 중의 많은 인연 조건들이 결합해야 번개라는 현상이 생긴다는 것을 잊지 말아야 한다.

 # 텅 빔

정화도 열 개의 천간과 연결되어 있다. 정화 혼자 뚝 떨어져 나타나는 것이 아니라 갑목과 을목의 기운을 받아 병화가 생명을 팽창시키고 정화는 이것을 내부까지 충실하게 성장시켜 무토로 넘어가야 한다. 이것을 망각할 때 불의 텅 빈 속은 비움의 자유가 아니라 공허와 허무를 남길 것이다. 불의 공허함은 곧잘 밝음을 유지하기 위해 계속 쾌락의 강도를 높여 가는 것으로 나타나기도 한다. 화려해질수록 속은 점점 텅 비어 가고, 외롭고 불안하게 되는 것이다. 그런데 이 질주를 멈추지 못하고 그 공허함을 화려한 상품으로 채우고 또 채우는 게 우리의 현실이다.

현대 문명의 혜택을 받은 우리는 물질적 풍요를 누리며 살고 있지만 그 풍요에 비례하여 마음속 공허함도 커져 간다. 화려한 삶을 사는 스타들이 우울증을 앓거나 자살 충동에 자주 시달리는 것도 이런 이유 때문이다. 그런 점에서 정화는 현대인의 자화상과 같은 천간이다. 하여 정화의 시대를 잘 살아 내려면 암소의 지혜가 필요하다. 그것은 하늘에 해·달·별이 매달려 있듯이 연결된 시선으로 세상을 보는 일이다. 중천에 뜬 해는 석양에 기우는 해와 연결되어 있음을 아는 일이고, 시작과 끝이 연결되어 있음을 아는 일이고, 청춘과 황혼이 연결되어 있음을 아는 일이다. 우리가 누리는 문명은 갑자기 툭 튀어나온 것이 아니다. 과거의 역사와 연결된 것이고 많은 인연과 연결되어 있음을 이해해야 한다. 그러므로 정화의 기운을 잘 사용하려면 근원을 탐구해야 하며, 물질적 풍요에서 정신적 충만함으로 전환해야 한다. 불과 열이 아낌없이 자신의 기운을 내어 주듯 모두가 헌신, 봉사, 사랑의 주체가 되어야 정화 기운을 제대로 쓸 수 있다. 정화는 불이기 때문에 기본적으로 명랑하지만 병화보다 정적이고 남의 심정을 잘 헤아려 준다. 하지만 속으로 열을 품고 있기 때문에 화가 나면 폭발하고 집요한 면이 있다.

 # 정화를 대표하는 인물

예속이라는 어두움 속에서 긍정과 자유의 철학이라는 빛을 비춘 스피노자, 문명과 야만의 견고한 위계를 인류의 넓은 인식의 열로 녹여 버린 클로드 레비-스트로스—정화의 뜨거움을 타고난 두 철학자는 예속과 위계라는 단단한 지반을 변형시켜 전혀 다른 세계로 나아가게 만들었다고 생각한다. 이외에도 정화의 기질을 타고난 인물은 바흐, 미셸 푸코, 토머스 쿤, 루소, 콜리지, 안데르센, 마오쩌둥, 사뮈엘 베케트, 파블로 네루다, 베르너 하이젠베르크, 라울 뒤피, 장뤽 고다르, 스탠리 큐브릭, 구로사와 아키라가 있다.

4) 정화형 인물, 언변 제일 재여

재여(宰予)는 공자가 '언변 제일'로 인정한 제자이자, 말 때문에 공자의 미움을 받은 제자이기도 하다. 공자는 재여로 인해 사람을 볼 때 말뿐 아니라 행실까지 살피게 되었다고 하셨다. 그런 탓에 우리는 재여, 하면 말대꾸로 공자에게 혼이 난 구제불능 제자로 기억한다. 물론, 재여만 공자에게 꾸중을 들은 건 아니다. 자로는 셀 수도 없고, 염유도 만만치 않았으며, 자공도 자주는 아니지만 한소리씩 들었다. 하지만 재여에 대한 공자의 꾸지람은 급이 달라서 재여는 늘 비호감 1위를 차지했다. 그럼에도 불구하고 그는 공문십철(孔門十哲), 즉 공자의 뛰어난 제자 열 사람에 이름이 올라 있기도 하다. 도대체 재여는 어떤 사람인 걸까.

늦여름 정화 기운을 타고난 재여는 자로와 달리 행동보다 '말'이 앞선다. 왜 말이 앞서는 걸까. 화의 기질을 타고났다는 것은 오장육부 중 심장 기운을 강하게 타고났음을 뜻한다. 심장은 화의 기운으로 온몸에 기와 혈을 산포한다. 한의학 고전 『황제내경』에는 '혀는 심장이 주관한다'라고 했고, '심장의 싹'이라고도 했다. 왕성한 화의 기운은 자로처럼 행동으로 표현되기도 하지만, 사람의 마음과 의식을 주관해서 혀를 통해 말로 드러나기도 한다. 재여는 후자다. 그러니까 말은 그냥 말이 아니라 심장의 불이 말로 표현된 것이다. 그렇기 때문에 말을 함부로 하면 모두를 불태울 수 있다. 이것이 말을 조심해야 하는 이유이기도 하다.

재여는 의문이 생기면 생각을 깊이 하기보다는 곧바로 질문을 했다. 자로가 행동이 앞섰다면 재여는 말이 앞선 것이다. 재여는 말한다. "부모의 상을 삼 년이나 치르는 것은 너무 길지 않습니까? 군자가 삼 년간 예를 닦지 않는다면 예는 반드시 무너질 것이며, 삼 년 동안 음악을 팽개친다면 음악도 반드시 무너질 것입니다. 일 년이 지나면 묵은 곡식은 다 없어지고 햇곡식이 익고, 나무를 비벼 얻던 불씨도 한 해에 한 번씩 바꿉니다. 그러므로 부모의 상도 일 년이면 됩니다." 그러자 공자가 물었다. "그렇게 하면 네 마음이 편하겠느냐?" 재여는 "예"라고 대답했다. 이에 공자는 말했다. "그것이 편하면 너는 그렇게 해라. 군자는 부모의 상을 입는 동안은 맛있는 음식을 먹어도 달지 않고 듣기 좋은 음악을 들어도 즐겁지 않기 때문에 그렇게 하지 않는 것이다." 재여가 나간 후, 공자는 말했다. "재여는 참으로 어질지 못하구나. 자식은 태어나서 삼 년이 지나야 부모 품에서 벗어난다. 그래서 삼년상은 세상의 합의된 예의이다.사마천, 「중니 제자 열전」, 『사기 열전 1』 김원중 옮김, 민음사, 2009, 157쪽

재여는 모든 생활을 멈추고 삼년상을 치른다는 게 현실적으로 불가능해 보였다. 보통은 스승이 말씀하시면 이해가 안 되어도 그 뜻을 헤아리려고 애를 쓴다. 그런데 재여는 숙고하는 과정 없이 의문이 들면 즉각 질문하는 스타일이다. 공자도 그런 재여를 꾸짖지 않고 네가 편하다면 그리하라고 했다. 재여가 방을 나가자 공자는 제자들에게 재여 이야기를 다시 꺼낸다. 혹시 뒤담화? 설마 공자님이 제자 디스를? 그건 아니다. 공자는 재여의 타고난 성질을 꿰뚫고 있었다. 재여는 자기 관점이 너무 명백해서 다른 관점을 수용할 자리가 없음을 간파했던 것이다.

이렇듯 병화 자로가 행동이 앞선다면 정화 재여는 말이 앞선다. 정화는 열기를 품고 있기 때문에 그의 말에는 강력한 에너지가 함축되어 있다. 즉, 빛이 열이 되듯 그는 늘 확신에 찼고 말에 온몸의 기운이 실려 있었다. 여름이 가면 가을이 오듯이 재여는 무의식적으로 여름 불꽃이 계속될 수 없는 불안감 속에서 현실적인 해결책을 떠올렸을 것이다. 삼년상을 치르면 먹고사는 문제는 어떻게 해결해야 할 것인가. 재여는 기질상 공자의 의도를 이해하기보다는 불안감을 해소하는 것이 더 먼저였을 것이다. 하지만 배움이란 안회의 태도처럼 물러가 자신을 살펴보고 한 걸음 나아가 가르침대로 뜻을 발휘하여 확충할 수 있어야 한다. 그러나 재여는 불안감이 앞서다 보니 현실적인 문제가 크게 다가왔을 것이고, 현실의 문제를 두고 3년 동안 상을 치른다는 게 납득되지 않았을 것이다. 물론 공자가 무조건 삼년

상을 치르라고 말한 건 아니었을 것이고, 상황에 맞게 조절할 수도 있었을 것이다. 핵심은 삼년상을 치를 정도의 마음으로 부모를 공경하라는 것인데, 신중하게 스승의 말을 새기기보다는 자신의 생각이 앞서서 먼저 말로 튀어나왔을 가능성이 높다.

공자는 재여가 총명하고 언변은 좋지만 그것이 오히려 함정이 될 수 있음을 늘 우려했다. 불은 강하게 타오를수록 안은 검고 탁하다. 그래서 확신에 찬 주장일수록 이면을 보지 못하는 함정에 빠지기 쉽다. 공자는 재여의 시야를 넓혀 주기 위해 센 말로 재여를 자극했다(고 생각한다). 한 번은 재여가 낮잠을 잔 적이 있었다. 그러자 공자께서 말씀하셨다. "썩은 나무는 조각할 수 없고, 거름흙으로 쌓은 담장은 손질할 수 없다. 여(재여)를 어찌 꾸짖을 수 있겠는가?" 이어서 "처음에는 내가 사람을 대할 때 그의 말을 듣고 행실을 믿었다. 지금은 내가 사람을 대할 때 그의 말을 듣고 행실을 살펴본다. 여로 인해 이렇게 고치게 되었다"「공야장」, 『낭송 논어』, 146쪽고 말씀하셨다.

낮잠을 잤다고 썩은 나무와 더러운 흙 취급을 당한 재여. 공자의 꾸짖음은 여기서 끝나지 않는다. 재여가 고대 전설 속의 다섯 제왕인 오제의 덕(德)에 대해 묻자 공자는 이렇게 대답했다. "너는 그것을 물을 자격이 없다."사마천, 『사기 열전 1』, 158쪽 정화 기질을 타고난 재여의 말은 잘못하면 폭발물이 될 수 있다. 함부로 말을 내뱉으면 파괴력이 엄청난 것이다. 공자는 "달변(達辯)보다 어눌한 사람이 더 인(仁)에 가깝다"는 말을 했는데, 아마도 재여를 향한 말일 가능성이 높다. 화려한 말솜씨와 비판을 잘하는 재여는, 아무리 공자가 가르치고 꾸짖어도 자신의 잘못과 단점을 고치려고 하지 않았다. 아니,

잘 알아채지 못했던 듯하다. 속도가 너무 빨라서 자신의 문제를 제대로 포착하지 못했을 가능성이 높다. 자신을 슬로모션으로 볼 수 있었다면 이야기는 달라졌을지 모른다. 어쨌든, 이렇게 일상에서 속도를 조절하지 못하는 문제는 체력의 문제로 이어진다.

재여가 잘 졸았다는 것은 체력의 약함과 일상의 균형이 깨졌음을 의미한다. 공자는 재여가 체력을 키워 일상에서 힘을 배분해 잘 사용하는 훈련이 필요하다 여겼을 것이다. 삶의 습관을 바꾸지 않는 한 그가 열심히 한들 그것은 썩은 나무에 조각을 하고, 더러운 흙으로 담을 쌓는 것과 같으니 쓸모없는 짓을 열심히 한 셈이다. 공자는 재여의 뜨거운 열기에 제동을 걸기 위해 그를 자극했던 것이다.

재여는 공자의 우려에도 불구하고 결국 반역 사건에 가담하여 멸문지화(滅門之禍)를 당하고 말았다. "그 뒤 재여가 제나라 도성 임치의 대부가 되었는데, 전상(田常)과 난을 일으켜 그 일족이 모두 죽음을 당하게 되었으므로 공자는 매우 부끄러워했다"사마천, 『사기 열전 1』, 158쪽라고 기록되어 있다. 공자는 이 사건을 매우 부끄럽게 여겼고, 이 재앙의 뿌리가 재여에게 있다고 말한다. 어떤 상황인 걸까. 구체적인 건 알 수 없지만 『한비자』에 등장한 재여를 통해 유추를 해볼 수 있다. 거기엔 현명하고 충성스러운 선비가 미혹된 군주를 만나 죽임을 당하는 대표 주자로 재여가 등장한다. 재여는 옳은 말을 했지만 미혹된 군주로 인해 죽임을 당한 것이다. 아마도 재여는 군주의 미혹된 상태를 고려하지 않고 자신의 옳음을 말했을 가능성이 높다. 그것이 왕의 화를 돋우었을 것이고 결국 죽음에 이른 것이다.

재여의 죽음을 보면서 한나라 진평(陳平)의 지혜가 생각났다. 우리는 당장 옳은 말을 해야 한다고 생각하지 나의 말이 상대방에게 어떻게 수용될까 혹은 이 말로 인해 일이 어떻게 흘러갈까를 고려하지는 못한다. 하지만 진평은 달랐다. 진평은 한고조 유방이 죽고 여태후가 여씨 천하를 건설할 야심을 품은 걸 알았지만 당장 직언하지 않았다. 지금 섣불리 말했다간 여태후가 들을 리도 없고 개죽음을 당할 수도 있기 때문이다. 해서 그는 때를 기다렸는데 기다리다 보니 장장 15년을 버텨 여씨 일족을 몰아내는 데 성공할 수 있었다. 하지만 왕릉이란 자는 진평과 달리 직언을 했고 바로 죽임을 당했다.

재여도 왕릉처럼 자신의 옳음을 믿고 직언하다 죽은 듯하다. 심장의 열기로 가득 찬 정화 재여에게 침묵과 기다림은 쉽지 않았던 듯하다. 불은 아무것도 꿍치지 않기 때문에 활활 타오른다. 정화는 이익을 취하지 않기 때문에 자신의 옳음에 취해 조급하고 경솔해질 수 있다. 의욕만 앞서는 말이 자신은 물론 남도 죽게 만든다는 걸 재여는 알지 못한 게 아닐까. 정화는 불이라 위험하지만 불은 대체 불가능한, 완전 소중한 물질이다. 문제는 용법이다.

공자는 재여의 언변을 높이 샀지만 불을 품은 말의 위험성을 너무 잘 알았기 때문에, 재여가 그 불을 잘 다루도록 강한 자극을 계속 주었다고 생각한다. 재여는 타고난 기질의 한계에도 불구하고 스승의 비전을 공유하면서 단련했기 때문에 심장이 온몸에 피를 구석구석 전달하듯, 공자 사상을 세상 곳곳에 전파하는 데 주도적인 역할을 담당했다. 또 『논어』에 문제적 제자로 등장하여 누구나 공자 제자가 되어 자기 삶을 변화시켜야 함을 촉발하는 역할을 지금까지도 잘 수행하고 있다.

우뚝 솟은
크고 높은 산,
무토

무토형 인물, 신뢰 제일 자장

"'산이 거기에 있기 때문이다.' 에베레스트 정상에 오르려는 이유가 무엇이냐는 질문에 조지 맬로리 경은 이렇게 대답했다. 에베레스트는 북극, 남극에 이은 지구의 세번째 극으로 맬로리 경이 탐험을 시도할 무렵에는 아직 인간이 발을 디디지 못한 곳이었다. 당시 사람들은 그처럼 높은 고지대의 부족한 공기와 지독한 추위, 엄청난 강풍을 견딜 수 없을 것이라고 생각했다. 하지만 맬로리 경은 이에 아랑곳하지 않고 꾸준히 에베레스트에 도전했다. (……) 에베레스트를 품고 있는 히말라야산맥은 나이로 치면 아직 한창 성장 중에 있는 젊은이라 할 수 있다. 히말라야는 2,500만 년 전 인도판이 유라시아판과 충돌했던 경계면에 위치한다. 히말라야산맥은 아직도 매년 5cm씩 높아지고 있다. 에베레스트가 지구의 최고봉으로 자리 잡은 기간은 50만 년에 불과하지만 사람들에게 무한한 매력을 선사한다." 사이먼 윈체스터·세바스찬 영거 외, 『지구의 생명을 보다』, 박영원 옮김, 휘슬러, 2005, 18쪽

"'무'(戊) 자는 초승달 모양의 넓은 날이 달린 도끼 모양의 무기를 본뜬 글자이다. 그래서 이 글자는 병사가 무기를 들고 있는 모습을 형상화한 것으로 위엄 있는 무사를 뜻하는 글자로 쓰였다. 무사는 세상의 질서를 관할하는 존재이다. 이 글자는 무사처럼 세상의 질서를 관할하고 중재한다는 의미에서 천간의 한가운데 놓였다. 그리고 다른 기운들을 중재하는 토 기운에 배속하였다. 무토(戊土)는 양(陽)에 해당하는 토다. 무토의 성정은 거친 산맥에 비유된다. 무토는 거칠게 솟은 산맥처럼 척박하고 광활하고 남성적이며 대지를 무성하게 한다."(류시성·손영달, 『갑자서당』, 159쪽)

1) 무토의 상징

『오행대의』에는 "무(戊)는 '바꿀 무(貿)' 자와 같으니, 생겨나서 극에 달하도록 크면, 이전의 몸체를 변하여 바꾸게 된다"고 했다. 무(貿) 자는 '무역하다' 또는 '바꾸다'라는 뜻을 가진 글자이다. 무(貿)를 파자하면 卯(토끼 묘) 자와 貝(조개 패)의 결합이다. 묘(卯)를 자세히 보면 문짝 두 개가 보이는데, 그 문을 활짝 열어 놓은 모습이다. 그러니까 무역이란 닫힌 문을 열고 나와 물건을 바꾸는 일인 것이다. 무는 물건이 오가도록 문을 활짝 열어젖힌 글자이다. 무에서 교역의 활발함과 열림의 이미지가 그려진다.

『석명』에서 무(戊)는 "무성한 것", 즉 "모든 만물의 가지와 잎새가 무성해지는 것"이라고 했다. 『한서』에는 "풍무우무"(豊楙于戊)로

'풍요롭고 무성'하다고 했다. '무'(楙)는 생장이 무성하다[茂]는 의미다. 무가 열림, 활발함, 무성함의 의미를 가지게 된 것은 무토(戊土)가 늦여름의 정화를 이어받았기 때문이다.

자연에는 크게 양적 운동과 음적 운동이 작용한다. 발산과 수렴의 운동성! 두 힘은 번갈아 가면서 극단으로 가지 않도록 조절해 준다. 예컨대 더움이 쌓여 폭발할 것 같은 절기가 대서(大暑)이다. 이 시기가 지나면 더 뜨거워지는 게 아니라 차가움이 생겨나는데 가을로 들어가는 입추(立秋)가 오게 된다. 반대로 대한(大寒) 다음에는 더 차가워지는 게 아니라 봄으로 들어가는 입춘(立春)이 오는 식이다. 이런 원리를 음중지양 양중지음(陰中之陽 陽中之陰)이라 한다. 음 중에 양이, 양 중엔 음이 있어서 만물을 생성하게 만드는데, 이것을 기(氣)의 세계라고 한다. 기는 음양이 되고 음양은 오행이 되고 오행은 천간이 된다. 천간의 순서대로 음양을 나누면 양은 갑·을·병·정·무까지이고, 음은 기·경·신·임·계로 나눌 수 있다. 이 중에서 무는 양의 극단으로 양 중의 양이다. 무는 극단에 이른 양기인 동시에 음으로 전환하는 직전 기운이다. 해서 무는 가장 확장된 상태로 잠시 멈춰 있는 엄청나게 센 양의 기운인 것이다. 자신의 모든 기운을 펼치면서 버티는 이유는 음(가을)으로 가기 위한 완충지대를 만들기 위해서이다.

무토는 정지해 있지만 무성하고 확장된 기운을 내재하고 있다. 이것이 무토가 열림, 활발함, 무성함과 통하는 이유이다. 늘 그 자리에 있지만 자기 기세를 드높이는 산이나 끝없이 펼쳐진 광야나 산맥은 무토를 상징한다. 또한 무는 양 중의 양으로 음기가 약하므로 황무지나 건조한 흙으로 상징된다. 그리고 펄펄 끓는 용암을 품고 있는 활화산은 무토의 대표적인 상징이다.

2) 무토의 계절

무토는 환절기에 해당한다. 의학 고전 『황제내경』에는 장하(長夏)라는 다소 생소한 계절이 등장한다. 뜻을 그대로 풀면 긴 여름으로, 늦여름 다음에 오는 찜통 같은 무더위 기간을 말한다. 발산하는 기운인 봄과 여름은 장하를 매개로 완충 지대를 통과하면서 수렴하는 가을과 겨울로 가게 된다. 여름에서 가을로 가는 변화는 벡터가 완전히 바뀌는 것으로 매우 급격한 변화인데, 이를 금화교역(金火交易)이라 한다. 이 급격한 변화를 조금 더 유연하고 부드럽게 하려면 반드시 무토 환절기가 매개해 주어야 한다. 무토는 여름의 극단에서 더 이상 팽창하지 못하고 여름의 무더위를 고스란히 가둔 것으로 가장 많은 양기를 품고 있다. 병화와 정화는 계속 산포하면서 팽창하는 운동 그 자체지만 토는 그 힘을 지키면서 버티는 힘인 것이다. 마치 압력 밥솥에 화기를 가두어 놓은 것 같은 엄청난 압력 덩어리라고나 할까. 대기의 무토 작용 때문에 늦여름을 지나 푹푹 찌는 환절기가 오는 것이다.

이렇게 자연은 무토 무더위를 만나 봄·여름 동안 성장한 기운을 비로소 멈추면서 가을의 쇠퇴하는 기운으로 전환하게 된다. 무토 계절에 지구는 태양의 열을 충분히 받아들여 저장한다. 광합성 작용이 왕성하게 일어나면서 태양 에너지를 대량 흡수하는 것이다. 이렇게 충분히 흡수한 에너지가 있어야 그 힘으로 가을에 열매를 맺을 수 있다. 즉, 태양 빛을 충분히 받아야 풍년을 기약할 수 있는 것과 같은 것이다. 하지만 늦장마가 지거나 태양광이 부족하면 벼가 충실히 여물기 어렵다. 무토는 양 중의 양으로 기화작용을 일으킨다. 태양의 빛이 대지의 물기를 흡수한 후 기화시켜 구름을 만드는데, 무토는 무거운 지상의 물을 가벼운 수증기로 만들어 하늘로 올릴 수 있는 역능을 가졌다. 이런 힘으로 무토는 겨울에 저장한 수기를 잎의 극단까지 끌어올려 열매를 맺도록 돕는다. 만약 무토 환절기가 없다면 충실한 열매 맺기를 기대하기는 어렵다. 하여 후덥지근한 환절기를 어떻게 겪어 내는가가 가을의 성패를 결정하게 된다.

3) 무토의 특징

 # 신용과 신뢰

늦여름 정화 다음에 오는 무토는 양기를 확장하고 저장하는 기운이라, 높은 산처럼 존재감이 확실하다. 산은 늘 제자리에서 자리를 지키듯 무토는 초봄 갑목에서 출발하여 을·병·정·무까지 이른 양기의 극단이기 때문에 자신을 지키는 것을 우선으로 삼는다. 이런 기운을 타고난 무토는 신용과 신뢰의 아이콘이 된다. 믿음직스럽고 아량이 넓고 포용력이 있으며 후하고 성실하다. 그리고 사람이나 사건을 중재하고 조율하는 데 탁월한 능력을 발휘한다. 반면 현재의 가치나 과거를 지키려는 보수적인 성향으로 드러나기도 하고, 자기 중심적이라 다른 사람을 무시하거나 무뚝뚝하거나 감정이 없는 표정을 짓기도 한다.

 # 균형

『주역』에는 중산간(重山艮)괘가 있는데, 산이 두 번 거듭된 상으로 무토와 연결된 괘이다. 중산간 앞의 괘는 우레가 거듭된[重雷] 진(震)괘로 만물의 움직임을 의미한다. 만물이 아무리 크게 움직여도 계속될 수는 없으므로 멈춤의 간괘가 온 것이다. 자연은 한 번 움직이면 한 번 정지하는 리듬을 탄다. 그런데 말이 쉽지 속도전에 익숙한 우리는 적절하게 멈추는 법을 알지 못한다. 우리는 무조건적으로 속도를 내다가 사건이나 병으로 억지로 멈춤을 당하기 일쑤다. 이때 중산간괘의 조언은 매우 큰 울림을 준다. 소유와 집착을 과감하게 등지면서 멈추라는 것. 양기의 극단에 서면 누구나 최고가 되고 싶은, 존재감 최고의 욕망이 생긴다. 하지만 진정한 존재감을 원한다면, 소유와 집착을 등질 수 있어야 한다. 그럴 때 존재는 높은 산처럼 우뚝 서게 된다. 무토가 무토가 된 것은 원대한 비전을 향해 끝까지 밀어붙였기 때문이다. 이 힘은 중정(中正)해서 균형과 조화의 모습으로 드러난다. 그것은 소유와 집착에서 벗어난 자유인의 모습이다. 큰 산이 항상 그 자리에 우뚝 서 있는 것처럼!

 # 무토를 대표하는 인물

가치를 전복하는 다이너마이트가 되어 그때까지의 인식 지반 전체를 무너트리고 새로운 산을 우뚝 솟게 만든 철학자 니체, 그리고 "철학자들은 지금까지 여러 방식으로 세계를 해석했을 뿐이다. 그러나 중요한 것은 세계를 변화시키는 것이다"라며 세계를 인식의 대상이 아니라 변혁의 대상으로 보아 토대 자체를 뒤흔든 철학자 마르크스 등이 무토를 대표하는 인물이다. 토는 『동의보감』에서 오장육부 중 소화기인 비위에 해당하고 생각을 주관한다. 니체와 마르크스 모두 타고난 토기로 무지막지할 정도로 사유에 사유를 거듭하여 기존의 사유 전통을 파괴하고 새로운 가치를 세운 철학자들이다. 이외에도 무토의 기질을 타고난 인물에는 톨스토이, 마그리트, 메를로 퐁티, 버클리, 베이컨, 레닌, 몽테뉴, 프랑수아즈 사강, 프란츠 카프카, 제인 오스틴, 앤디 워홀, 마이클 잭슨, 소동파, 박찬욱 등이 있다.

4) 무토형 인물, 신뢰 제일 자장

공자 제자 중 무토 기운을 드러내는 제자는 자장(子張)이다. 진나라 사람으로 이름은 전손사(顓孫師). 공자 제자 중 외모가 가장 준수하고 박력 넘치는 성품을 가진 인물이다. 그는 공자 스쿨 초기부터 존재감이 남달랐다. 스승에게 녹봉 구하는 일을 배우고 싶다고 대놓고 말해 주변을 놀래킨 것이다. 당시 그는 20세로 공자보다 48세나 어린 청년이었다. 녹봉(祿俸)에서 '녹'(祿)은 월급이고 '봉'(俸)은 식량이다. 특히 녹은 지위를 잃어도 계속 받을 수 있기 때문에 당시는 녹을 중시하는 시대였다. 자장은 인과 예를 중시하는 공자 앞에서 다짜고짜 벼슬과 돈을 벌기 위해 배우겠다는, 세속적 욕망을 솔직하게 드러낸다. 아마 대부분의 학인들도 같은 심정이었지만, 누가 스승 앞에서 자기 속내를 쉽게 드러냈겠는가. 양기 충만한 무토 자장이었기에 눈치 보거나 에둘러 말하지 않고 궁금한 점을 솔직하게 질문했던 것이다.

숨기지 않고 밀어붙이는 스타일! 이것이 무토 스타일이다. 공자도 자장의 솔직한 질문에 호통을 치기는커녕 오히려 벼슬과 밥벌이를 위해서라도 좋은 관료가 되어야 한다며 다독여 준다. 사실 자장의 고민은 매우 현실적인 것이었다. 자신의 공부가 밥벌이와 연결되지 않는다면 누군가에게 의존해야 하지 않겠는가. 공자는 자장의 욕망을 읽었을 것이고, 녹봉 자체를 문제 삼지 않고 좋은 관료가 되면 녹봉 받는 벼슬은 저절로 따라온다고 찬찬히 설명해 주었을 것이다. 그리고 공자는 양기로 인해 힘 조절이 필요한 자장에게 맞춤형 가르침을 펼친다. "많이 듣고 의심나는 것을 제외하고 그 나머지를 신중히 말하면 허물이 적을 것이다. 많이 보고 위태로운 것을 제외하고 그 나머지를 신중히 행동하면 후회가 적을 것이다. 말에 허물이 적고, 행동에 후회가 적으면 벼슬이 그 가운데 있을 것이다."「위정」, 『낭송 논어』, 70쪽

무토는 화기와 비슷한 양기이지만 그것을 가두어 분화하지 못하는, 또는 분화할 수 없는 기운이다. 예컨대, 뜸을 들일 때 솥에 갇힌 양기가 무토라고 생각하면 된다. 이렇게 내부에 꾹꾹 갇혀 압축된 무토이기에 목표가 정해지면 그것을 이루기 위해 직진할 수 있

다. 이것은 강한 집념으로 드러나기도 하지만 막무가내로 직진하다 보면 후회할 일도 저지르기 쉽다. 공자는 이런 자장에게 무엇보다 많이 들으라고 조언한다. 의심나는 것을 보류하라는 것도 무토에게 딱 맞는 조언이다. 의심이 나더라도 충만한 양기로 인해 달려 나가기 쉬운 무토 자장에게 공자는 신중함이라는 브레이크 밟는 법을 알려 주고 있는 것이다.

공자가 '과유불급'을 얘기할 때 자장은 '과한 자'로 말해진다. 자공은 "사(자장)와 상(자하) 중 누가 더 낫습니까?"라고 했고, 공자는 "사는 지나치고 상은 부족하다"라고 했다. 자공이 다시 물었다. "그럼 사가 낫습니까?"라고 묻자 공자는 "과유불급이니, 지나친 것이나 모자란 것이나 다 똑같다"「선진」, 『낭송 논어』, 339쪽라고 했다. 자장이 워낙 타고난 양기로 밀어붙이는 성격 탓에 제자들의 평가도 그닥 좋지는 않았다. 자유는 "나의 벗 자장은 어려운 일을 잘한다. 그러나 인하지는 못하다"「자장」, 『낭송 논어』, 618쪽고 말한다. 증자 역시 "당당하구나, 자장이여. 그러나 함께 인을 행하기는 어렵구나"「자장」, 『낭송 논어』, 619쪽라고 말했다. 다른 제자들도 자기 확신에 차서 주저 없이 행동하는 그가 든든하면서도 주변을 살피지 않고 직진하는 자장의 태도를 보고 인을 행한다고 말하긴 어려웠던 것 같다. 무토 기질을 타고난 자장은 남의 말을 잘 들어 주는 듯 보이지만 자신만의 목표가 워낙 뚜렷하다 보니 주변을 세심하게 배려하고 존중하지는 못했던 것이다.

자장의 무토 양기를 숨김없이 드러낸 또 다른 대화가 있다. 자장은 질문했다. "선비는 어떻게 하면 통달(通達)했다 할 수 있습니까?" 공자가 말씀하셨다. "네가 말하는 통달이란 무엇이냐?" 이에 자장이 대답했다. "나라 안에서도 반드시 명성이 있고 집안에서도 반드시 명성이 있는 것입니다." 무토는 여름에서 가을로 넘어가기 직전의 환절기 기운으로 여름과 가을을 중재하고 매개하는 기운이다. 모든 것을 다 아우르고 싶은 무토 기운을 타고난 그가 통달을 질문하다니, 역시 무토다운 질문이지 싶다. 하지만 그는 통달을 너무 통속적으로 이해하고 있었다. 공자는 "이는 명성이 있는 것이지 통달한 것이 아니다. 통달한다는 것은 본바탕이 곧고 의를 좋아하며, 다른 사람의 말을 잘 헤아리고 얼굴빛을 잘 살피며, 신중하게 생각하여 다른 사람에게 자신을 낮추니, 나라 안에서도 반드시 통달하고 집안에서도 반드시 통달하게 된다. 명성이 있다는 것은 얼굴빛은 인을 취하나 행실은 어긋나는 것이다. 그렇게 살면서도 의심조차 없으니, 나라 안에서도 반드시 명성이 있고 집안에서도 반드시 명성이 있게 된다"「안연」, 『낭송 논어』, 382~383쪽고 하셨다.

휜칠한 인물과 적극적인 성격을 타고난 자장은 자신이 정치를 하게 되면 명성을 얻을 거라 생각했던 것 같다. 공자는 이런 자장의 기세등등함에 찬물을 끼얹어 버린다. 네가 생각하는 건 명성이지 통달이 아니라면서. 명성에 휘둘리면 '어진 척'하게 되고 어긋난 행동을 하게 된다는 것이다. 자장은 통달을 명성으로 잘못 이해했다는 것을 깨닫자 매우 부끄러웠을 것이다. 그는 기질상 안 하면 안 했지 '~ 하는 척'은 못하는 성격이기 때문이다. 자장은 깨달았다. 통달, 경지에 이른다는 것은 이름을 날리는 게 아니라 '진실한 태도'의 문제라는 것을. 당당하려면 어진 척이 아니라 질박하고 정직하며 의로움을 좋아하고 사람을 신중하게 대해야 한다는 것. 무토는 만물이 자랄 대로 자라 더 이상 성장하지 못하고 멈춘 상태이다. 아무리 정지해 있어도 양의 극단이라 그 기세를 숨길 수가 없지만 화(火)와는 다른, 참으로 오묘한 상태라 할 수 있다. 이런 무토의 성향이 병화·정화와 다른 존재감을 만들어 낸다. 병화·정화는 팽창하는 중이라 그 자체로 다이내믹하다. 그에 반해 큰 산과 같은 기운인 무토는 정지한 듯하지만 치솟는 양기를 품고 있으므로 가만히 있어도 존재감이 매우 크다.

자장은 공자에게 배운 후부터 무토의 잠재력을 발휘하기 시작한다. 그는 이제 도(道)를 추구하려면 죽을 용기로 달려들어야 한다거나 덕이 넓지 않거나 도에 대한 믿음이 두텁지 않으면 있으나 마나라는 식의 의지를 다지며 도와 덕을 향해 전진한다. 이제 도와 덕이라는 목표가 생겼으니 도달하기 위해 오직 갈 뿐! 한번 정해지면 끝까지 밀고 나가는 힘, 이것이 무토의 잠재력인 것이다.

공자 스쿨에서 훈련받은 자장은 이제 질문의 경지 또한 산처럼 높아졌다. 공자는 자장에게 인(仁)에 대해 말씀하셨다. "천하에서 다섯 가지를 행할 수 있다면 인을 하는 것이다." 자장이 그 내용에 대해 묻자, 공자께서 말씀하셨다. "공손함, 관대함, 믿음, 민첩함, 은혜로움이다. 공손하면 모욕을 당하지 않고, 관대하면 많은 사람들의 마음을 얻고, 믿음이 있으면 사람들이 신임하고, 민첩하면 공을 세울 수 있고, 은혜로우면 충분히 다른 사람을 부릴 수 있다."「양화」, 『낭송 논어』, 559쪽 그는 덕(德)을 높이고 미혹을 분별하는 법을 물었다. 공자께서 말씀하셨다. "성실과 신의를 주로 하고, 의로 옮겨 간다면 덕을 높이는 것이다. 사랑하면 그가 살기를 바라고 미워하면 그가 죽기를 바란다. 이미 살기를 바라다가 또 죽기를 바라니 이것이 미혹이다. '참으로 부유하기 때문이 아니라 또한 다만 특이할 뿐이다'라는 말이 있다."「안연」, 『낭송 논어』, 369쪽

어디서든 존재감이 확실한 무토가 닦아야 할 덕목은 덕을 높이고 의혹을 분별하는 일이라는 것이다. 자장은 공자에게 배우면서 통달하려면 덕을 높여야 함을 깨달았을 것이다. 이전의 자장을 생각해보라. 명성을 얻어야 자신의 존재감이 드러난다고 생각했지, 덕을 높일 생각을 했겠는가. 자기 확신이 강한 자장이 의혹 분별법에 대해 질문하게 되었다는 것은 이제 자기 탐구가 시작되었다는 청신호인 것이다. 즉, 무토의 막무가내 기질을 자각하게 된 것이고 자신의 기질을 잘 쓰기 위해 훈련해야 한다는 절실함이 생긴 것이기도 하다. 자장이 여기까지 온 것은 공자가 자장의 본성을 끌어내기 위해 '성실, 신의, 의'로 이끌어 준 결과라 생각한다.

'성실'[忠]은 마음을 다하는 것으로 사람, 일, 나라에 기꺼이 마음을 다하는 것이다. 양의 극단까지 밀어붙이는 무토 자장이야말로 가장 '충'할 수 있는 기질을 타고났다 할 수 있다. '신'(信)도 그렇다. 신은 자신과 남을 믿는 태도이다. 자신을 믿는 만큼 타자에게 너그러울 수 있는 법이다. 자장처럼 자기 믿음이 확실한 제자가 또 있을까. 성실과 신의가 바탕이 되면 자연스럽게 의로움으로 나아갈 수 있는 것이다.

사람을 사랑하려면 지혜가 필요하다. 아니, 사람을 사랑하기 위해 지혜로워져야 한다. 내가 누군가를 사랑하면 그가 잘하든 못하든 무조건 사랑한다. 내가 누군가를 미워하면 그가 잘하든 못하든 무조

건 미워한다. 또한 어떤 사람이 좋을 땐 그가 오래 살기를 바라지만 그가 미울 때는 죽기를 바라는 마음까지 생긴다. 이렇게 사람은 감정에 따라 모순된 심리를 가진다. 결국 우리는 남에게 속는 게 아니라 자신에게 속는다. 우리의 무지가 사랑이란 이름으로 사랑하지 못하게 만든다. 하여 이런 마음의 의혹을 볼 수 있어야 덕을 높이고 의혹을 분별할 수 있음을 자장은 깨달은 게 아닐까.

이제 그 누구도 도를 향한 자장의 전진을 막을 수 없게 되었다. 이것이 무토의 힘이다. 그는 이제 명성이나 밥벌이를 위해 관직을 좇는 자장이 아니다. 삶의 방향이 완전히 전환되자 말의 내용도 달라진다. 자하의 문인이 자장에게 친구 사귀는 방법에 대해 말하자, "자하는 무엇이라고 말하더냐?"라고 되묻는다. 그 문인은 "자하께서는 올바른 사람과 사귀고 올바르지 않은 사람은 멀리하라고 말씀하셨습니다"라고 대답했다. 이에 자장이 말했다. "내가 들은 것과는 다르구나. 군자는 현명한 사람을 존중하고 많은 사람을 포용하며, 유능한 사람을 칭찬하고 그렇지 못한 사람을 불쌍히 여긴다. 내가 크게 현명하면 어찌 남을 포용하지 못하겠는가? 내가 현명하지 못하면 남이 나를 거절할 텐데, 어찌 내가 남을 거절하겠는가?"「자장」, 『낭송 논어』, 604쪽

벼슬과 명성을 운운하던 자장이 친구 사귀는 법에 대해 논하는 장면은 '우리 자장이 달라졌어요'를 저절로 느끼게 만든다. 역시 배움은 사람을 변화시킨다. 자장은 올바른 친구와 아닌 친구를 구분하지 않는다. 대신 친구를 사귀기 위해 먼저 현명한 자신이 되는 것부터 실천한다. 참으로 무토다운 발상이다. 산에는 많은 생명체들

이 살아가듯, 산과 같은 리더십을 발휘할 수 있는 무토는 다양한 사람들을 포용할 수 있다. 하여, 그는 군자란 어진 사람을 존경할 뿐 아니라 세상 모든 사람들을 품을 수 있는 자라 생각했다. 자신이 현명하다면 모든 사람을 받아들일 수 있어야 한다는 것. 산은 늘 자기 자리에 있지만 사방 어디에서나 산의 위용을 드러낸다. 이런 탓에 산에는 온갖 생명들이 편하게 오고간다. 이렇듯 무토는 포용력이 좋고 누구보다 책임감이 강하고 믿음직스럽다. 자장은 이제 명성을 좇는 자가 아니라, 무토의 힘으로 우직하게 도를 향한 배움을 멈추지 않은 결과 큰 산을 닮은 현자가 되어 가고 있었다.

『논어』에는 자장이 배운 내용을 허리띠에 적는 모습이 등장하는데, 그의 공부 열정이 느껴지는 깨알 같은 장면이다. 연구자 안핑친은 자장의 이런 모습을 보고 "자신이 제멋에 겨워 뛰쳐나가는 일이 없도록 스승의 말씀이 묶어 주기를 바란 듯하다"라고 했다. 자장에게 공자의 가르침은 자신의 양기를 멈추게 하는 끈과 같았다.

그는 배움을 통해 파워풀한 양기를 조절하면서 많은 생명들을 살리는 풍요로운 산이 되어 가고 있었다. 훗날 자공은 자장에 대해 다음과 같이 평가했다. "아름다운 공로가 있어도 자랑하지 아니하며, 귀한 지위를 가졌어도 잘한다 여기지 않으며, 남을 업신여기지도 않고, 안일에 빠지지도 않으면서, 어디 고할 데 없는 이들에게 거만히 굴지 않는 자는 전손사(자장)의 행동입니다. 이에 대하여 선생님께서는 '그 공로를 자랑하지 않는 것은 그럴 수 있다 해도 그 백성들에게 폐단이 없게 하는 것은 어짊이다. 『시경』에 아름다운 군자시여, 백성의 부모로다 하였으니 그 어짊은 대학의 깊은 뜻이로다'라고 하셨습니다."왕숙, 「제자행」, 『공자가어』, 임동석 옮김, 동서문화사, 2009, 359쪽 대놓고 벼슬과 명성을 향해 달리던 자장이 도를 향해 삶을 전환한 후 이룬 경지이다. 그는 마침내, 그가 그토록 원하던 통달의 경지에 이르러, 큰 산이 되었다.

만물을 기르는 비옥한 대지, 기토

기토형 인물, 양육 제일 자하

"아이, 언어, 땅 거의 모든 것을 빼앗겼다. 살아남으려고 시선을 돌린 사이에 없어져 버렸다. 이런 상실을 겪은 뒤로 우리 부족이 결코 포기할 수 없었던 것은 땅의 의미였다. 백인 정착민들은 땅을 소유물로, 부동산, 자본, 천연자원으로 여겼다. 하지만 우리 부족에게 땅은 모든 것이었다. 정체성, 조상과의 연결, 인간 아닌 우리 친척의 보금자리, 우리의 약, 우리의 도서관, 우리를 먹여 살리는 모든 것의 원천이었다. 우리의 땅은 우리가 세상에 대한 책임을 이행하는 장소다. 땅은 자신에게 속한다. 땅은 상품이 아니라 선물이므로 결코 사고팔 수 없다."로빈 월 키머러, 『향모를 땋으며』, 노승영 옮김, 에이도스, 2020, 36쪽

"숲의 흙은 바로 낙엽이 모습을 바꾼 것이었습니다. 아니, 낙엽뿐만이 아닙니다. 버섯이나 곰팡이류 식물들, 다양한 풀도 그곳에서 자라고 있었고, 곤충이나 지렁이, 눈에 보이지 않을 정도로 작은 미생물까지, 제가 파낸 마른 잎 속에 모두 섞여 있었습니다. 야생동물의 모습은 보지 못했지만, 새나 너구리나 곰도 산속에서 죽으면 언젠가는 이 마른 이파리처럼 잘게 부서지고 분해되어 흙으로 변해 버리겠지요."기무라 아키노리·이사카와 다쿠지, 『흙의 학교』, 염혜은 옮김, 목수책방, 2015, 16쪽

"'기'(己) 자는 실을 감는 도구인 실패의 상형이다. 세 개의 가로획은 실패의 틀을 그려 낸 것이다. 이 중에서 위아래 양끝의 획은 실을 감는 실패의 몸체이고, 가운데 획은 실패가 회전할 수 있게 해주는 가운데 축이 된다. 여기에 양끝의 세로획이 더해져서 실패에 실이 감기는 모양을 그려 낸 것이다. 실뭉치에서 실의 머리를 찾아 실을 감는다는 데서 '실마리·단서·일의 기틀' 등을 뜻하는 글자로 쓰였다. 그러다 가차되어 '기' 자는 '몸·나·자기'를 뜻하는 글자가 되었고, 기존의 뜻은 '벼리 기(紀)' 자로 쓰이게 되었다. 실마리나 기틀을 뜻하는 '기' 때문에 천간 중에서도 중재자 역할을 하는 토 기운을 담당하는 글자로 쓰였다."(류시성·손영달, 『갑자서당』, 160쪽)

1) 기토의 상징

『오행대의』에는 "기(己)는 벼리 기(紀)와 같으니, 물건이 이미 이루어지면 줄기와 바탕 되는 것이 있게 된다. 『예기』「월령」 정현(鄭玄)의 주석에 따르면 '무는 무성[茂]한 것이고 기는 일어나는[起] 것이다. 즉 모든 만물의 가지와 잎새가 무성해지니, 그중에서 빼어난 것이 억눌리고 굽혔다가 일어서는 것이다'"라고 했다. 벼리는 그물코를 꿴 굵은 줄로 일이나 글의 뼈대가 되는 줄거리를 의미한다. 기(起)는 일어난다는 뜻이다. 무토는 무성한 가지와 잎인데 그중에서 빼어난 것이 억눌리고 굽혀 있다가 일어나는 것이다. 무엇이 빼어나다는 것일까. 음기는 양기의 극단에서 생성된다. 지금까지 밀어붙였던 양기의 극단에서 방향을 전환해야 음기와 만날 수 있는 것이다. 초목이 번성한다 해도 계속되지 않기 때문에 열매를 맺는 음의 방향으로 전환해야 한다.

『한서』에는 "이기어기"(理紀於己)라 했는데, '기(己)에서 다스려서 기강이 잡힌다'는 뜻이다. 기(己)에는 그치다 또는 벼리 기(紀)의 의미가 있으니, 이는 만물이 다 성숙하여 조리(條理)를 갖추었음을 의미한다. 양의 극단인 무토에서 음으로 전환한 첫 스텝이 기토이다. 양의 첫 스텝이 솟구치는 '갑'이라면, '기'는 음의 첫 스텝으로 대지와 같이 모든 것을 받아들이는 기운이다. 만물이 기에 이르면 성장을 멈추고 숙성 상태로 전환해야 한다. 인간사에서 '조리'를 갖춘다는 건 이치에 맞는 사유를 한다는 뜻으로, "말이나 글 또는 일이나 행동에서 앞뒤가 들어맞고 체계가 서는 갈피"를 잡는 힘이다. 이것이 국가나 조직에 적용되면 기강이 되어 규율과 법도가 적용되는 것을 말하는 것이다.

기토는 오행적으로 무토와 같은 토 그룹이다. 무는 양의 극단으로 양 중의 양이다. 갑－을－병－정－무에 이르면 양의 극단이라 더 이상 나아갈 수가 없다. 기운이 정점에 이르면 질적 도약이 일어나게 되는데 이렇게 변화된 것이 기토이다. 무가 양기가 충만한 수증기 상태라면 기는 음기를 머금기 시작한, 유형화된 상태이다. 수증기가 쌓이고 쌓이면 촉촉한 상태에서 축축하게 되고 물컹해지는 음기로 전환되는데, 이 기운은 열매를 맺기 위한 자양분이 된다.

『설문해자』에서는 기(己)를 배를 보호하고 웅크리는 자세라고 했다. 음기가 막 생성됐으니 어머니가 임신한 배를 보호하듯 하라는 것이다. 마치 대지가 씨앗을 감싸는 모습을 연상시킨다. 씨앗은 대지의 보호를 받으며 성장하듯, 기토(己土)는 음기를 자라게 하는 토양이다. 하여 기는 생명을 키우는 부드러운 논밭이나 평평한 평야, 습기를 머금은 비옥한 대지, 정원, 텃밭 등으로 상징된다. 어떠한 농약이나 비료도 사용하지 않은 '기적의 사과'를 길러 낸 일본의 농부가 쓴 『흙의 학교』에는 산의 흙과 밭의 흙에 대한 내용이 나오는데, 놀랍게도 양의 정점에 있는 무토(戊土)와 음의 시작인 기토의 차이를 잘 설명하고 있다. "산의 흙과 밭의 흙의 큰 차이는 무엇보다 온도입니다. 산의 흙은 아무리 파내도 온도가 거의 변하지 않고 따듯한데 반해, 밭의 흙은 파 내려가면 바로 온도가 급격히 떨어집니다. 산의 흙은 50센티미터 깊이까지 파 내려가도, 지표면과의 온도 차이가 기껏해야 1도에서 2도 정도에 불과합니다. 하지만 밭의 흙은 살짝만 더 파도 바로 온도가 내려갑니다. 장소나 계절에 따라 조금씩 다르긴 하지만, 10센티미터만 내려가도 6도에서 8도까지 온도가 내려가는 밭도 있었습니다. (……) 산의 흙이 따듯한 것은 미생물의 활동 때문입니다. 흙 속에서 많은 미생물이 활발하게 활동하고 있으니까 따듯한 것이지요. 그렇다면 밭의 흙의 온도가 낮은 것은 반대로 미생물의 활동이 활발하지 않기 때문인 것이 틀림없습니다." 기무라 아키노리·이사카와 다쿠지, 『흙의 학교』, 47~48쪽

2) 기토의 계절

무토가 환절기의 시작이라면 기토는 환절기를 완성하는 기운이다.

무토는 뜨거운 열기를 가두어 펄펄 끓는 찜통더위라면 기토는 찜통더위에서 양기가 서서히 빠져나간 더위와도 같다. 지구를 둘러싼 대기를 커다란 압력밥솥으로 본다면 기토의 계절이란 꽉 찬 압력이 빠진 상태이다. 이렇듯, 기토가 대기의 압력을 찬찬히 배출해 주기 때문에 본격적인 가을 진입이 가능한 것이다. 무토가 화기의 영향으로 양기를 품었다면 기토는 금기(金氣)의 영향으로 음기가 시작된다. 그러므로 기토는 무토와 같은 환절기에 속하지만 음양의 방향성 면에서 보면 무는 양, 기는 음으로 서로 다른 방향성을 가진다. 하여 기는 무를 넘어 가을로 가기 위한 확실한 완충지대가 될 수 있는 것이다.

앞서 '무토' 편에서도 말했지만 『황제내경』에는 장하(長夏)라는 계절이 나오는데, 장하는 무토에서 시작하여 기토에서 완성된다. 여름에서 가을로 가는 극적인 변화는 무토와 기토 계절을 통과하면서 부드럽게 전환하게 된다. 무토는 화의 영향으로 양적인 상태라면 기토는 금의 영향으로 음적인 기운을 받아들이는 상태를 의미한다. 기토는 무형의 무토가 질적으로 변화되어 무토 같은 높은 산과 달리 부드럽고 넓은 평야가 된 것이다. 무엇이든 포용하고 자신을 낮추고 겸손한 사람처럼 기토는 자연 변화의 중심에서 균형을 잡으면서 조절한다. 만약 계절의 변화에서 기토 환절기가 없다면 자연 변화는 과격해질 수밖에 없을 것이다. 이렇듯 환절기 기토가 균형을 잡아 주기 때문에 뜨거운 여름은 전혀 다른 벡터인 차가운 가을로 무사히 진입할 수 있는 것이다.

3) 기토의 특징

 # 키움

땅, 하면 부동산 투기와 개발이 연상되는 삭막한 시대를 우리는 살고 있다. 하지만 고대 문명에서 대지는 만물의 어머니이자 위대한 여신으로 그려진다. 과학이 발달하면서 우리 몸은 대지를 구성하는 화학적 혼합물로 구성되어 있음이 증명되고 있으니 고대인의 신화적인 상상력이 틀렸다 할 수 없는 입장에 처하게 되었다. 『동의보감』에는 몸속에 '황금 정원'이 있다고 대놓고 말한다. 이것은 수사나 비유가 아니다. 그렇다면 어디에 있다는 걸까? 황금 정원의 위치 또한 정확하게 명시하는데, 심장과 신장 중앙에 있는데 그것의 이름은 비위(脾胃)라는 것이다. 오장육부 중 비위는 토(土)의 속성을 빼닮았다. 비위는 먹은 음식을 완전히 소화시켜 몸을 자양하는 장부이다. 대지가 만물을 키우는 것과 같은 역할을 비위가 하고 있다. 기토는 대지가 만물의 어머니라는 걸 잘 보여 준다. 무토가 양기를 모두 뿜어낸 상태라면 기토는 음기로 전환하여 텅 빈 내부를 서서히 채우기 시작한다. 모든 것을 밖으로 펼친 직후라 속은 텅 비게 되므로 무한히 받아들일 수 있는 대지의 마음이 생긴 것이다.

 # 포용력

기토 성향을 타고난 사람은 대지가 만물을 수용하듯 자신의 의견을 내세우기보다는 다른 사람의 의견을 잘 수용한다. 어머니처럼 자애롭고 잘 포용하며 관대하다. 대지에 씨를 뿌리면 자라나듯 기토는 타고난 포용력으로 사람을 잘 키우고, 대지가 항상 그 자리에 있듯 신용과 신뢰를 중시한다. 그리고 대지가 평평하듯 사람을 평등하게 대하고 넉넉하고 겸손하다. 기토는 10개의 천간 중 가장 겸손하다. 마치 도화지처럼 기꺼이 누군가의 바탕이 되고자 한다. 하지만 미성숙한 기토는 자신의 밋밋함에 결핍을 느껴 불만이 쌓일 수도 있다. 해서 기토 성향을 타고난 사람들은 어떤 천간보다 화병을 앓는 경우가 많다고 한다. 양의 극단에서 생긴 음은 성숙함이 아니라 물질욕으로 발현되어, 자기 것을 잘 챙긴다. 의사 표현도 애매모호하게 하면서 두루뭉술 넘어가는, 답답한 모습을 보이기도 한다.

 # 기토를 대표하는 인물

무의식이라는 대지를 탐사한 프로이트와 비글호를 타고 대륙에서 종을 탐사하면서 진화론을 정립한 다윈이 기토를 대표하는 인물이다. 이외에도 기토 기질을 타고난 인물들로는 『대지』를 쓴 펄 벅, 시인이자 작가인 윌리엄 워즈워스, 에머슨, 그리고 디킨스, 휘트먼, 토마스 만, 올더스 헉슬리, 글렌 굴드, 조지프 캠벨, 크리슈나무르티 등이 있다.

4) 기토형 인간, 양육 제일 자하

자하(子夏), 자장(子張), 자유(子游), 증삼(曾參), 유약(有若)은 공자가 주유천하를 한 후, 공자 스쿨에 들어온 후기 제자들이다. 그중 자하는 위나라 사람으로 공자보다 44살 아래고, 이름은 '복상'(卜商)이다. 전기의 제자들이 정계에 진출해 활약한 것에 비해 후기의 제자들은 정치 참여가 어려웠다. 『한비자』에 따르면 그들은 공자 사후 여러 개의 학파를 형성했는데, 자하 역시 문파를 형성해서 교육 사업을 했다고 한다. 자하는 자유와 더불어 문학에 재능을 보였는데, 공자는 자공과 더불어 시를 논할 수 있다고 말할 정도였다. 또 문헌에도 정통했던 인물이다.

자하는 자장과 더불어 '과유불급'(過猶不及) 에피소드에 등장하는 인물이다. 여기서, 과한 자는 자장이고 불급한 자는 자하다. 자장과 자하는 무토와 기토의 차이를 잘 보여 준다. 양 중의 양인 무토가 과함의 아이콘이라면, 양의 극단에서 음으로 전환한 기토는 불급의 아이콘이다. 무토는 양의 절정으로 음기를 허용하지 않지만, 기토는 음의 시작으로 양기를 허용하지 않는다. 이런 이유로 무토와 기토는 오행적으로는 같은 '토'지만 과함과 불급의 다른 양상을 보일 수밖에 없다. 그리고 이것이 자장과 자하가 갈라지는 지점이기도 하다.

이 둘은 친구를 사귀 때도 접근 방식이 달랐다. 자하의 문인이 자장에게 사귀는 법에 대해 물었다. 자장이 말했다. "자하는 어찌 말하던가?" "자하께서는 '사귈 만한 사람과 사귀고, 사귀어서는 안 될 사람을 사귀지 말라'고 하셨습니다." 자장이 말했다. "내가 들은 것과는 다르구나. 군자는 현명한 사람을 존중하고 많은 사람을 포용하며, 유능한 사람을 칭찬하고 그렇지 못한 사람을 불쌍히 여긴다. 내가 크게 현명하면 어찌 남을 포용하지 못하겠는가? 내가 현명하지 못하면 남이 나를 거절할 텐데, 어찌 내가 남을 거절하겠는가?"「자장」,

『낭송 논어』, 604쪽

앞에서도 말했듯이 양의 기운을 차곡차곡 쌓은 무토는 그 힘이 매우 파워풀하다. 하여 자장은 항상 자신이 주도하면서 사람과 관계를 맺고자 한다. 내가 현명하다면 주변 사람들에 휘둘리지 않을 것이고 어떤 성향의 사람일지라도 포용할 수 있을 것이다. 이것이 무토 스타일의 관계 맺는 법이다. 그에 반해 자하의 관계 맺는 법은 매우 신중하다. 일단 사귈 만한 사람인지 아닌지부터 찬찬히 살핀다. 무토와 달리 음기를 받아들여야 하는 기토는 사람에게 접근할 때도 매우 조심스러울 수밖에 없다. 기토는 음기를 처음 받아들이는 시기라 섬세하고 예민할 수밖에 없다. 여성이 임신 초기에 조심해야 하듯, 기토는 막 생긴 음기를 조심조심 여기면서 기토를 지나 경-신-임-계까지 음의 기운을 차곡차곡 쌓아 가야 하기 때문이다.

자장과 자하의 차이를 보면, 「법성게」(法性偈)에 나오는 "우보익생만허공(雨寶益生滿虛空), 중생수기득이익(衆生隨器得利益)"이 생각난다. 하늘에서 보배의 법 비가 가득히 내려 중생을 이롭게 하는데, 중생은 자기의 그릇에 따라 이익을 얻는다는 것이다. 스승 공자가 두 제자에게 동일한 말을 했지만 그들은 자기 기질대로 이해하고 해석한다.

자하와 자장이 다르듯이, 자하와 자유도 기질이 다른 만큼 관점의 차이를 보인다. 자유가 말했다. "자하의 제자들은 물을 뿌려 비질하고, 손님을 응대하며, 나아가고 물러나는 예절에 있어서 그런대로 괜찮다. 하지만 이런 일은 말단일 뿐이다. 근본이 없으니 어찌하겠는가?" 자하가 그 말을 듣고 말했다. "아, 언유(자유)의 말이 지나치구나! 군자의 도에서 어느 것을 먼저 전하고 어느 것을 나중으로 미루고 게을리하겠는가? 초목에 비유하자면, 종류에 따라 구별하는 것과 같다. 군자의 도를 어찌 속일 수 있겠는가? 시작과 끝을 모두 갖춘 사람은 오직 성인뿐이다!"「자장」, 『낭송 논어』, 614쪽

자유는 임수(壬水)다. 임수는 기토에서 시작된 음기가 경-신을 거쳐 임이 되었으니 충만한 음기를 가진 자이다. 이렇게 차곡차곡 쌓인 음기로 충만한 자유는 사물을 볼 때 행위보다는 근원을 보려는 성향이 강하다. 자유가 보기에 물 뿌리고 마당 쓰는 행위는 근본을 탐구하지 않고 말단을 좇는 것으로 보였다. 기토 자하는 이제 음기가 막 시작하는 때라 사물의 심연을 보기보다는 구체적인 행동과 실천에 마음이 더 갔을 것이다. 학문을 이제 시작한 사람이 근원부터 보기는 쉽지 않을 것이다. 기토 자하는 이런 초심자의 심정을 헤아려 당장 실천할 수 있는 것부터 시작하게 한 것이다. 초목의 종류가 다르듯 사람의 상태 또한 다르므로 눈높이 교육을 해야지 심오한 진리를 처음부터 강조할 수 없다는 것. 하지만 임수 자유는 처음부터 근원을 생각하지 않는다면 말단에 머물 수밖에 없다고 생각했을 것이다. 이렇게 타고난 기질이 다르듯, 공부에 대한 접근법도 다름을 알 수 있다. 자하는 자신의 공부법에 대해 구체적으로 설명했다. "널리 배우고 뜻을 돈독히 하며, 절실히 묻고 가까운 것에서부터 생각한다. 그러면 인이 그 가운데 있다."「자장」, 『낭송 논어』, 608쪽

음기를 조금씩 쌓아 가듯, 기토 마인드가 반영된 공부법이다. 기토에서 음기가 시작됐으니 음기를 쌓으려면 갈 길이 멀다. 아무리 먼 길도 단박에 갈 수는 없는 법. 시작은 미미하더라도 널리 배우고

뜻을 돈독하게 하는 비전을 세워야 한다. 이런 태도를 견지하면서 가까운 일상에서 질문하고 사유하는 것에서 시작하라는 것. 천리 길도 한 걸음부터이듯 자하는 당장 실천할 수 있는 것부터 시작하라는 것이다. 자하는 또 이런 말도 한다. "날마다 모르는 것을 알아 가고, 달마다 할 수 있는 것을 잊지 않으면, 배우기를 좋아한다고 말할 수 있다."「자장」, 『낭송 논어』, 607쪽 매일 조금씩 알려고 노력하고 알고 난 것을 잊지 않기 위해 노력하는 태도! 이것이 음기를 쌓으려는 기토의 태도인 것이다.

기토는 우리 몸의 소화 기능과 비슷하다. 음식이 소화되는 과정은 그리 간단치가 않다. 몸에 들어와서 잘게 잘려진 음식물을 소장에서 흡수하여 간으로 보내면 간에서 해독 작용을 거쳐 심장을 통해 온몸으로 공급된다. 음식을 잘 소화시켜야 내 몸이 자양되듯이 자하는 배우고 그것을 잊지 않는 노력을 통해 인을 터득함으로써 각자의 삶을 자양하길 바랐던 것이다.

자하의 가르침은 매우 구체적이다. "현명한 사람을 존경하기를 여자를 좋아하는 것처럼 한다. 부모를 모실 때는 힘을 다하고 임금을 모실 때는 자기 이익을 앞세우지 않으며, 친구와 더불어 사귈 때는 말에 믿음이 있어야 한다. 그렇다면 비록 배우지 않았다 하더라도 나는 반드시 그를 배운 사람이라고 말할 것이다."「학이」, 『낭송 논어』, 40쪽 그의 공부는 심오해 보이진 않지만 매우 구체적이고 실천적이다. 일상에서 지킬 수 있는 것을 정성스럽게 익히고 배우라는 것. 즉, 가까운 곳에서부터 생각하고 넓게 배워서 학문의 참뜻을 깨닫는 경지에 이르라는 것. 그는 꾸준히 실천했고 그의 배움은 점점 무르익고 있었다.

어느 날 자하가 공자에게 『시경』에 있는 어떤 부분에 대해 물었다. "『시경』에 이르기를 '예쁜 웃음에는 보조개, 아름다운 눈에는 선명한 눈동자, 흰 비단에 아름답게 꾸몄네' 하니 무슨 말입니까?" "공자께서 말씀하셨다. '그림 그리는 일은 흰 비단을 마련한 뒤에 하는 것이다.' 자하가 말했다. '예가 나중이라는 뜻이군요.' 공자께서 말씀하셨다. '나를 분발하게 하는 사람은 상(자하)이로구나! 비로소 함께 시를 말할 수 있구나.'"「팔일」, 『낭송 논어』, 85쪽

자하는 『시경』에 나오는 보조개, 눈동자 등 세부묘사와 흰 비단의 아름다움의 의미가 무엇인지가 궁금했던 것 같다. 공자는 뭔가를 그리려면 바탕인 흰 비단이 있어야 한다고 말한다. 그러자 자하는 그림을 그리려면 바탕이 먼저 있어야 하듯, 삶에서도 예의 형식보다는 예의 정신이나 마음이 먼저라고 생각했다. 이것도 기토다운 발상이다. 대지와 같은 포용력을 가진 기토 자하였기에 바탕의 중요성을 알아차렸을 것이다. 보통 사람들은 그림을 볼 때 세부묘사에 주목하는 게 보통인데, 바탕을 먼저 보다니, 기토다운 접근 아닌가! 기토는 양기의 극단에서 한 걸음 물러난 상태이다. 양기 절정의 순간에 멈출 수 있다는 건 그만큼 성숙함을 내재했다는 뜻이다. 성장만 할 수 없다는 자연의 이치를 아는 자만이 멈출 수 있고, 그 멈춤을 통해 성숙함으로 전환할 수 있는 것이다. 하여 자유는 앞만 보고 달리던 기세를 멈추고 내면으로 향할 수 있는 힘을 가진 자였고, 이것이 바로 기토의 내공인 것이다.

공자는 이제 자하가 시를 논할 수 있는 실력을 갖췄다고 매우

기뻐한다. 공자는 일찍이 아들 백어(伯魚)에게 시를 배우지 않고는 남과 더불어 말을 할 수가 없고, 예를 배우지 아니하면 남 앞에(사회에) 설 수가 없다고 한 바 있다. 공자에게 시란 단순히 표현을 풍부하게 해주는 문제가 아니었다. 인정물태 속에 스며든 예를 읽어 내는 게 핵심이다. 그런데 자하가 시를 읽으면서, 예의 형식과 정신을 구분할 정도의 경지에 이르렀으니 기쁠 수밖에.

자하가 타고난 기토 성향은 문장을 정확하게 해석하는 문헌학에서도 능력을 발휘한다. 그가 공자 스쿨에서 배운 후 자신의 나라인 위나라로 돌아가 역사서에 잘못 기재된 내용을 찾아낸 일화가 있다. "위나라 사람, 누구도 그를 넘어설 수 없었다. 일찍이 위나라에 돌아와서 역사책을 읽고 있는 자의 '진나라 군사가 진나라를 치자 돼지 세 마리가 하수를 건넜다'(晋師伐秦 三豕渡河)라는 구절을 보고는 자하복상이 이렇게 말하였다. '이것은 잘못되었다. 여기서 삼시(三豕) 두 글자는 틀림없이 기해(己亥)를 잘못 쓴 것이리라.' 역사책을 읽던 자가 '진나라 사관에게 물어보겠다' 하였는데 과연 '기해'였다. 이에 위나라 사람들은 자하를 성인이라 여겼다. 공자가 죽은 뒤에 서하에서 가르쳤으며 위나라 문후가 그를 스승으로 모셔 국정을 그에게 자문하였다."왕숙, 「칠십이제자해」, 『공자가어 3』, 임동석 옮김, 동서문화사, 2009, 993쪽

"진사벌진 삼시도하"(晋師伐秦 三豕渡河)에서 '삼시'(三豕)를 세 마리 돼지로 보아 세 마리 돼지가 강을 건넜다고 해석됐다. 자하는 삼시(三豕)가 아니라 기해(己亥)의 오타라고 지적했다. '기해(己亥)는 60갑자의 서른여섯째를 의미한다. 그러니까 기해일에 강을 건넜다

고 해석을 바꾸어야 하는 것이다. 사람들이 확인해 보니 진나라 군대가 기해일에 황하를 건넌 게 맞았다. 당시, 붓으로 베껴 쓰면서 기해(己亥)를 삼시(三豕)로 잘못 쓴 것이다. 이것이 알려지면서 자하는 일약 스타가 되었고, 이 사건을 계기로 성인으로까지 추앙을 받게 되었다.

『사기』에 의하면, "공자가 죽은 뒤 칠십여 제자는 각국으로 흩어져서 제후들에게 유세하였는데 그중 크게 된 자는 제후의 사부나 경상이 되었고, 작게 된 자는 사대부의 친구가 되어 가르쳤으며, 어떤 이는 숨어 살며 벼슬에 나오지 않았다. 자로는 위나라에 있었고, 자장은 진나라에 있었으며, 담대자우는 초나라에 있었고, 자하는 서하에 있었으며, 전자방·단간목·오기·금활희 등은 자하 같은 사람들에게 학문을 전수받아 왕의 스승이 되었다. 이 무렵에는 오직 위나라의 문후만이 학문을 좋아했다."사마천, 「유림 열전」, 『사기 열전 2』, 김원중 옮김, 민음사, 2009, 620쪽 자하는 교육 사업 말고도 위나라 제후 문후(文侯)의 스승과 국정 자문 역할을 하기도 했다. 당시 많은 제후들 중 문후는 학문을 숭상한 사람이었는데 자하의 영향을 크게 받았다고 한다.

이렇듯 기토 자하는 만인들이 자랄 수 있는 대지 그 자체였다. 대지가 만물을 수용하듯 자하는 자신의 토양에서 후학을 기르고 제후를 길렀다. 작은 것에서부터 조금씩, 조금씩 배움을 실천한 자하. 날마다 안 것을 잊지 않기 위해 지속적으로 새기고, 달마다 할 수 있는 것을 잊지 않는 실천의 과정이 그를 대지 같은 존재로 만들었을 것이다. 이 과정은 음식을 먹어서 소화시키는 과정을 연상시킨다! 토는 오장육부 중 비위이다. 충분히 소화시킨 후 자신의 것으로 만들려면 입에서 저작 활동과 위장에서 분해하는 작업이 필수적이다. 이것이 배운 것을 곱씹으면서 기억하는 작업과 연결된다. 이런 과정을 충실히 했기 때문에 그는 자신을 기르는 건 물론이고, 사람을 기를 수 있는 풍요로운 대지가 될 수 있었다.

초가을
절차탁마로 다져진 큰 바위,
경금

경금형 인물, 능력 제일 자공

"에어즈록으로 알려진 울루루는 오스트레일리아의 울루루 카타튜타 국립공원에 있는 거대한 바윗덩어리이다. 관광객과 호주 학생들은 울루루가 세계에서 가장 큰 한 덩어리로 된 바위라고 알고 있다. 즉 육중한 한 덩어리 바위로 사막에 얹혀진, 또는 그 일부가 묻혀 있는 거대한 조약돌 같은 것이라고 생각한다. 그러나 울루루는 예상과 달리 딱딱하지 않다. (……)

바위 표면은 시간과 날씨에 따라 매우 다양한 모습을 보여 주며 특히 일몰 때는 마치 불타는 듯한 붉은색이 장관을 이룬다. 오스트레일리아 원주민 애볼리지니 족은 울루루를 신선한 장소로 여기고 있다. '지구의 어머니'라는 뜻을 가진 울루루는 5억 5,000만 년 전 만들어졌으며 구성 성분은 모래와 자갈이다. 전설에 의하면 흙으로 산을 만들던 두 소년이 이 바위를 만들었는데, 비를 그냥 맞게 해서 현재의 모습이 되었다고 한다. 어떤 주장에 의하면 울루루에서 볼 수 있는 구멍, 이랑처럼 생긴 홈, 구덩이는 아직 동물에 가까웠던 원시인들 간의 전투로 생긴 것이라고 한다."사이먼 윈체스터·세바스찬 영거 외, 『지구의 생명을 보다』, 박영원 옮김, 휘슬러, 2005, 42쪽

"'경'(庚)은 '고치다, 단단하다'는 뜻을 가진 글자이다. 이 글자의 유래에는 두 가지 설이 있는데 먼저 절굿공이를 본뜬 글자라는 입장이 있다. (……) 여기서 곡식을 수확하는 계절인 가을을 뜻하게 되었다. 두번째 설은 징을 본뜬 것이라는 입장. 징은 손에 들고 치는 고대의 악기인데, 주로 군대에서 퇴각을 알리는 신호도구로 쓰였다고 한다. 가을과 퇴각의 두 가지 유래 모두 교대하고 고쳐서 새롭게 변화한다는 의미를 가지고 있다. 음양오행에서는 자연이 생성(목) ⇒ 발산(화) ⇒ 매개(토) ⇒ 수렴(금) ⇒ 쇠퇴(수)의 과정을 거친다고 보았는데, 그중 경은 본격적인 수렴으로의 변화가 일어나는 시기이다. (……) 이것은 가을이 되어 차가운 기운이 생기면서 잎이 떨어지고 열매가 맺히는 것과 같은 이치이다. 열매를 익히기 위해 불필요한 부분은 과감하게 떨구는 수렴운동은 오행으로 금의 기운이다. 그래서 천간으로 경을 경금(庚金)이라 부른다."(류시성·손영달, 『갑자서당』, 161쪽)

1) 경금의 상징

『오행대의』에는 "경(庚)은 고치는 것"이라고 했다. 가을은 고침의 계절이다. 봄·여름의 발산에서 가을·겨울의 수렴으로! 즉, 만물의 성장 후에 만물의 소멸이 교대되어 오는데 이것을 '고친다'고 한 것이다. 경(庚) 자는 탈곡기와 막대기가 합쳐진 글자라고도 하고, 절굿공이를 본떠서 그렸다고도 한다. 모두 추수와 관계된 도구들이다. 농사짓는 도구에서 천지와 연결 짓는 선현들의 자연적 시선이 느껴진다. 나의 마음도 일상의 모든 것을 천지를 연결하는 마음으로 볼 수 있다면 하루를 살아도 자연적·우주적 삶을 산다고 할 수 있지 않을까.

『한서』에는 "경(庚)에서 성장이 멈추고 수렴되기 시작하여(斂更

于庚) 신(辛)에서 모두 새롭게 된다"라고 했다. 경(庚)은 바뀐다[更]는 의미이고 염(斂)은 거둔다, 수렴한다는 뜻이다. 경과 염 모두 봄과 여름에 한껏 밖으로 향한 양기를 다시 모으는 작용이다. 『사기』에는 "경(庚)이란 음기가 만물을 변하게 하는" 거라고 했다. 『설문해자』에는 "경(庚)은 서쪽에 자리하며, 가을에 만물이 여물어 단단해지고 열매를 맺는 모양이다. 경은 기(己) 다음이고, 사람 배꼽을 본뜬 것이다"라고 했다.

자연은 다다익선을 추구하지 않는다. 성장만 계속하면 번아웃이 기다릴 뿐이다. 외적 성장 후에 반드시 내적 성장으로 전환하게 되는데, 밖으로 향하는 힘을 아래로 가두기 위해서는 상승이 아니라 하강 운동을 해야 한다. 사람 몸에서 배꼽을 언급한 것은 갑이 머리에서 시작했다면 가을이 되어 기운이 배꼽으로 내려오기 때문이다. 이것이 중년이 되면 배가 나오는 이유이기도 하다. 또한 이때 자연이 선택한 방법은 표면을 굳게 만드는 것이다. 해서 가을이 되면 나무가 딱딱해지는 것도, 나이가 들면 피부가 건조해지는 것도 기운을 발산에서 수렴으로 향하게 하려는 자연의 전략이라 할 수 있다. 그래야 생명은 가을을 거쳐 혹독한 겨울을 통과할 수 있고, 씨앗을 만들 수 있고 새로운 봄을 시작할 수 있는 것이다. 만약 우주가 경금 과정을 밟지 않는다면 늦가을도, 겨울도, 봄도, 여름도 기대할 수가 없다. 정리하자면 경금은 외부로 향하는 발산 기운을 과감하게 안으로 수렴하는 단단한 기운이다. 이런 성질 때문에 경금은 무쇠나 바위, 원석, 중장비 등으로 상징된다.

2) 경금의 계절

경은 거두어들이고 성숙한 기운이다. 봄, 여름, 환절기를 지나면 오곡백과가 익는다. 인간도 그렇다. 청년 시기에는 욕망과 감정 조절이 쉽게 되지 않는다. 나이가 들면서 생각과 경험이 쌓이면서 통찰력과 조절력이 생기게 된다. 벼가 익을수록 고개를 숙이는 것처럼. 물론 가을이 온다고 저절로 성숙해지는 건 아니다. 여름에 생긴 열매가 가을에 모두 익는 건 아니듯이 경금은 공평하게 심사해서 살릴 것은 살리고 죽일 것은 죽이게 되는데, 이것을 『황제내경』에서는 심평(審平)이라고 한다.

가을이 되면 서리가 내리고 무성했던 나뭇잎들이 낙엽처럼 우수수 떨어진다. 이때 만물은 생장을 멈추는데 이것을 '숙살지기'(肅殺之氣)라고 한다. 겉은 죽이는 듯 보이지만 사계절의 흐름에서 보면 살기 위해 잠시 밖을 향한 에너지를 멈추고 안으로 저장하는 기운이다. 에너지를 저장해야 새로운 봄을 시작할 수 있으니까. 반면 봄은 만물이 소생하는 계절이지만 가을·겨울 동안 모은 기운을 분출하면서 새싹을 틔우니 오히려 죽이는 때라 할 수 있다. 봄을 죽이는 때라 한 것은 무언가 생성된다는 것은 동시에 기존의 기운이 소진되는 과정이기 때문이다. 이처럼 생명은 역설의 장이다. 인생도 다르지 않다. 삶이란 죽음을 향해 가는 여정이고, 죽음이란 삶을 향해 가는 여정이기 때문이다. 박노해의 시가 가을의 숙살지기를 잘 보여 주고 있으니 함께 음미해 보자.

우주의 가을 시대

첫서리가 내렸다.
온 대지에 숙살(肅殺)의 기운 가득하다
하루아침에 찬란한 잎새를 떨구고
흰 서릿발 쓴 앙상한 초목들
나는 텅 빈 아침 숲에 서서
하얀 칼날을 몸을 떨며 바라본다.

싸늘한 안개 속으로 태양이 떠오를 때

사과 밭으로 올라가는 나는
지금 두 다리 밑에 지구를 깔고
우주를 산책하고 있다

우주 절기에서 가장 혁신적인 변화는
여름의 불에서 가을 금으로의 변화

언덕 위의 사과나무들은
언 서릿발에 뒹구는 낙과들 위로
살아남은 것들만 붉게 울고 있다

가을은 익어 가는 계절만이 아니다
갈라 내고 솎아 내는 엄정한 계절이다
아 가을이 온다
우주의 가을이 온다

쭉정이와 알갱이를 가려내는
참과 거짓을 한순간에 심판하는
우주의 가을 시대가 온다

금화교역의 계절, 우주의 가을이다. 가을은 죽음의 계절이 아니다. 겉은 죽은 듯 보여도 속은 봄을 준비하는 기운으로 차오르기 때문이다. 하여 다가올 봄을 막는 쭉정이는 가라. 봄의 마음을 가진 알맹이만 남아라. 거짓은 가고 참은 남아라. 이것이 우주의 가을 시대가 주는 생명의 메시지인 것이다.

3) 경금의 특징

 # 절제

기온이 떨어지면 식물들은 외적 성장을 중단하고 가을을 보낼 준비에 들어가는데, 이때는 비료를 주면 안 된다고 한다. 가을에 비료를 주면 계속 성장해서 나무가 오랜 세월을 버틸 수 없기 때문이다. 그래서 때를 알아야 한다. 살리는 때인지, 죽이는 때인지를. 경금은 성장을 멈추고 내부의 힘을 만들어 내는 기운이자 때인 것이다.

『주역』에는 연못 위에 물이 있는 상으로 수택절(水澤節)괘가 있다. 연못에 물을 무한정 담을 수 없으니 넘치지 않게 조절해야 한다는 의미이다. 『설문해자』에도 '절은 대나무의 마디'라고 했다. 대나무는 그냥 쑥쑥 자라지 않는다. 멈추어서 마디를 만들고 난 후에야 성장한다. 대나무가 마디를 만들면서 자라나듯 생명은 멈추고 절제하는 시기를 거치면서 생명력을 유지한다. 삶에서도 예절, 절약, 조절, 절제 등 '절'이 들어간 단어들이 있다. 탐(貪)·진(瞋)·치(癡)의 절제가 없다면 우리의 삶은 엉망진창이 될 게 뻔하다. 발산을 멈추고 나를 제어하는 능력! 이것이 수택절이 전하는 메시지이며 경금과 마주치는 지점이기도 하다. 하지만 절제가 너무 지나치면 억압과 억제를 심하게 할 수 있으니 조심해야 한다.

 # 원리원칙

결실을 맺는다는 건 봄·여름·환절기를 거친, 긴 여정을 걸어왔음을 의미한다. 경금 성향의 사람은 쌓인 경험을 바탕으로 감정에 휘둘리기보다는 이성적으로 판단하길 좋아한다. 자기 제어를 잘하고 원리원칙을 세워 그 기준에 맞게 판단하고 행동한다. 또한 사전에 데이터를 축적해서 그것을 재료 삼아 통계를 내는 등 수학적인 계산에도 능하다. 경금은 새로운 시도나 창조보다는 지금까지 쌓아 온 경험으로 현실 문제를 해결하는 데 능력을 발휘한다. 초목이 열매를 맺듯이 이것이 삶에서는 강한 소신, 결단력, 마무리, 승부근성, 의협심으로 표현된다. 적폐를 청산하고 불의를 해결하고자 하는 혁명가적 기질로도 드러난다. 하지만 지나친 금기로 죽이는 기운만 내세우게 되면 독선적이고 과격해질 수 있다. 게다가 자만심이 커지면 냉혹한 성질이 강화되어 야유와 독설을 퍼부을 수도 있다. 낮 안에 밤이 있고, 밤 안에 낮이 있듯이 경금은 초목을 죽이는 듯 보이지만, 경금 속에는 살리는 을목 기운을 품고 있다. 해서 경금은 겉이 차가워 보일 뿐, 속에는 따듯한 양기를 품고 있다. 따라서 경금은 늘 살리는 마음을 새기며 원칙을 지키고 결단력을 실천해야 한다.

 # 경금을 대표하는 인물

서구 문물의 홍수 속에서 타인 본위의 삶이라는 쭉정이를 버리고 자기본위라는 숙성된 삶을 발견하기 위해 글을 썼던 나쓰메 소세키, 가을에 이삭을 줍는 사람들처럼 자신의 기억과 생각과 느낌을 줍기 위해 영화 만들기를 죽을 때까지 멈추지 않았던 아녜스 바르다. 이 밖에도 다빈치, 존 스튜어트 밀, 존 로크, 데카르트, 칼 구스타프 융, T. S. 엘리엇, 헤밍웨이, 블라디미르 나보코프, 에드바르 그리그, 호치민 등이 경금 기질을 타고난 인물들이다.

4) 경금형 인간, 능력 제일 자공

자공(子貢)은 부와 권세 면에서, 공자와 비교할 수 없는 능력을 발휘한 인물이다. 공자는 벼슬이 사구(재판관)에 머물렀지만 자공은 재상까지 올랐다. 하지만 세속적 출세와는 상관없이 스승에 대한 자공의 존경심은 나날이 커져만 갔다. 노나라 조정에서 숙손무숙(叔孫武叔)이 다른 대부들에게 "자공이 중니보다 뛰어나다"고 말했다. 자복경백이 이것을 알려 주자 자공이 말했다. "궁궐의 담장에 비유하자면, 나의 담장은 어깨 높이 정도입니다. 집 안의 좋은 것들을 들여다볼 수 있지요. 그러나 선생님의 담장은 몇 길이나 됩니다. 그 문을 찾아 들어가지 못하면 종묘의 아름다움과 백관이 많은 것을 볼 수 없지요. 그 문을 찾아낸 사람은 아마도 드물 것입니다. 그러니 그분의 말씀 또한 당연하지 않겠습니까."「자장」, 『낭송 논어』, 627쪽

자공은 공자의 경지를 높은 담장에 비유한다. 자신은 낮은 담과 같아 훤히 보여 남들이 쉽게 알아보는 것뿐이고, 공자는 학문과 덕이 높기 때문에 남들이 쉽게 알 수 없다는 것. 그렇다. 다 자기 깜냥만큼 다른 사람을 평가할 수 있을 뿐이다. 공자만큼의 경지가 아닌데 그 깊이를 어떻게 알겠는가. 스승의 경지가 너무 깊어서 도저히 가늠할 수가 없다고 말하는 자공! 참으로 신중하고 성숙한 모습이 아닐 수 없다. 그럼에도 숙손무숙이 중니(공자)를 헐뜯었다. 자공이 말했다. "그러지 마십시오. 중니는 헐뜯을 수 없습니다. 다른 사람이 현명한 것은 언덕과 같아서 그래도 넘을 수 있습니다. 하지만 중니는 해와 달 같아서 넘을 수 없습니다. 사람들이 비록 스스로 끊고자 해도, 그것이 해와 달에 무슨 손상이 되겠습니까? 다만 자기 분수도 모르는 것을 드러낼 뿐입니다!"「자장」, 『낭송 논어』, 629쪽 이제 자공은 스승을 담장 정도가 아니라 해와 달에 비유하기에 이른다.

진자금이 자공에게 말했다. "그대가 겸손해서 그렇지, 중니가 어찌 그대보다 뛰어나겠는가?" 자공이 말했다. "군자는 말 한마디로 지혜롭다고 여겨지기도 하고 말 한마디로 지혜롭지 않다고 여겨지기도 합니다. 말은 신중하지 않으면 안 됩니다. 선생님을 따라갈 수 없는 것은 하늘을 사다리 타고 올라갈 수 없는 것과 같습니다. 선생님께서 나라를 다스린다면, 이른바 '백성을 세워 주면 서고, 이끌어 주면 따르고, 편안하게 해주면 찾아오고, 감동시키면 화목해진다는

것'입니다. 살아 계실 때는 사람들이 존경하고, 돌아가시면 사람들이 애도할 것이니, 어찌 그분을 따라갈 수 있겠습니까."「자장」, 『낭송 논어』, 630쪽

자공은 자신이 아무리 세속에서 인정받는다 해도 공자의 경지에 이를 수 없음을 잘 알고 있었다. 안회도 비슷한 심정을 토로한 적이 있었지만, 두 제자에게는 기질적인 차이가 있어 보인다. 공자는 갑목답게 새로운 비전을 제시했고 을목인 안회는 그것을 이해하고 따르고자 했다. 하지만 자공은 결실을 맺는 경금답게 현실적인 일처리에 더 능했던 것이다. 공자는 안회와 자공의 기질 차이를 말한 바 있다. "회는 거의 도를 터득했지만 자주 쌀독이 비었다. 사는 천명을 받아들이지 않고 재산을 불렸으나, 그의 예측이 자주 적중했다."「선진」, 『낭송 논어』, 342쪽

안회의 도가 아무리 높다 해도 안회의 기질로는 빈 쌀독은 채울 수는 없는 것이다. 을목, 늦봄 기질을 타고난 안회는 재물을 일구는 면에서는 자공보다 못했지만 공자가 칭찬할 정도로 배움의 능력은 탁월했다. 하지만 경금, 초가을 기질을 타고난 자공은 배움 면에서는 안회보다 못하지만 재물을 일구는 능력은 탁월하다. 그렇다. 봄과 가을이 다르듯, 하루가 다르게 성장하는 을목과 열매를 충실하게 맺는 경금은 비교가 불가능하다. 봄에는 성장하고 가을에는 열매를 맺는 법이니까. 『사기』에는 상인들의 이야기를 모은 '화식열전'(貨殖列傳) 파트가 있는데 여기서 자공은 서열 2순위에 등재될 정도로 부의 아이콘이었다. 자공의 노력도 물론 있었겠지만 누구나 노력을 한다고 재력가가 되는 건 아니다. 결론부터 말하자면 자공이 자공이

된 건 초가을 경금 기질을 타고났기 때문이다.

가을은 성장을 멈추고 갈무리하는 계절로, 봄과는 정반대의 기운이다. 목이 위로 성장하는 기운이라면 금은 아래로 수렴하는 기운이다. 자공은 가을에 나무가 열매를 맺듯, 재물을 일구고 마무리 짓는 능력을 타고났다. 해서 자공은 공자 학당의 경제적인 후원은 물론이고 공자가 주유천하를 할 때도 모든 여비를 부담할 수 있었던 것이다. "예측이 자주 적중"했다는 것도 경금의 성질을 잘 보여 준다. 경금은 인생 주기로 보면 중년기에 해당한다. 중년의 성숙함을 타고난 자공은 경험을 토대로 치밀하게 계산할 뿐 아니라 냉철함과 절제력은 물론이고 신중함을 겸비한 매우 성숙한 인물이었다. 그는 경제뿐 아니라 정치, 외교 등 여러 방면에서 능통했다.

자공이 공자에게 "저는 어떻습니까?"라고 질문하자 공자가 "너는 그릇이다"라고 답을 했고, "어떤 그릇입니까?" 하자 "호련"(옥으로 만든 귀한 제기)이라고 한 적이 있다.「공야장」, 『낭송 논어』, 139쪽 남회근 선생의 해석에 따르면 공자가 자공을 그릇에 비유한 것은 '전형(典型)를 이루었다'는 의미라는 것이다. 우리가 사람에게 '저 사람 물건이다'라고 할 때 어떤 방면에서 완성됐음을 표현하는 것과 같다. 자공은 본보기를 보여 줄 정도로 완성도 높은 인간이었고 공자는 자공을 옥으로 만든 귀한 제기, 호련으로 표현했던 것이다. 봄은 성장하는 때이므로 성질을 규정할 수가 없다. 예컨대 한참 자라는 아이들이 재능이 탁월하다 해도 규정지을 수 없는 것과 같다. 반면 가을에는 결실을 맺는 시기이므로 단단한 형상을 빚어낼 수 있다. 경금 자공은 가을의 열매 맺는 기운으로 원숙한 인간형을 창조해 낸 것이다.

공자가 자공에게 묻는다. "너와 안회, 누가 더 나으냐?" 자공이 답했다. "제가 어찌 감히 안회를 바라겠습니까? 회는 하나를 들으면 열을 알고, 저는 하나를 들으면 둘을 압니다." 공자께서 말씀하셨다. "너는 회만 못하다. 나도 네가 그만 못하다고 생각한다."「공야장」, 『낭송 논어』, 145쪽 자공은 자기 객관화의 달인이다. 어떤 일도 척척 해결하지만 공부 면에서는 안회를 따라갈 수 없음을 잘 알고 있었다. 이것이 바로 자공의 성숙함이다. 경금은 봄부터 축적된 경험을 바탕으로 숙고하고 성찰한다. 하지만 새로운 것을 배우는 힘은 봄 기운을 닮은 안회를 따라갈 수가 없다. 반면 안회는 봄의 새싹처럼 열심히 배워 성장에는 능하지만 재물을 다루는 회로는 전혀 없었다. 공자 학당은 배움의 전당이라, 사실 배움의 능력이 위계가 될 수도 있었을 것이다. 살리에르가 모차르트를 질투하듯, 자공은 안회와 비교하면서 질투할 법도 한데 그런 모습은 전혀 찾아볼 수가 없다. 성숙한 자공은 안회는 하나를 들으면 열을 알고, 자신은 하나를 들으면 둘을 안다고 담담하게 팩트만을 말할 뿐이다. 여기엔 어떤 결핍도 질투도 없다. 경금 특유의 성숙함으로 자신과 안회의 기질과 한계를 정확히 파악했기에 자기 본성을 있는 그대로 드러낼 뿐이다.

자공의 성숙함은 저절로 얻어진 게 아니다. 그는 쉬지 않고 질문했다. "선생님께서 만일 말씀을 하지 않으시면 저희들이 어떻게 배워서 전하겠습니까?"「양화」, 『낭송 논어』, 574쪽 "사(자장)와 상(자하) 중 누가 더 낫습니까?" 공자께서 말씀하셨다. "사는 지나치고(過), 상은 부족하다(不及)"고 답한다. 자공이 말했다. "그렇다면 사가 낫습니까?" 공자께서 말씀하셨다. "과유불급(過猶不及)이니 지나친 것이나 모자란 것이나 다 똑같다."「선진」, 『낭송 논어』, 339쪽 이 문장은 '과유불급'의 사자성어로 유명한 대화인데, 질문은 좋지만 자공이 사람들을 비교하는 듯한 느낌을 자아내기도 한다. 아니나 다를까. 자공이 사람들을 비교하자, 공자에게 한소리를 듣는 대목도 있다. "사(賜)는 정말 잘났구나! 나는 그럴 겨를이 없다."「헌문」, 『낭송 논어』, 464쪽

경금은 시비선악을 구분하거나 맺고 끊는 것을 확실히 하길 좋아한다. 이것이 지나치면 남과 비교를 하면서 비방으로 흐를 수도 있다. 하지만 자공의 질문은 비교하거나 질투하기 위함은 아니었을 것이다. 경금의 속성상 기준을 세워야 하는 기질을 타고난 탓에 자기 스타일대로 질문을 했을 것이다. 그러니까 그의 질문은 비교가 목적이라기보다는 자신의 사유 한계를 넘기 위한 부단한 시도였다고 생각한다. 그가 '허물'에 대해 설명하는 걸 보면 그의 깊은 성찰력이 느껴진다. "군자의 잘못은 마치 일식, 월식과 같다. 잘못이 있으면 사람들이 모두 쳐다보고, 잘못을 고치면 사람들이 모두 우러러본다."「자장」, 『낭송 논어』, 624쪽 일식이나 월식으로 허물을 비유한 자공의 마음! 자공은 자책하지 않고 반성하지 않는다. 그는 자신의 허물을 잠시 달을 가린 구름으로 여겨 자신의 본성을 전혀 훼손하지 않는다. 오직 구름이 자신을 가리지 않게 하기 위해 배우고 수행할 뿐이다.

자공은 질문한다. "가난하면서 아첨하지 않고 부유하면서 교만하지 않으면 어떻습니까?" 공자께서 말씀하셨다. "괜찮다. 하지만 가난하면서 도를 즐기고 부유하면서도 예를 좋아하는 것만은 못하다." 자공이 말했다. "『시경』에서 말하는 '자르는 듯하고 다듬는 듯하고 쪼는 듯하고 가는 듯하구나'가 이것을 말하는 것이군요." 공자께서

말씀하셨다. "사야, 이제 너와 시를 말할 만하구나. 지나간 일을 말해 주니 다가올 것을 아는구나."「학이」, 『낭송 논어』, 48쪽 이처럼 자공은 질문하고 배우면서 스승과 대화를 할 수 있는 경지까지 나아간다. 자공은 처음엔 가난한 삶을 사는 자는 아첨하지 말아야 하고 부유한 삶을 사는 사람은 교만에 빠지지 말아야 한다고 생각했던 것 같다. 여기엔 가난과 부유의 이분법이 여전히 작동한다. 하지만 공자는 도와 예를 중심에 둔 삶을 살게 될 때 가난한 삶은 도를 즐기는 삶이 되고 부유한 삶은 예를 좋아하는 삶이 된다고 말하는 듯하다. 가난과 부유의 구분이 사라지는 삶이 펼쳐지는 것이다. 그러니까 가난과 부유가 중요한 게 아니라, 삶의 핵심은 도와 예를 향해 나아가는가에 있다는 게 아닐까.

자공은 초가을 기운이라 이제 막 열매를 맺기 시작한, 아직 완전히 여물지는 않은, 무쇠나 원석과도 같은 상태다. 경금은 신금보다 예리함이 부족하기 때문에 쇠가 불에 연단되듯이 부단한 담금질이 필요하다. 자공이 이 대목에서 절차탁마를 떠올린 것은 참으로 절묘하다. 공자의 가르침을 자신을 다듬는 도구로 여긴 게 아닌가. 그는 거친 원석을 잘 다듬어진 옥으로 만들듯이, 자신을 자르고 갈고 쪼고 닦는 절차탁마를 통해 인의 경지로 나아가고자 했던 것이다. 노나라가 위험할 때 공자는 나서려 했던 다른 제자들은 반대하고 오직 자공이 나아가는 것만을 허락했다. 자공은 공자의 예상대로 여러 나라의 제후들을 설득하여 노나라를 전쟁 위기로부터 구하는 데 성공한다. 공자는 자공의 절차탁마가 만들어 낸 다양한 경험과 신중함을 믿었을 것이다.

"자공이 공자에게 '후세에 어떻게 칭송할까요?'라고 묻자 공자는 '나에게 어떻게 칭송하기에 족한 것이 있겠느냐. 그래도 말해야 한다면 배우기를 좋아하면서도 싫증 내지 않고 가르치기를 좋아하면서도 태만하지 않았구나'라고 답"여불위, 『여씨춘추』, 정하현 옮김, 소명출판, 2011, 117쪽한 바 있다. 자공은 스승을 칭송하기를 원했고, 공자는 칭송은 원하지 않는다. 대신 배우고 가르치기를 게을리하지 않은 사람으로 답을 대신한다. 이것이 어찌 자신을 칭송해 달라는 말이겠는가. 모든 사람이 이런 존재가 되길 원했고, 속이 깊은 자공은 스승의 뜻을 받들고자 고민했을 것이다.

공자가 73세 나이로 죽자 제자들은 삼년상을 치렀다. 3년 후, 모든 제자가 떠났으나 자공은 3년을 더 지키면서 스승의 기록들을 정리하는 작업을 했다. 자공의 이런 기초 작업이 없었다면 『논어』는 탄생할 수 없었을지도 모른다. 자공이 6년 동안 공자의 묘를 지키자, 공자를 기리는 사람들이 모여들어 공자 마을이 형성되었고 지금까지 이어지고 있다. 경금은 내년 봄을 위해 불필요한 것을 없앤다. 뜨거운 여름에 성장한 것들 중 특히 부패한 것들은 없애야 내년을 기약할 수 있기 때문이다. 이것이 금의 특징이고 인간사에서 금기는 인의예지신(仁義禮智信) 중 의(義)가 된다. 의는 숙살지기로 죽이는 기운이지만 인의 살리는 기운과 분리될 수는 없다. 공자가 강조했던 인의 정신은 자공의 신체를 통과하자, 의로움으로 변주되었다. 하여 자공은 모든 사람이 배우고 가르치기를 게을리하지 않는 존재가 되도록 하기 위한 반석이 되었던 것이다.

늦가을
결실을 맺는 열매,
신금

신금형 인물, 성과 제일 염구

"나뭇잎이 다채로운 색깔로 물들면 바야흐로 수확의 시간이다. 이때가 되어야만 비로소 식물의 씨앗과 열매가 여문다. 식물들이 가능한 한 오래도록 흡수하기 위해 유분이나 당분, 전분 등의 형태로 비축분을 저장하려 하기 때문이다. (……) 가을이 절정에 이르면 수확의 계절이 시작된다. 지금이야말로 사과를 따고 감자를 캘 시간이다. 이때가 지나면 예컨대 양배추나 근대, 겨울무, 파스닙 같은 서리에 강한 채소들만 남기고 텃밭을 정리해야 한다. 관목과 낙엽수도 그들의 태양 전지판을 정리한다. 즉 광합성을 중단한 채 겨우내 동면하면서 휴식을 취하기 위해 나뭇잎을 떨구고 표면적을 최소화함으로써 가을 폭풍의 맹공격에 대비하는 것이다. 원래처럼 잎이 풍성한 상태로는 돛에 바람을 안고 달리는 범선과 다를 것이 없기 때문이다. 이 마지막 단계에 이르러 늦가을은 겨울을 재촉한다." 페터 볼레벤, 『자연 수업』, 고기탁 옮김, 해리북스, 2020, 109~111쪽

"'신'(辛) 자는 죄인의 이마에 문신할 때 쓰는 형구의 상형이다. 글자의 윗부분은 손잡이를, 아랫부분은 뾰족한 날을 의미한다. 이 단검에는 좌우의 양쪽으로 날이 서 있었는데 이를 사용해 죄인의 코를 자르는 형벌을 내렸다. 뾰족한 끝으로는 죄수나 포로의 이마에 검은 먹물을 들이기도 했다. 이 형을 당한 사람은 이마에 죄인이라는 징표를 달고 다니게 된다. '신' 자는 이 형구로 당하는 형벌이 호되게 맵고 고생스럽다는 데서 '맵다·괴롭다'는 의미로 쓰이게 되었다.
뾰족한 것으로 찌르는 아픔, 그리고 분리의 고통을 의미하는 신. 이 글자가 천간의 글자로 쓰이면서 금의 수렴운동이 완성되는 단계를 지칭하게 되었다. 그래서 신을 신금(辛金)이라 부르는데, 이 시기는 수확이 끝나고 들판에 서리가 내리는 가을의 끝자락에 비유할 수 있다."(류시성·손영달, 『갑자서당』, 162쪽)

1) 신금의 상징

『오행대의』에서 "신(辛)은 새롭게 하는 것이다. 만물이 이루어짐에 교대하고 고쳐져서 새롭게 됨을 말한다. 정현이 말하기를 '만물이 엄숙하게 고치고 변경되어서, 열매가 빼어나고 새롭게 이루어지는 것'"이라고 했다.

『한서』에서는 "실신우신"(悉新于辛)으로 '경(庚)에서 성장이 멈추고 수렴되기 시작하여 신(辛)에서 모두 새롭게 된다'고 했다. 다 실(悉) 자는 '남김이 없이'라는 뜻으로 조금의 여분도 남기지 않고 모조리 새롭게[新] 한다는 뜻이다. 즉, 생기가 다시 빚어지기 시작함을 의미한다. 신은 늦가을에 해당하는 글자인데, 결실보다는 새로움을 강조한다는 점이 흥미롭다. 만물이 비로소 새로워져야 열매를 맺는다는 걸까. 아니면 열매 자체가 새롭다는 걸까.

『설문해자』에는 "신(辛)은 가을에 만물이 무르익고 금이 단단해지며 맛이 매워지는 것이다. 매운맛이 심하므로 눈물이 난다"라고 했다. 신(辛)은 매운맛에서 알 수 있듯이 '고생하다', '괴롭다'라는 뜻을 가지고 있다. 『사기』에는 "신(辛)이란 만물의 매운맛이 생겨나는 것을 말한다"고 했다. 새로워진다는 것과 고생하고 괴롭다와 매운맛이 하나로 계열화되는 게 '신'이라는 글자다. 일상에서 힘든 일을 겪을 때 매운맛을 봤다는 말을 하게 되니, 고생하다·괴롭다가 매운맛과 연결되는 건 이해가 되는데 새롭다가 신으로 연결되는 데는 고개가 갸우뚱해진다. 자 일단 '고생하다'·'괴롭다'부터 이해해 보자.

『삼국지』의 '고육지책'(苦肉之策)을 생각해 보라. 이것은 적벽대전에 나오는 전술로 열세에 몰리는 상황에서 이기기 위해 자신의 심복을 내어주고 승리하는 위장 전술의 한 방식이다. 즉, 심복이 거짓 항복한 척해서 적을 안심시킨 후에 기습공격해서 승리를 거두는 것. 결과적으로 이기긴 했지만 자신이 아끼는 장수를 잃었으니 자신의 팔을 잘라 목숨을 건진 것과 같다. 그렇다. 가을은 자신이 봄·여름까지 키운 것들을 모두 낙엽으로 만들어 버리는, 우주적 고육지책의 계절이라 할 수 있다. 여름 동안 무성해진 나뭇잎들을 한순간에 베어 냄으로써 생명의 순환에 동참하여 새로운 무엇이 되는 것이다.

경금이 숙살지기를 시작하는 기운이라면 신금은 살벌하게 쳐냄으로써 열매 맺는 기운이다. 장수는 죽었지만 승리를 거두었듯, 죽음의 과정을 거치면서 역으로 살게 되는 역설의 장이 펼쳐진다. 가을의 모든 생명은 추상과도 같은 차가운 과정을 거쳐 열매가 생기게 되는 것이다. 그러니까 결실을 맺으려면 가을에 자신의 몸을 베어 내듯, 역경과 괴로움을 통과해야 인간은 성숙해진다. 인간이라면 누구나 이런 때를 거쳐야 하므로 신에 '고생한다' '매운맛을 본다'라는 뜻이 생긴 것이다. 오곡백과가 무르익으면 열매가 커지고, 감이 무르익으면 붉은빛의 홍시가 되듯이 성숙한 열매는 탐스럽고 아름답다. 경금이 풋과일이라면 신금은 맛이 든 과일이다. 경금이 원석이나 무쇠라면 신금은 맑고 투명한 옥이나 보석, 잘 제련된 귀금속을 상징한다. 또한 신은 뾰족하고 날카로운 물건으로 상징되는데, 늦가을은 불필요한 것을 가차 없이 잘라 제거하기 때문이다.

2) 신금의 계절

신금은 열매가 풍성하게 열린 완연한 가을 기운이다. 경금이 초가을이라면 신금은 차갑고 냉혹한 기운을 통과한 늦가을을 의미한다. 초가을에는 열매가 익기 시작하지만 늦가을에는 열매가 온전히 익어서 완성된다. 완전히 익은 열매는 나무에 계속 매달려 있지 못하고 분리된다. 신금은 음기가 강해 나무와 열매를 분리시킨다. 건조한 신금의 음기로 양기를 제거해서 풀이 마르게 되기 때문에 분리가 일어나게 된다.

신금은 차갑고 냉철한 서릿발의 계절이다. 기온이 낮아지면서 지표면이나 물체 표면에 수증기가 엉겨 붙게 되는데 이것이 서리이다. 제아무리 기세 좋게 자라던 초목이라도 서리가 내리면 맥을 못추고 죽을 수밖에 없다. 또한 이 계절에 서리가 내리면 열매가 완전히 익게 된다. 감나무에서 감이 완전히 익으면 나무에서 뚝 떨어지듯, 완전히 익었다는 것은 내가 젖줄을 댔던 것과 분리되어야 함을 의미한다. 삶에서도 성숙함이란 이별의 과정을 거치면서 무르익는 것이다. 그런 과정 없이 어른이 될 수는 없다. 하여 신금 계절을 통과한다는 것은 차가운 서리를 맞아야 하고, 분리되는 고통을 겪어야 함을 의미한다.

쇼팽의 연습곡 중에 「이별의 노래」(Chopin Etude Op.10 No.3)가 있다. 쇼팽 스스로도 최고의 선율이라 자부했는데, 이 곡을 들으면 먹먹함, 처연함, 섬세함 등 말하기 어려운 정화의 감정이 올라오면서 기존 감정이 녹아내리는 경험을 하게 된다. 쇼팽은 녹록지 않은 삶을 푸념이나 고통으로 환원하지 않고 음악으로 고통이란 장벽을 뛰어넘은 듯하다. 이별이 아니어도 힘들고 고통스러울 때 이 곡을 들어 보시라. 힘든 일들이 가을이 되면 열매를 맺듯이 숙성되는 과정으로 변하는 마법을 경험하게 될 것이다.

3) 신금의 특징

 # 완벽주의

신금 기질을 타고난 사람은 초가을 경금보다 예리하고 깔끔하고 정확한 성향으로 매우 실리적이다. 그들은 대충, 두루뭉술하게 좋은 게 좋은 식의 태도를 취하지 않는다. 팩트를 중시하고 디테일과 정확함을 중시한다. 겉보기에는 내향적이라 속을 잘 알 수는 없지만 까다롭고 냉정하며 자기중심적이고 자존심이 강하다. 신금은 완성된 결과를 이루겠다는 의지로 충만하다. 신금은 완벽한 일 처리가 장점이지만 그것이 지나치면 자만심과 교만심에 빠질 수 있고 냉혹해지거나 독설가가 될 수도 있다. 또 자신의 진가를 인정받기 위해 절차탁마가 지나쳐 자신을 달달 볶기도 한다. 이런 성향이 병증으로 드러나기도 하는데 대표적인 병증이 결벽증, 류머티즘 등이다.

 # 분리

신금은 나무와 열매가 분리되듯, 내 것과 남의 것을 정확하게 가르기를 좋아하고, 무성한 나뭇잎을 단칼에 쳐내듯이, 허장성세 등 실질에 비해 과장하는 것을 참지 못해 비판적이다. 갑을이 양기로 기운을 뿜어낸다면 경신은 음기로 기운을 수렴한다. 이런 기운이 재물을 잘 다루게 하고 안정적인 모습으로 드러난다.

 # 성숙함

신금은 인생 주기로 보면 중년과도 같다. 늦가을이 되어야 열매가 알차지듯이 중년은 풍부한 경험으로 완숙미를 드러낼 수 있는 시기이다. 봄여름에 성장을 위해 누군가의 도움을 받았다면 신금 시기에는 받은 것을 나누는 증여를 본격적으로 실천해야 한다. 하지만 이익에 집착하게 되면 누구보다 이해타산적이 되는 것도 신금이다. 나이가 든다고 저절로 성숙해지는 건 아니다. 늦가을에도 철부지로 머문다면 물질을 탐하는 중년이 기다릴 뿐이다. 신금은 원석을 제련한 보석과도 같다. 이처럼 중년이란 스스로를 제련함으로써 신중하고 성숙한 어른이 되는 시절인 것이다.

 # 신금을 대표하는 인물

기교와 표현이 정교하고 치밀하고 섬세하여 피아노의 시인이라 불리는 쇼팽, 자본주의적인 것에 완전히 등을 돌려 자급자족 등 단순하면서도 평범한 삶을 추구했던 헨리 데이비드 소로, "Less is more", "Less, but better"를 내세운 미니멀니즘의 선두 디자이너 디터 람스, 이 밖에도 자크 라캉, 헤겔, 애덤 스미스, 장 폴 사르트르, 푸시킨, 클린트 이스트우드, 쑨원이 있다.

4) 신금형 인물, 성과 제일 염구

염구(冉求)는 공자보다 29세 아래로 성은 염, 이름은 구, 자는 자유(子有)다. 실무에 능해 정치가로 이름을 날렸던 그는 스승 공자가 벼슬을 할지 말지에 늘 관심이 많았다. 염구가 많은 제자 중 자공에게 자신의 궁금한 점을 묻는 것이 인상적이다. 경금 자공이 같은 금 소속이라 자신의 고민을 함께 나눌 수 있다고 판단해서일까. "선생님께서 위나라 임금을 도우실까?" 자공이 말했다. "글쎄, 내가 이제 물어보겠네." 자공이 들어가 공자께 물었다. 자공도 염구처럼 공자가 위나라 임금을 돕기 위해 벼슬할지가 궁금했겠지만 조심스럽게 에둘러서 질문했다. "백이와 숙제는 어떤 사람입니까?"라고 묻자 공자는 "옛날의 현인이시다"라고 답한다. 그러자 자공은 "원망했을까요?"라고 묻고, 공자는 "인을 구하여 인을 얻었으니 또 무엇을 원망했겠는가"라고 답한다. 자공은 공자의 답을 듣고 스승 공자가 위나라 임금을 돕지 않을 거라는 걸 단박에 알아차린다. 하지만 자공은 염구에게 공자와 나눈 대화 과정을 굳이 말하지 않고 결론만 전달한다. "선생님께서는 돕지 않으실 것이다"라고.

자공은 염구가 중간 과정보다는 결과를 중시한다는 것을 잘 알고 있었다. 염구는 신금 기질을 타고났다. 늦가을은 오직 열매 맺기에 주력하는 계절이다. 신금 기운을 타고난 염구는 열매를 완성하듯이 결과를 중시한다. 그렇다고 염구가 일신의 영달을 위해 벼슬을 좇는 그런 자는 아니었다. 그는 벼슬을 얻어야 정치가 가능하다고 생각했을 뿐이다. 염구의 성향을 이해한 자공은 자신이 어떤 질문을 했고 공자가 어떤 대답을 했으며 등의 중간 과정을 생략하고 그가 궁금해하는 결론만 말했던 것이다.

자공과 염구는 같은 가을 기운을 타고났지만 경금과 신금의 차이는 생각보다 크다. 경금은 초가을이라 아직 여름의 양기가 남아 있다. 남은 양기로 인해 자공은 공자의 뜻을 염구보다는 잘 읽었기에 단도직입으로 말하기보다는 백이와 숙제를 언급했던 것이다. 위나라 임금을 돕는다는 말은 위나라에 가서 벼슬을 하겠냐는 질문이기도 하다. 자공은 백이와 숙제를 통해 스승이 벼슬에는 관심이 없음을 눈치챘던 것이다. 하지만 늦가을 신금은 양기가 없는 차가운 음기로 꽉 차 있다. 음기로 가득 찬 염구는 공자의 뜻을 읽기보다는 열매로 보이는 결론이 중요했다. 자공은 공자의 뜻을 충분히 읽었으며, 염구의 기질을 정확히 파악했기 때문에 결론만 말해 준 것이다. 그렇다면 자공은 읽었고 염구는 못 읽은 공자의 뜻은 무엇일까.

당시는 춘추 시대로 주나라의 윤리적 비전이 사라지고 패자가 되기 위한 쟁탈전이 벌어지고 있었다. 공자는 이런 약육강식의 시대에 사람을 존중했던 주나라의 전통을 잇는 새로운 질서를 만들고자 했다. 공자는 인간의 근본부터 변화시키고자 했는데 그것이 인(仁) 사상이다. 공자는 말했다. "법령으로 다스리고 형벌로 바로잡으면 백성이 형벌을 피하려고만 하고 부끄러움을 모른다. 덕으로 다스리고 예로 바로잡으면 백성이 부끄러움을 알고 마음이 바르게 될 것이다."「위정」, 『낭송 논어』, 54쪽 공자는 교육을 통해 덕과 예가 몸에 밴 사람을 기르고자 했다. 가르치지 않고 무작정 법과 형벌을 적용할 때 사람들은 법망만 피하려고 하며 혼란만 가중되기 때문이다. 하여 공자는 사람을 변화시키는 데 관심을 기울였고 벼슬 그 자체에는 관심을 두지 않았던 것이다. 하지만 염구는 벼슬을 해야 큰일을 할 수 있다 여겼기에 공자의 벼슬 여부가 너무 궁금했을 것이다.

염구도 공자의 비전에 동의했지만 아마도 뼛속까지 음기 강한 신금이라 목기가 강한 공자의 마음을 완전히 이해하기는 어려웠던 것 같다. 대신 신금은 열매를 맺는 기운이라 현실에서 완벽하게 일처리를 하려고 한다. 염구가 스승을 모시고 위나라로 갔는데 사람이 많았다. 공자가 "백성들이 많구나!"라고 말하자 염구는 공자에게 묻는다. "백성이 많아진 다음에는 또 무엇을 더해야 합니까?" 공자께서 말씀하셨다. "부유하게 해야 한다." 염구가 말했다. "부유해진 다음에는 또 무엇을 더 해야 합니까?" "가르쳐야 한다."「자로」, 『낭송 논어』,

402쪽 공자는 물질적으로 잘사는 것도 중요했지만 교화를 중시했다. 존재가 변하려면 가르치고 배워야 하기 때문이다. 하지만 신금 염구는 현실감각이 뛰어나고 행정 처리에 능하기 때문에 교육보다는 관직에 나가 백성에게 물질적인 혜택을 주는 게 더 필요하다 여겼을 것이다.

어느 날 공자가 제자들에게 정치적 포부를 물었다. 그러자 염구는 작은 나라를 다스린다면 3년 안에 풍족하게 할 수 있지만 예악은 능력 부족이니 현명한 군자를 기다리겠다고 답한다. 결실의 기운을 타고난 염구는 물질을 다루는 데는 능숙했지만 무형인 예악은 어떻게 다루어야 할지 감이 오지 않았던 것 같다. 가을에는 눈에 보이는 열매가 열리듯, 신금 염구는 성과가 보이는 일은 잘 처리했지만 예악처럼 성과가 날지 안 날지 알 수 없는 일에는 자신이 없었을 것이다. 그런 염구에게 공자는 노력이 부족하다고 지적했고, 염구는 스승에게 "저는 선생님의 도를 좋아하지 않는 것은 아니나, 힘이 부족합니다"라고 답한다. 그러자 공자께서 "힘이 부족한 자는 중도에 그만두는데, 지금 너는 미리 금을 긋는 것이다"「옹야」, 『낭송 논어』, 180쪽라고 꾸짖으셨다.

신금 염구는 아무리 생각해도 무형의 예악은 정신적인 영역이라 완벽하게 처리할 자신이 없었을 것이다. 시도조차 하지 않는 염구를 보고 공자는 미리 금을 긋는다고 지적한 게 아닐까. 공자는 염구가 현실 문제를 넘어 예악과 같은 무형의 가치에 마음을 두기를 바랐을 것이다. 하지만 그는 결과가 중요하니, 성과가 나지 않은 일에는 한계를 정하고 시작조차 하지 않았을 가능성이 높아 보인다.

병화 자로가 "도를 배우면 즉시 실천해야 합니까?"라고 묻자, 공자는 "부모형제가 계신데 어찌 들으면 바로 실천하겠느냐?"라고 답한다. 공자는 자로에게 넘치는 의욕을 자제하고 신중하게 행하라고 말한다. 반면, 염구에게는 "들으면 바로 실천해야 한다"라고 답한다. 결과가 보장되는 일에만 몸을 움직이는 염구에게 결과가 불확실해도 옳은 일이라면 행할 것을 촉구한 것이다. 열매를 완성하는 기운인 신금은 정확하고 실리적인 특징이 있다. 이런 기질은 실현 가능 여부를 늘 생각한다. 병화 자로는 옳은 일이라고 생각되면 앞뒤 가리지 않고 직진한다. 하지만 염구는 성과가 나지 않는 일에는 몸이 잘 움직이지 않았던 것이다.

신금 염구와 병화 자로는 기질이 다른 만큼 정치 스타일도 완전히 달랐다. 염구에게 드디어 벼슬할 기회가 찾아왔다. 당시 재상과 왕보다 막강한 부와 권력을 가진 계강자(季康子)가 공자를 찾아온 것이다. 그는 공자에게 염구의 정치적 역량에 대해 물었다. 공자는 "구(염구)는 다재다능하니 대부를 시키는 데 무슨 어려움이 있겠습니까?"「옹야」, 『낭송 논어』, 175쪽 하며 계강자에게 염구의 정치적 능력을 확인해 준다. 계강자가 공자에게 "염구는 어진 사람입니까?"라고 묻자 공자는 "천 호 되는 고을과 전차 백 대를 가진 대부의 집에서 세금 징수에 관한 일을 할 만한 사람입니다. 그러나 어진 사람인지는 모르겠습니다" 했다. 계강자는 또 물었다. "자로는 어진 사람입니까?" 공자는 "염구와 같습니다"사마천, 「중니 제자 열전」, 『사기 열전 1』, 151쪽라고 답한다. 공자는 염구와 자로의 능력은 인정했지만 '인'에 대해서는 확신하지 못했다. 실무 능력은 뛰어나지만… 두 제자가 인한 마음으로 정치를 하려면 계속된 수행이 필요하다 여겼을 것이다.

염구는 공자의 추천으로 계강자의 가신이 되었고, 계강자를 위해 세금을 더 거두어 재산을 늘려 주었다. 이에 공자는 크게 실망하고 말았다. "그는 나의 제자가 아니다. 너희들은 북을 울리며 그를 성토해도 좋다."「선진」, 『낭송 논어』, 340쪽 계자연(계씨의 아들)이 공자께 물은 적이 있다. "중유와 염구는 대신이라고 할 만합니까?" 공자께서 말씀하셨다. "나는 당신이 뭔가 다른 것을 물으리라 여겼는데 유와 구에 대한 질문이군요. 이른바 대신이란 도로써 임금을 섬기다가, 뜻을 이룰 수 없으면 그만둡니다. 지금 유와 구는 머릿수를 채우는 신하라고 할 수 있습니다."「선진」, 『낭송 논어』, 348쪽 계강자가 세금을 수탈할 때 염구는 앞장섰다. 염구는 왜 이 지경에 이른 걸까. 이것이 신금의 딜레마이다. 공자는 도리가 아니면 관직에서 물러나라 했지만 염구는 벼슬 없는 정치는 상상할 수 없었던 듯하다. 결실이 중요한 그는 벼슬이 있어야 스승의 비전을 펼칠 수 있다고 믿었을 테니까. 염구가 자신의 영달을 위해 계강자를 도운 건 아니었을 것이다. 신금의 기질상 재물을 다루는 일에는 천부적인 소질을 타고났기에 그 능력을 발휘하다 보니 균형을 잃은 게 아닌가 싶다. 이것이 신금의 한계다. 앞서 공자가 염구를 꾸짖은 것도 이런 상황을 예방하기 위함이 아니었을까. 그는 1천 호에 이르는 읍과 1백 대의 전차를 척척 관리하는 재능을 타고났지만 무형의 가치를 보지 못해 예악의 풍속을 만드는 것에는 자신이 없다며 한계를 긋지 않았던가. 공자는 염구가 행정력을 넘어서서 근원을 궁구하는 군자가 되길 바랐을 것이다.

결국 염구는 공자 문하에서 파문을 당했다. 해서, 우리도 그를 공자 문하에서 쫓겨난, 실패한 제자로 기억한다. 하지만 염구를 쉽게 버리기 어려운 지점이 있다. 염구가 계강자의 가신으로 있었기에 공자가 14년간의 천하주유를 마친 후 노나라로 컴백할 수 있었기 때문이다. 이런 상황에서 파문당한 염구가 나쁘고 공자가 옳다고 할 수 있을까. 여러 해석이 가능하겠지만 난 공자와 염구의 타고난 기질 차이라고 생각한다. 계절적으로 봄인 갑을과 가을인 경신은 하늘과 땅 차이만큼이나 정반대의 기운이다. 갑을이 언덕을 오르는 기운이라면 경신은 언덕을 내려가는 기운이다. 그럼에도 염구는 공자의 생명을 살리는 비전에 동의했기에 그 문하에서 배웠고 열매 맺음 그 자체가 중요한 게 아니라, 열매를 맺을 때조차도 생명을 살리기 위한 마음을 내야 함을 배웠을 것이다.

그가 워낙 음기가 강한 신금 기질을 타고난 탓에 공자의 기대와는 달리 엇박이 난 것은 사실이지만, 타고난 기질적 한계 속에서 최선을 다해 스승의 비전을 실천했던 것이다. 어쩌면 안회를 제외한 제자들이 공자와 다른 기질을 타고난 탓에 엇박이 나는 건 당연한 결과가 아닐까. 정도의 차이만 있을 뿐! 어쨌든, 염구는 현실 정치에서 탁월한 능력을 발휘했기 때문에 무형의 실천 회로는 없었다. 그럼에도 공자는 염유의 잠재성을 이끌어내기 위해 부단히 자극했고, 염구 또한 자기 방식으로 공자의 비전을 실천하고자 애썼을 것이다. 모든 제자가 안회처럼 모범생이었다면 우리가 공자에게 배울 수 있었을까. 염구처럼 좌충우돌하는 제자들이 있었기에 이들은 우리의 거울이 된다. 해서 염구는 공자의 완전 소중한 제자다.

초겨울
생명을 잉태하는 바다,
임수

임수형 인물, 지혜 제일 자유

“나의 문장은 만 섬이나 되는 샘의 원천과 같아서, 땅을 가리지 않고 용솟음쳐 나온다. 평지에서는 도도하게 콸콸 흘러 하루에 천 리를 가기에도 어렵지 않다. 그것은 산의 돌멩이들과 어울려 꾸불꾸불 흐를 때에는 사물에 따라 모양을 바꿔 나가지만 (그 원리는) 알 수가 없다. 알 수 있는 것은 항상 마땅히 가야 할 곳으로 가고 항상 멈추지 않으면 안 될 곳에서 멈춘다는 것이니, 이와 같을 따름이다. 그 외에는 비록 나도 알 수가 없다.”소동파, 「자평문」, 『역주 소동파 산문선』, 조규백 역주, 백산출판사, 2011, 287쪽

“세상 사물들 가운데 물보다 더 부드럽고 약한 것은 없다. 그러나 물은 그 크기로 따지면 한계가 없을 정도로 크고, 그 깊이로 따지면 측량할 수 없을 정도로 깊으며, 그 길이로 따지면 끝이 없을 정도로 길고, 그 멀기로 따지면 경계가 없을 정도로 멀다. (또한) 물은 늘어났다 줄어났다 하면서 증감을 거듭하기에 그 양을 헤아릴 수 없으며, 위로 하늘에 올라가면 비와 이슬이 되고, 아래로 땅에 떨어지면 만물을 촉촉이 적셔 준다.”유안, 「원도」, 『회남자 1』, 이석명 옮김, 소명출판, 2010, 82쪽

"'임'(壬) 자는 베틀의 상형이다. 공(工)은 베틀의 모양을 본뜬 글자인데, '공' 자의 가운데 한 획이 붙어 베틀에 실을 감아 붙인 모양을 나타낸다. 이 글자가 천간을 뜻하는 글자로 쓰이자 본래의 베틀이라는 의미는 '베짤 임(紝)' 자가 담당하게 되었다. 한편 아홉번째 천간인 '임' 자를 물의 흐름을 나타내는 글자로 이해하기도 한다. 이 글자의 가로 세 획이 물이 흘러가는 모양을 본뜬 수의 상형이라고 본 것이다. 가운데 획이 양끝의 획보다 긴 것이 『주역』의 괘에서 물을 뜻하는 감괘(☵)와 유사하기도 하다. 이처럼 임의 어원은 베틀이나 물에서 유래하는데, 천간으로 임은 생명의 근원인 물의 기운을 의미한다. 그래서 임을 임수(壬水)라고 한다."(류시성·손영달, 『갑자서당』, 163쪽)

1) 임수의 상징

『오행대의』에서 임(壬)은 임(任)에서 파생된 글자로 '맡긴다, 임신하다'는 뜻이다. 『한서』에서는 "회임우임"(懷任于壬), '임에서 맡긴 것을 품게 된다'고 했다. 이것은 새로운 생명을 품어서 다시 기른다는 뜻이다. 신금 다음에 오는 임수는 열매를 해체시킨 후 응축하고 저장해서 씨앗을 만드는 기운이다. 자연은 싹이 나고 꽃이 피고 열매를 맺은 후 씨앗으로 다시 되돌아오는 과정을 거친다. 그중 임수는 봄, 여름, 환절기, 가을을 거친 후 생명력을 하나로 통일하려는 첫 시도로, 기운을 하나로 모으는 기운이다. 임(壬)은 석 삼(三) 자에 세로선(丨)을 그은 글자다. 석 삼(三) 자의 3개의 가로선은 천지인을 상징하고 세로선(丨)은 천지인을 관통한다.

『서경』「홍범」에는 수(水)를 윤하(潤下)라 했다. 만물을 촉촉이 적시며 아래로 흘러간다는 뜻이다. 이렇듯 흐르는 물은 임수를 가장 잘 표현한다. 물은 존재의 근원이자 생명수이다. 임수는 병화와 정반대의 힘이다. 병화가 기운을 밖으로 산포한다면 임수는 기운을 안으로 모아 쉼 없이 흐르게 만든다. 고요한 가운데 쉬지 않고 움직이는 힘! 이것이 임수의 특징으로 화와 비교하자면 불은 타오르지만 물은 아래로 아래로 계속 흐르는 속성을 가진다.

물이 흐른다는 건 지구가 홀로 존재하지 않는다는 뜻이다. 달은 밀물과 썰물을 만들고 중력은 바다 쪽으로 물을 끌어당긴다. 물은 해·달·별 인력의 영향을 받기 때문에 멈추지 않고 흐를 수 있다. 또한 물은 변화무쌍하다. 구름이 되고 비가 되어 대지를 촉촉이 적셔서 만물을 살게 해준다. 그렇다. 물은 흘러흘러 모든 것을 연결하고 변화하는 세상을 보여 주는 자연의 얼굴이다. 하여 자연 근원의 원천인 바다, 강물, 호수 등과 생명을 잉태하는 자궁, 정자, 난자 등이 임수의 상징이 된다.

2) 임수의 계절

겨울은 가을의 숙살지기보다 더 냉혹하고 혹독한 계절이다. 가을이 수렴 기운으로 열매를 맺는다면 겨울은 응축하는 기운으로 씨앗을 만든다. 생명은 추운 겨울을 이기기 위해 씨앗 같은 작은 공간에 우주와 자연의 기운을 압축하여 저장한다. 아무리 고집적화한 반도체라 해도 씨앗보다 더 고집적화할 수는 없을 것이다. 우주의 기운을 고도로 압축한 씨앗이 있어야 싹이 트고 꽃이 피고 열매를 맺을 수 있는 것이다. 겨울이 되면 대지는 차가워진다. 하지만 속은 에너지를 저장하기 시작하므로 따듯해진다. 하여, 땅속에는 따듯한 에너지가 점점 차오르지만 그 기운을 충분히 쌓을 뿐, 중간에 쌓인 기운을 사용하지 않는다. 자연은 겨우내 축적한 힘으로 봄에 새싹을 틔우고 나머지 계절을 펼쳐야 함을 잘 알기 때문이다. 하여 임수의 계절에는 대부분의 생명체들이 저장하고 또 저장한다. 우리 몸만 해도 겨울이 시작되면 피부가 수축되고, 맥도 최소로 뛰는 등 에너지 비축형으로 전환된다. 이것이 겨울이 되면 살이 찌는 이유이기도 하다.

초겨울 임수는 생명 탄생을 준비하는 자궁과도 같은 계절이다. 겨울은 하루로 치면 밤과 같다. 밤은 낮에 활발하게 움직인 몸이 휴식하는 시간이다. 하여 겨울과 밤은 몸을 쉬게 하고 정신을 활발하게 계발하는 시간이어야 한다. 휴식과 성찰! 일상에서 이런 활동이 없다는 건, 씨앗이 없는 것과 같다. 씨앗 없이 어떻게 새로운 봄을 맞이하겠는가! 하여 새로운 삶을 살고 싶다면 먼저 휴식과 성찰하는 삶을 내 일상에 스며들게 해야 한다.

3) 임수의 특징

 # 근원, 기다림

임수는 안으로 모으는 기운을 타고났기 때문에 쉽게 자신을 드러내지 않는다. 물이 생명의 근원을 의미하듯, 임수는 말단보다는 근원을, 사물을 볼 때도 표면보다는 이면을 보고자 한다.

현대인은 기다림에 미숙하다. 문자가 바로 오지 않으면 안달복달하고, 내가 원하는 것을 향해 달려가다 보상이 바로 오지 않으면 초조해한다. 하지만 임수는 기다림이야말로 수동적 행위가 아니라 가장 능동적인 행위라고 말하는 듯하다. 갑목에서 임수까지 가려면 기다려야 하기 때문이다. 물론 다른 천간도 기다림을 전제로 한다. 꽃이 피고 열매가 익는 것도 기다려야 하지만, 씨앗을 만드는 시간이야말로 기다림의 절정이라 할 수 있다. 가을에는 열매가 열리지만 겨울에는 정지해 있다고 생각될 정도로 지루한 시간이 펼쳐진다. 이런 기운을 타고난 임수는 삶에서 조급해하지 않고 매우 여유로운 태도를 견지한다. 늘 탐구하는 자세를 가지고 있으므로 유연하고 융통성이 있다. 기존의 통념이나 제도에 매이기보다는 찬찬히 궁리하여 늘 새로운 씨앗을 만들고자 하는 것이다. 이런 기질이 겉으로는 냉정해 보일 수 있지만 내면으로는 매우 객관적이며 침착하고 깊이가 있다. 씨앗 하나에 자연의 기운이 저장되듯 임수 기운을 타고난 사람은 겉은 소박하지만 속은 에너지로 꽉 차 있기 때문에 자기를 조절하는 힘이 남다르며, 간결하고 절도가 있다.

 # 유연함, 예지력

임수는 양의 수(水)로 큰 강이나 바다와 같다. 물은 위에서 아래로 흐르기 때문에 유연하다. 지류들이 바다로 흘러들기 때문에 다양한 물을 받아들일 수 있는 포용력을 가진다. 또한 늘 근원을 궁구하기 때문에 시비분별을 넘어선 혜안과 도량이 있다. 이것은 많은 정보를 수용할 수 있는 힘이자 지혜의 잠재력이라 할 수 있다. 임수는 사색적이며 정신적인 세계에 관심이 많다. 창의력이 좋고 인내심이 있으며 늘 다음 행보를 생각하기 때문에 남다른 예지력을 발휘할 수 있는 것이다.

하지만 임수가 수용하고 저장하는 기운을 권모술수나 임기응변, 정욕과 색욕으로 쓰게 될 때 위험하다. 임수는 『동의보감』에서 말하는 생명의 질료인 정(精)을 누구보다 충만하게 타고난다. 『동의보감』에는 정을 잘 사용할 것을 당부하는 내용으로 가득하다. "성욕을 절제하지 않으면 정이 소모되고, 정이 소모되면 기가 쇠하며, 기가 쇠하면 병이 생기고, 병이 생기면 몸이 위태로워진다"는 것을 명심해야 한다. 병화와 정화는 화가 나면 바로 분출하기 때문에 뒤끝이 없다. 하지만 임수는 에너지를 계속 저장하다 폭발하게 되므로 쓰나미와 같은 대참사가 일어날 수도 있다. 그래서 조용한 사람이 사고를 치면 더 큰 사고를 칠 수 있는 것이다. 이처럼 각자 타고난 성향에는 장단점이 있다. 때문에 모든 사람은 다른 성향을 가진 사람과의 관계 속에서 자신의 문제를 파악하고 그 한계를 넘는 훈련을 해야 한다. 그래야 내가 타고난 성향을 생명을 살리는 방식으로 사용할 수 있게 된다.

 # 임수를 대표하는 인물

특히 철학자와 소설가와 예술가들 중에 임수가 차고 넘친다. 임수의 씨앗을 만드는 힘, 이미 펼쳐진 문명의 눈으로 세상을 보지 않고 근원을 보려는 자세가 세상을 다른 방식으로 보게 만들었을 것이다. 괴테, 비트겐슈타인, 키르케고르, 마르셀 프루스트, 안톤 체호프, 카뮈, 솔제니친, 크로폿킨, 들뢰즈, 쇼스타코비치, 폴 매카트니, 무라카미 하루키, 장자크 아노, 토머스 머튼, 마셜 매클루언, 에밀 졸라, 에드워드 호퍼, 밥 딜런, 구스타프 말러, 장 콕토, 사카모토 류이치, 카렌 암스트롱, 루쉰 등이 임수 기질을 타고난 인물들이다.

4) 임수형 인물, 지혜 제일 자유

자유(子游)는 공자의 제자 72명 중 유일하게 오나라 사람으로 이름은 언언(言偃)이다. 문학과 예악에 식견이 깊었던 그는 공자에게 어진 자를 알아보고 그런 자를 크게 쓰는 게 덕행이라고 배웠고 그것을 열심히 실천한 인물이기도 하다. 그 결과 자유는 20대 중반부터 무성(武城)이란 고을에서 관리가 되었다. 그런 자유에게 공자는 "너는 인재(人才)를 얻었느냐?"라고 묻는다. 그러자 자유는 조금도 주저하지 않고 "담대멸명(澹臺滅明)이라는 사람이 있습니다. 다닐 때 지름길로 다니지 않고 공적인 일이 아니면 저의 집에 온 적이 없습니다"라고 답을 한다.

보통 스승이 갑자기 질문을 하면 당황하기 마련이다. 하지만 자유는 마치 준비를 한 듯이 편안하게 답한다. 자유가 공자의 가르침을 늘 실천하지 않았다면 이런 즉답은 불가능했을 것이다. 게다가 추천 이유까지 또박또박 밝히지 않는가. 그가 말한 지름길이란 정도가 아닌, 편법을 말한다. 지름길을 가지 않는다고 했으니 정도를 걷는 자란 뜻이다. 자신의 집에 들르지 않는다는 것은 윗사람에게 청탁하지 않는다는 뜻이다. 이 두 가지를 지키는 담대멸명을 보고 자유는 군자라고 확신했던 것이다. 자유와 달리 공자는 담대멸명에 대해 선입관이 있었다. 담대멸명의 외모가 별로였기 때문이다. 하지만 담대멸명은 열심히 배웠고 군자로 명성을 날림으로써 공자의 의심을 불식시켰다. 공자는 나중에 자신이 실수한 게 두 가지가 있는데 그것 중 하나가 담대멸명에 대한 잘못된 판단이었다고 고백한 바 있다. "나는 말 잘하는 것으로 사람을 골랐다가 재여에게 실수하였고, 생김새만을 보고 사람을 가리다가 지우(담대멸명)에게 실수하였다"라고 했다.사마천, 「중니 제자 열전」, 『사기 열전 1』, 174쪽

공자조차 오판한 담대멸명의 진면목을 자유가 알아볼 수 있었던 것은 그가 임수 기질을 잘 발휘했기 때문이라고 생각한다. 초겨울 임수는 씨앗을 만드는 기운이다. 씨앗은 모든 계절을 거친 후 생명력을 하나로 통일시키는 기운이라 세상의 외적 조건에 휘둘리지 않고 근원을 탐구하는 힘이 강하다. 이런 임수 기질을 타고난 자유는 외적인 것보다는 축적된 내면의 힘으로 세상을 보았다. 외모 따위는 눈에 들어오지 않는다. 그는 담대멸명이 정도를 걷고 청탁을 하지 않는 모습에 주목한다. 기본에 충실한 담대멸명의 행위, 그것이 자유가 그를 군자로 판단한 기준이었던 것이다.

공자는 자유에 대해 다음과 같이 말한다. "능해지려면 배워야 하며, 알고자 하면 물어야 하며, 잘하고자 하면 자상해야 하며, 넉넉해지려면 미리 준비가 있어야 한다. 능히 이렇게 하여 실행한 자는

언언(자유)이로다." 왕숙, 「제자행」, 『공자가어 1』, 동서문화사, 2009, 359~360쪽 공자는 자유의 임수 기질을 정확히 꿰뚫고 있었다. 임수는 펼치려면 힘을 저장해야 함을 잘 알고 있다. 활을 쏘려면 활시위를 뒤로 당겨야 하듯, 자유는 보이지 않는 원리를 읽을 수 있는 자였던 것이다. 실천하기 위해서는 배움이 먼저이고, 알기 위해서는 질문이 먼저이고, 일하기 위해선 신중한 사유가 먼저이고 여유 있게 일하려면 충분한 준비가 먼저라는 스승의 가르침을 온전히 이해했던 자유!

임수는 인생 주기로 보면 노년기에 해당한다. 자유를 보노라면 지혜로운 노인이 연상되지만, 놀랍게도 자유는 공자보다 45세나 아래인 청년이다. 자유보다 나이 많은 자로와 재여가 오히려 어려 보일 정도다. 어찌 보면 애늙은이처럼 보이기도 한다. 초여름 병화 기질을 타고난 자로는 무조건 실천부터 했지만 초겨울 임수 자유는 실천 이전에 사전 준비 작업을 철저하게 하는 자이다. 늦여름 정화 재여도 자신의 생각을 말로 표현하기 바빴지만 자유는 표현 이전에 질문을 먼저 하는 자였다. 공자는 자유에게 삼가고 신중하게 행동하는 사람은 어떤 어려움과 재난을 만나도 마땅히 극복할 수 있는 힘과 의지를 지닐 수 있다고 말한다. 근본을 사유할 수 있는 힘. 씨앗이 겨울을 견디듯이 자유는 어떤 상황에서도 유연하게 돌파할 수 있는 힘을 가진 자였던 것이다. 그것은 근원을 궁구했던, 사유의 힘에서 나온다. 해서 자유를 보면 자로처럼 앞서서 실천하는 것도 중요하지만 멈추어서 신중하게 사유하는 것 또한 적극적이고 능동적인 힘이란 생각이 든다. 임수의 지혜란 깊은 심연에서 퍼 올린 차가운 샘물과 같은 것! 목마른 자에게 영혼의 샘물은 생명수와 같다.

자유는 가끔씩 공자를 당황스럽게(?) 만들었다. 공자는 자유가 관리하던 무성(武城)이라는 작은 마을을 방문한 적이 있었다. 그때 자유가 현악기 연주로 마을을 다스리고 있었는데, 공자는 그것을 보고 자유에게 "닭 잡는 데 어찌 소 잡는 칼을 쓰느냐?"고 했다. 현악기 연주는 예악으로 공자가 교육하는 최상위의 방법이었다. 그러니까 예악은 나라를 다스리는 데 사용해야 하는데 어찌 작은 마을에서 쓰냐는 질문이었던 것이다. 그러나 자유는 스승의 말에 당황하지 않고, 스승의 가르침을 실천하는 중이라고 말한다. "예전에 제가 선생님께 들으니 '군자가 도를 배우면 다른 사람을 사랑하고, 소인이 도를 배우면 부리기가 쉬워진다'고 하셨습니다"라며, 여기는 작은 마을이지만 스승의 가르침대로 구분 없이 도를 가르치고 있다는 것이다. 자유의 소신 있는 발언에 공자는 자신의 말을 거두어들인다. "이 보게들! 언(자유)의 말이 옳다. 앞서 한 말은 농담이었다."「양화」, 『낭송 논어』, 555쪽 공자는 자유가 타고난 근원을 궁구하는 기질을 발휘하여 소신 있게 배운 것을 정치에 적용하는 것을 보고 든든했을 것이다. '아, 자유는 이제 걱정이 없구나. 배운 것을 바탕으로 충분히 궁구하여 자신의 방식으로 정치를 하고 있구나'라고 생각하지 않았을까. "앞서 한 말은 농담이었다"는 말에 당황스러움보다는 자유에 대한 무한한 신뢰가 느껴진다. 공자는 작은 마을이든 국가든 기본에 충실한 방식으로 정치를 펼치는 자유에게 감동했을 것이다. 이렇듯 자유는 공자의 가르침을 깊이 궁구하여 자기 스타일대로 실천하는 제자였다.

임수의 성향을 타고난 자유는 늘 근본을 강조했다. "자유가 말했다. '자하의 제자들은 비질하고, 손님을 응대하며, 나아가고 물러나는 예절에 있어서 그런대로 괜찮다. 하지만 이런 일은 말단일 뿐이다. 근본이 없으니 어찌하겠는가?' 자하가 이를 듣고 발끈해서 말했다. '아, 언유(자유)의 말이 지나치구나! 군자의 도에서 어느 것을 먼저 전하고 어느 것을 나중으로 미루고 게을리하겠는가? 초목에 비유하자면, 종류에 따라 구별하는 것과 같다. 군자의 도를 어찌 속일 수 있겠는가? 시작과 끝을 모두 갖춘 사람은 오직 성인뿐이다!'" 「자장」, 『낭송 논어』, 615쪽 자유와 자하의 대화를 보면 서로 대립각을 세우는 것처럼 보인다. 하지만 임수 자유와 기토 자하가 타고난 성향이 다른 만큼 서로 다른 관점에서 접근하고 있을 뿐이다.

자유가 청소와 손님 접대 등의 처신이 불필요하다고 말한 건 아니다. 근원을 궁구하지 않을 때 의미 없이 행하게 되고 남들에게 보이기 위한 행위가 될 수 있음을 걱정했던 게 아닐까. 자유는 지엽말단에 머무는 위험성을 경계한 것이리라. 기토 자하의 접근도 틀렸다고 할 수는 없다. 자유처럼 처음부터 근원을 궁구할 수 있는 자가 얼마나 되겠는가. 먼저 청소와 손님 접대와 같은 실천을 하다 보면 근원을 이해할 때가 온다는 게 자하의 생각이었을 것이다. 어쨌든 임수 자유는 기질상, 근원을 사유한 제자였다. 깊은 바다의 심연처럼 근본과 기본에 충실한 자유! 그는 공자가 죽은 후 유학을 알리는 데 주력했다. 그가 전파한 공자 정신은 분명 흐르는 물처럼 사람들 속에 스며들어 인의 씨앗을 잉태하게 했을 것이다.

혹독한 겨울을
견뎌내는 씨앗,
계수

계수형 인물, 마무리 제일 증삼

"그것[물]은 흐르고 흘러 그 끝닿는 데를 볼 수 없고, 너무도 작아 손으로 움켜잡을 수도 없다. 창으로 찌르려 해도 찌를 수 없고, 상처를 내려 해도 상처 낼 수 없으며, 끊으려 해도 끊을 수 없고, 태우려 해도 태울 수 없으며, 부드럽게 천천히 흐르면서 얽히고설키므로 흩트릴 수도 없다. 그 날카로움은 쇠와 돌을 꿰뚫을 정도이고, 그 강함은 천하를 구제할 정도다. (또한 그것은) 땅속 보이지 않는 곳으로 흘러가다가 홀연히 하늘 위를 떠돌기도 하고, 계곡과 냇물 사이를 굽이돌다가 황량한 들판 위를 넘쳐흐르기도 한다.

물은 남거나 모자라면 천지에서 취해 오기도 하고 취해 주기도 하며, 만물에게 나누어 줌에 있어서 누구를 먼저 주거나 나중에 주는 게 없다. 그러므로 사적인 것도 공적인 것도 없이 널리 퍼져 흐르고 크게 솟구쳐 올라 천지와 하나가 되며, 왼쪽으로 치우치거나 오른쪽으로 치우치는 것 없이 소용돌이치고 교차하며 만물과 항상 함께한다. 이런 것을 '지극한 덕'이라고 말한다. 무릇 물이 세상에 이런 지극한 덕을 이룰 수 있는 것은 그것이 지극히 부드럽기 때문이다. 그러므로 노자가 말한다. "세상에서 가장 부드러운 것이 세상에서 가장 단단한 것 속으로 파고들어 간다. '존재하지 않음'에서 나와 '틈새 없음' 사이로 들어가기 때문이다. 이 때문에 나는 무위(無爲)가 이롭다는 것을 안다."" 유안, 「원도」, 『회남자 1』, 이석명 옮김, 소명출판, 2010, 82쪽

"'계'(癸)는 방위를 측정하던 고대의 도구를 본뜬 글자이다. 그것은 두 개의 나무를 열십자로 맞춘 것인데, 이로써 해돋이와 일몰을 관측하여 동서남북의 방위를 파악했다. 여기서 '헤아리다'라는 뜻이 나왔다. 이 글자를 천간의 마지막 글자로 가차하여 쓴 것은 이 도구를 통해 앞으로 올 열흘 동안의 길흉을 점쳐 헤아리던 고대의 관습에서 연유한 것이라고 한다.
계는 응축하는 수 운동의 마지막 단계를 담당한다. 그래서 계수(癸水)라고 부른다. 계수는 수렴의 운동이 가장 강력한 상태이다."(류시성·손영달, 『갑자서당』, 164쪽)

1) 계수의 상징

『오행대의』에 "계(癸)는 헤아리고[揆] 계책을 세우는 것이니, 임계(壬癸)는 결국 음이 양에게 맡겨서 물건이 싹트도록 계획하는 것"이라고 했고, "만물을 닫아 감추는 때이니, 아래에서 회임을 해서 싹이 돋아나도록 하는 것이다"라고 했다. 계는 갑에서 시작된 기운이 을·병·정·무·기·경·신·임을 거쳐 계에 이른 것이다. 모든 과정을 거쳤으니 전체를 헤아릴 수 있고, 전체 흐름을 파악했으니 계책을 세울 수도 있음을 뜻한다. 『한서』에서는 "진규우계"(陳揆于癸), '계(癸)에서 헤아리니 새로운 생명이 잉태되기 시작한다'고 했다. 헤아린다는 건 무슨 의미일까? 계에는 법도(法度)의 의미가 있으니, 이는 생명을 시작하기 위해 기다리되 법도에 맞게 기다림을 의미한다고 할 수 있다. 생명을 시작하기 위한 법도란 무엇일까. 갑부터 계까지 자연의 모든 단계를 거쳐야 생명이 새롭게 시작될 수 있음을 뜻할 것이다. 계는 천간의 마지막 글자이다. 모든 것이 소멸되는 그 자리에서 새롭게 시작하기 위해 씨앗은 배태된다.

『설문해자』에는 "그 글자가 샘물이 합쳐져 흐르고, 그 가운데에는 양의 기운이 미미하게 있음을 상징한 것이니, 시절로는 겨울이다"라고 했다. 임수가 모든 물들이 모여드는 바닷물이라면, 계수는 바닷물이 땅으로 흘러 들어가 지류가 되면서 담수로 변한 시냇물, 계곡물이다. 물은 성질이 아래로 흐르기 때문에 아무리 높은 곳의 물도 아래로 아래로 내려와 항상 수평을 이루고자 하는 속성이 있다. 이런 물의 성질은 많은 문화권에서 다양한 상상력을 발휘하게 만든다. 체로키 인디언은 물을 대지에 주는 피로 여긴다. 산과 언덕과 계곡을 통과하는 물은 몸속 혈관을 흐르는 피와 같다고 생각했다. 힌두교 신자들은 갠지스강에서 목욕을 하면 모든 죄가 정화되어서 다시 태어난다고 믿었다. 중국에는 주요한 6개의 강이 있는데 그것을 몸 안에 있는 6개의 주된 경락과 같게 보았다. 춘추전국 시대 『관자』(管子)에서는 물을 대지의 혈기라고 표현했고, 후한시대 학자 왕충(王充)은 『논형』(論衡)에서 대지에 있는 강은 혈맥과 같다고 했다. 강이 스스로 질서에 따라 흐르다가 뚫고 나아가고 퍼지고, 또 움직이고 쉬는 것처럼 혈맥도 그러하다는 것이다. 그렇다. 물은 멈추지 않고 흐른다. 새벽부터 저녁까지 숨을 내쉬고 들이마시는 것과 같다. 지구를 흐르는 물줄기의 흐름들! 그리고 몸 안에 흐르는 혈맥의 흐름들! 이런 성질로 인해 계수는 시냇물, 가랑비, 샘물, 분수, 연못, 씨앗, 부활, 죽음, 블랙홀 등으로 상징된다.

2) 계수의 계절

임수가 초겨울이라면 계수는 늦겨울에 해당한다. 가을이 열매 맺는 계절이라면 겨울은 열매가 땅에 떨어져 새로운 생명의 잉태를 기다리는 씨앗과 같은 계절이다. 겨울은 고요하고 모든 것이 죽은 듯하지만 이면에는 보이지 않는 힘이 작용한다. 화려한 꽃이나 번성한 초목의 모습으로는 혹독한 이 계절을 절대 통과할 수가 없다. 외적인 화려함을 포기하고 그 기운을 안으로 단단하게 응집한 씨앗의 형태가 되어야 겨울을 통과할 수가 있는 것이다. 만약 꽃과 잎들이 겨울까지 살아 있다면 뿌리는 부실해질 수밖에 없다. 독일의 나무 전문가로 『자연 수업』을 쓴 페터 볼레벤은 겨울나무가 살기 위해 어떤 전략을 구사하는가에 대해 다음과 같이 말한다.

"겨울은 모든 성장이 멈추는 일 년 중 가장 혹독한 시간이다. 겨울의 정원은 사실상 사막이나 다름없다. 기온이 영하로 떨어지면서 수분 공급이 중단되기 때문에 식물의 입장에서는 사하라 사막만큼이나 건조한 곳이 된다. (……) 이 같은 죽음을 모면하기 위한 다양한 전략이 있다. 많은 종이 동결 방지 기술을 단념하고 그로 인해 오래 살아남지 못한다. 그런 식물들은 밤사이 내린 첫서리에 바로 얼어 죽는다. 그리고 오직 씨앗의 형태로만 추운 계절을 견뎌낸다. 이 상태에서는 수분을 거의 함유하지 않기 때문에 영하의 기온에서도 아무 탈 없이 살아남을 수 있다. 봄에 다시 삶을 시작할 수 있도록 각각의 씨앗은 유분과 지방의 형태로 에너지를 비축한다." 페터 볼레벤, 『자연 수업』, 115~116쪽

겨울은 식물의 뿌리가 충실해지는 계절이다. 보이진 않지만 땅속에 묻힌 뿌리는 초겨울 임수 시기부터 생명의 에너지를 차곡차곡 응축해서 봄이 오면 새싹이 튀어 오를 준비를 한다. 동물 또한 겨울을 나기 위해 지방을 비축하여 체온을 유지할 준비를 한다.

겨울이 오면 대기는 마치 큰 냉장고처럼 되어 버린다. 만물은 그 속에서 얼어붙어 있으면서 봄이 오길 기다린다. 얼음은 결합 상태가 크리스탈과 같은 형태라서 그 결합도가 엄청나게 강하다고 한다. 이것이 계수의 기운인데, 이런 강한 응축력 때문에 씨앗이 그러하듯, 오랫동안 저장이 가능한 것이다. 하여 겨울은 차갑지만 모든 기운을 안으로 품었기에 속은 따듯한 생명의 기운을 품고 있다. 초겨울 임수부터 응축한 기운을 압축 더 압축한 상태인데, 냉장고 속 얼린 얼음이 그 상태를 잘 보여 준다. 얼음 그릇에 물을 가득 붓고 냉장고에 넣으면 부피가 커져서 그릇보다 얼음이 더 커지는 경험을 누구나 했을 것이다. 강하게 응축하다 보면 안의 양기가 밖으로 삐져나오기 때문이다. 음이 극하면 양이 되고, 양이 극하면 음이 되는 원리가 여기서도 적용된다. 그러니까 계수는 압축과 저장 자체가 목적이 아니라, 결국 분출하기 위해 자신의 기운을 모은 것이고, 분출해야 할 타이밍을 기다리고 있는 충만한 기운인 것이다.

3) 계수의 특징

 # 기본기, 수평적

계수는 천간 중 마지막 글자로, 기토에서 시작된 음기가 경·신·임을 거쳐 완전히 충전된 상태의 기운이다. 인생 주기로 보면 노년기에 해당한다. 노년에는 몸의 에너지가 아랫배로 모인다. 아이들은 온몸의 에너지가 머리에 쏠려 있다. 청년은 가슴, 중장년은 윗배, 노년은 가장 아래에 에너지가 모인다. 젊은 시절에 펼쳤던 기운은 점점 아래로 내려가게 되고 생명의 엑기스를 아랫배에 저장하게 된다. 온몸에 물처럼 흐르던 기운은 어느덧 아래로 모여 노년의 지혜가 되는 것이다. 이와 같은 계수의 성향을 타고난 사람은 자기를 드러내기보다는 정신적인 활동을 활발하게 한다. 이런 활동이 총명하고 합리적이고 계획적이며 탁월한 조정 능력을 발휘하도록 만든다. 또 물은 늘 아래로 향하듯 계수는 기본기에 충실하다. 어떤 물이 흘러와도 서로 섞여 하나가 되기 때문에 위계 없이 수평적 관계를 추구한다.

 # 흐름

『주역』에는 중수감(重水坎)괘가 있다. 감괘는 움푹 팬 구덩이로 위험과 난관, 역경의 상황을 의미한다. 중수감은 물이 거듭된 상황이니 거듭된 어려움이라 할 수 있다. 이런 상황에서 능력을 발휘하는 게 물이다. 물은 산골짜기나 구덩이에 빠진다 해도 그곳을 채우면서 멈추지 않고 흐른다. 계수는 산천 협곡의 온갖 험난함 앞에서도 좌절하지 않고 흐르는 성질을 가졌다. 아무리 험난한 장애에 부딪혀도 흘러갈 수 있는 것이다.

물이 처음부터 흐를 수 있는 것은 아니다. 한 방울부터 시작하여 그것이 조금씩 조금씩 늘어나면서 흐르게 되는 것이다. 물은 중수감처럼 거듭되면서 생성되는 것이지 한순간에 이루어지지 않는다. 그리고 물은 정면 돌파하지 않는다. 골짜기가 패면 팬 대로 높으면 높은 대로 지형지세를 따라 흘러간다. 이런 물의 성질을 보고 공자는 자신의 덕행을 오래도록 지속하고 성현의 가르침을 반복해서 익히라고 말한다. 그렇다. 지혜는 갑작스럽게 생기는 게 아니다. 온갖 역경에도 굴하지 않고 도도하게 흐르는 물! 이것이 천간의 마지막에 위치한 계수가 가진 능력이다.

 # 스며듦

계수 성향을 타고난 사람은 겉은 내성적이고 조용한 성품을 가졌다. 하지만 세상 구석구석 스며들어 필요한 곳에 물을 공급한다. 물은 형태가 고정되어 있지 않기 때문에 어디든 스며들 수 있는데 섬세함이나 꼼꼼함으로 드러난다. 정화가 밝은 공간에서 세상을 밝히고 봉사를 기꺼이 한다면 계수는 음지에서 조용히 사람을 살리고 더러운 곳을 구석구석 씻어 내며 건조한 심신을 촉촉하게 적셔 주고자 한다.

하지만 계수가 욕심을 부리면 그 파장은 엄청나다. 겉은 겨울처럼 죽은 듯 고요하지만 내부는 에너지로 꽉 차 있기 때문이다. 계수가 자신의 에너지를 잘 사용하지 못하면 그것을 감당하지 못해 작은 일에도 쉽게 상처받고 감정 기복을 심하게 겪는다. 겨울이 그러하듯, 모든 것을 은폐하기 때문에 주변 사람들은 알기가 어렵다. 계수는 천간에서 마지막을 담당하듯, 마무리하는 기운이다. 마무리해야 시작할 수 있음을 계수는 알기 때문이다.

 # 계수를 대표하는 인물

기발한 유머와 상상력으로 쓰인 『이상한 나라의 앨리스』로 최고의 지식인들뿐 아니라 전 세계인을 매혹시킨 루이스 캐럴, 21세기에 여전히 붓다의 삶이 가장 고귀한 삶임을 자신의 삶을 통해 증명한 달라이 라마, 이 밖에도 데이비드 흄, 생텍쥐페리, 칸트, 스탕달, 라흐마니노프, 샤갈, 베티 프리단, 짐 자무시, 도나 해러웨이, 연암 박지원 등이 있다.

『홍루몽』에 보면, 진사은이라는 자가 한 도사가 읊고 있는 시를 듣고 대화하는 장면이 있는데, 딱 계수의 마인드라 소개하고자 한다. "그대가 과연 호 자와 료 자를 제대로 들었다면 아주 잘 들은 거요. 세상의 모든 일이란 좋은 일이면 끝나는 거고, 끝나면 좋은 거란 말이오. 만일 끝나지 않으면 좋지 않은 것이며, 만일 좋고자 한다면 반드시 끝나야 하는 거지요. 그래서 내 노래를 '호료가'(好了歌)라고 하지요."조설근·고악, 『홍루몽 1』, 최용철·고민희 옮김, 나남, 2010, 49쪽 그렇다. 끝은 좋은 일이다. 시작하려면 끝을 맺어야 하기 때문이다. 내친김에 도사가 읊은 '호료가'까지 감상해 보자.

"세상 사람 모두 신선 좋은 줄 알면서도,

오로지 부귀공명을 잊지 못한다네!
고금의 장수 재상 지금은 어디에 있나?
황량한 무덤 위엔 들풀만 덮여 있다네.

세상 사람 모두 신선 좋은 줄은 알면서도,
오로지 금과 은을 잊지 못한다네!
하루 종일 모자라다 원망만 하다가는,
돈 많이 모여지면 두 눈 감고 만다!

세상 사람 모두 신선 좋은 줄은 알면서도,
오로지 예쁜 아내만은 잊지 못한다네!
님 살아 있을 땐 날마다 은정 말해도,
님 죽어 떠나면 남을 따라 멀리 간다네.

세상 사람 모두 신선 좋은 줄은 알면서도,
오로지 아들 손자는 잊지 못한다네!
어리석은 부모는 예로부터 많았지만,
효도하는 자손을 그 누가 보았는가?"

4) 계수형 인물, 마무리 제일 증삼

증삼(曾參), 자는 자여(子輿)로 노나라 사람으로 공자보다 46세 아래이다. 그는 『논어』에서 염구(염자), 유약(유자)과 함께 증자라는 호칭으로 등장한다. 이런 이유로 『논어』를 편찬한 이들이 증자의 제자들일 거라 추정한다. 그 이후에 20세기 말에 발굴된 전국 시대 초나라 죽간, 즉 '곽점초간'(郭店楚簡) 등을 토대로 『논어』의 편찬 시기를 증자가 죽은 후 자사가 활동했던 시기, 즉 기원전 428~400년 사이로 보고, 자사가 편찬했을 거라는 학설도 제기되고 있다. 만약 자사가 편찬자라 할지라도 자사는 증삼의 제자이므로 『논어』 편찬에 있어서 증삼이 기준이 되는 건 부정할 수 없을 것이다.

증삼은 아버지 증석(曾皙)과 함께 공자 스쿨에서 공부했다. 그리고 그는 특히 효(孝)의 아이콘으로 유학 13경 가운에 하나인 『효경』(孝經)의 저자이자, 사서삼경 중 하나인 『대학』의 저자이기도 하다. 후대에 유가의 도통은 공자-증자-자사-맹자로 이어진다고 말해지는데 증자는 공자 다음을 잇는 인물이다. 게다가 증삼의 제자들이 『논어』를 편찬했으니 그의 스펙은 어마어마하다. 이런 증삼이었지만 막상 공자 스쿨에 있을 때는 두각을 드러내는 인물이 아니었다. 공문십철에 끼지도 못했을 뿐 아니라 공자에게 아둔하다는 말까지 들을 정도로 존재감이 없는 제자였다. 그랬던 증삼이 어떤 제자도 이해하지 못하는 공자의 '일이관지'(一以貫之)를 알아듣는 유일한 제자가 된다. 어떻게 했기에 아둔했던 그가 공자의 말을 혼자 이해하는 경지에 이르게 된 것일까.

계수의 성향을 타고난 사람은 재능을 바로 드러내지 않는다. 아니 드러내지 못한다. 봄-여름-환절기-가을을 거쳐야 겨울을 맞이할 수 있듯 천간의 마지막 글자인 계수는 모든 과정을 두루 거친 후에야 비로소 자기다움을 드러낼 수 있는 것이다. 그런 탓에 계수는 무엇을 해도 느리다. 목화 기운을 타고난 사람들은 자기 표현을 바로 하지만 금수 기운은 수렴하기 때문에 행동보다 생각을 먼저 한다. 금수 중에서도 계수는 강한 생명 에너지를 속으로 농축한 기운인 만큼, 행동 하나를 하더라도 깊이 생각한 후에 한다. 이런 성향을 타고난 증삼은 답답해 보이지만, 남의 시선을 의식하지 않고 거북이처럼 한 걸음씩, 한 걸음씩 걸어 나아간다. "나는 날마다 세 가지로 나를 되돌아본다. 다른 사람을 위하여 일을 도모할 때 성의를 다했는가? 친구와 사귈 때 신의가 있었는가? 배운 것을 제대로 익혔는가?"「학이」, 『낭송 논어』, 37쪽 이런 태도가 계수 스타일이다. 매일 자신을 성찰하면서 자신의 한계를 조금씩 넘는 것. 이것이 쌓이고 쌓이면 엄청난 저력을 발휘하게 된다. 이 힘으로 '일이관지'를 풀었을 것이다.

일이관지는 『논어』에서 두 번에 걸쳐 나온다. 첫번째는 공자와 자공의 대화에서 볼 수 있다. 자공은 스승 공자가 막힘없이 술술 답을 해주는 모습을 보고 스승이 많은 것을 안다고 생각했다. 공자는 그런 그에게 "사야, 너는 내가 많은 것을 배우고서 그것을 기억하는 사람이라고 생각하느냐?"라고 묻는다. 그러자 자공은 그런 게 아니냐고 묻는다. 그러자 공자는 답한다. "아니다. 나는 하나의 이치로 모든 것을 꿰뚫는다.(一以貫之)"「위령공」, 『낭송 논어』, 487쪽

자공은 공자 말씀을 이해하진 못했던 것 같다. 두번째 장면에는 공자와 증삼이 등장한다. 많은 제자들이 있었다. 공자는 증자에게 "삼아! 나의 도는 하나의 이치로 모든 것을 꿰뚫는다(吾道一以貫之)"

라고 말하고는 밖으로 나갔다. 많은 제자들이 있었지만 공자는 증삼을 콕 집어서 말한 것이다. 모두가 어리둥절해하던 그때, 증삼은 스승이 말한 일이관지에 대해 설명하기 시작한다. "선생님의 도는 충(忠)과 서(恕)일 뿐이다"라고.「이인」, 『낭송 논어』, 124쪽

공자는 왜 증삼에게만 말한 것일까. 계수 증삼은 깊은 사유를 하는 자이다. 그는 사유라는 한 방울을 계속 연결하여 흐르는 강물이 되게 하는, 계수의 힘을 가진 자이다. 공자는 증삼이 일이관지를 이해할 거라 기대했을 것이다. 그리고 공자의 기대대로 증삼은 이해를 했을 뿐 아니라 그것을 다른 제자들에게 설명해 주기까지 했다. 능력 제일 자공도 알아듣지 못한 것을 증삼이 알아들은 것이다. 일이관지! 충(忠)은 다른 사람에게 충실한 것, 매사에 마음과 힘을 다하는 것이다. 서(恕)란 다른 사람의 처지를 생각하여 이해하고 포용하라는 뜻이다. 증삼은 공자의 핵심 사상을 '충(忠)과 서(恕)'로 이해했다. 그의 이해는 결국 효의 실천으로 드러나게 되는데 이것도 계수의 특징과 연결된다.

증삼은 다른 제자들처럼 정치나 군사 등 폼 나는 일에는 크게 관심이 없었다. 임수가 큰물이라면 계수는 작은 물이다. 아래로 흐르는 물처럼 증삼은 세상에 나서기보다는 자기 위치에서 할 수 있는 것을 찾아 최선을 다하는 스타일이다. 계수는 계속 흐르면서 더러운 곳은 씻어 주고 소외된 곳에는 스며들어 생명을 자라게 만들고 목마른 곳에서 갈증을 풀어 준다. 꼭 필요한 곳에 자신의 물길을 가닿게 하는 것이다. 증삼은 타고난 계수 기질을 '효'라는 활동으로 표현하고자 했다.

『맹자』에 증삼과 그의 아들 증원(曾元)의 효행에 대한 이야기가 나온다. 그의 섬세함과 마음씀씀이가 잘 드러나 있다. 증자는 아버지를 위해서 상을 차릴 때 늘 고기와 술을 준비했다. 그리고 밥상을 치울 때마다 아버지께 남은 음식을 누구에게 주시겠느냐고 물었다. 아버지가 남은 음식이 있냐고 물으면 증삼은 반드시 있다고 했다. 증삼도 나이가 들자 아들 증원이 부양했다. 증원도 아버지 증삼을 위해 상을 차릴 때 고기와 술을 준비했다. 하지만 증원은 상을 치울 때 증삼과 달리 음식을 누구에게 줄까라고 묻지 않았을 뿐 아니라, 아버지 증삼이 남은 음식이 있냐고 물어도 없다고 했다.

맹자는 증삼이 매번 아버지께 질문하고 남은 음식이 있다고 답한 이유는 아버지께 새로운 음식을 해드리기 위해서라고 한다. 이와 달리 증원이 질문하지 않은 것은 남은 음식을 남겨 두었다가 다시 드리기 위해서라는 것이다. 증자와 증원 모두 아버지 상에 고기와 술을 준비한 효자임에는 틀림이 없다. 하지만 증삼이 증원과 다른 지점은 음식만 드린 게 아니라 매번 부친의 뜻을 묻고 새로운 음식을 마련하려는 마음을 낸 데 있다. 우리는 부모님께 의식주를 해결해 드리면 그것을 효라고 생각한다. 자유가 공자에게 효에 대해 물은 적이 있었다. 그러자 공자가 말씀하셨다. "요즘에 효는 부모님께 음식을 잘 해드리는 것을 말한다. 그러나 개나 말도 모두 잘 먹여 키우니, 공경하는 마음이 없으면 무엇이 다르겠느냐?"「위정」, 『낭송 논어』, 59쪽 공자는 의식주만 해결하는 것은 개나 말에게 먹이를 주는 것과 다르지 않다는 것이다. 부모를 공경하는 마음이 없다면 진정한 효가 아니라는 것. 효도는 형식이 아니며 공경의 태도인 것이다. 그러므로 증삼은 효란 음식을 드리는 것뿐 아니라 아버지가 원하는 것이 무엇인가를 섬세하게 헤아리는 것에서 시작되어야 한다고 생각한 것이다. 이런 마음 씀이 딱 계수다. 계수는 늦겨울 기운으로 봄이 오기까지 음의 기운을 계속 축적한다. 그렇게 안으로 안으로 쌓은 기운으로 부모님의 아주 미세한 마음까지 감지하면서 배려했던 것이다. 이것이 그가 효의 아이콘이 된 이유일 것이다. 이 마음 또한 일이관지하여 읽어 낸 충서의 효 버전이랄까. 삶에서 정성을 다하고[忠] 내 마음을 타인의 마음과 같이 하는 마음[恕]을 효로 번안해서 실천한 것이리라.

그는 죽을 때 효의 절정을 보여 준다. 증자가 병에 걸리자, 문하의 제자들을 불러 모아 놓고 말했다. "이불을 걷고 내 발을 보아라! 내 손을 보아라! 『시경』에 이르기를, '전전긍긍하여 깊은 연못가에 선 듯이 하고 얇은 얼음을 밟는 듯이 한다'고 했다. 이제야 나는 그런 두려움에서 벗어났음을 알겠구나! 제자들아!"「태백」, 『낭송 논어』, 246쪽 전전긍긍(戰戰兢兢)은 두렵고 떨리는 마음이란 뜻이다. '전전'은 벌벌 떠는 모양이고 '긍긍'은 감히 발도 함부로 내디디지 못할 정도로 조심하는 모양이다. 이 모습은 계수의 태도를 정확하게 보여 준다. 계수는 겨울 기운이라 병·정화처럼 자기 기운을 마구 펼치지 않는다. 물이 아래로 흐르듯이 계수는 하심으로 살아가면서 자신을 성찰하고 스승의 가르침을 지켰는가를 돌아보고 또 돌아보고 또 돌아본다. 이것을 전전긍긍으로 표현하고 있다. 그는 삶을 살얼음으로 보았다. 조금만 방심해도 빠지게 되는 위험한 상황. 조심해서 건너지 않으면 바로 죽음인 일촉즉발의 상황처럼 여기면서 평생을 수행했던 것이다. 이제 그는 죽음을 앞두고 있다. 더 이상 전전긍긍하지 않아도 된다는 말에는 수행의 피로함이 아니라 물이 멈추지 않고 흐르듯 쉬지 않고 수행한 그의 내공이 느껴진다. 이것이 계수의 진면목이다. 계수는 갑자기 화끈하게 뭔가를 행하거나 순발력 있는 행동은 하지 않는다. 아니, 기질상 하지 못한다. 하지만 물은 아무리 깊고 굴곡이 져도 그것을 메꾸면서 흐르듯이 증삼은 배운 것을 일상에서 전전긍긍하면서 죽을 때까지 실천한 것이다. 그러니까 증삼이 자신의 제자들에게 손발을 보라고 한 것은 죽을 때까지 매일 자신을 돌아보면서 수행을 하라는 유언인 것이다.

『주역』에 '무성유종'(無成有終)이라는 말이 있다. 완성이나 성취는 없으나 끝은 있다는 뜻이다. 끝은 성취나 완성을 목표로 하지 않는다. 끝은 시작과 연결되어 있다. 끝을 향해 가며 다시 시작한다는 뜻이 무성유종의 의미이다. 증자야말로 그 말에 딱 부합하는 인물이다. 그는 공자에게 '아둔하다'는 평가를 받았지만, 지속적인 수행으로 공자의 도통을 이을 수 있는 경지에 이르렀기 때문이다. 그러니까 그는 아둔한 게 아니라, 다른 사람과 속도가 다를 뿐이다. 음악의 빠르기로는 라르고(largo), 렌토(lento) 정도가 되겠다. 그의 느린 속도로 다져진 지혜는 다음 세대까지 영향을 미친다. 공자 사후 다른 제자들은 다른 나라에 가서 도를 전하거나 벼슬을 했다. 하지만 증삼은 자신의 고향에서 강학을 하여 뛰어난 인물들을 많이 배출했는데 그중 공자의 손자 자사도 증삼에게 배웠다.

계수는 봄의 새싹이 움트기 전 씨앗과도 같다. 증삼은 스스로 씨앗이 되어 많은 제자들을 키워 낸 게 아닌가 싶다. 증삼의 인품에 감명을 받은 자유와 전손사 등은 그를 공자처럼 섬기고 싶어 했다. 하지만 증자가 원하지 않았기에 실행되지는 못했다. 이것도 계수의 성향이다. 계수는 나서는 걸 유독 싫어한다. 겨울에 모든 것이 정지해 있듯이 음지에서 묵묵히 수행하거나 제자 양성에 주력하는 것으로 충분하다 여긴다. 증삼이 힘을 다른 곳에 분산시키지 않고 오직 교육에 집중했기에 유학의 도통이 이어질 수 있었을 것이다. 증삼에게 배운 자사 역시 열심히 제자를 양성했고 자사의 제자들을 통해 유학의 도통이 맹자까지 이어질 수 있었던 것이다. 증자가 관직에 나가거나 일신의 영달을 위해 활동했다면 자사도 맹자도 없었을지 모른다. 물론 공자도 잊혀졌을지 모를 일이고.

계수는 천간의 끝이자, 계절로는 겨울의 끝자락이다. 하지만 자연에서 끝은 소멸이 아니다. 그곳에서 모든 것이 다시 시작된다. 이렇듯 끝을 낸 후에 바로 시작할 수 있으려면 기운을 사용하기에 앞서 먼저 기운을 품어야 한다. 그가 쌓고 쌓은 에너지는 때가 되자 엄청난 폭발력을 발휘한다. 여전히 최고의 인생 지침서로 읽히는 『논어』는 증삼의 제자들이 기록한 것이다. 사서 중 하나인 『대학』도 그의 저서이다. 효에 대한 정석 『효경』도 증삼이 지었다. 유학의 핵심 텍스트 세 권이 증삼과 그 제자들이 지은 것으로 계수의 결정체라 할 수 있다.

늦겨울 계수의 계절이 되면 안으로 응축한 기운은 점점 차오르기 시작한다. 하지만 겉으로는 아무 일도 하지 않는 듯 보인다. 그랬다. 증삼의 행보는 느리고 아둔하고 아무것도 하지 않은 듯 보였다. 하지만 그가 쌓고 쌓은 내부의 힘은 씨앗이 되었고 때가 되자 많은 것들을 생산해 냈다. 지금도 그의 저서와 삶의 태도는 흐르는 물처럼 우리의 영혼을 촉촉하게 적셔 준다. 메마른 땅에 단비가 되어 생명의 싹이 움트도록 만들어 주고 있는 것이다.

2부

지지 서당

자수, 역경을 뚫을 때
피어오르는 꼿꼿한 양기
— 쥐의 힘

"이 책에서 사람들은 '땅속에서' 일을 하고 있는 한 사람을 발견하게 될 것이다. 그는 굴을 뚫고, 흙을 파내며, 아래로 파고들어 가는 사람이다. 그렇게 깊은 곳에서 이루어지는 일을 위한 눈을 가진 사람들이라면 얼마나 그가 천천히, 신중하게, 부드럽지만 가차 없이 전진하는지 보게 될 것이다. 그는 오랫동안 빛과 공기 없이 지내면서도 힘들다는 소리 한마디 내뱉지 않는다. 사람들은 그가 어둠 속에서 행하고 있는 자신의 일에 스스로 만족하고 있다는 사실도 알게 될 것이다. 어떤 믿음이 그를 인도하고 있고, 또 위로를 해주고 있다는 것이 보이지 않는가? 그는 어쩌면 자기 자신의 기나긴 어둠을 갖고자 하는 것이 아닐까? 자기 자신에 대해 이해가 안 되는 것들, 숨겨진 것들, 수수께끼 같은 것들을? 왜냐하면 그는 스스로 결국에는 자기 자신의 아침을, 자기 자신의 구원을, 자기 자신의 아침놀을 가지게 될 것도 알고 있기 때문에? … 확실하다. 그는 되돌아올 것이다. 그 아래에서 그가 무엇을 원하는지 묻지 말라. 트로포니오스 같은 이 땅속의 인간이 다시 '사람이 되었을' 때, 그는 스스로 그것을 너희들에게 말하게 될 것이다. 그와 같이 그토록 오랫동안 두더지처럼 또 혼자서 지내 보았다면, 사람들은 침묵하는 것을 완전히 잊게 된다."프리드리히 니체, 『아침놀』, 이동용 옮김, 세창출판사, 2022, 13~14쪽

"'자'(子)는 갓 태어난 아이의 상형이다. 머리카락이 자란 큰 머리와 몸체를 그렸다. 처음의 형태는 '료'(了)였다. 그러나 금문(今文)에 들어와 한 획[一]이 추가되면서 두 팔을 벌린 모습[子]으로 변했다. '아직 미숙한 상태의 아이'라는 뜻은 여기서 파생되었다. 흔히 알고 있는 '남자아이'라는 의미는 부계사회가 확립된 후에 만들어진 것이다. 자는 아이라는 뜻 말고도 씨앗이라는 의미도 가지고 있다. 예를 들어 구기자(枸杞子)나 오미자(五味子)같이 자로 끝나는 한약재들은 대부분 씨앗을 가리킨다."(류시성·손영달, 『갑자서당』, 167쪽)

1) 자수의 상징과 계절

 # 자수: 아래로부터 자라며 동하다

『설문해자』에서 "자(子)는 11월에 양기가 동하여 만물이 불어나기 때문에 사람으로서 취상한 것이다. 자는 양기가 처음 동하는 모습으로, 사람이 임신한 것에 비유"했다. 자월(子月)은 음이 극에 달하면 양이 생기듯, 씨앗이 처음으로 만들어지는 시기이다. 이것을 양이 동하여 만물이 불어난다고 표현했고, 양기가 처음 동하는 모습을 정자와 난자의 결합으로, 인간의 잉태로 비유한 것이다.

『사기』「율서」에는 "자(子)란 자양한다[滋]는 뜻으로, 만물이 아래로부터 자란다는 뜻이다"라고 했는데, 자수(子水)는 일양오음(䷗)으로 양에서부터 시작하므로 만물을 아래로부터 자라게 한다는 의미를 가진다. 여기서 중요한 것은 '아래로부터'이다. 아무리 크고 높은 것도 가장 낮은 곳을 채우면서 시작되기 때문이다. 『석명』에서 "자(子)는 불어나는 것이니 양기가 처음 싹터서 아래로부터 자라는 것이다. 『역』에서는 감괘(坎卦)의 위에 해당하는데, 감은 험하다는 뜻이다"라고 했다. 『주역』에서 감괘는 물의 괘로, 위험에 빠진다는 뜻이다. 그러니까 감괘는 고난과 역경의 상황이야말로 생명이 시작되는 순간이라고 말하는 듯하다. 해서 『주역』에 주석을 단 정이천은 감괘에서 사람은 거듭거듭 닥쳐오는 험하고 어려운 일을 경험한 후라야 도(道)가 형통하게 된다고 했다. 결국 도란 난관을 만나는 일이고, 그것을 뚫을 때만 생성되는 기운이다.

감괘에서 양기는 흐름을 의미한다. 물은 『주역』에서 험난함을 의미하지만 아무리 험난해도 정지하지 않고 흘러가므로 넘을 수 있다. 계속 양기를 자양해서 멈추지 않고 끊임없이 흐르게 하는 것. 험난한 산과 같은 굴곡이 앞을 가로막아도 물은 쉬지 않고 흐르기 때문에 모든 것을 극복하면서 대해로 흘러들어 간다. 감괘는 위험과 역경 속에서 그것을 어떻게 헤쳐 나가는가에 대해 알려 주는 괘이다. 그리고 자수는 아래로부터 자라나는 어려운 조건 즉, 음의 세상에서 일양(一陽)을 만드는 마법의 글자이다.

『오행대의』에는 "자(子)는 낳는 것이니, 양기가 이미 움직임에 만물이 새끼를 낳고 싹트는 것이다. 『삼례의종』(三禮義宗)에 말하기를 '양기가 일어나서 새끼를 낳고 길러서 커 가는 것'이라고 하였다. 자월은 절기로는 동지에서 시작하는데 차가운 음이 많은 시기에서 따듯한 일양이 생겨나는 것"이라고 했다. '자'는 씨앗이 잉태되는 때로, 하루도 자시에서 시작된다. 그런데 자의 기운은 정말 미미하다. 정자와 난자가 막 결합했을 때를 생각해 보라. 너무 미미해서 없는 것처럼 보인다. 하지만 12지지의 흐름은 바로 이 미미한 자수에서 시작된다.

자수의 계절과 시간

자(子)는 하루 중 밤 11시 30분에서 새벽 1시 30분, 한밤중의 기운이다. 물은 땅속으로 흘러들어 가서 다시 지하수를 이루고 계속 흐르고 흘러서 대지를 촉촉하게 적시듯, 물은 아래로, 아래로 깊이깊이 흘러간다. 자수는 겨울의 정점으로, 이때는 모든 것이 죽은 듯한 정적이 흐르는 계절이다. 모든 만물은 죽음의 과정을 거치면서 씨앗을 만든다. 절기로는 동지로 해가 가장 짧은 때이다. 모든 활동이 정지되는 휴식의 시기에 '일양'(一陽)이 발생한다. 모든 것이 종료된 시점에서 반등하는 자수의 힘! 이렇게 자수는 가장 바닥을 쳤을 때 반등하는, 꼿꼿하게 서는 힘이다. 그러니 삶이 아무리 절망스러워도 극단적인 선택이나 좌절은 금물이다. 죽을 것처럼 힘들다면, 그때야말로 일양이 생성될 조건이기 때문이다. 어떤 어려움도 해결할 수 있는 자수의 힘은 외부에 있지 않다. 그 힘이 자신 안에 있으니 그 잠재력의 사용 여부는 각자의 선택에 달려 있다.

자수의 기운

2022년 칸 영화제에서 감독상을 받은 영화 〈헤어질 결심〉에는 『논어』의 "지자요수 인자요산"(智者樂水 仁者樂山)이 인상적으로 나온다. 그런데 난 이제 '지혜로운 사람은 물을 좋아하고 어진 사람은 산을 좋아한다'「옹야」, 『낭송 논어』, 191쪽는 말을 쉽게 할 수 없을 것 같다. 지자가 물을 좋아한다는 것은 결국 어려움과 역경 속으로 들어가겠다는 선언(?)이기도 하니까. 새로운 일양은 어려움 속에서 생겨나니까. 자수는 절대 편안함 속에서 생기지 않는다. 이 이치를 아는 자만이 어떤 장애를 겪더라도 좌절하지 않고 새로운 기운을 잉태시킬 수 있다. 〈헤어질 결심〉에서 송서래(탕웨이 분)가 바다를 좋아한다는 설정은 자수와 연결되는 지점이 있다. 사람들은 이 영화를 사랑에 관한 영화라고 평하지만, 나에게 이 영화는 너무나 가혹한 조건에 놓인 한 인간이 어떻게 자신을 존중하고 당당할 수 있는가에 대한 질문으로 다가왔다. 자신을 존중하는 만큼 누군가를, 세상을 사랑할 수 있는 법이니까.

장해준(박해일 분)이 송서래에게 '당신은 꼿꼿해요'라고 말하는 장면이 있다. 서래가 정말 꼿꼿한가에 대한 논란은 있겠지만 자수가 그러하듯 서래는 엄청난 역경과 고난의 파도가 출렁이는 한가운데에 서 있는 인물이다. 그러니까 꼿꼿하기엔 너무 어려운 상황이다. 하지만 모든 것이 극에 달하면 바닥을 치고 올라오듯, 안개 같은 불투명함 속에서 그녀는 무너지지 않고 자신만의 방법을 선택하고, 그것을 실천한다는 점에서 꼿꼿하다는 표현은 매우 적확해 보인다. 폭풍우가 몰아치고 한 치 앞도 안 보이는 안개 속에서 꼿꼿하다는 표현이 가혹해 보이는 것도 사실이지만 자수는 너무 상반되는 조건들, 무너지고 생성되는 그 사이에서 생기는 기운이다. 그러므로 여기에 가치 판단이 들어설 여지는 없어 보인다. 자수의 일양(一陽)은 그런 조건 속에서 균형을 잡고자 안간힘을 쓰는 '우주적 꼿꼿함'이기 때문이다. 그냥 봐서는 너무 미미해서 있다고도 없다고도 할 수 없는 그 무엇! 하지만 죽을 만큼 애를 써야 만들어지는 일양! 누구나 이런 과정을 거쳐야 하는 시기가 반드시 오게 되어 있다. 그리고 이것은 분명 꼿꼿함이라고밖에 달리 말할 수 없게 만드는 지점이 있다.

그렇다고 어렵게 만들어진 그 무엇이 송서래라는 주체로 환원될 수는 없다. 일양이란 공간, 시간, 분위기, 온도, 사람들 등 세상의 모든 것이 상호작용하는 관계, 그 자체이기 때문이다. 서래가 자신을 미제(未濟)로 만든 것은 모든 관계 속으로 뛰어든 것이라고 난 믿는다. 『주역』이란 텍스트는 처음과 끝이 있는 텍스트가 아니다. 64괘의 마지막은 화수미제(火水未濟)로 처리되는데, 그것은 리셋으로 새로운 시작과 맞물려 있다. 그러므로 서래는 스스로 미제가 되어 오늘은 송서래이지만 내일은 바다나 산, 고양이, 까마귀가 되는 변화의 흐름 속으로 자신을 던져 버린다. 하여 난 이 영화가 가장 에콜로지적이며 자수와 오버랩되는, 삶을 자연으로 전환하려는 작업으로 보였다. 여담이지만, 영화에는 중국의 지리서 『산해경』(山海經)이 등장한다. 다소 뜬금없어 보이지만 사실 이 책은 우리가 생각하는 사회과 부도 같은 것이 아니라 자연의 우글거리는 모든 힘들을 기이한 동물로 표현한 기운 생동의 텍스트이다. 그래서 내게 서래의 야생적 신체성과 『산해경』은 환상적인 결합으로 여겨졌다. 언젠가는 『산해경』이라는 지도를 반드시 해독하고 싶다. 인디애나 존스나 만화 『원피스』의 루피가 보물지도를 찾은 그 환희를 나도 경험하고 싶기에!

2) 자수와 몸

자수는 한겨울의 기운, 강력한 음기로 씨앗을 보존하는 시공간적 기운이다. 자수는 경맥에서 담경(膽經)과 통한다. 『황제내경』에는 "담(膽)은 중정의 소임[中正之官]이니 결단(決斷)이 나옵니다"라고 되어 있다. 중정이란 공평하고, 사사로움과 치우침이 없다는 뜻이다. 즉, 결단을 하려면 중정의 태도를 가져야 한다. 생각해 보면 당연한 말이다. 그래야 치우치지 않고 제대로 결단할 수 있으니까. 한데 중정한 태도와 결단이 담에서 나온다니, 근대 교육을 받은 우리로서는 바로 동의가 되진 않는다.

하지만 몸을 잘 관찰하면 몸과 정신이 분리될 수 없음은 쉽게 알 수 있다. 당장 내 컨디션이 나쁘면 마음의 여유가 없어지지 않는가. 불쾌감이 클 때 부정적인 결정을 한 경험이 얼마나 많던가. 미국 재판관들의 판결을 조사했더니 점심시간 이후 가석방 허락 빈도가 가장 높았다고 한다. 그만큼 점심 먹은 후의 포만감이 마음의 여유를 만들었다는 뜻이다. 날씨에 영향을 받는다는 데이터도 속출한다. 면접은 화창한 날에 보라는 등, 많은 뇌과학 관련 데이터는 심신의 연결성에 대해 보고하고 있다. 동양의학에서 정신은 몸과 관계되고, 자연 그리고 우주까지 연결된다. 『동의보감』이나 『황제내경』을 읽다 보면 인간에 대한 애정이 얼마나 크면 이렇게 인간을 관찰하고 탐구해서 자연과 우주와 연결시킬 수 있을까, 라는 감탄이 절로 나온다. 이 시선을 놓치지 않는 한, 나는 늘 자연과 우주적 존재로 살아갈 수 있다. 다시 담으로 가 보자.

담(膽)은 결단을 주관하는데, '결'(決)은 '터뜨리다', '터지다'의 의미로, 오랫동안 막혀 있다가 터져서 세차게 흐르는 물이란 뜻이다. '단'(斷)은 도끼[斤]로 실[絲]을 자른다는 뜻이다. 즉 결단이란 둑이 터지듯이 밀고 나가는 힘, 도끼로 음의 세력을 자르는 힘이다. 간(肝)이 상황을 읽어 그것에 맞게 계획을 세우고 판단하는 힘이라면 담은 결단을 실행하는 힘이다. 그러므로 간이 음의 장부로 생각을 모은다면, 담은 양의 장부로 생각을 밀고 나아가는, 실천의 힘이다.

『주역』의 택천쾌(澤天夬)는 결단의 괘이다. 쾌는 양이 밀고 올라가서 마지막에 자리한 유약한 음을 결단해서 없애는 과정을 그린다. 여기서 음이 결단하지 못하는 이유는 자기 이익을 지키느라 전전긍긍하기 때문인데, 이런 태도는 간담의 기능 저하로 이어진다. 기존의 가치들과 과감하게 결별하고 앞으로 치고 나가지 못할 때, 우리는 자기 중심 없이 휘둘리게 되기 때문이다. 실제로 우리는 이런 사람을 '쓸개(담)가 빠졌다'거나, '간에 붙었다 쓸개에 붙었다'고 말한다. 반대의 경우도 있다. 남들이 하지 못하는 일을 해낼 때, '담력이 세다'거나 '담이 크다'고 하지 않던가. 이렇게 간담의 상태와 삶의 태도는 우리가 쓰는 언어에 고스란히 담겨 있다.

담 경락이 흐르는 시간은 자시(밤 11시 30분~새벽 1시 30분)로 한밤중이다. 자월은 대설과 동지 절기를 안고 있는, 1년 중 가장 춥고 음기가 가장 센 시기다. 그런데 씨앗은 자월처럼 모든 게 정지되고 차가운 시절에 만들어진다. 그러니까 씨앗은 따듯하고 편안한 시기에는 만들어질 수가 없다. 궁하고 어렵고 춥고 외로운 시절이야말로 씨앗을 만들 수 있는 절호의 찬스인 것이다. 차가운 기운이 밖에서 몰아쳐야 내부에서 양기가 발생하면서 씨앗이 생성되는 조건이 마련되기 때문이다. 담 경맥 또한 추운 겨울처럼, 음기인 수기가 가장 왕성한 타이밍에 흐른다. 그러므로 하루의 씨앗을 만들려면 자시를 잘 통과해야 한다. 자시에 수기를 충분히 응축하지 못하면 담 경락에 문제가 생기고, 심장과 비장의 화가 담 경맥에 침투하여 담에 문제가 생길 수밖에 없다. 입이 건조해지고, 소리를 잘 듣지 못하거나 귀에서 소리가 나거나 어지럽고, 옆구리가 결리는 등의 병증이 발생한다. 이럴 때는 찬 기운의 약을 사용하여 담 경맥에 화기가 침투하지 못하게 막아야 한다. 수기를 충분히 확보하지 못한 상태에서 화기가 먼저 침투하면 씨앗을 만들 수가 없다. 수기가 극에 달할 때 화기가 발생하는 오묘한 이치! 역경과 곤란이 오더라도 흔들리지 않고 이면을 읽으면서 균형을 잡을 수 있는 힘! 이 힘이 자시에 흐르는 담 경맥에서 나온다.

3) 자수와 동물

자수와 연결되는 동물은 '쥐'로, 양극단의 이미지를 오가는 동물이다. 디즈니의 미키마우스는 전 세계인이 사랑하는 동물 캐릭터이다. 〈톰과 제리〉에서 제리는 어떤가. 영리하고 순발력 있는 제리는 둔하고 어리숙한 톰을 놀려 먹으면서 어린이들의 마음을 사로잡았다. 미키마우스와 제리가 연식이 제법 있다면, 이들에 비해 비교적 젊은(?) 쥐 캐릭터가 등장하는 애니메이션으로는 〈라따뚜이〉가 있다. 〈토이 스토리〉를 만든 픽사의 작품인데, 늘 위생의 적이던 쥐(레미)를 절대 미각 셰프로 만들어 라따뚜이라는 프랑스 요리를 만들어 내는 재미난 설정으로 전 세계적으로 큰 호응을 받았다. 쥐와 인간의 관계를 재설정하는 시도가 매우 좋았다.

이렇듯 쥐는 귀엽고 앙증맞은 이미지가 있는 반면, 혐오스럽고 더럽고 전염병을 일으키는 부정적인 이미지도 공존한다. 과거 유럽 전역에 창궐한 흑사병은 페스트균에 감염되는 병인데 쥐가 옮긴다고 보았다. 우리도 1960~1970년대에는 쥐꼬리를 잘라서 제출할 정도로 쥐는 때려잡아야 할 혐오 동물로 각인됐으며, 지금도 역시 여러 전염병의 매개체로 여겨지며 기피하는 동물이다. 그렇다면 근대 이전 인간은 쥐와 어떤 관계를 맺었을까.

동양 역사에는 쥐에 대한 기록이 생각보다 많다. 『삼국사기』를 보면 신라의 36대 왕인 혜공왕 때 치악현에서 쥐 8천 마리가 평양을 향해 갔는데 눈이 내리지 않았다고 기록한다. 쥐가 이동한 이유는 그곳에 문제가 있다고 판단했기 때문이다. 눈은 풍년을 상징하는데, 눈이 내리지 않았다는 것은 흉년을 암시한다. 이렇게 역사 기록은 쥐의 생태를 기록함으로써 인간과 자연의 관계에서 일어나는 변화에 대해 보여 주고 있다. 쥐는 징후를 읽어 내는 동물로, 쥐의 예지력을 통해 사건을 입체적으로 읽어 낸다. 이런 쥐의 능력이 자수와 통한다. 자수는 캄캄한 밤이자 겨울이지만, 그 상황에 머물지 않고, 그 다음을 준비하기 위해 양기를 만든다. 이렇게 자수의 양기 생성 능력과 쥐의 예지력은 교차된다.

쥐의 예지력은 다양한 방식으로 변주된다. 12지지 설화를 보면 지지 중 쥐가 시작인 이유에 대한 스토리가 펼쳐진다. 내용은 이렇다. 하늘 대왕이 정월 초하루에 천상의 문에 가장 일찍 도달하는 동물에게 지위를 주겠다고 했다. 그중 소가 묵묵히 하늘 문을 향해 걸어갔다. 쥐는 아무리 노력해도 자신은 너무 작아 도착하지 못할 것 같아 소에게 찰싹 달라붙었다. 소는 느리지만 몸집도 크고 부지런했기 때문에 1등으로 도착했다. 한데 반전이 일어난다. 최종 테이프를 끊으려는 그 순간, 소에 붙어 있던 쥐가 뛰어내려 천상의 문을 통과한 것이다. 소를 이용하여 1등을 차지한 쥐의 약삭빠른 모습을 긍정하기란 쉽지 않다. 하지만 쥐의 행동을 자신의 불리한 조건을 역전시킨 지혜로 볼 수 있지 않을까. 자수는 반전 매력의 글자이다. 깜깜하고 어두운 음기 가득한 밤에 양기를 발생시킨다는 건 거의 마법에 가까운 일이다. 그렇다. 자신의 모든 한계를 넘어서, 도무지 회복할 수 없는 조건에서 반등하는 마법의 탄력성을 가진 동물이 쥐이자 자수의 힘인 것이다.

쥐는 약 3,600만 년 전에 등장해서 가장 번성한 동물로, 몸은 작지만 어두운 곳을 좋아하며 영리하고 행동이 재빠르다. 또한 헤엄을 잘 치고 시각에 비해 촉각과 미각이 발달했다. 이런 타고난 능력으로 주로 야간에 행동하고 밖으로 드러나지 않는 천장, 다락, 시궁창, 땅속, 굴, 바위 등에 숨어 방어 태세를 갖추기 때문에 어떤 환경에서도 적응하여 살아남는다. 이런 쥐의 번식력을 보고 선현들은 쥐가 집안에 부를 가져다준다고 보았다. 자수의 음기는 응축 기운이라, 재물을 모으는 기질과 연결된다. 설화에서 쥐는 자신에게 은혜를 베푼 사람에게 보은하는 동물로 등장한다. 이것도 자수와 연결된다. 자수는 음에서 양을 만드는, 이면을 보는 힘을 가졌다. 이익에 눈이 멀면 보은은커녕 자기 이익만 챙기기에 혈안이 된다. 하지만 자수 기운을 가진 쥐는 이익보다는 보이지 않는 관계에 주목했기에 은혜를 갚을 수 있었다. 쥐가 늘 좋은 이미지로 등장하는 것은 아니다. 쥐는 탐욕의 아이콘으로도 등장한다. 재물과 권력에 집착하거나 인재를 질투하는 탐관오리나 도적 등으로.

『시경』(詩經)에는 큰 쥐가 백성에게 세금을 과하게 걷는 것에 대해 비판하는 내용이 나온다. "쥐야 쥐야 큰 쥐야 나의 기장 먹지 마라. 석삼년을 섬겼건만 나를 아니 돌봐 주네. 이제 그대 떠나서 저 즐거운 곳에 가리. 즐거운 땅 그곳에는 내 살 곳 있으리라."「석서」(碩鼠), 『시경강설』, 이기동 역해, 성균관대학교출판부, 2004, 268쪽 자수는 음기 과다로 응축하는 기운이 강하다. 음기를 통해 양기를 생성하지 못하면 계속 음기에 머물면서 재물 축적에 집착할 수 있다. 자수를 잘못 사용하면 이처럼 음기에 갇히게 되는 것이다.

"쥐구멍에도 볕 들 날이 있다"는 자수를 잘 드러내는 속담이다. 자수는 미미한 일양, 씨앗을 이제 막 만들었으니 당장 사용하기에는 너무 미약하다. 『주역』 중천건(重天乾)괘의 '잠룡물용'(潛龍勿用)처럼 잠긴 용은 아직 쓰일 때가 아니므로 기다려야 한다는 뜻이다. 예컨대 정자와 난자가 막 결합했는데 바로 사람이 될 수 없듯이 오랜 기간 기다려야 장성하여 사회에서 활동할 수 있다. 당장은 누구도 씨앗의 진가를 알 수 없는 쥐구멍의 운명! 하여 자수의 시기에는 누구도 주목하지 않는 시절을 묵묵히 보내야 한다. 그 시간을 잘 버틸 수 있다면 쥐구멍에도 볕 들 날이 오는 건 필연의 이치인 것! 쥐구멍에

볕만 들겠는가! 시간이 흐른 쥐구멍은 이제 쥐구멍이 아니다. 『회남자』에 보면 쥐가 변해서 메추라기가 된다는 표현이 나온다. 전혀 다른 존재로의 변신! 『장자』에서처럼 곤이 붕이 되는, 멋진 변신은 아니지만 음의 압력을 뚫고 다른 존재가 된다. 이것이 자연의 이치이고, 모든 변신은 자수부터 시작되고 있다!

4) 자수 캐릭터 탐구, 수보리조사

손오공에게는 삼장법사 이전, 첫 스승이 있었는데, 그가 바로 수보리조사이다. 자신이 잘나갈 때는 보통 스승을 찾지 않는 법! 손오공이 수보리를 찾았을 때도 절실한 이유가 있었다. 손오공은 원숭이계의 톱 오브 톱이었다. 손오공은 어떤 원숭이도 감히 시도할 수 없는 수렴동에 들어가서 보금자리를 만드는 능력자였다. 그러자 모든 원숭이들이 손오공에게 복종했고 그를 왕으로 추대했다. 손오공은 돌에서 태어나서 돌원숭이였으나, 갑자기 원숭이들의 추대를 받자, 멋진 원숭이라는 뜻의 '미후왕'(美猴王)이 되었다. 원숭이계의 지존이 된 손오공! 신분 상승을 한 후, 미후왕은 근심하게 된다. 지금은 무섭지 않으나 나이가 들어 혈기가 쇠약해지면 받게 될 염라대왕의 통제를 생각하게 된 것. 즉, 죽음이 두려워진 것이다. 역시 손오공은 남다르다. 가장 잘나갈 때 죽음에 대한 질문을 던질 수 있으니!

이런 모습은 붓다의 모습과 닮았다. 그는 왕실에서 왕자로 태어나 모든 복락을 다 누리는 때에 일하는 농부, 병자, 죽어가는 자, 벌레 등 고통받는 존재에 공감하면서 생로병사에 대해 질문하는 남다른 청년이었기 때문이다. 근원에 대한 질문! 이것이 자수가 우리에게 던지는 질문이기도 하다. 삶의 정점에서 지금 누리는 것들을 계속 누릴 수 없다는 자각이 들자 손오공도 무상성에 대해 질문을 던진 것이다. 자기 안의 자수가 작동한 것. 누군가는 이 마음이 도를 향한 마음이 피어난 거라고 했다. 이제 손오공은 삶과 죽음의 경계 너머를 사유하기 시작했다.

이때 누군가 염라대왕의 통제를 받지 않는 세 종류의 존재, 부처, 신선, 신성에 대해 말한다. 그들은 윤회에서 벗어나, 나지도 사라지지도 않는 존재라는 것. 손오공은 그런 존재가 있음이 너무 기뻤고, 어디로 가야 하는가에 대해 묻는다. 그러자 인류가 사는 남섬부주(南贍部洲)에 있는 오래된 동굴과 신령한 곳에만 있다고 알려 준다. 원숭이 왕 손오공은 그 말을 듣고 문제 해결을 위해 길을 떠난다. 그가 길 위에서 만난 사람들은 명예와 이익만을 추구할 뿐, 인생과 생명에 대해 생각하지 않았다. 자신이 죽는다는 사실을 잊은 채 먹고 사는 것에만 급급할 뿐이었다. 대대손손 부귀영화만 누리려 할 뿐 생사에 대한 질문을 하지 않는 사람들을 보며 손오공은 한탄한다.

포기하지 않고, 8~9년 동안 신선의 도를 배우려 스승을 찾아 헤매며 온갖 우여곡절을 겪은 끝에 드디어 손오공은 수보리조사를 만났다. 조사는 손오공에게 성은 무엇이고 어디서 생겼는가에 대해 질문한다. 손오공은 이름을 묻는 질문에 단 한 번도 생각하지 못한 존재의 근원에 대해 생각하기 시작한다. 수보리조사는 이름도 성도 없던 손오공에게 '손오공', '공을 깨치면 공을 깨닫게 된다는 뜻'의 이름을 지어 준다. 오~ 심오하다! 이런 이름을 받았으니 그는 이제 미후왕의 삶이 아닌 오공(悟空), '공을 깨달아야 하는' 삶으로 가야 한다. 스승 수보리는 자수처럼 손오공에게 일양의 숨을 불어넣은 것이다. 손오공 또한 이름을 받음으로써 전혀 다른 존재로 방향을 틀게 된다.

붓다의 제자가 얼마나 많은가. 하고 많은 제자 중에 왜 수보리가 손오공의 스승이 된 것일까. 수보리는 붓다 제자 중, 스타 중에 스타로 모범생 이미지가 물씬 풍긴다. 그런데 반전이 있다. 바로 수보리가 요즘으로 치면 '분노조절장애'를 앓았다는 사실! 일상에서 조절이 어려워 산속에 들어가 마음 다스리기를 시도했을 정도로 중증 상태였다. 그러다 기원정사가 완공되고 붓다를 만나면서 비로소 자신의 문제를 알게 되었다. 그 후에 출가하여 붓다의 제자 수보리가 된 것이다. 수보리는 '해공제일'(解空第一)로 공(空)의 이치를 깨우친 제자로 불린다. 초기 경전에는 '무쟁제일'(無爭第一)로 싸움을 하지 않는, "평화롭게 머무는 자들 가운데 으뜸"으로 불리기도 하고, "공양을 받을 만한 자들 가운데 으뜸"인 '피공제일'(被供第一)로 불리기도 한다. 그에게 이렇게 다양한 이름들이 부여된 것은 타고난 분노를 조절하지 못하는 업장을 넘어섰기 때문이다. 이것이 불교의 힘이다. 분노조절장애를 가진 수보리를 '해공제일'로 도약하게 만들다니! 붓다가 우리에게 제시한 길은 이렇게 존재를 바꾸는 힘인 것이다! 방향을 바꾸면 장애가 깨달음이 되는 기적! 자수가 음기 가득한 조건에서 일양을 시생(始生)하는 원리가 여기서도 적용된다. 음기가 쌓이고 쌓이면 양기가 생성되듯이, 자신의 번뇌와 장애가 쌓이고, 쌓이고 또 쌓이면 자기 자신에게 환멸을 느껴 그것을 분연히 떨치고 싶은 마음이 일어난다! 물론 모든 사람이 도약할 수는 없겠지만 선택은 자신에게 달려 있다. 중생이 부처라는 말이 있다. 자수의 잠재력을 탐구하는 자만이 중생의 허물을 벗고 대자유를 누리는 존재로 변신할 수 있을 것이다.

다시 수보리의 분노로 돌아오자. 어떨 때 분노가 일어날까. 나라는 아상이 클 때 일어나고, 자의식이 크면 역지사지를 못해 화가 나고, 소유욕과 집착으로 인해 원하는 대로 안 될 때 '버럭' 하게 된다. 결국 분노할 대상이 외부에 있는 게 아니라 자신의 분을 이기지 못한 게 원인이다! 그러므로 분노를 없애려면 공의 이치를 깨우쳐야 한다. 수보리는 붓다의 설법을 듣고 자신의 탐·진·치를 인식하면서 분노에서 해방되었다. 손오공이야말로 최강 분조조절장애와 자뻑의 화신이다. 이런 손오공에게는 자신의 업장을 소멸한 수보리가 맞춤형 스승일 수밖에 없다. '해공제일' 수보리가 손오공에게 '오공'이라는 이름을 붙여 준 것도 이런 이유였을 것이다. 자신이 깨달은 공을 손오공도 깨달아 그 자유를 누리기를 바라는 스승의 마음이 담긴 작명인 것.

수보리는 손오공에게 정성껏 도를 전해 준다. 『서유기』의 수보리는 붓다의 제자보다는 도가의 신선 느낌이 더 강하다. 아마도 붓다의 진리가 중국에 들어와 유·불·도 회통을 했듯이, 수보리도 불교인 듯 도교인 듯 퓨전 스승으로 등장한다. 인도를 벗어난 불교가 중국의 사상과 만나 변주된 수보리 캐릭터! 붓다 제자 수보리가 신선이 되어 도교 양생술을 전해 주는 불교와 도교의 콜라보!

수보리는 손오공에게 어떤 가르침을 주었을까. 수보리는 생명을 아끼고 수련하는 데 다른 비법은 없다면서 정·기·신을 굳게 간직하라고 당부한다. 정·기·신은 생명의 질료이다. 자시에 담 경맥이 흐르지만, 자수와 직접적으로 연결되는 장부는 신장이다. 신장은 단독으로 움직이지 않고, 심장과 교류하면서 기능한다. 이것은 기저에 음기에서 양기를 만드는 자수 원리가 작동하기 때문이다. 심장의 화, 이런 화를 동양의학에서는 몸에서 군주 역할을 한다 해서 군화(君火)라고 한다. 군화는 신장에 뿌리를 내린 화로, 혈의 형태로 전신의 기초대사를 담당한다. 한데, 군화가 흔들릴 때가 있는데 우리가 사물을 보고 마음이 동할 때이다. 즉, 사물과 사람에 대한 소유와 집착이 감정을 소모시켜 타고난 정·기·신을 보존하지 못하게 만든다. 『동의보감』에서는 양생의 어려움에 대해 다음과 같이 말한다.

"혜강(嵇康)은 '양생에는 다섯 가지 어려움이 있다. 명예와 이익을 버리지 못하는 것이 첫째 어려움이고, 기뻐하고 성내는 것을 없애지 못하는 것이 둘째 어려움이며, 음악과 여색을 버리지 못하는 것이 셋째 어려움이고, 기름진 음식을 끊지 못하는 것이 넷째 어려움이며, 정신이 허약하고 정기가 흩어지는 것이 다섯째 어려움이다. 이 다섯 가지가 가슴속에 없으면 마음이 편안해지고 말과 행동이 자연히 올바르게 된다. 좋은 일을 하려고 애쓰지 않아도 복이 오고, 오래 살기를 바라지 않아도 저절로 오래 살게 된다. 이것이 양생의 큰 원칙이다'라고 하였다." 허준, 『낭송 동의보감 내경편』, 임경아·이민정 풀어 읽음, 북드라망, 2014, 93쪽

생명의 질료, 정·기·신의 보전은 소유와 집착을 제거하는 데 있

다. 수보리조사의 가르침 또한 욕망을 제거해서 정·기·신을 보존하라는 것. 손오공은 전력을 다해 스승의 가르침을 배우고 익혔다. 그런데 그는 배운 것을 마스터하자, 초심을 잃고 자신의 능력을 자랑하지 못해 안달한다. 수보리조사는 그것을 알고 당장 이곳을 떠나라고 한다. 사람들이 그 재주를 보면 가르쳐 달라 할 것이고, 안 가르쳐 주면 재앙을 입을 테니 가르쳐 주어야 하고, 끝까지 안 가르쳐 주면 해를 입고 목숨을 보전할 수 없다는 것. 손오공이 어디로 가냐고 하자, "네가 어디서 왔더냐? 그곳으로 되돌아가면 될 게 아니냐?"면서 이 길을 떠나면 반드시 나쁜 짓을 할 테니 자신에게 배웠다는 말을 절대 하지 말라고 강조한다.

생사 문제를 해결코자 스승을 찾아 헤매던 손오공은 온데간데 없고, 72변신술을 터득하자 초심이 사라지고 자뻑의 화신이 됐으니, 수보리는 가르침을 중단할 수밖에 없었다. 그러니 떠나라고 할밖에! 수보리는 왔던 곳으로 가라고 했지만 손오공은 그 말을 알아듣지 못한다. 아마도 처음 스승을 찾았던 그 절실함, 생과 사를 넘고자 했던 그 질문에서 다시 출발하라는 뜻이었을 것이다. 수보리는 초심, 자수적인 답을 주었으나 손오공은 자기 능력에 도취된 상태였고, 원숭이들이 추대했던 수렴동 미후왕의 자리로 돌아갔다. 수보리조사의 예고대로 '목숨을 보전 못할 길'로 들어선 것이다.

스승 수보리와의 만남은 구법(求法)의 여정이 시작되기 전의 이야기이다. 12지지가 자수에서 시작되듯이, 우리가 아는 구법의 여정 앞에는 숨겨진 손오공의 존재에 대한 질문이 있었고, 그것에 방향을 제시한 스승 수보리조사가 있었다. 자수는 근원에서 시작된 일양을 의미한다. 근원 없이 물은 흘러갈 수 없는 법. 만물이 번성하려면 생명의 근원인 씨앗에서 시작하듯이, 활동을 하려면 자수에서 일양이 소생하듯, 동기 부여가 되어야 한다. 수보리조사는 손오공에게 구법의 여정을 떠나게 한, 자수 같은 스승이었다. 이 마주침이 있었기에 손오공은 본격적인 구법의 여정에 들어설 수 있었던 것이다.

축토, 어려움 속에서
비전을 향해 묵묵히 걸어가는
소의 힘

"소가 배설한 똥은 곧 흙이 되고 식물을 키우고 그 식물이 다시 소를 낳아 기르기 때문이며, 그렇기에 소에게 생명은 자연의 순환 속에 있는 것이다. 또한 그것은 소가 죽어 흙으로 돌아가는, 즉 스스로를 흙으로 돌려준다는 삶과 죽음의 순환을 의미한다. 하지만 소와 대지의 관계는 그것뿐만이 아니다. 소의 위가 대지와 같은 역할을 하고 있다. 말하자면 소의 체내에 또 하나의 대지가 있는 것이다. 소는 목초와 들풀의 생초, 건초, 볏짚 등의 식물을 섭취하는 초식성 반추동물이며 체내에 4개의 위를 가지고 있다. 그중 인간의 위에 해당되는 것은 위액을 분비하는 제4위지만, 누가 뭐래도 다 큰 소에서 위의 총 부피의 약 80퍼센트를 차지하는 제1위가 특징적이다. 루멘이라 불리는 제1위는 포유류의 소화 효소로는 소화되지 않는 식물을 셀룰로오스 분해균 등의 미생물에 의해 분해한다. (……) 흙이 모든 생물을 기르듯이, 루멘은 미생물을 살리고 그 작용에 의해 체내 영양소를 대사해 생장과 발육, 우유 성분의 합성을 가능케 한다.
이렇게 소는 풀을 고기와 우유로 변환시킨다. 약간의 영양밖에 없는 풀에서 풍부한 영양소와 에너지를 획득하는 그 시스템은 경이적이라고 할 수밖에 없다. 나한테는 그 구조가 불가사의하지만 항상 입을 우물우물 움직이고, 침을 흘리는 소에게 가까이 다가가 접촉하면서 점차 이해할 수 있게 됐다." 신나미 교스케, 『소와 흙』, 우상규 옮김, 글항아리, 2018, 304~305쪽

"'축'(丑)은 손톱을 강조해서 그린 손이다. 손가락에 잔뜩 힘을 주어 비트는 모양을 그렸다. 그래서 손으로 힘껏 끈을 잡아당기거나 맨다는 의미도 가지고 있다. 수갑이라는 뜻을 가지고 있는 것도 이와 무관하지 않을 것이다. 축은 음력 12월[丑月]에 해당한다. 과거엔 축월을 '썩은 달'이라고 불렀다. 한 해를 마무리하고 새해를 맞이하기 위한 달이라고 봤기 때문이다. 이때는 송구영신을 위한 다양한 이벤트가 벌어졌다. 집안을 청소하고 목욕을 하고 한 해 동안 길게 자란 머리를 잘라 태웠다. 재밌는 것은 빚 청산의 달로 축월을 지정했다는 것이다. 빚을 모조리 갚고 새로 시작해야 한다는 의미에서다."(류시성·손영달, 『갑자서당』, 169쪽)

1) 축의 상징과 계절

 # 축토 : 묶고 붙잡고 다지다

『오행대의』에서는 축(丑)을 "끈 뉴(紐)이고 뉴는 연결하는 것이니, 계속 싹터서 연달아 자라는 것이다. 그러므로 자에서 싹이 터서, 축에서 어금니같이 맺혀지는 것이다"라고 했다. 고대 한자어에서는 축과 조(爪)가 같이 통용되었다고 하는데, 새는 발톱으로 나무든 먹이든 무언가를 붙잡기에 축은 끈으로 붙잡아 매는 것과 연결된다. 갑자기 왜 끈이 등장한 것일까. 축의 앞에 오는 '자'(子)는 씨앗이고 뒤에 오는 '인'(寅)은 새싹을 의미한다. 이 가운데에 있는 축은 자수의 씨앗이 싹으로 나오는, 그 중간 과정을 의미하는데 그것을 끈으로 본 것이다.

『설문해자』에서는 "축(丑)은 '묶는다'는 뜻이다. 12월에 만물이 움직인다고 하였고, 손[手]의 모습을 본떴다. 만물이 땅속에서 자라고 있는 모습을 사람 손에 비유했다"고 했다. 여기서는 발톱이 아니라 '사람의 손으로 묶는다'이다. 무엇을 묶는다는 걸까. 축월은 음력 12월로 아직 새싹이 밖으로 나올 수 없는, 아니 나오면 안 되는 시기이다. 예컨대 자수가 정자와 난자의 결합이라면, 축은 어머니 뱃속에서 무럭무럭 자라나는 과정이다. 뱃속에서 자라는 생명을 우리가 볼 수는 없지만 생명은 성장하듯, 축은 무형의 성장이 이루어지는 과정을 뜻한다.

축은 현대인에게 매우 필요한 글자이다. 우리는 처음부터 결과나 보상이 주어지길 바란다. 안 보이는 영역은 대충 건너뛰고 결과만을 얻고자 한다. 하지만 축토(丑土)는 무형의 씨앗에서 시작하여 보이지 않는 과정을 밟아야 싹도 트고 꽃도 피고 열매도 맺을 수 있음을 알려 준다. 그러므로 유형이 만들어지려면 축토처럼 무형의 에너지를 쌓는 과정을 반드시 거쳐야 한다. 우리가 괴로운 것도 과정 없이 결과를 원하는 마음과 무관하지 않다. 이런 삶의 태도가 만물의 근원과 멀어지게 만들기 때문에 괴롭고 아픈 것이다. 축은 '비축한다, 쌓는다'는 의미와 통하는데, 아직 모습을 드러낼 때가 아니므로 뱃속에 고이 비축하여 묶으라는 뜻이다. 그러니까 곧바로 결과를 향해 가고 싶은 마음을 내려놓고 기본기에 충실하라는 것! 시작할 때는 보이지 않는 과정, 기본기를 탄탄히 하라는 게 축이 우리에게 주는 메시지이다.

『사기』에서는 "축(丑)은 얽어맨다는 뜻으로, 뉴(紐)란 양기가 올라오지 않아 만물이 땅속에 매여 있듯이 아직 올라오지 못한 것을 말한다"고 했다. 축은 생명의 양기가 밖으로 나가지 못하게 땅속에 붙들어 매는 것이다. 축월은 밖으로 나가기엔 너무 춥다. 소한과 대한의 절기로 추위가 기승을 부리니, 안으로 안으로 파고 드는 계절이다. 이런 축월 한파의 압박은 양기를 밖으로 나오지 못하게 하지만, 대신 안은 단단하게 다져지면서 밀도가 생긴다. 이렇게 잘 다져진 압축력은 절정에 이르면 반발력이 되는데, 이 힘으로 인월에 새싹을 스프링처럼 튀어 오르게 하는 것이다.

『한서』에서는 '축(丑)에서 얽혀 나온다'고 했는데 "자에서 싹이 트고 축에서 얽혀 나오고 인에서 끌려 나오며 묘에서 뚫고 돋아나고" 등으로 초목이 자라는 과정을 묘사한다. 『석명』에는 "축(丑)은 묶는 것이니 한기가 스스로 억누르고 잡아매는 것이다. 『역』에서 간(艮)이 되니, 간은 그치게 하는 것이니 때에 있어 아직 만물이 생하는 것을 좇지 않고 그치게 하는 것이다"라고 했다. 『주역』에서 '간'은 항상 자리를 지키는 산의 모습처럼 그친다는 의미를 가진다. 그러므로 축은 나아가기보다는 그치면서 기운을 모으는 데 주력해야 한다.

『삼례의종』에 말하기를 "시작하고 마치는 때에 있기 때문에, 매듭짓는 것으로 이름을 했다"고 했다. 축월은 양력 1월로 겨울이 끝나는 달이자 봄이 시작되는 달의 경계에 있다. 매듭을 짓는다는 것은 겨울을 매듭짓는다는 마무리의 의미도 있지만 자수에서 시작된 양기가 흩어지지 않고 잘 맺히게 붙잡으라는 의미도 있다. 이렇듯 축은 음의 세계에서 양의 세계로 나아가는 다리 역할을 하는 기운이다.

축토의 계절과 시간

축은 새벽 1시 30분~3시 30분으로 매우 어둡지만, 이 시간만 지나면 밝음이 시작된다. 하루 중 축시는 온도가 가장 낮은 시간이다. 1년 중 축월도 온도가 가장 낮은 시기로 밖은 차지만 내부는 따듯한 양기를 한껏 품고 있다. 이렇게 내부에는 양기가 충만하지만 드러낼 수가 없다. 그러므로 삶에서 축의 시기가 오면 밖의 추위를 견뎌야 하듯, 고생을 감수하는 과정을 반드시 통과해야 한다. 아직 양기를 펼칠 때가 아니므로 노력한 것에 비해 결실이 적다고 느낄 수 있다. 그러므로 이때를 통과하려면 과정을 즐기는 태도가 무엇보다 중요하다. 오히려 축의 기운을 타고난 사람은 결과와 관계없이 자신이 원하는 곳을 향해 묵묵히 걷는 걸 즐긴다. 이런 태도를 견지하려면 비전이 확실해야 한다. 겨울의 끝이라 어느 때보다 춥지만 봄이 온다는 믿음이 있기에 축토는 외적인 환경에 휘둘리지 않고 묵묵히 제 갈 길을 갈 수 있는 것이다. 그렇다. 축은 겨울과 봄을 이어주는 끈이자 사이의 글자이다. 겨울과 봄, 무형과 유형, 정신과 물질 등의 사잇길을 통과하는 힘! 이것이 축토의 힘이다.

2) 축토와 몸

축토는 겨울을 마무리하는 기운이다. 축시에 흐르는 경맥은 족궐음간경(足厥陰肝經)이다. 간은 오행상 목기에 배속되므로 인·묘·진(寅卯辰)시에 간경이 작용할 걸로 생각하기 쉽다. 하지만 간 경맥은 새벽 1시 30분~3시 30분, 축시에 흐른다. 왜 그런 걸까. 이 미스터리를 풀기 전에 간 기능부터 살펴보자. 글자 간(肝) 안에는 '방패 간(干)' 자가 있다. 전쟁 도구인 방패? 맞다. 장군이 쓰는 무기이다. 방패가 쓰인 이유는 간의 기능과 장군의 리더십이 연결되기 때문이다. 오늘날의 우리는 이런 결합이 매우 낯설지만 동양의학에서 오행은 간-목-봄-장군 등으로 계열화된다.

봄은 가만히 있으면 저절로 오는 듯하지만, 그렇지가 않다. 오죽하면 시작이 반이라는 속담이 있겠는가. 우리는 안정을 추구하다 보니 시작 자체를 어려워한다. 시작은 기존의 힘을 해체하는 일이고, 익숙한 영토를 벗어나는 일이다. 물론 즉흥적인 호기심으로 일을 벌일 수는 있지만, 쉽게 벌인 일은 마무리 짓기가 어렵다. 그러므로 끝을 맺으려면 깊은 숙고가 바탕이 된, 마음 깊은 곳에서 '변화를 촉구하는 힘'과 만나야 한다. 그 힘이 장군의 힘이고 그 힘으로 시작을 해야 마무리할 수가 있다.

간을 장군으로 비유한 게 신의 한 수인 듯하다. 우리는 보통 장군이 힘을 쓴다고 생각하지만 그렇지 않다. 전쟁은 힘으로 되지 않는다. 적을 이기려면 모든 것을 분석하고 평가해서 대책을 세워야 하는데 이것을 '지략'이라고 한다. 『사기』나 『한서』 등 역사책을 보면 젊고 힘센 장군들이 승승장구할 것 같지만 나이 든 노장들이 자신의 경험과 지혜가 녹아든 지략으로 이기는 경우가 빈번하다. 어떤 전쟁은 전투 없이 이기는 경우도 있다. 오히려 피를 많이 흘리고 이기는 건 하수들의 전쟁법이다. 그럼에도 피 흘리는 전쟁을 할 경우에 피하지 않고 정면 대결할 힘이 간에서 나온다. 힘을 쓸 때는 강한 힘으로 밀어붙이지만, 기다릴 때는 한없이 기다릴 수 있는 힘! 솔직히 기다림이야말로 고도로 집약된 힘을 필요로 한다. 이 힘이 간에서 나오고 축시에 생성된다.

간의 중요 기능은 소설(疏泄) 작용이다. 소(疏)는 '소통하다. 물길이 트인다'는 의미이고 설(泄)은 '새고 흘러넘친다'는 뜻이다. 즉, 소설이란 막힌 것을 뚫어서 통하게 하는 것이다. 간은 이런 소설 작용을 통해 몸을 움직이게 하는 기, 혈액, 진액 등이 고이거나 뭉치지 않도록 펼치는 역할을 한다. 하지만 이 기능이 원활하지 못하면 간기가 울결된다. 이때 나타나는 증상이 옆구리나 하복부가 부풀어 오르는 통증이다. 또는 짜증이나 화를 잘 내게 되는데, 소설은 막힌 것을 뚫기 위한 생리 작용인 것이다.

누구나 느끼겠지만 살면서 가장 어려운 것 중 하나가 감정 컨트롤이다. 동양의학에서 감정은 오장육부가 움직이는 일이다. 심장을 사용해야 웃을 수 있고 폐가 작동해야 슬플 수 있으며 신장이 작동해야 두려워할 수 있다. 또 오행 중 목기인 간의 기능이 원활해야 타이밍에 맞게 감정을 사용할 수가 있다. 예컨대 간에 문제가 생기면 우울증 등 특정 감정에 머물거나 역으로 조급해지고 쉽게 화를 낼 수 있다. 그러므로 감정 컨트롤이 어렵다면 오장육부 상태부터 점검해야 한다. 서양의 히포크라테스도 인간의 장부에서 나오는 체액이 감정에 영향을 미친다고 했다. 예컨대 비장에서 나오는 액이 흑담즙인데 이것이 과다하면 우울해진다는 것. 흑담즙이 오늘날까지 말해지는 멜랑콜리아이다. 그러니까 멜랑콜리하다는 것은 비장 활동의 결과인 것이다.

간은 피를 저장하고 피의 양을 조절하는데 이 기능을 간장혈(肝藏血)이라고 한다. 특히 간 경맥이 제대로 작동하려면 축시에 피를 저장해야 한다. 우리 몸은 축시에 간에 저장된 피로 인·묘·진시에 활동을 하면서 기혈, 진액의 흐름을 조절하기 때문이다. 피를 저장하는 유일한 방법은 축시에 자는 것이다. 하지만 이 쉬운 일이 현대인들에게는 매우 어려운 일이 되었다. 불면의 밤을 보내는 사람들이 얼마나 많은가. 축시에 게임을 하거나 유튜브를 보거나 밤새 쇼핑을 하거나 뜨거운 밤을 보내거나 등등…. 축시에 피를 저장하지 못하면 연료 없이 하루를 시작하는 것과 같다. 연료 없는 자동차가 덜덜거리는 것처럼 우리의 마음은 조급해지고 관계는 틀어지며 짜증이 올라오고 분노가 폭발한다.

영화를 볼 때 끔찍한 장면이 나오면 자신도 모르게 눈을 감는다. 이것은 무의식적으로 오장을 보호하려는 몸의 리스크 관리 활동이다. 스마트폰의 시대, 볼거리가 많은 시대에 우리는 간을 보호해야 한다. 디지털 시대에 첨단 문명은 감각의 극대화를 부추기고, 우리는 별 생각 없이 그 즐거움에 푹 빠져 있다. 『동의보감』의 원리에 비추어 보면 감각의 극대화는 오장육부를 과도하게 혹사시키는 일이다. 첨단 기술이 자해가 아니라 살림이 되게 하려면 축시에 간에 피를 저장해야 한다. 그러므로 우리에게 당장 필요한 생명 운동은 축시에 잠 잘 권리를 스스로에게 부여하는 운동이어야 한다.

선짓국을 먹어 봤는가? 난 얼마 전에 처음으로 먹었는데 도무지 피라고 믿을 수 없는 햄과 같은 또렷한 형태에 놀랐다. 그래도 피가 뭉친 것이니 흐물흐물할 줄 알았는데 식감이 생각보다 단단했기 때문이다. 그것을 보면서 어혈이 왜 문제가 되는가가 실감이 났다. 그렇다. 선지처럼 굳어진 어혈은 순환의 길을 막아서 기혈 순환에 장애를 일으킨다. 피가 부족하면 간기를 조절 못해 화나 짜증이 나거나 눈이 침침해져서 건조해지고 심하면 야맹증까지 생긴다. 간의 피는 근육을 자양하기 때문에 몸이 굽혀지지 않거나 마비 증세로 이어지기도 한다. 한의학에서 말하는 정신 활동 중 '혼'은 간과 연결되므로 피가 부족하면 꿈을 많이 꾸고 잘 놀라고 편안하게 잠들지 못한다. 그러니까 불면증은 간장혈이 되지 않아 생기는 병증인 것이다. 이때 생기는 또 다른 증상은 손발톱이 거칠어지고 얇아지면서 건조하고 형태가 변하거나 부스러지는 것이다.

간장혈은 일상에서도 문제를 일으킨다. 시작과 마무리 조절이 안 되는 것, 시간 약속을 놓치는 것, 아침 기상이 힘들고 몸이 무거운 것 등. 이럴 때 간 기능을 의심해야 한다. 보통 잠잘 때는 아무것도 안 한다고 생각하지만 그렇지가 않다. 간 경맥은 축시에 열심히 피를 저장한다. 잠은 생명의 능동적인 활동이다. 축월에 무형의 에너지를 쌓은 힘으로 봄을 맞이하듯 축시에 잘 자야 하루를 힘차게 시작할 수 있다. 니체가 적시에 자는 것이야말로 삶의 지혜라고 한 것도 생명 차원의 접근인 것이다. "많이 자는 것—피로하고 자신에게 싫증이 났을 경우에 원기를 회복하기 위해 무엇을 하면 좋을까? 어떤 사람은 도박장을, 어떤 사람은 기독교를, 어떤 사람은 전기요법을 권한다. 그러나 나의 친애하는 우울증 환자여, 가장 좋은 것은 문자 그대로의 의미로든 비유적 의미로든 '많이 자는 것'이다! 삶의 중요한 지혜는 어떤 의미의 잠이든 적시에 잘 줄 아는 것이다."니체, 『아침놀』, 313쪽

3) 축토와 동물

축토와 연결되는 동물은 '소'다. 소처럼 좋은 이미지를 가진 동물이 또 있을까. 우직함, 끈기, 온순하고 듬직해 보이는 동물! 소는 기원전 6천 년쯤 서남아시아와 인도에서 길러졌으며 인류의 가장 오래된 가축이다. 소는 하나도 버릴 게 없는 실속 있는 동물로, 말과는 다른 위상을 가진다. 말은 주인과 활동을 함께한다. 동서양의 영웅들은 말을 타고 자신의 위세를 드러냈다. 말은 멋있지만 유용하다는 표현은 잘 쓰지 않는다. 오화(午火)의 기운을 타고난 말은 유용성과 실속보다는 좀 더 세상에 필요한 무형의 가치를 활동을 통해 실현한다. 하지만 소는 말과 외모부터가 다르다. 미끈한 몸을 가지지 않았고 속도도 느리다. 대신 소는 자기 속도를 유지하면서 쉬지 않고 일하면서 생활에 도움을 준다.

소의 이런 점들이 축토와 연결된다. 오(午)가 밖으로 기운을 펼치는 것과는 반대로, 축은 기운을 확보하는 과정이다. 그러므로 축은 기운을 안으로 안으로 향하게 하는데 그 모습이 묵묵히 일하는 소를 연상시킨다. 소는 말처럼 내달리는 등, 기운을 밖으로 펼치지 않는다. 축의 기운을 타고난 사람은 소처럼 일정한 패턴의 삶을 즐긴다. 축은 자신을 잘 드러내지 않기 때문에 조용하지만, 남을 의식하지 않고 묵묵히 자기 할 일을 하면서 살아가는 걸 즐긴다. 축토의 저장하는 힘이 인목(寅木)을 추동하듯, 축토는 바탕이 되어 남을 생해 줄 때 기쁨을 느낀다.

니체는 소를 예찬한다. 『도덕의 계보』 서문 맨 마지막에서, 자신의 책을 잘 읽기 위해서는 '현대인'이 아니라 '소'가 되어야 한다고 말한다. 왜 소 되기를 강조했을까. 아마도 소의 특성을 염두에 두고 말했을 것이다. 소는 초식동물로 위장이 4개나 있다. 목초지에 풀어 놓으면 하루 종일 풀을 뜯고 되새김질을 한다. 하루에 70kg까지 먹을 수 있는데 그렇게 많은 양을 수용할 수 있는 것은 소의 위장이 되새김질을 할 수 있기 때문이다. 이것이 축토 기운과 통한다. 축은 봄을 맞이하기 위해 무형의 에너지를 차곡차곡 쌓는데, 이것이 소의 반추 능력과 연결된다.

니체는 소가 되새김질하듯이 오랜 시간을 두고 책을 읽어야 한다는 것, 계속 회고해야 한다고 말한다. 현대인은 질문하지 않고 주입된 가치를 비판 없이 받아들인다. 니체는 소가 되어야 하고, '반시대적'이어야 한다고 말한다. '반시대적'이라는 것은 기존의 가치를 맹목적으로 따르지 않는 비판적 자세이다. 그러기 위해서는 소가 되새김질하듯 반추하는 자세로 세상과 만나야 한다! 소가 이질적인 음식을 대충 삼키는 게 아니라 되새김질하면서 몸에 필요한 영양분을 만들어 내듯이, 기존의 가치와 정보들을 곱씹으면서 기존과 다르게 몸과 삶에 필요한 상태로 만들어서 수용하라는 것이다. 질문하지 않으면 주입된 가치를 향해 질주하느라 허덕일 수밖에 없다. 그것은 자신의 양분이 될 수 없으며 자신의 속도를 만들어 낼 수가 없다. 소의 반추하는 힘만이 자기만의 사유와 속도를 만들어 낼 수 있다.

소와 관련된 사상가로 중국에서는 노자가 대표적이다. 노자는 주나라 왕실이 쇠락했음을 알고 그곳을 떠나던 중 국경인 함곡관에 이르렀다. 그곳에 사는 영윤이 책을 써 달라고 부탁하는데, 그때 쓴 책이 『도덕경』이다. 책을 저술한 후 노자는 '푸른 소'를 타고 떠났다. 만약 노자와 소가 아니라 '노자와 말' 또는 '노자와 뱀'이었다면? 도무지 매칭이 되지 않는다. 소로 상징되는 축은 겨울 기운을 받아들여 봄의 따뜻한 기운을 돕는 셈이니, 척박하고 힘든 일을 하지만 결국 그것이 누군가를 이롭게 만드는 일이다. 노자의 소는 '소' 중에서도 목기에 해당하는 푸른 소이니 봄의 기운을 내면화한 소라 하겠다. 축월은 농한기이니 소가 쉴 수 있는 시기이다. 소가 쉰다고 아무것도 안 하는 건 아니다. 쉬는 것이야말로 기운을 저장하는 적극적인 활동이기 때문이다. 노자라면 무엇을 하기 전에 먼저 '도와 덕'을 쌓으라고 할 것이다. 축월이 바탕이 되어야 인월이 오듯이, 도와 덕이 바탕이 된 사람만이 어떤 역경에도 흔들리지 않고 자신의 비전을 향해 한 발 한 발을 내디딜 수 있는 법이니까. 노자가 푸른 소를 탄 모습을 떠올려 보자. 여유롭고 초연한 모습! 여유롭다는 건 느림만을 의미하지 않는다. 또한 초연하다는 건 세속을 등지라는 의미가 아니다. 산다는 건 속도 경쟁이 아니라 다양한 속도와 만나는 일이다. 상황에 맞게 다양한 속도와 리듬을 구사할 수 있는 능력! 이것이 푸른 소를 탄 노자의 축토 내공일 것이다.

사주에 축 글자가 있는 사람들은 저장하는 힘이 강하다. 특히 무형의 기운, 예컨대 정보 저장 능력이 탁월하다. 정보를 압축 파일처럼 만들 수 있으니 암기력이 좋고 정리·정돈이나 보관을 잘한다. 이런 잠재력을 삶의 변수에 잘 대응하도록 써야 한다. 하지만 축토 기운을 잘못 사용하면 고집쟁이가 되는 것도 한순간이다. 생각의 감옥에 갇혀 되새김질만 할 수 있다. 그래서 '소귀에 경 읽기'라든가 '황소고집'이라는 말이 있는 것이다. 그러니 무엇을 쌓는가가 자신의 운명을 결정한다. 우리는 일상에서 무엇을 쌓을 것인가. 보이지 않는 곳에서 어떤 비전을 향해 묵묵히 갈 것인가.

4) 축토 캐릭터 탐구, 우마왕

우마왕은 흰 소의 화신이다. 우마왕의 등장 배경은 이글이글 타오르는 화염산이다. 화염산은 800리에 걸친 불길이라, 사방에 풀 한 포기 자랄 수 없는 곳이다. 구리로 된 머리와 무쇠인 몸이 녹아 버릴 정도로 화력이 뻗치는 곳이다. 삼장 일행은 이곳을 어떻게 통과할 것인가! 방법은 있다. 불을 식히는 파초선(芭蕉扇)을 얻어야 한다. 파초선의 주인은 나찰녀인데, 그녀는 불의 화신 홍해아(뒤의 '사화편' 참조)의 어머니였다. 그리고 그녀의 남편은 손오공이 제천대성 시절 의형제를 맺은 우마왕이다. 가족 모두 요괴인 막강 요괴 패밀리이다. 손오공은 화염산을 우마왕이 만들었다 여겼지만 그 원인이 자신에게 있었다. 500년 전 하늘 궁전에서 소란을 피운 손오공은 뜨거운 팔괘 화로에 던져졌으나, 49일 후 살아서 나왔는데, 이때 팔괘 화로가 뒤집히면서 튀어나온 벽돌 몇 장이 지상으로 떨어져 화염산이 되었던 것이다. 그러니까 화염산을 만든 건 손오공의 업장이다. 이것이 화염산을 피해 돌아갈 수 없는 이유이고, 유일한 방법은 정면 돌파로 업장 소멸을 하는 것밖에 없다.

이글거리는 엄청난 불을 어떻게 제압할 것인가. 우마왕-나찰녀-홍해아는 가족이지만 가족을 넘어 통하는 지점이 있다. 사주명리에는 삼합(三合)의 원리가 있다. 지지의 12글자도 각각 중요하지만 12글자 중 3개씩 짝을 지어 목화금수의 큰 흐름을 이룬다. 해묘미 목, 인오술 화, 사유축 금, 신자진 수가 그것이다. 예컨대 금의 흐름은 12지지의 사-유-축을 연결한 것이다. 이렇듯, 이 3인 가족은 삼합이라는 큰 흐름을 만든다. 아들 홍해아는 사화, 나찰녀는 유금, 우마왕은 축토로 사유축 금이라는 세계를 형성하고 있다. 원래 금은 서쪽, 붓다가 계신 서방정토로 풍요로운 세상이다. 하지만 요괴 패밀리는 바람직한 가을을 만들지 못하고 여전히 욕망의 불이 이글이글 타오르는 화염산에 머무는 중이다.

우마왕의 아들 홍해아는 만물을 살리는 불이 아닌, 욕망의 불을 질렀고, 나찰녀는 그 불을 식히기 위해 파초선이라는 부채를 사용한다. 나찰녀는 쇠부채 신선, 철선 공주라 불리는데 이것이 유금과 통한다. 나찰녀의 파초선 위력은 대단하다. 부채질 한 번에 불길이 사라지고, 두번째에 바람이 일어나고, 세번째에 비가 내린다. 사람들은 그것에 따라 씨를 뿌리고 수확하기 때문에 오곡을 기르게 되는데, 이것이 유금의 위력이다. 유금의 계절이 오면 여름의 열기는 맥을 추지 못하고, 세상은 차갑게 변해 버린다. 유금으로 상징되는 파초선이 없었다면 뜨거운 화염산을 식힐 수 없어서 풀 한 포기도 자라지 못했을 것이다. 이렇듯 파초선은 뜨거움을 식혀 열매를 맺게 하는 부채지만 초조한 마음을 없애는 마음의 부채이기도 하다. 삼장법사가 뜨거운 화염산에서 "불기운은 푹푹 찌는 데다 마음까지 초조"하다면서 "온 힘을 다해 도와서 부채를 구해 와야 한다. 그래야 이 초조한 마음이 좀 진정되고 빨리 이 산을 넘어 다시 길을 떠나지"라고 말한다. 삼장 일행은 초조한 마음을 식히기 위해 파초선이 필요했던 것. 그러므로 파초선 구하기는 욕망을 제거하여 청정한 마음을 일으키기 위해 전력투구하는 활동인 것이다.

뜨거움을 차가움으로 식혀서 열매를 맺게 하는 것, 이것이 파초선의 힘이다. 이런 엄청난 힘(파초선)을 가진 나찰녀는 세상을 위한 마음을 내기는커녕 자기 욕심 채우기에 골몰한다. 그는 아들 홍해아가 관세음보살에 귀의했지만 그것을 인정하지 않고, 관음보살에게 아들을 빼겼다고 여긴다. 남편 우마왕에 대해서도 적대적이다. 남편이 돈 많은 옥면공주와 딴살림을 차려 집을 나간 것에 분기탱천했다. 손오공이 나찰녀에게 파초선을 달라고 하자, 심기 불편한 나찰녀는 손오공을 아들을 뺏은 원수로 여겨 한바탕 싸움이 붙는다. 우여곡절 끝에 손오공은 파초선을 입수했으나 화염산의 불은 꺼지기는커녕, 더 활활 타오를 뿐이다. 아뿔싸! 나찰녀에게 속아 가짜 부채를 얻은 것. 천하의 손오공도 속았다!

나찰녀에게서 파초선을 얻을 수 없자, 손오공은 우마왕에게 과거 의형제를 맺은 인연을 내세워 접근한다. 시간이 지난 지가 얼만데, 그 친분이 통하겠는가! 우마왕은 아들을 빼앗아 갔고 본처 나찰녀를 괴롭힌 손오공에게 분노한 상태였다. 이제 한판 승부를 가리는 수밖에 없다. 우마왕과 손오공의 대결! 엄청난 내공의 소유자들이라 초절정 변신 신공을 보인다. 결국 손오공은 가짜 우마왕으로 변신해 나찰녀를 속여 파초선을 손에 넣었지만, 우마왕은 가짜 저팔계로 변해 파초선을 되찾는다. 뺏고 뺏기는 과정 속에서 저팔계는 우마왕이 자신의 모습으로 변한 것에 버럭 하면서 손오공을 돕기 위해 달려들었지만 역부족이었다. 힘이 달리자 꼼수 저팔계는 화염산을 피해 딴 길로 가자고 손오공을 부추긴다. 그러자 토지신이 등장해서 딴 길은 이단의 문이라며 도피 욕망을 차단했고, 손오공과 저팔계는 다시 정면 돌파를 결심한다.

"승부를 가리고 재주를 겨뤄야 한다. 내 일흔두 가지 지살(地煞)의 변신술을 펼치리라. 서쪽으로 온 뒤로는 적수가 없었고 우마왕은 본래 마음속의 원숭이가 변한 것. 이제 마침 동류를 만났으니 결단코 끝까지 싸워 파초선을 빌리리라. 불길이 꺼져 서늘한 틈에 인연을 부정하는 완공(頑空)을 깨뜨리고 부처님을 뵈어야지. 수행이 끝나 극락세계로 승천하여 모두 함께 부처님의 잔치에 가자꾸나." 오승은, 『서유기 7』, 서울대 서유기번역연구회 옮김, 솔출판사, 2008, 35쪽

손오공은 깨닫는다. 우마왕은 외부의 적수가 아니라 자신의 마음이 만든 적임을. 지금까지 외부의 적은 제압할 수 있었지만 내부의 적은 대면한 적이 없으니 어려울 수밖에! 자신의 마음도 모른 채 밖을 향해 내달렸던 것이다. 동류? 내 안의 업장이 만든 요괴인 것! 화염산도 결국 손오공의 과거 업장의 결과이다! 그러니까 우마왕과 싸운다는 건 자신 안의 가장 깊숙하게 자리 잡은 뿌리 깊은 욕망과 싸우는 일이다. 우마왕은 왜곡된 방식으로 사유축, 금의 세계를 완성한 자이다. 그것이 '완공'(頑空)으로 표현되는데, 완공은 '진공'(眞空)에 대한 집착을 의미한다. 공? 어려운 개념이다. 마치 텅 비고 아무것도 없는 이미지가 떠오르지만 '있다와 없다'의 구분 없는 불교적 개념이다. 공은 무한의 인연과 무한대의 생명력을 나타내는 개념

으로 '진공묘유'(眞空妙有)로 표현된다. 그러니까 공은 무한 충만의 생명력 그 자체라 할 수 있다. 한데 공을 실체화하는 순간 완공으로 전락한다. 즉, 완공은 진공을 사이비로 만든다. 낡은 습관과 고착된 사고방식은 우리를 쇠사슬처럼 묶어 두기 때문에 벗어나려면 엄청난 힘이 필요하다. 우마왕은 진리 추구보다는 탐욕과 자기중심주의에 빠져 버렸고 이것은 왜곡된 축토의 성질로 드러난 것이다.

축토는 소가 되새김질하듯 꾸준히 하는 힘이다. 하여 공성(空性)을 터득하기 위해서는 축토의 태도가 무엇보다 절실하게 필요하다. 하지만 축토를 잘못 사용할 때 완고한 집착에 사로잡혀 깨기 어려운 쇠고집이 될 수도 있다. 우마왕은 이런 함정에 빠져 요괴가 된 것이다. 공 상태를 벗어나려면 엄청난 노력이 필요하다. 화염에 싸인 욕망은 연기법의 실상을 가린다. 이때 모든 관계에서 신뢰는 사라지고 승자와 패자를 가르는 권력관계만 남는다. 흔히 실패하면 문제가 될 것 같지만, 사실 성공한다 해도 문제는 해결되지 않는다. 성공한 사람들을 눈여겨보라. 무력하고 허무한 모습을 쉽게 볼 수 있다. 이런 상태는 중독된 신체를 만든다. 나를 끌어당기는 습관을 넘어서려면 엄청난 노력이 필요하다. 이것이 손오공이 벌인 내부의 적 우마왕과의 대결인 것이다. 여기서 벗어나려면 개인적인 노력만으로는 어림도 없다. 집단적, 우주적 도움이 필요하다. 손오공과 우마왕은 주도권을 놓치지 않기 위해 변신에 변신을 거듭한다. 백조 vs 장산곶매, 노란 매 vs 검은 봉새, 하얀 학 vs 붉은 봉새, 얼룩무늬 표범 vs 굶주린 호랑이, 큰 곰 vs 사자, 흰 소(드디어 우마왕의 정체가 드러난다) vs 코끼리로 이어지는 '변신 배틀'은 산이 흔들리고 천지가 들썩일 정도이다. 상황이 만만치 않자 부처님과 불법을 지키는 사천왕부터 온갖 신들이 총출동해 손오공을 돕는다. 천지가 돕는 이유는 손오공이 이타적 존재가 되었기 때문이다. 모두의 도움으로 결국 손오공의 불법을 향한 믿음과 용기가 승리를 거두었다. 그는 우마왕에게 파초선을 얻어 화염산의 불꽃을 끄는 데 성공했다. "이때 삼장법사는 초조함이 사라져 마음이 고요하고 편안해졌으며, 네 일행은 불도에 귀의"하게 되었다. 즉, 욕망의 불꽃이 완전히 소멸된 것이다. 축토의 지장간(支藏干, 지지 안에 들어 있는 천간)에는 신금과 계수가 들어 있다. 왜곡된 마법이 풀렸음은 축토 우마왕이 내면의 계수를 사용하여 욕망의 불을 끄고 물과 불의 조화를 이루었음을 의미한다. 수승화강(水升火降)! 물은 올라가고 불은 내려가는 양생의 원리가 작동한 것이다.

"하루 스물네 시간 한시도 잊지 않았지. 수행의 공은 한시도 빠짐없이 쌓아야 완전히 이를 수 있음을. 5년 동안 십만 팔천 번을 돌고 돌아 몸에 간직한 신수(神水)를 마르게 하지 말고 몸에 지닌 열기가 근심을 피워 내지 말도록 하라. 물과 불이 조화를 이루어 모자란 곳이 없어지면 오행이 갈고리처럼 서로 이어지네. 음양이 화합하면 구름 누대로 올라가니 난새 타고 신선이 사는 자부에 올라 학 타고 신선의 땅 영주로 가네." 오승은, 『서유기 7』, 56쪽

그렇다. 수승화강의 순환은 하루 24시간 동안 탐·진·치를 내려놓을 때 가능하다. 욕망의 불을 끄는 훈련을 한시도 놓치지 않고 쌓아야 한다. 이것이 축토의 힘이다. 겨울 축토, 무형의 기운이 쌓이고 쌓여야 새싹을 틔워내듯이. 삼장 일행은 구도의 여정 속에서 자기 비움을 통해 수승화강의 순환을 만들었다. "순음의 보배로운 부채를

빌려 화염산의 타오르는 불길을 끄고 산을 넘은 일행은 '하루가 채 안 되어 팔백 리' 길을 갔"을 정도로 그들은 완전히 다른 신체가 되었다. 변화한 건 삼장 일행만이 아니다. 우마왕과 나찰녀 모두 원래 수행을 한 자들이라, 이 사건을 계기로 수행의 길로 다시 들어섰다. 잠시 삿된 길로 갔지만 다시 정도를 걷게 된 것은 그들이 축토의 내공을 지녔기 때문이다.

'우보천리'(牛步千里), 소의 걸음으로 천 리를 간다는 말이다. 급하다고 서두르면 일은 더 엉망진창이 된다. 급할수록 소의 걸음이 필요하다. 부처님의 왕자 시절 이름은 '고타마 싯다르타'인데, 성(姓)에 해당하는 고타마가 '거룩한 소'라는 뜻이다. 붓다는 축토의 리듬을 몸에 새긴 자가 아닐까. 절에 가면 「심우도」(尋牛圖)라는 그림이 있다. 불교 선종에서, 본성을 깨달아 가는 과정을 소를 찾는 것에 비유하여 그린 것이다. 구도의 여정에는 늘 소가 등장한다. 번뇌를 보리로 바꾸려면 축토의 스텝을 배워야 한다. 차가운 겨울이지만 묵묵히 봄을 향해 나아가는 소의 걸음을 배우지 못한다면, 자신의 본성을 모른 채 남의 욕망만을 탐하다, 화염산 불 속에서 삶을 몽땅 태울 수도 있다. 손오공의 내면의 적, 우마왕이 그러했듯이! 이제 축토의 리듬으로 자신과의 대화를 시작할 때이다.

인목, 묵은 것을 떨치고 만물을 살리는 솟구침, 호랑이의 힘

"옛날에 공우애(公牛哀)라는 사나이가 역병에 걸렸는데, 7일 만에 호랑이로 변하였다. 그의 형이 문에 숨어서 이 광경을 엿보다가 그만 호랑이에게 잡혀 죽었다. 외모가 짐승으로 바뀌면 발톱과 어금니도 짐승의 것으로 변하는 것이니, 뜻은 마음의 변화에 따라 바뀌고 정신은 형체의 변화에 따라 바뀌는 것이다. 호랑이가 되었을 때는 자신이 본래 사람이라는 사실을 알지 못하고, 사람이 되었을 때는 자신이 호랑이였다는 사실을 알지 못한다. 이 두 가지는 서로 바뀌어 가면서 변화해, 변화된 상태에서 각자 자신의 모양을 즐기는 것이다."유안, 「숙진」, 『회남자 1』, 이석명 옮김, 소명출판, 2013, 117쪽

"'인'(寅)은 '화살 시'(矢)에서 만들어진 글자다. 화살과 그것을 팽팽히 당기고 있는 두 손의 모양을 그렸다. '잡아당기다, 잡아 펴다'라는 뜻도 여기서 유래했다. 인은 호랑이[虎]를 뜻하는 글자다. 호랑이는 풀 속에 잠복하고 있다가 불쑥 튀어 나가 먹이를 덮치는 동물이다. 절기로 입춘(立春)과 우수(雨水)에 해당하는 인월(寅月)에도 이와 비슷한 광경이 펼쳐진다. 입춘엔 동풍이 불어서 언 땅이 녹고 우수에는 초목의 싹이 트면서 봄이 시작된다. 이때 생명의 씨앗은 땅속에 숨어 있다가 불쑥 땅 위로 올라온다."(류시성·손영달, 『갑자서당』, 171쪽)

1) 인목의 상징과 계절

 # 인목 : 이끌며 뚫고 나오다

『오행대의』에서 "인(寅)은 옮기는 것이며 또한 이끄는 것이다. 물건의 싹이 점차 몸 밖으로 토해져서, 이끌리고 펴져 땅으로 옮겨 나오는 것이다"라고 했다. 인은 땅속의 씨앗이 발아한 모습이다. 겨우내 숨죽이고 있던 씨앗이 땅을 뚫고 움직였다. 겨울 추위가 서서히 물러가고 대기가 가열되는 초봄이 되면, 씨앗 속에 숨어 있던 싹의 잠재력이 밖으로 이끌려서 나온다. 예컨대 아기의 탄생이 그렇다. 엄마 뱃속에서 열 달 동안 있다가 산달이 되면 밖으로 나오지 않는가. 이처럼 잠재된 에너지가 어느 임계점에 다다랐을 때 형태를 드러내는 드라마틱함! 이것이 인목의 힘이다.

『회남자』에서는 "인(寅)은 지렁이가 살아서 움직이는 것이다"라고 했고, 『사기』에는 "인(寅)은 만물이 꿈틀꿈틀 일어나기 시작하는 것"이라고 했다. 만물이 겨울잠을 충분히 자고 나와 기지개를 펴듯, 움추린 기운을 밖으로 펼쳐 낸다. 이런 힘을 지렁이의 꿈틀거림으로 표현했다. 이 깨알 같은 표현에서 작고 어두운 곳까지 생명과 공명하는 선현들의 마음이 느껴진다.

『한서』에서는 "당겨 나오고"라고 했고, 『설문해자』에서 인(寅)은 "종지뼈를 뜻한다. 정월에 양기가 동하면 황천에서 벗어나 위로 나오고자 하나 음기가 아직 강하다. 지붕(宀)에는 도달하지 못하나 종지뼈 아래에서 강하게 나아가는 것을 본뜬 것"이라고 했다. 종지뼈는 '무릎 한가운데 있는 작은 종지 모양의 오목한 뼈'이다. 종지뼈라 한 것은 아직 양기가 충만하지 않다는 뜻이다. 이제 겨울을 막 벗어났기 때문에 아직은 음의 압력에서 자유롭지 못하다. 땅에서 벗어났다 해도 양기가 활개 칠 정도는 아니다. 음기와 양기가 반반 있는 상태를 몸에서 종지뼈로 표현하고 있다. 양기가 완전히 충전되어야 형상을 갖추게 되므로, 양기의 입장에서 보면 덜 충전된 상태이다. 그러나 음기 입장에서 보면 앞으로 어떤 형상도 될 수 있으니 무한한 가능성이 열린 셈이다.

갓 태어난 아이를 보자. 아이는 겉보기에는 성인의 축소판 같지만 전혀 다른 존재이다. 아이는 굳지 않은 지층과 같아서 어떤 존재도 될 수 있다. 노자 『도덕경』에는 "아이는 종일 울어도 목이 쉬지 아니하니 기가 잘 조화되어 있기 때문이다"라고 했는데 아무리 울어도 목이 쉬지 않는다는 것은 종지뼈에 머문 상태, 아직 채굴되지 않은 연료가 이제 막 사용됐음을 뜻한다. 실제로도 그렇다. 어른은 조금만 말을 많이 해도 목이 금방 쉰다. 그것은 양기가 완전히 상체로 올라왔기 때문이다. 목이 쉬었다는 것은 형체가 완성되어 변형될 가능성이 그만큼 줄어들었음을 의미한다. 그러므로 종지뼈 아래에 머문다는 것은 우주적 정기를 머금은 유연한 신체, 생기 넘치는 생명 에너지를 막 분출한 신체를 인증한 것이다. 이렇듯 인은 잠재된 에너지를 밖으로 갓 표출한, 무한한 가능성 그 자체이다.

 # 인목의 계절과 시간

인(寅)은 새벽 3시 30분~5시 30분으로 어두웠던 밤에서 여명으로 전환되는 시간이다. 도무지 바뀔 것 같지 않은, 칠흑같이 어두운 밤이지만 동쪽에서 태양이 뜨면 밤이 아무리 버티려 해도 소용이 없다. 시간의 힘에 의해 밤은 물러가고 낮이 시작되기 때문이다. 인월은 생명 에너지가 태동하는 시기로 절기력에서는 입춘과 우수에 해당한다. 봄의 시작이지만, 겨울을 막 지났기 때문에 여전히 밖은 차갑다. 인목은 무토, 병화, 갑목으로 구성되어 있다. 이것을 인의 지장간이라고 한다. 천간에서 병화는 초여름을 의미했다. 여름 병화가 왜 봄을 상징하는 인목 속에 있는 걸까? 무토가 태양(병화)을 필요로 하기 때문이다. 병화의 따듯함이 무토를 데워야 생명은 태동되고 성장할 수 있다. 즉, 무토는 따듯한 태양(병화) 기운을 적극 받아들여 새싹(갑목)을 솟아오르게 한다. 본격적인 여름은 사월(巳月), 오월(午月)이지만 그전 인월부터 병화는 여름 준비를 시작하고 있다.

 # 인목의 기운

인월은 봄의 시작이지만 새싹이 스프링처럼 솟구치려면 내리누르는 압력이 필요한데, 그 역할을 꽃샘추위가 한다. 인은 청년기와 통한다. 청년은 늘 기존의 질서와 가치가 답답할 수밖에 없다. 그러므로 기존 질서에 순응하지 않고 과감하게 저항한다. 새롭게 뚫고 올라오는 새싹의 힘이 인의 기운이다. 그런데 요즘 청년들은 기성세대의 욕망을 답습하거나 물질적 욕망에 매여 있는 경우가 많은 듯하다. 인목의 힘을 사용하지 않는 것이다. 왜 그럴까. 꽃샘추위와 같은 압력이 없어서일까? 아니면 저항해야 할 조건을 외면하고 있는 걸까?

개그맨이자 배우가 된 김신영은 연기 천재로 평가받는다. 나도 인터뷰를 보지 않았다면 그녀를 그렇게만 생각했을 것이다. 그녀는 아버지 사업 실패로 이사만 60번을 하는 등 파란만장한 유년기를 보냈다. 과거에는 아버지가 너무 원망스러웠지만 이제 자신이 겪은 모든 조건들이 '자양분'처럼 느껴진다고 그녀는 담담하게 말한다. "이제 전 환경 탓을 하지 않아요. 전 이제 '환경 덕분에'라고 말해요." 자신이 겪은 남다른 어려움의 조건을 뚫고 나가고자 하는 힘이 처해진 환경을 다르게 해석하게 했고, 그녀를 연기 천재로 만들었을 것이다. 그녀의 불운한 조건은 꽃샘추위였고 그녀는 그때마다 인목의 힘을 발휘했으며, 그 결과가 연기로 표현된 것이라고, 나는 생각한다. 내가 더 인상적이었던 것은 김신영이 '그럼에도 불구하고 꾹 참고 정상에 설 수 있었어요'라는 식의 성공 신화적 인터뷰를 하지 않은 점이었다. 그녀는 노는 것보다 웃기는 게 좋았는데, 힘들 때 누군가를 웃기면 친구들이 좋아해서 그것이 행복했다는 것이다. 참 선한 마음이다. 이것이 인목의 힘이 아닐까! 웃기 힘든 환경, 결핍과 갈망과 외로움 속에 있었지만 누군가를 행복하게 해주고 싶었다는 그녀의 속 깊은 멘트가 잊혀지지 않는다.

인목의 솟구침은, 남 보란 듯 최고가 되고 싶은 욕망이 아니라 '생명을 살리는 솟구침'이다. 묵은 것을 떨치고 모든 것을 살리는 비전! 이것이 청년의 비전이고 인목의 힘이다. 누구보다 인의 기운을 가장 잘 사용한 사람은 누구일까. 단연 붓다, 예수, 공자 등 인류의 영적 멘토들이다. 기존의 가치를 깨고 나도 살고 너도 사는 길, 이기심을 넘어 이타적인 삶, 모두가 사는 길을 우리에게 제시했기 때문이다. 우리도 인의 힘을 잘 사용하려면 묵은 것, 낡은 것을 뚫고 솟구쳐야 한다. 한 번도 겪어 보지 못한 디지털 시대에 우리는 길을 잃어버렸다. 이때야말로 영적 스승들을 멘토 삼아 솟구쳐야 하지 않을까. 그래야 전대미문의 디지털 시대에, 만물이 소생하듯 모두가 사는 길이 열리지 않을까.

2) 인목과 몸

인목은 초봄의 기운이다. 초봄에 배속된 장부는 간담이다. 한데 인시에 간담이 아닌 폐 경맥이 활성화된다. 폐는 대장과 함께 금기에 배속된 장부다. 폐는 금에 해당하는 장부라 오후에 작용할 것 같지만, 예상을 깨고 인시에 활성화된다. 폐는 왜 새벽부터 활성화되는 걸까? 우선 피의 흐름부터 짚어 보자. 심장은 피를 온몸에 사방팔방으로 보낸다. 피가 온몸을 돌고 오면 탁해지는데 폐가 이것을 갈무리한다. 양의학적으로 보면, 심장에서 뿌려진 피가 정맥을 통해 돌아오는데 우심방까지 오면 이미 더러워져서 폐의 도움을 받아야 한다. 폐에는 미세한 공기 주머니, 포도송이처럼 생긴 폐포가 있다. 폐포에는 모세혈관이 있는데 그 혈관을 통해 이산화탄소와 산소의 교환이 이루어진다. 『동의보감』은 이런 교환을 많은 물건과 사람이 오고 가는 시장으로 비유한다. 또한 '폐조백맥'(肺朝百脈)이라 하여 "폐에는 모든 경맥과 혈맥이 모인다"고 했는데 청기(淸氣)와 탁기(濁氣)가 교환을 위해 모였다고 본 것이다.

피가 폐를 통과한다고 해서 탁한 피가 청한 피로 무조건 교체되는 건 아니다. 하루가 시작되는 인시, 모든 것을 살리는 그 시간의 힘이 작용해야 피가 질적으로 전환된다. 폐는 인시(새벽 3시 30분~5시 30분)에 산소를 공급받은 후, 탁기를 청기로 변화시켜 아래로 내려보낸다. 폐는 오행에서 금에 해당한다. 그러니까 가을에 열매를 맺으려면 봄부터 씨앗을 뿌려야 하고 하루를 잘 보내려면 인시부터 공을 들여야 한다. 인은 봄을 시작하는 힘이다. 인시의 생성하는 힘으로 산소를 받아들여야 이산화탄소를 과감하게 배출할 수 있다. 이렇듯 폐에서 기운 교체가 원활하게 일어나야 호흡이 깊어지고 그 힘으로 왕성한 활동이 가능한 것이다.

인목은 초봄이고, 새로운 기운이다. 인목에 의해 폐에서 정화된 기는 다시 심장으로 들어가 전신을 돈다. 심장과 폐는 일생 동안 쉬지 않고 일하는 장부이다. 그러므로 강한 생명력은 강한 심폐 기능에서 나온다 해도 과언이 아니다.

폐 경맥은 인시에, 심장 경맥은 오시에 활성화된다. 인시에 폐 경락은 화기를 만들기 시작하여 오시에 그 배턴을 심장에게 넘긴다. 심장은 인목의 배턴을 잘 넘겨받아야 오시에 자신의 능력을 충분히 발휘할 수 있다. 마치 오케스트라의 연주를 보는 것과 같다. 악기와 악기가 서로 조화를 이루며 연주되듯, 각자 소리의 강약을 조절하거나 기다리면서 악기 그 자체만으로는 불가능한 화음이 펼쳐진다. 우리 몸이 그렇다. 각기 다른 기관들의 협연장이다. 우리 몸에서 필요한 기와 혈은 특히 폐와 심장의 협연을 통해 음악이 온 세상에 울려 퍼지듯, 기혈을 온몸 구석구석 산포시킨다. 만약 악기들이 서로 호흡을 맞추지 못해 삐걱거린다면 연주는 엉망이 될 것이고, 그 소음에 귀를 막아야 할 것이다. 마찬가지로 폐 기능에 문제가 생기면 피의 순환뿐 아니라 진액이 흐르지 못하고 고이게 되는데, 이것을 담음(痰飮)이라 한다. 내 몸에서 담음이란 물길이 막힌 것으로 피부와 털이 거칠어지고 푸석푸석해지는 결과로 나타난다. 이 사태를 막으려면 인시에 폐 경맥의 흐름을 잘 만들어야 한다. 즉, 폐가 다른 장부와 호흡을 잘 맞추도록 해야 하는 것이다.

폐는 호흡을 주관한다. 폐는 코–후각과 연결된다. 폐기에 문제가 생기면 냄새를 맡지 못하거나 목이 쉬고 목소리가 나오지 않는 등 인후병에 노출되기 쉽다. 폐 경맥의 작용은 우리 삶에서도 그 원리가 그대로 적용된다. 폐가 산소를 받아들여 노쇠한 피를 신선한 피로 교체하듯, 삶에서도 새로운 피를 생성하듯 살아야 한다. 하지만 폐기가 약하면 삶에서도 창조력이 생기지 않는다. 현대인의 삶이 딱 그렇다. 습관적으로 살거나 안정을 추구하거나! 이런 삶의 태도는 폐의 건강성을 점점 떨어트릴 뿐이다.

종교를 불문하고 수행자들의 수행 시간은 대부분 인시이다. 수행의 핵심은 무엇일까. 집착에서 벗어나는 일이다. 돈, 스펙, 관계 등등 소유하고 싶은 것들이 얼마나 많은가. 호흡은 공기의 들고 나는 몸의 활동이다. 호흡만 관찰해도 내가 세상과 연결된 존재라는 걸 단박에 알 수가 있다. '호'(呼)는 내쉰다는 뜻이고 '흡'(吸)은 들이쉰다는 뜻이다. 묵은 것을 과감하게 버리고 새로운 것을 받아들이는 인목의 폐기가 몸에서 제대로 작용할 때, 나와 세상이 연결된 삶이 펼쳐지지 않을까. 이기적인 신체에서 벗어나 이타적인 존재로의 변신! 소유가 나를 살게 하는 게 아니라, 허공이 나를 호흡하게 한다는 이치를 자각할 때, 폐의 기능은 활성화되고, 깊은 호흡이 가능해질 것이다.

3) 인목과 동물

곰과 호랑이! 단군 신화에서 인간 되기를 시도한 영적인 동물들이다. 하늘신의 아들 환웅은 곰과 호랑이에게 마늘과 쑥만 먹으며 100일 동안 버티기 미션을 부여했다. 호랑이는 견디지 못했고 곰은 100일을 견뎌 환웅과 결혼하여 단군을 낳았다. 하늘 환웅과 땅 곰의 결합. 아버지는 하늘이고, 어머니는 곰으로 대표되는 땅의 동물! 이 결합으로 인해 인간은 하늘과 동물 사이의 존재로 태어났다. 하여, 단군 신화는 천지가 결합하여 낳은 하이브리드적인 존재가 인간임을 알려 주는 선현들의 스토리텔링이다. 우리는 곰의 후예가 되었기 때문에 호랑이는 의지가 약해서 인간 되기를 포기했다고 쉽게 생각한다. 하지만 호랑이 생태에 대해 알게 되면 호랑이 입장에서 재구성도 가능해진다. 호랑이는 타고난 기질상 지구력보다는 순발력이 강한 동물이다. 만약 환웅의 테스트가 순발력이었다면 호랑이가 위너가 될 수도 있었다. 그렇다면 호랑이가 인간이 되겠다는 도전정신과 자기 변형 의지가 곰보다 약했다고 말하긴 어려울 것이다. 그러니 이 게임에서 승패를 가리기보다는 호랑이와 곰 모두 인간 되기에 도전했고, 모두 인간과 교감 가능한, 영적인 동물이라는 점에 주목할 필요가 있다.

후백제를 세운 견훤 신화에도 호랑이가 등장한다. 그의 아버지는 밭을 갈았고 어머니는 밥을 하기 위해 아이를 나무 아래 두었더니 호랑이가 와서 젖을 먹였다고 한다. 견훤은 호랑이가 젖을 먹일 정도로 호랑이 기세를 타고난 인물이었다. 우리나라 신화, 전설, 민담에는 호랑이가 유독 많이 등장한다. 그 이유는 무엇일까? 실제로도 우리나라에 호랑이가 많이 서식했다. 우리나라는 지리상 동방 목기의 땅이다. 태양이 가장 먼저 뜨는 곳이기에 인목의 기질이 가장 잘 발휘되는 시공간이다. 우리나라가 전 세계 기업들이 가장 먼저 상품을 검증하는 테스트 마켓이 되는 것도 우리에게 부여된, 동방 목기의 땅이기 때문이다. 새로운 것에 대한 반응도 빠르고, 호기심 많고, 아이디어도 좋고 등등.

그런데 왜 인목의 특징이 호랑이와 연결된 것일까? 호랑이의 생태를 보면 인목 성향과 매우 닮아 있다. 호랑이는 사자처럼 대낮에 활보하는 동물이 아니다. 주 활동 시간대가 해질 무렵부터 새벽으로 야행성이다. 이것은 깜깜한 밤을 지나 여명이 시작되는 새벽 3시 30분~5시 30분의 시간대와 연결된다. 어두울 때 사냥하는 호랑이는 다른 동물과 달리 특별한 눈을 가졌다. 호랑이의 두 눈은 코를 중심으로 위치하는데, 가깝게 붙은 두 눈은 시야가 좁아서 사냥할 때 표적물의 거리 측정이 정확하다. 인목이 겨울 땅을 뚫고 위로 솟구치기 위해 집중하는 힘과 연결된다. 호랑이의 눈은 색깔을 구별하는 원추세포가 없다. 대신 명암을 구분하는 간상세포가 많아 희미한 빛만 있어도 물체를 잘 판별할 수가 있다. 인시는 새벽이지만 음의 압력에 갇힌 어둠의 세계이다. 그 컴컴한 어둠을 뚫고 새벽을 여는 인의 힘과 민감한 빛을 감지하며 새벽을 가로지르는 호랑이는 많이 닮아 있다.

호랑이가 인목 기운과 닮은 점은 이것만이 아니다. 가을에는 열매와 함께 많은 씨앗들이 만들어진다. 이 씨앗이 모두 봄에 새싹으로 발아하는 것은 아니다. 인의 힘을 발휘한 씨앗만이 땅을 뚫을 수 있다. 이것도 호랑이와 비슷하다. 호랑이는 용맹하여 마음만 먹으면 모든 사냥에 성공할 것 같지만 호랑이의 사냥 성공률은 20%이다. 이것은 호랑이가 무능력해서가 아니다. 호랑이는 멀리뛰기를 4~5미터 할 수 있고, 위로 2미터를 뛸 수 있으며, 10미터 절벽을 뛰어내릴 수 있는 탁월한 능력을 가졌다. 문제는 지구력이 약하다는 점. 한 번에 300미터를 단숨에 달릴 수는 있어도 오래 달리기는 불가능하다. 해서 호랑이는 단숨에 승부를 보지 않으면 사냥감을 놓칠 수밖에 없는 운명을 타고났다. 대신 한번 잡은 사냥감을 절대 놓치지 않는다. 조금의 여지도 없이 숨통을 눌러 신속 정확하게 죽인 후 확인 사살까지 하는 호랑이의 기세는 정말 재빠르다!

호랑이는 사냥을 화끈하게 하지만 굶는 것도 화끈하다. 10일 정도 굶는 건 일도 아니다. 그러다 사냥에 성공하면 20~30kg을 한번에 먹어 치운다. 호랑이의 집중력은 속을 비우는, 굶는 힘에서 나온다고 생각될 정도다. 또 밤과 새벽을 가르며 활동하는 모습은 마치 붓다가 대자유의 길을 찾아 자신의 몸과 마음을 고통으로 밀어붙였던 고행을 연상케 한다. 물론 붓다는 고행 실험을 통해 현악기의 줄을 너무 팽팽하게 당겼음을 자각하면서 중도의 길, 새로운 길을 모색했고, 그러던 중 어릴 때 잠부나무 그늘 아래에서 명상에 들어 호흡 관찰을 하며 선정에 들었던 기억과 조우한다. 자아가 사라지면서 환희를 느꼈던 일치의 그 순간! 그 경험이 단서가 되어 붓다는 대자유의 길을 열 수 있었다. 이렇게 붓다의 길은 호흡과 함께 열리는데, 그 지점이 인목과 통한다. 앞서 말했듯 인시에 호흡을 주관하는 폐경맥이 흐르기 때문이다. 그리고 또 왜 나무 아래에서 깨달았을까. 돌도 있고, 물도 있으며, 안락한 집에서도 깨달을 수 있는데 말이다. 나무는 살리는 기운, 그 자체이다. 그러므로 인목은 나무－호랑이－수행자－호흡－폐－12세의 붓다로 계열화된다. 그냥 봐서는 이질적으로 보이지만 '인목'을 통과하는 순간, 하나로 꿰어지는 매직이 일어난다. 이것이 음양오행의 변주인 지지의 힘이다.

자월과 축월을 지나 인월이 되면 만물은 약동하기 시작한다. 인월은 초봄으로 겨울에 내린 눈이 완전히 녹지 않았다. 하지만 호랑이는 추위와 어둠에도 아랑곳하지 않고 사냥감을 찾아 밖으로 나온다. 어떤 동물보다 하루를 먼저 시작하는 호랑이. 추위와 밤을 찢는 역동적인 기운, 호랑이와 교감하려면 인간중심주의에서 벗어나야 한다. 내 안에 꿈틀거리는 호랑이의 힘을 느낄 때, 12세의 고타마 싯다르타가 호흡을 통해 경험한 지복의 문이 우리에게도 열릴 것이다.

4) 인목 캐릭터 탐구, 관세음보살

삼장 일행은 붓다의 중생 구제 비전을 실현코자 서역으로 떠났고, 결국 그 미션을 완수했다. 하지만 그들만의 힘으로 가능했을까? 전혀 아니다. 어디선가 누군가에 무슨 일이 생기면 문제를 해결해 주는 구원 투수이자 서포터즈가 있었으니, 그 이름도 고매한 '관세음보살'이시다.

관세음보살은 누구인가. 세상에서 고통받는 존재의 소리를 들으면 붓다의 지혜로 중생 제도를 기쁨으로 삼는 존재이다. 그는 이미 깨달았지만 괴로운 자들의 소리를 듣고 세상의 모든 고통이 사라질 때까지 세상에 남아 중생 구제를 발원했다! 그러므로 누구나 간절한 마음으로 기도하면 관세음보살은 수호천사가 되어 등장해 주신다. 이런 관세음보살의 사랑은 인목을 연상시킨다. 음의 압력에 갇혀 도무지 빠져나올 수 없을 것 같을 때, 인목은 양기의 힘으로 전혀 다른 국면을 선사하기 때문이다. 초봄이 오면 겨우내 죽었던 세상이 언제 그랬냐는 듯 살아 있는 세상으로 탈바꿈하듯이.

『서유기』에서 삼장 일행의 구도 여정의 총감독은 붓다이다. 붓다는 사대부주 중 남섬부주의 사람들이 음란함을 탐하고 재앙과 살인과 싸움을 즐기는 것을 보고, 선한 사람을 찾아 경전 가져오기 프로젝트를 기획한다. 붓다는 관음보살에게 금란가사와 구환석장과 긴고아를 주며 경전을 가지고 올 사람에게 주라고 전한다. 금란가사는 윤회에 떨어지지 않도록 보호하며 석장은 해독을 만나지 않는 보호막 역할을 한다면서. 이런 물건을 준 것은 그만큼 서역으로 가는 길이 험하기 때문이다. 그러므로 물건에는 무사히 구법의 여정을 잘 통과하기를 바라는 붓다의 마음이 녹아 있다. 관세음보살은 붓다의 뜻대로 경전을 가지고 올 사람을 찾았고, 삼장과 그 일행이 미션 수행자로 낙점되었다.

삼장 일행은 길을 떠나 서우화주(西牛貨洲) 만수산 오장관에 도착했다. 이곳에는 도가의 지존 진원대선(鎭元大仙)이 살고 있을 뿐 아니라 인삼과라 불리는 신령한 나무도 있었다. 이 신령스러운 곳에서 손오공은 저팔계 꼬임에 넘어가 인삼과를 몰래 따서 나누어 먹었다. 그 사실이 들통이 나자 인삼과를 관리하던 동자들은 삼장 일행을 비난했고, 화가 난 손오공은 자신의 잘못을 돌아보기는커녕 오히려 인삼과 나무를 뿌리째 뽑아 버렸다. 돌아온 진원대선은 삼장을 인질로 잡아 인삼과를 살려내라고 버럭 한다. 손오공은 스승을 살리기 위해, 인삼과 소생법을 찾아 백방으로 헤맸지만 찾을 수가 없었다. 그는 막다른 골목에서 관세음보살에게 도움을 청한다. 그러자 관세음보살은 왜 처음부터 자신을 찾지 않았냐고 나무라며, 신선 나무의 싹을 살리는 감로수가 담긴 정병을 내어 준다. 그럼에도 손오공은 관세음보살의 말을 믿지 않고 정말 고칠 수 있을지 의심한다. 손오공의 태도는 우리가 공부할 때 보이는 태도와 비슷하다. 우리도 영적 멘토의 경전이나 고전을 읽지만 그것을 삶에 적용하지는 않는다. 말은 좋은데, 당장은 눈앞에 보이는 것들이 나에게 더 유익해 보이기 때문이다. 예컨대 아직은 공부할 때가 아니라거나, 경제적 여유가 생긴 다음에 한다거나 등등 계속 미루는데, 이 기저에는 손오공처럼 의심이 깔려 있다.

관세음보살은 손오공의 계속된 의심에 집어치우라고 할 것 같은데 끝까지 설득하면서 기다리신다. 과거 태상노군이 자신의 버드나무 가지를 가져가 단약 제조 화로에 넣어 말려 버렸는데 그것을 자신의 정병에 꽂았더니 싹이 났다는 등의 임상 사례까지 들면서. 뜨거운 화로에서 죽은 것도 살렸는데 뿌리 뽑힌 나무는 얼마든지 소생 가능하다며 믿음까지 불어넣어 주신다.

이뿐만이 아니다. 관세음보살은 자신이 보호하는 삼장 일행이 일으킨 문제 해결을 위해 직접 가서 진원대선에게 사과까지 한다. 그리고 본격적으로 인삼과 살리기에 돌입한다. 이 과정은 매우 감동적이다. 관세음보살은 인삼과를 죽인 손오공에게 손을 내밀라고 한다. 이 기회에 인삼과를 죽인 손오공의 마음을 선한 마음으로 바꾸기 위해서이다. 신금 기운을 타고난 손오공은 가을에 모든 초목들이 떨어지듯 죽이기의 달인이었다. 금기가 아무리 숙살지기라 해도 궁극의 목적은 살리기 위한 죽임이다. 아직 그 이치를 모르는 손오공에게 관세음보살은 살리는 마음을 일으키게 만든 것이다. 손오공이 왼손을 내밀자 관세음보살은 정병 속 감로수에 버들가지를 거꾸로 집어넣었다가 빼어 들고 손오공의 손바닥에 기사회생의 부적을 그리더니, 손오공으로 하여금 그 손을 나무뿌리 아래에 대가 나올 때까지 지켜보게 했다. 손오공이 주먹을 쥐고 그 나무뿌리 아래를 문지르자, 순식간에 맑은 물이 샘솟아 오른다. 손오공이 해낸 것이다. 살리는 마음을 낸 것이다. 이제 손오공은 인삼과를 죽인 자가 아니라 살리는 자가 되었다.

관세음보살은 불에 타 버린 것도 살려낸다. 손오공은 관세음보살의 도움으로 살리는 신체가 되었다. 겨울은 죽음의 시간이다. 하지만 인월이 오면 언제 그랬냐는 듯, 갑자기 생명이 소생한다. 아무리 겨울이 혹독해도 봄은 매번 다시 돌아와 온 세상에 생명의 숨을 불어넣는다. 그러므로 인목은 자연이 주는 생명에 대한 끝없는 사랑이라 할 수 있다. 그리고 관세음보살은 중생이 아무리 허튼짓을 한다 해도 자신을 찾기만 하면 기꺼이 언제나 어디서든 무슨 일이 생겨도 달려와 구도의 길을 가도록 길을 안내한다. 문제는 관세음보살의 중생 사랑이 아무리 지극해도 대신 가 줄 수는 없다는 것. 그 길은 스스로의 힘으로 가야만 한다. 그는 구도의 여정을 가는 자에게 끊임없이 힘을 주는 영원한 서포터즈인 것이다.

관세음보살의 살리는 힘은, 뿌리까지 사라졌던 인삼과 열매를 주렁주렁 맺게 만들었고, 삼장 일행은 그 열매를 함께 나누어 먹었다. 처음 인삼과를 접했을 때 삼장은 강한 분별심이 작동하여 인삼과가 아기같이 생겼다며 먹지 않았다. 하지만 이 사건을 계기로 삼장은 분별심이 사라졌고, 신선가의 보물, 인삼과의 진가를 알게 되었다. 삼장이 인삼과를 먹자, 정신이 맑아지고 몸이 튼튼해지면서 환골탈태한다.

인목은 씨앗을 뚫고 나온 새싹이 움트는 힘이다. 삼장 일행은 인목의 힘으로 과거의 신체와 결별하고 새로운 신체를 얻었다. 이렇듯, 인의 시간이 오면 엄청난 도약이 가능하다. 웅크리고 있다가 순식간에 펄쩍 뛰는 호랑이처럼 삼장 일행은 인목의 힘으로 완전히 다른 존재가 된 것이다. 어떤 변화가 일어났을까. 삼장은 자비심이 넘치지만 사태를 냉철하게 보는 힘이 약해 매번 요괴에게 당했다. 반면 손오공은 사태 파악은 확실하지만 자비심이 부족하여 조금만 문제가 생겨도 악당을 죽였다. 이 둘에겐 인삼과를 먹은 후 각자 부족했던 통찰력과 자비심이 생겨났다. 통찰력과 자비심으로 충만한 신체의 탄생! 인목의 살리는 힘이자, 관세음보살의 마음이 작용한 결과인 것이다.

묘목,
충만한 생명력으로 성장하는
토끼의 힘

"'나에게로 온 걸식승에게 풀을 내어 줄 수는 없다. 내게는 호마(胡麻)나 쌀도 없다. 만일 걸식승이 나를 찾아온다면 내 몸을 내어 주어야겠다.' 그의 계율의 열기로 인해 제석천의 황백색 모포와 같은 돌 의자가 달아올랐다. 그 원인을 알아채고 토끼 왕을 시험해 보고자 생각하여 처음에는 수달이 사는 곳으로 가서 바라문의 모습으로 변하여 서 있었다. (……) '바라문이여! 당신이 먹을 것을 구하러 제가 있는 곳에 오셨다니 참으로 잘되었습니다. 오늘은 제가 지금까지 내어 놓은 일이 없던 것을 보시하고자 합니다. 자! 이제 당신은 장작을 모아서 불을 지핀 후에 제게 알려 주십시오. 저는 이 몸을 던져 그 불 속으로 뛰어들겠습니다. 제 몸이 적당히 구워지면 당신은 고기를 먹고 출가인의 도를 실천해 주시기 바랍니다.' (……) 그러고 나서 몸을 세 번 흔들고 온몸을 보시하기 위해 기쁜 마음으로 타오르는 불 속으로 떨어졌다. 그런데 그 불은 토끼의 털구멍 하나조차도 태울 수가 없었다. 마치 눈 속으로 떨어진 것과도 같았다. 그러자 그는 제석천인 바라문을 향하여 물었다. '바라문이여! 당신이 지핀 불은 너무나 차가워 내 몸의 털구멍조차도 태우지 못합니다. 이는 대체 어찌된 일입니까?' '어진 이여! 나는 바라문이 아닙니다. 제석천입니다. 당신을 시험하기 위해 내려왔습니다.' '제석천이시여! 당신은 차치하고라도 설사 모든 중생이 저의 보시를 시험해 본다 해도 제가 보시를 꺼려하는 경우는 절대 없을 것입니다.' 토끼는 말하였다."『본생경 2』, 이미령 옮김, 민족사, 1995, 311~315쪽

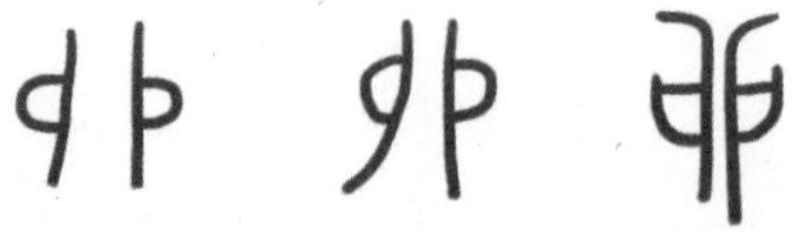

"묘'(卯)는 칼로 어떤 물건을 반으로 갈라놓은 모양을 상형했다. 원래는 제사에 쓰는 희생물로 보는 게 일반적이다. 그러나 『회남자』(淮南子)에서는 묘를 '무성할 무(茂)'로 본다. 산천초목이 무성해지는 것이 '묘'라는 것이다. 묘는 지장간이 모두 목의 기운으로 이루어져 있다. 을목(乙木)과 갑목(甲木)이 그것이다. 그러니 한 해에 목 기운이 가장 왕성한 때가 묘월(卯月, 음력 2월)이다. 묘월은 절기로 경칩(驚蟄)과 춘분(春分)에 해당한다. 이때가 되면 땅에 봄이 와서 동물들이 깨어나고 태양은 춘분점에 도달한다. 완연한 봄의 기운이 느껴지는 것도 이때다."(류시성·손영달, 『갑자서당』, 172쪽)

1) 묘목의 상징과 계절

 # 묘목 : 무성해지다

『오행대의』에는 "묘(卯)는 덮는 것이니, 물건이 나서 커져 땅을 덮는 것이다. 『회남자』에 말하기를, 묘는 무성한 것이니, 무성해지는 것이다. 『삼례의종』에 말하기를, 묘는 무성한 것이니, 양기가 여기에 이르면 물건이 나고 커서 무성해지는 것"이라고 했다. 인월(寅月)에 봄이 시작됐다면 묘월(卯月)은 봄의 기세가 점점 커지는 때이다. 하여 묘월에는 허허벌판의 차가운 땅을 푸른 초목이 덮을 정도로 새싹이 상하좌우로 뻗어 나가는 모습이 펼쳐진다. 『한서』에는 "묘(卯)에서 뚫고 나오고"라고 했다. 묘목은 음목이라 인목보다 기운이 약해 보이지만 생명력에 있어서는 오히려 더 강해 보이는 면이 있다.

씨앗을 뚫고 나온 인목의 배턴을 이어받아 땅에 뿌리를 단단히 내리면서 거침없이 성장하는 기운이기 때문이다.

『설문해자』에는 "묘(卯)는 무릅쓴다는 뜻이다. 2월에 만물이 땅을 뚫고 나오는 것으로 문이 열린 형상을 본떴다. 그러므로 2월은 천문(天門)이 된다"고 했다. 무릅쓰다의 사전적 의미는 '힘들고 어려운 일을 참고 견디다'이다. 무엇을 무릅쓴다는 것일까? 겨울 다음에 오는 인월을 지나 묘월이 된다고 추위가 완전히 사라지진 않는다. 따듯하다 갑자기 추웠다가 변덕스러운 날씨의 연속이다. 묘월이 되면 꽃샘추위를 무릅쓰고 무럭무럭 자라는 것을 멈추지 않는다는 뜻이다. 지금은 춥지만 날씨가 점점 따듯해질 것을 알기에 무릅쓸 수 있는 것이다.

『석명』은 "묘(卯)는 무릅쓰는 것이니 흙을 뚫고 나오는 것이다. 『역』에서는 진(震)괘가 되는데, 2월에 비로소 우레가 울리는 것"이라고 했다. 묘목은 밝은 기운이다. 하지만 그 밝음은 저절로 오지 않고, 우레와 같은 진통과 함께 온다는 뜻이다. 『주역』에서 묘와 연관된 괘는 뇌천대장(雷天大壯)괘로 어두운 밤이 가고 밝음이 도래하는 시기를 뜻한다. 이 괘는 음기를 소인으로 보고 양기를 군자로 보아 소인이 판치는 세상이 가고 군자가 다스리는 세상을 그리고 있다. 대장괘는 군자가 세상을 다스리므로 태평성대 이야기가 펼쳐질 것 같지만 그렇지가 않다. 오히려 조심하라는 당부가 더 많이 이어진다. 왜 그런 걸까? 묘월은 만물을 살리는 계절의 운을 타고 있어서 그 기세를 믿고 오만해질 수 있다. 그러므로 뇌천대장은 '바르게' 할 것을 강조한다. 아무리 군자라 해도 정도를 잃는 순간 소인이 되기 때문이다.

인목은 씨앗을 뚫어야 하는 미션을 부여받았다. 해서 수직 상승하는 기운으로 음의 압력을 뚫는다. 그 이후에 이어지는 묘목은 인목이 뻗어 낸 하나의 가지를 여러 갈래로 나누어 뻗는 힘이다. 이런 분산이 가능한 것은 겨우내 굳게 갇혔던 하늘 문이 본격적으로 열리기 때문이다.

 # 묘목의 계절과 시간

묘는 하루로 치면 오전 5시 30분~7시 30분에 해당한다. 인시에는 빛과 어둠이 공존하지만 묘시에는 어두움이 완전히 물러가고 환한 세상이 펼쳐진다. 인시에는 할 일을 머릿속으로 계획하지만, 묘시가 되면 인시의 계획이 실천과 활동으로 전환되는 것과 같다.

겨울을 통과한 묘목은 수의 기운을 충분히 머금고 있기 때문에 더 이상 수기를 필요로 하지 않는다. 오히려 묘목은 성장을 원하기 때문에 늘 따듯한 태양을 좋아하고 성장을 열망한다. 묘월의 대지를 상상해 보라. 초목들은 땅의 기운을 박차고 올라와 겨울 동안 황량했던 그 넓은 초원을 한순간에 연두와 초록으로 뒤덮는다. 생명력을 뿜어내는 묘목의 기세는 대단해서 흙으로 만든 제방이 무너질 정도이다. 묘목은 작지만 그 기세가 강하기 때문에 작고 어리다고 만만하게 볼 일이 아닌 것이다.

묘목 기운을 타고난 사람은 충만한 기운으로 자기 힘만 믿고 달릴 수 있는데, 겸손함을 잃지 말아야 한다. 묘월이라는 때와 만났기 때문에 만물이 자란 것이고 주변 환경 등 모든 연결 속에서 성장한 것이지 초목 그 자체가 독립적으로 자랄 수는 없다. 시절이 맞았을 뿐 결국 모든 건 사건과 흐름 속에서 일어난다.

천지의 기운은 변한다. 그리고 묘목은 생명을 스프링처럼 통통 튀게 하는, 살리는 기운이지만 그 힘만으로는 살아갈 수가 없다. 강한 생명력을 믿고 잘난 척하거나 나만 할 수 있다는 사명감에 취하면 일을 그르칠 수 있다. 그러므로 기세가 강할 때일수록 어려울 때를 생각하고 아무리 잘나간다 해도 겸손해야 한다. 묘월은 만물이 소생하는 때라 습윤하여 건조함이 부족하다. 건조함이 부족하다는 것은 결실을 맺는 힘이 약함을 의미한다. 하여 봄의 절정 묘목은 늘 가을의 절정 유금의 수렴력을 염두에 두고 작용해야 한다.

2) 묘목과 몸

묘목은 만물이 싹을 틔우는 시기로, 영어로 스프링이라 불리는 봄에 가장 부합하는 시절이다. 아지랑이가 살랑살랑 피어오르는, 부드러운 기운으로 충만한 시절! 봄에 배속된 장부는 간과 담이다. 한데 묘시에 목의 장부 간담이 움직이는 게 아니라 금의 장부 대장 경맥이 활성화된다. 왜 그런 걸까? 먼저 음식의 소화 경로부터 짚어보자. 음식물은 입 안에서 어느 정도 부수어진 다음 위에 들어가 죽이 될 정도로 해체된다. 그중에서 정미 물질은 폐로 올라가고 무겁고 탁한 것들은 소장으로 내려간다. 그러다 대장에 내려가서 탁한 것들이 뭉치면 대변이 된다. 대장은 연동 운동을 통해 진액을 흡수하면서 항문을 통해 대변을 밀어낸다. 대장은 대변 진액을 흡수하기 때문에 딱딱하거나 묽지 않고 어느 정도의 점성을 유지한 대변이 나온다.

대장은 민감한 장부이다. 스트레스를 받으면 장에 이상이 생기기 쉽다. 우리 몸에는 많은 양의 박테리아와 세균 등이 있는데 특히 대장에는 미생물들이 집중 분포되어 있다. 몸의 세포가 60조 개인데 그보다 더 많은 1천조 마리의 미생물이 있으니, 몸은 미생물로 구성됐다 해도 과언이 아니다. 이런 대장 활동 덕분에 음식물이 분해되어 소화가 완성된다. 그러므로 대장은 우글대는 타자들과 소통하고 공생하는 장소라 할 수 있다. 한데 현대인은 혼밥, 혼술, 혼, 혼, 혼을 추구하는 삶을 산다. 이렇게 살면 대장에 문제가 생기지 않을 수가 없다. 고립된 삶 자체가 대장 기능에 문제를 일으키기 때문이다. 그 결과 똥다운 똥을 '낳을' 수도 없다. 게다가 우리 시대는 지나친 위생과 청결을 강조하는데 그런 관념은 타자들의 공동체여야 할 대장 속 미생물들을 고립시킨다. 그러므로 대장 기능이 좋아지려면 위생과 청결 강박증에서 벗어나 타자들과 공존하는 법을 배워야 한다. 그래야 대장에 이질적인 미생물들이 우글거리면서 어떤 음식물도 거뜬하게 분해시켜 필요한 진액은 흡수하고 남은 찌꺼기는 황금변을 만들어 배출할 수 있다.

이제 대장 경맥이 묘시에 작동하는 이유를 살펴보자. 대장 기능을 정리하면 소장에서 소화된 음식물을 받아서 그 속에서 수분을 흡수한 후 남은 찌꺼기인 대변을 만들어 몸 밖으로 배출한다. 금기(金氣)인 대장은 대변을 내보내는데 그것은 가을에 낙엽이 떨어지듯이 노폐물을 방출하는 활동과 같다. 탁한 기운이 뭉친 대변이 밖으로 나와야 몸속이 촉촉해진다. 만약 대변이 묘시에 배출되지 못하고 묵으면 몸은 건조해질 수밖에 없다. 요즘 많은 사람들이 변비로 고생하는데, 이 병증은 현대인의 라이프 스타일과 관계가 깊다. 삶에서 스펙이나 자격증, 돈 등은 묵은 대변과 다르지 않다. 아무리 좋은 열매가 열려도 가을은 계속되지 않는다. 결국 겨울 또한 가게 마련이고 봄은 오게 되어 있다. 하지만 우리는 어떤가? 얻은 결과물을 꽉 쥐고 놓지 않으려고 한다. 이것은 마치 음식을 먹어 열심히 소화시킨 후 생긴 대변을 아깝다 여겨 몸속에서 배출하지 않는 것과 같다. 현대인들이 유독 변비가 많은 이유는 소유의 라이프 스타일과 관계가 있다.

하여 묵은 대변과 잘 결별하려면 봄의 절정, 묘목의 힘이 필요하다. 봄에 물오른 새싹이 올라오듯이 결과나 보상에 집착하지 말고 계속 새로운 흐름에 자신을 맡기는 삶을 살아야 한다. 그럴 때 대장은 봄의 생명력으로 충만해진다. 쉬운 것부터 찬찬히 실천해 보자. 묘시에 음양탕을 마시고 그 시간에 화장실에 앉아서 밀어내기 한판을 해보시라. 생각해 보니 아버지가 그러셨다. 아침을 드시고 늘 화장실에 가셨는데 그 시간이 묘시였다. 회사를 다닐 때 변비 증상으로 힘들어했던 나는 매일 같은 시간에 일을 보시는 아버지께 늘 그 시간에 변이 나오냐고 물었던 기억이 있다.^^;; 그러자 아버지는 이 시간에 화장실에 가면 무조건 나온다고 하셨다. 그때는 별 생각이 없었는데 아버지 말이 맞았다. 묘시가 대장 경락이 움직이는 시간이니까. 아버지는 어떻게 아셨을까, 신기하다. 자, 그럼 내일부터 묘시에 화장실에서 대장과 미팅, 어떤가? 대변의 색깔과 점성과 굵기를 살피면서. 내 몸이 만든 결과물과 헤어질 결심을 해보시길!

3) 묘목의 동물

묘목과 연결되는 동물은 '토끼'이다. 토끼와 관련된 이야기들은 매우 많다. 달 속에서 떡방아를 찧는 토끼, 토끼와 자라, 토사구팽, 두 마리 토끼를 잡으려다 둘 다 놓친다는 속담, 디즈니 캐릭터 미스바니, 영국 동화의 주인공 피터 래빗 등. 토끼는 작은 몸에 큰 귀를 세우고 경계하는 모습이나 영리한 꾀돌이 등이 우리에게 익숙한 이미지이다. 토끼는 왜 지지 묘목과 연결된 것일까?

토끼의 생태와 묘목은 닮았다. 토끼는 예민하다. 늘 자신을 잡아먹으려는 큰 동물을 의식해야 하므로 예민한 청각으로 귀를 쫑긋 세우고 눈을 동그랗게 뜨며 사방팔방 경계한다. 그러다 맹수를 만나면 깡충깡충 뛰면서 잘도 도망간다. 토끼 다리는 다른 동물과 매우 다르다. 앞다리가 짧고 뒷다리가 길어서 오르막을 오르는 데 최적의 신체 구조를 가졌다. 맹수를 만나면 위로 튀는 속도가 엄청 빠르다. 하지만 앞다리와 뒷다리의 현격한 차이로 인해 내리막 가기를 매우 어려워한다. 이것도 묘목과 통하는 지점이다. 묘는 봄의 절정으로 생명을 살리는 계절이지만 봄에 열매를 맺을 수는 없는 법이다. 그러므로 토끼 기질을 타고나면 역경을 잘 헤쳐 가면서 상승은 잘하지만 쉬울 것 같은 하강을 오히려 어려워한다. 이런 생태적 특징 때문에 토끼는 교만해지거나 자기 꾀에 넘어가는 이야기가 유독 많은 것이 아닐까.

토끼의 이미지 중 하나가 조심하고 경계하는 모습인데, 이것은 생명력에서 비롯된 행동이다. 무조건 강한 힘을 쓴다고 해서 생명을 보호하는 것은 아니다. 오히려 물러나야 할 때 자기 힘만 믿고 힘을 쓰면 더 위험해지므로, 상황에 따라 물러날 수 있어야 진짜 생명력이라고 할 수 있다. 묘월은 초목이 흙을 덮어쓰고 땅에서 나오는 문을 연다 해서 천문이라 했다. 실제로 묘(卯)의 한자는 두 개의 문을 형상화했다. 그 문을 통해 만물이 땅을 밀치고 올라와 무성해진다. 땅에 양기가 생해서 번성한 것이다. 실제로 토끼는 번식력이 강한 동물이다. 쉬지 않고 짝짓기를 하고 새끼를 잉태한다. 번식을 통해 종족 보존을 하고자 하는 것이다. 이런 생태적 속성을 가진 토끼는 만물의 생장, 번창, 풍요를 상징한다. 또한 토끼는 세 개의 굴을 파는 행동 습성이 있는데, 이것은 토끼가 도주로를 여는 움직임이다. 이렇듯 토끼는 맹수들을 교란시켜 그 속에서 자신을 지키기 위한 위기 대처 능력이 뛰어나다.

『이상한 나라의 앨리스』에는 '시계토끼'가 등장한다. 앨리스는 놀다가 시계를 가진 토끼 굴 속으로 들어간다. 들어간 굴 속에는 여러 개의 문이 있는데, 그 문으로 들어가려면 앨리스의 몸으로는 들어갈 수가 없다. 그러므로 탁자 위에 있는 병을 마시거나 케이크를 먹거나 부채를 부치는 등 자신의 몸을 줄였다 키웠다 하면서 앨리스의 모험은 시작된다. 『이상한 나라의 앨리스』에는 많은 동물들이 등장하는데 처음에 등장하는 동물이 토끼이다. 이것도 묘목과 통하는 건 아닐까 싶다. 어린 앨리스는 묘목처럼 폭풍 성장 중이다. 그 변화가 앨리스를 이상한 나라를 여행하게 만든다. 이상한 나라야말로 묘목이 만들어 내는, 성장의 세계이기 때문이다. 루이스 캐럴이 첫 동물로 토끼를 등장시킨 것도 토끼의 생명력으로 앨리스의 변화를 알리는 티저가 아닐까. 다른 차원의 시공을 열기 위한 전주곡처럼 등장한 토끼! 토끼는 시계를 가졌는데 그것은 시간성을 의미하며, 토끼굴은 공간성을 보여 준다.

붓다의 전생담이 담긴 『본생경』은 묘목 토끼의 생명력의 절정을 보여 주는 이야기이다. 숲속에 토끼와 원숭이, 들개, 수달이 살았다. 여러 동물 중 토끼는 친구들에게 계율과 보살, 보시의 공덕에 대해 가르쳤다. 어느 날 하늘의 제석천이 수행자로 등장하자 수달은 물고기, 원숭이는 망고 열매, 들개 고기와 도마뱀과 우유를 공양했다. 그러나 토끼는 생명을 해칠 수 없어서 자기 몸을 불에 던져 보시했다. 한데 놀라운 일이 일어났다. 불은 토끼의 몸을 태우지 못했다. 살리는 마음만 있는 토끼에게 고정된 자아가 없기 때문이다. 오직 봄의 절정 묘목처럼 만물을 살리는 마음만 있으니 무엇을 태울 수 있었겠는가. 이런 토끼의 행동에 감복한 제석천은 그 모습을 기리기 위해 달에 토끼의 모습을 새겨 놓았다. 그 덕분에 우리는 지금도 밤하늘 달 속에서 소신공양한 붓다의 전생 토끼와 만날 수 있다. 솔직히 난 이 이야기를 읽고 감동을 받았다. 어떤 마음을 가지면 토끼를 모티브로 이런 스토리텔링이 가능한 걸까. 이 이야기를 만든 사람의 상상력에 경의를 표한다.

「토끼전」의 토끼도 묘목의 생명력을 유감없이 드러낸다. 용왕은 과로와 쾌락으로 인해 간병이 났다. 백약이 무효인 상태에서 신선이 등장하여 '토끼 간'을 처방한다. 토끼는 묘목으로 봄의 절정, 아침, 동쪽, 청색, 간담에 배속된다. 자라는 토끼의 불안감을 자극해서 바다로 데려오고 눈치 백단 토끼는 죽을 운명을 직감하자, 봄의 생명력으로 충만한 기지를 발휘해 탈출에 성공한다. 토끼는 목기이다. 목에는 오장육부 중 간담이 배속되는데 『동의보감』은 장군의 지략이 간에서 나온다고 했다. 토끼가 기지를 발휘했던 힘은 간기에서 나왔다. 신선이 용왕에게 토끼 간을 처방한 것은 토끼의 간이야말로 목기 중의 목기로 살리는 기운이기 때문이다. 토끼는 꾀를 부려 탈출했지만 병든 용왕을 외면할 수 없었기에 간 대신 자신의 똥을 준다. 똥? 마치 못 쓸 것을 준 것 같지만 토끼똥은 다른 동물의 똥과는 다르다. 토끼는 실제로 자기 똥을 먹는다. 이유는 음식물을 먹지만 영양분을 모두 흡수하지 못하기 때문이다. 애벌로 흡수한 상태에서 똥을 싼 후, 그 똥을 다시 먹어 영양분을 완전하게 섭취한다. 그러므로 토끼 똥에는 섬유질과 단백질, 각종 비타민과 미네랄 등 영양소가 풍부하다. 토끼가 용왕에게 똥을 준 것은 '풍부한 영양분'을 준 것이고, 용왕은 토끼 똥을 먹고 병이 나았다.

「토끼전」은 우리나라 버전이지만 소신공양 토끼는 중화 문명권으로 오면서 약방아를 찧는 토끼로 변주된다. 달의 순환은 재생하는 토끼의 끈질긴 생명력과 연결된다. 문화권마다 이야기는 조금씩 다르지만 인도 토끼는 중생을 구제하고, 중국 토끼는 약방아를 찧고, 한국 토끼는 용왕을 살리고, 루이스 캐럴의 토끼는 앨리스를 성장시키는 등 봄의 살리는, 묘목의 기운을 유감없이 발휘한다는 점에서 모두 통한다.

4) 묘목 캐릭터 탐구, 옥토끼

『서유기』에는 '옥토끼'가 등장한다. 우리는 달에서 방아를 찧는 낭만적인 옥토끼를 상상하지만, 이 이야기는 미스터리 스릴러물로 시작된다. 옥토끼는 달에서 도망쳐 지상에 내려와 요괴로 활동하다가 천축국 공주를 납치한 후 자신이 공주인 척 살아간다. 공주로 둔갑한 옥토끼 요괴는 신랑을 얻기 위해, 부마 맞이 의식을 했는데 때마침 삼장 일행이 그 길을 지나가자 삼장법사를 타깃으로 삼는다. 물론 이것도 우연은 아니다. 옥토끼 요괴가 삼장법사를 납치하기 위해 이미 계획한 일이다. 요괴가 삼장을 노린 이유는 그의 원양(元陽)을 빼앗아 신선이 되고 싶어서이다.

부마 의식에서 공을 맞으면 무조건 공주의 남편이 되어야 했다. 요괴는 높은 누대를 세워 삼장이 보이자마자 공을 냅다 던져 삼장을 맞혔다. 삼장은 부마로 낙점이 되었고, 꼼짝없이 요괴의 함정에 걸려들었다. 결국 손오공은 삼장을 구하기 위해 옥토끼 요괴와 한판 승부를 벌인다. 손오공의 여의봉과 옥토끼의 절구공이의 대결! 쉽게 승부가 나지 않자, 옥토끼 요괴는 줄행랑을 친다.

손오공은 옥토끼를 찾아 나선다. 토끼가 숨은 곳은 토끼굴이 3개 있는 모영산(毛穎山)이다. '모영'은 당송팔대가 중 한 명인 한유가 지은 「모영전」(毛穎傳)에서 유래했다. 모영은 토끼털로 만든 붓을 의인화한 것이다. 모영의 조상은 토끼이고 만물을 양육하는 데 공을 세워 묘 땅을 받았고 죽어서는 12신 중 하나가 되었다는 이야기로 시작한다. 모영은 신선술을 터득해 달로 들어가 끝내 그곳에 살면서 벼슬하지 않게 되었다는 것. 만물을 양육하는 데 공을 세운 게 토끼라니 묘목의 살리는 기운과 잘 통한다.

「모영전」의 다음 스토리, 진시황 때 만리장성을 쌓는 데 공을 세운 몽염 장군! 장군은 토끼를 얻어 그 털로 붓을 만들었다. 토끼의 털로 만든 붓은 무력보다는 문필의 힘을 강조하고 있다. 붓으로 의인화된 모영은 역사와 점서 등 모든 사상을 기록했고 업무에도 통달하여 나라를 위해 자신을 기꺼이 바쳤다. 그는 머리가 벗겨질 정도로 일을 했고 버려졌음에도 아는 일을 누설하지 않았다. 아무리 좋은 붓도 시간이 지나면 털이 빠지고 못쓰게 되는 법! 이것은 봄날이 아름다워도 계속될 수 없는 자연의 이치를 알려 준다. 우리의 삶도 그렇지 않은가. 영웅이라 해도 병들고 늙음을 겪어야 한다. 그러니 늙음을 서글퍼할 필요가 없다. 「모영전」의 내용은 묘목과 통한다. 「모영전」은 당송팔대가인 한유의 정치적 비전이기도 하다. 힘센 호랑이가 아닌 토끼의 생명력이야말로 붓에서 나온다는 것. 문장이란 생명력 충만한 토끼의 힘에서 나온다는 게 한유 버전의 문장의 힘인 것이다.

다시 『서유기』로 돌아오면, 손오공은 '모영산'에서 토끼 요괴를 찾아다녔지만 굴이 3개라 이 굴 저 굴을 찾아 헤맸다. 여기도 토끼 생태가 그대로 반영된다. 토끼굴은 사방팔방 연결되어 있다. 토끼는 한 곳을 막으면 다른 곳으로 우회하면서 새로운 도주로를 끊임없이 만들기 때문에 토끼굴에는 메인 로드가 없다. 만약 토끼가 맹수였다면 길은 하나였을 것이다. 쫓기는 입장이기에 상하좌우 많은 굴을 뚫어 중심에서 탈주한다. 토끼가 다양한 도주로를 만들기 때문에 천하의 손오공도 애를 먹었다. 진짜 공주와 가짜 공주 구분에서부터 여러 개의 굴에서 토끼 찾기까지! 하지만 손오공은 굳건한 구도의 비전을 견지했기 때문에 생명력을 상실한 토끼 요괴를 제압할 수 있었다. 사실 손오공의 승리는 예견된 일이다. 오행적으로 보면 손오공은 신금이고 토끼는 묘목이라 금이 목을 극하는 관계(금극목金剋木)이기 때문이다.

손오공이 옥토끼 요괴를 죽이려 들자 태음성군이 등장하여 옥토끼에 대한 내력을 알려 준다. 원래는 광한궁에서 신비로운 단약을 찧던 옥토끼라는 것. 힐링의 아이콘 옥토끼가 왜 요괴가 된 것일까? 진짜 공주는 원래 달 궁전의 '소아선녀'였는데, 그녀는 18년 전에 옥토끼를 때린 적이 있었다. 알고 보니 소아선녀가 옥토끼를 먼저 공격했던 것. 소아선녀는 그 후 인간 세상을 동경하여 한 줄기 빛으로 변해 천축국 왕비의 태에 들어가 공주로 태어났고, 소아선녀에게 맞은 옥토끼는 그 분함을 참지 못해 달에서 지상으로 내려와 공주를 납치해서 들판에 버려 버린 것이다. 옥토끼는 원한 갚기에 만족하지 않고, 가짜 공주 자리를 차지하더니, 삼장의 원양까지 빼앗아 신선이 되려는 과욕을 부린다. 묘는 추위를 몰아내고 만물을 살리는 따듯한 기운이다. 하지만 이 힘이 이기심으로 흐르자 옥토끼는 소아선녀를 들판에 내팽개치고, 공주 자리를 빼앗고, 10세 수행한 삼장의 청정한 기운을 단번에 훔치려 했다. 마치 토끼가 자신의 앞발로 위로 위로 오르듯이 옥토끼는 상승의 욕망을 멈추지 못한 것이다!

토끼는 생명의 씨앗인 정(精)이 충만하다. 정은 근원적으로 언제든지 다른 것으로 변환이 가능한 잠재력이다. 묘는 간담의 정과 연결되고 감정은 분노와 연결된다. 간기가 발달한 옥토끼는 분노를 참지 못해 소아선녀를 내팽개쳐 버렸다. 묘의 기운을 제대로 사용하지 못하면 살리는 기운은 죽이는 기운, 독성이 되는데, 『서유기』에서는 독성을 뿜는 지네로 등장한다. 백각산이라는 산에 지네가 정령이 되어 사람들을 해치고 있었다. 왕이 지네 때문에 고민을 하자 손오공은 왕에게 수탉 천 마리를 산속에 풀 것을 제안한다. 닭은 '유금'으로 묘목과 반대되는, 만물을 죽이는 가을 기운이다. 손오공이 닭으로 지네를 일망타진하자 마침내 만물을 살리는 묘목 세상이 펼쳐진다. 옥토끼 또한 본성을 되찾아, 달에서 단약을 찧는 본분으로 돌아가 지금도 지상에 힐링의 빛을 선사하는 중이다.

진토,
폭풍 성장 속에서 도약하는
용의 힘

"가령 서리가 내릴 때에 곡식을 심어, 얼음이 녹을 무렵에 수확하여 그 곡식을 먹으려고 한다면 실현하기 어려울 것이다. 그러므로 『역』(易)에서 말하는 '물 속에 잠긴 용이니, 쓰지 말라'는 것은, 그것을 쓸 때가 아니라는 말이다. 그러므로 '군자는 해가 질 때까지 부지런히 움직이고, 저녁에는 잘못된 일이 있었을까 두려워한다. 그러면 허물이 없을 것이다.' '종일 부지런히 움직인다'는 것은 양(陽)의 이치에 의해 움직이는 것이고, '저녁에는 잘못된 일이 있었을까 두려워한다'는 것은 음(陰)의 이치에 의해 휴식한다는 것이다. 낮이 되었으므로 움직이고 밤이 되었으므로 휴식하는 것은 오직 도를 지닌 사람만이 실천할 수 있다." 유안, 「인간」, 『회남자 2』, 이석명 옮김, 소명출판, 2013, 490~491쪽

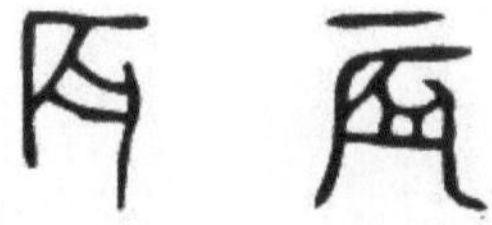

"'진'(辰)은 조개의 상형이다. 왼편의 곤(丨)은 모래 바닥을, 세워 놓은 삼각형 모양은 조개 껍데기를, 두 빗금은 조갯살을 의미한다. 그러나 『오행대의』에서는 진을 '벼락 진(震)'으로 본다. '벼락처럼 빠르게 진동해서 옛 몸체를 벗어나는 것'이 진의 의미라는 것이다.
진은 용(龍)에 해당한다. 용은 비바람과 천둥을 몰고 다니는 신령스러운 동물이다. 용이 나타날 때면 어김없이 마른하늘에서 비가 내리고 천둥이 몰아친다. 그래서 용은 변화무쌍하고 조화를 부리는 신(神)으로 여겨져 왔다. 진월(辰月; 음력 3월)은 이런 용의 기운과 깊은 관련이 있다."(류시성·손영달, 『갑자서당』, 174쪽)

1) 진토의 상징과 계절

진토 : 만물이 움직이다

『오행대의』에서 "진(辰)은 진동하는 것이니, 빠르게 진동해서 옛 몸체를 벗어나는 것이다"라고 했다. 『삼례의종』은 "이달이 되면 물건이 모두 움직이고 자라난다"고 했다. 진은 봄을 초·중·말로 나누었을 때 봄의 말기에 해당한다. 초봄에 돋은 새싹은 시간이 지나면서 눈부실 정도로 성장한다. 성장은 시간의 흐름을 필요로 하지만 그 과정이 저절로 오진 않는다. 성장통, 통과 의례 등 진통을 겪으면서 온다. 진은 우레를 의미한다. 우레는 번개를 동반하는데, 추운 겨울 동안 멈추고 막혔던 기운이 천지를 진동시키듯, 떨치고 일어나는 힘이다. 천지를 뒤흔드는 우레의 힘은 엄청나다. 이런 우레의 힘은 어디서 오는 걸까. 무에서 유가 생긴다는 말이 우레에 딱 들어맞는다. 우레는 텅 비어 있는 대기의 마찰로 인해 생기는 전류로 허공에서 생긴 에너지이다. 우레가 한 번 치면 그 힘으로 만물이 진작되면서 생기를 얻는다.

지구 생명 기원의 역사에서도 우레의 역할은 지대하다. 우레가 칠 때 생기는 고압 전기가 지구에 닿으면서 물질이 생겼다. 우레는 번개를 동반하게 되는데, 번개는 대기 중 방전 현상을 일으키므로 이때 빛이 발생한다. 우레 소리가 큰 이유는 번갯불이 지나간 자리의 공기가 급속도로 가열되어 초음속으로 팽창하기 때문이다. 우르르 꽝꽝 하는 천둥번개 소리는 생명이 진작되기 위한 진통과도 같다. 한바탕 폭풍우가 몰아친 후에 초목들이 성장하듯이 우레로 인해 천지가 소통된다. 이렇게 진은 우레를 통해 차가운 기운을 떨치고 천지의 폭풍 성장을 일으킨다.

『설문해자』에도 "진(辰)은 떨친다는 뜻이다. 3월에 양기가 통하여 우레와 번개가 치고 백성들이 농사를 짓는 때"라고 했다. 여름을 코앞에 둔 진토는 무토, 을목, 계수를 품고 있다. 진은 토지만 계절은 봄에 속하므로 오행 중 목의 기운뿐 아니라 물까지 저장한다. 진월(辰月)은 농사를 지을 때라 농지를 의미하는 기토가 있을 것 같은데 양토인 무토를 품고 있다. 왜 그런 걸까? 음토인 기토는 평평해서 물을 저장할 수가 없다. 반면 산인 무토는 높기 때문에 물을 저장할 수가 있다. 산에 가면 끊임없이 흘러나오는 물과 만난다. 특히 비가 오고 난 후에 산을 가 보시라. 맑고 투명한 물이 하염없이 흘러내리는데 보기만 해도 마음이 투명해지면서 맑아진다. 높은 산일수록 계곡이 깊기 때문에 물을 잘 저장하므로 그침 없이 물이 흘러나올 수 있는 것이다.

진은 봄의 완성이자 여름 직전의 시기로 화의 활약을 돕는 때이다. 그러므로 진토(辰土)는 화가 주관하는 여름으로 나아가기 위해 몸속에 수를 저장한다. 진은 1년으로 보면 농사가 본격적으로 시작되는 계절이고, 농사를 지으려면 물이 필요하다. 진월은 농사를 짓는 데 필요한 생명수를 공급하는 시기와 맞아떨어진다.

진은 다재다능, 변화무쌍의 글자이다. 그래서 그런가, 진의 어원에서도 변화가 잘 드러난다. 진은 '큰 조개 신(蜃)' 자에서 파생한 글자로, 원래 조개를 의미했다. 조개는 바닷물에 사는 생물이 아닌가! 바다 생물 조개가 어떻게 완연한 봄을 표현하는 진이 된 것일까. 당시 시대 배경을 보면 어느 정도 이해가 된다. 지금은 워낙 좋은 농기구가 많으니 조개껍데기가 농기구였다는 걸 상상조차 하기 어렵지만, 상고 시대에는 조개껍데기를 갈아서 잡초를 제거하는 도구로 사용했다. 『회남자』에는 이런 기록이 있다. "옛날에 가래를 날카롭게 하여 밭을 갈았고, 조개를 갈아 김을 매었으며, 나무를 구부려 땔나무를 하였고, 항아리를 안고서 물을 길었다"고. 그렇다. 조개껍데기는 무엇보다 유용한 농기구였다. 이런 조개가 농사짓는 시기를 뜻하는 진으로 발전한 것은 자연스러운 연결이다. 게다가 진은 수의 저장고 아닌가. 농사를 지을 때 물이 필요하니 조개는 자연스럽게 수기와 연결됐을 것이다.

조개 – 농사 – 물, 고대인의 시선에서는 이런 연결이 낯설지가 않다. 『회남자』에서 조개는 변화의 아이콘으로 등장한다. "달이 기울기 시작하면 물고기의 뇌가 작아지고, 달이 완전히 사라지면 조개의 살이 줄어든다. 불은 위로 타오르고 물은 아래로 흐른다. 그러므로 새는 날아오르고 물고기는 물속으로 숨는다." 유안, 「천문」, 『회남자 1』, 168쪽 고대인들은 달이 완전히 기울면 조개의 살이 줄어든다는 연관관계를 알고 있었다. 천체의 변화가 만물에도 적용됨을 관찰을 통해 눈치챈 것이다. 조개를 뜻하는 신(蜃)은 진(辰)이 되어 별을 뜻하는 글자가 되었다.

『사기』에 "진(辰)은 만물이 움직인다는 뜻"이라고 했고, 『한서』에는 "진(辰)에서 아름다움을 떨친다"고 했다. 봄은 직진 인목에서 시작되어 나선형 묘목을 통과한다. 구불구불 휘면서 무럭무럭 성장하는 묘목의 모습이 선현들의 눈에 하늘로 올라가는 용처럼 보인 것 같다. 진은 봄의 완성이자, 여름의 진입을 앞두고 성장하는 모습이니 아름다움을 떨친다고 했다. 또 『석명』에서는 "진(辰)은 펴는 것이니 만물이 다 펼쳐져서 나오는 것"이라고 했다. 겨우내 움츠렸던 기운이 밖으로 펼쳐진 것. 진은 잠재력을 모두 드러내는 시기로 급격한 변화를 의미한다. 손톱만 한 새싹이 진월이 되면 산천을 다 덮을 정도로 푸르게 자라난다. 이것이야말로 자연이 보여 주는 기적이자 경이로움이다. 해서 이 변화를 이 세상 동물로는 표현할 수 없기에 많은 동물이 조합된 상상 속의 동물, 용을 등장시켰을 것이다.

진토의 계절과 시간

진은 하루로 치면 오전 7시 30분~9시 30분으로 활발하게 활동하는 시간이다. 봄은 삶에서 보면 계획에 해당한다. 진은 봄의 초·중·

말 중 마지막 단계로 계획한 일을 실현해 가는 과정이다. 『주역』의 괘로 보면 오양일음(䷪)으로 양기가 강해 빠른 성취를 이루는 단계이다. 워낙 폭풍 성장을 하다 보니 허장성세가 되기 쉽다. 진은 봄의 마지막 과정으로 봄을 종료하고 여름으로 진입해야 한다. 그런데 진토에 머물면 활짝 핀 여름으로 갈 수가 없다. 진토의 급격한 변화는 도약의 기회지만 급격한 변화는 실상보다 현실감각이 떨어지게 할 수 있다. 그러므로 진의 시기에는 앞서는 의욕을 자제하고 본질에 집중하면서 현실에 발을 굳건히 붙여야 한다.

2) 진토와 몸

진토는 만춘의 기운로, 몸에서 족양명위경(足陽明胃經)과 통한다. 우리 몸에서 위경은 진시(오전 7시 30분~9시 30분)에 소화 작용이 활발하게 일어난다. 『동의보감』에는 "사람은 음식물로부터 기를 얻고, 음식물이 모이는 곳이 위장이다. 위는 음식물을 받아들여 기혈을 만드는 바다와 같다. 바다의 물이 구름이 되어 천하를 누비는 것처럼, 위에서 만들어진 기혈은 경수(經隧)를 통해 온몸을 운행한다. 경수는 오장육부를 연계시키는 경맥이다. 위는 오장육부의 바다와 같은 곳이다. 음식물은 위로 먼저 들어가고, 오장육부는 위가 만들어 낸 정미로운 기를 받는다"허준, 『낭송 동의보감 내경편』, 170쪽고 했다. 음식물은 입을 통과하지만 본격적으로 음식을 받아들이는 소화기관은 위장이다. 음식을 받아들인 위는 다른 장부와 협업을 하여 기혈을 만들어야 한다. 소화(消化)의 소(消)는 '물 수(水)'와 '작을 초(肖)'가 결합된 글자로 '사라지다', '소멸하다', '없애다'의 뜻이다. 물이 작게 부서져서 수증기로 기화된 것. 위는 물이 기화되어 대기 중으로 흩어지듯이, 음식을 작게 쪼개서 에너지의 흐름을 만든다.

우리는 음식 하면 맛만 생각하지만 음식이 그리 만만한 물질은 아니다. 내 몸과 바로 섞일 수 없는 이물질이기 때문이다. 이런 음식을 먹고 활동할 수 있는 것은 위가 소화를 시키는 덕분이다. 『동의보감』은 위를 바다로 표현한다. 잘게 부수어진 음식과 소화액이 섞인 것을 바다로 본 것이다. 바닷물은 대기 현상을 통해 기화되어 구름을 만들고 대지에 비를 뿌린다. 위는 실제로 바다와 같은 역할을 한다. 위 속 음식이 부서져서 만들어진 바다는 오장육부 곳곳에 기혈의 형태로 뿌려진다. 음식이 기화되어 오장육부를 자양할 수 있는 것은 진토의 작용 덕분이다. 진토는 24절기 중 청명과 곡우로 날씨가 맑고 밝으며 화창해서 만물의 생기가 왕성해지는 계절이다. 인-묘-진이라는 봄의 시기를 지나 천지에 양기가 치솟는 계절인 것이다. 오양일음인 진은 양의 기운이 왕성하여 땅에서 기화 작용을 일으킨다. 만물을 성장시키고 음식을 소화시켜 에너지로 만드는 힘, 모두 진토의 기운을 사용한 것이다. 진토의 시기에 만물이 폭풍 성장하듯, 위는 음식물을 다른 에너지로 전환해서 몸을 성장하게 만든다. 그렇다. 진은 기존의 무엇과 결별하고 새로운 무엇을 창조하는 힘이다. 만약 먹기만 하고 활동으로 전환하지 않으면 음식물은 잉여물이 되어 몸의 순환을 막을 것이다. 이렇게 우리 몸에서 에너지로 전환되지 못한 상태를 담음이라고 한다.

위경은 눈 아래에서 시작해서 둘째발가락에서 끝을 맺는다. 경맥이 머리부터 발까지 뻗어 있으니 소화가 위에서만 이루어지는 게 아님을 경맥을 통해 알 수가 있다. 온몸을 가로지르는 경맥 덕분에 몸에 활력이 도는 것이다. 소화를 잘 시키는 최고의 방법은 무엇일까? 가장 좋은 방법은 걷기이다. "이 '걷기'야말로 최고의 양생술이다. 양생이란 정기신을 잘 순환시켜 생명력을 보전하는 의학적 비전이다. 핵심은 통즉불통! 아프다는 건 생리든 심리든 어딘가 꽉 막힌 것을 의미한다. 우울증, 암, 치매, 중풍 등 현대인이 가장 무서워하는 질병들이 거기서 비롯된다. 그래서 걷기는 거의 모든 병의 치유법에 속한다."고미숙, 『조선에서 백수로 살기』, 북드라망, 2021, 168쪽

비위는 우리 몸에서 사지와 연결된다. 걷기는 사지를 사용하는 일이고 사지를 사용하면 비위가 좋아진다. 그리고 걷기는 사유 능력과 함께 간다. 우리는 무엇이든지 잘 먹고, 사람들을 가리지 않고 잘 사귀는 사람을 보고 비위가 좋다고 말한다. 비위는 소화력인 동시에 관계 맺는 능력이고 삶에서 겪는 모든 것을 소화시키는 능력을 의미한다. 그러므로 살면서 벌어지는 사건을 소화하려면 비위의 기능이 좋아야 한다. 거꾸로 사유가 깊어질 때 비위 기능 또한 좋아진다.

『동의보감』에서 비장은 영양물질을 만들어서 오장육부를 자양하고 동시에 정신을 간직하는데 그것을 '의'(意)라고 한다. 우리는 음식도 소화시키지만 외부적인 사건도 정신을 통해 소화시키며 살아간다. '의'란 정신이 분류한 정보들을 기억하고 흡수하는 역할을 하는 사유 능력이다. 의는 단순한 정보 주입이 아니라 음식이 기혈로 변형되듯 정보를 내 삶에 필요한 지혜로 변형시키는 기운이다. 우리

는 대부분 주입된 상황과 통념을 질문하지 않고 맹목으로 따르는 데 익숙하다. 예컨대 스펙이나 돈 등이 내 삶에 정말 필요한 건지 질문하지 않고 무조건 좇는다. 만약 비장이 음식을 변형시키지 않고 그대로 받아들인다면 생명이 위태로운 것처럼, 삶에서 질문하지 않고 주입된 가치대로 산다면 삶 또한 위태로울 수밖에 없다. 그러므로 비장에 병이 들면 생리적인 소화불량뿐 아니라, 정신적인 소화불량까지 함께 겪게 된다. 예컨대 소화가 안 되면 불필요한 기억에 매이거나 필요한 기억을 놓치는 일이 발생하게 된다. 이렇게 생리는 심리와 연결되어 있다. 생명을 유지하려면 이질적인 것들을 받아들여 내 것으로 변화시켜야 한다. 겨우내 저장된 에너지를 밖으로 펼쳐내는 진토의 힘! 음식물이 몸속으로 들어가 전혀 다른 물질로 변화하듯, 기존의 나를 버리고 전혀 다른 나로의 성장! 이것이 진토의 힘이 작용한 결과이다.

여기서 건강성에 대해 생각해 보자. 우리는 건강이란 육체가 튼튼한, 무병장수의 신체를 떠올린다. 정말 건강하다는 게 이런 걸까. 아프지 않을 때 얼마나 뻘짓을 많이 하는가. 굳이 안 해도 될 말과 행동을 해서 자신과 남을 힘들게 하는 경우가 허다하다. 차라리 아프면 잉여 행동을 하지 않는다. 아니, 할 수가 없다. 지금 나에게 필요한 것만을 말하고 행동하니, 오히려 나와 남에게 더 집중할 수 있다. 니체는 비위가 약했지만 그럼에도 그 능력을 잘 사용한 철학자였다. "1879년 니체는 건강이 너무 악화되어 스위스 바젤 대학에서의 강의를 그만두고 퇴직 의사를 밝힌 후 제네바로 떠난다. 그의 말대로 '생명력의 가장 낮은 지점'에 이른 해였다. 그런데 이 무렵 니체는

『인간적인 너무나 인간적인 2』의 한 편인 「방랑자와 그 그림자」를 쓰고, 또 『서광』을 집필한다. 아니, 대학 강의까지 그만두고 요양을 떠날 정도로 병든 사람이 어떻게 이렇게 글을 써낼 수가 있단 말인가. (……) 니체는 말해 준다. 고통스럽다고 다 정신이 혼미해지는 것은 아니라고. '점액질을 힘들게 토해 내는 것과 더불어 사흘 동안 지속된 편두통의 고문에 시달리는 중'에도 '변증론자의 전형적인 명석함을 지니고 있었고, 사물에 대해 아주 침착하게 철저히 사고했다'고."이수영, 『니체 강의: 전복의 사유와 변신의 기술』, 북튜브, 2023, 28~29쪽

니체는 생리와 심리의 연결을 직관적으로 감지했던 듯하다. 위액을 토한다는 것은 비위 기능에 문제가 있음을 의미한다. 하지만 병든 상태에 매몰된 게 아니라, 시대와 사물에 대해 숙고함으로써 극심한 고통 속에서도 정신의 완벽한 명철, 명랑과 풍부함을 간직할 수 있는 사유의 건강성을 보여 준다. 그런 점에서 니체는 누구보다 생리적으로는 비위가 약했지만 정신적으로는 비위 능력을 탁월하게 발휘한 것이다. 니체의 사주팔자를 보면 토 기운의 발달로, 탁월한 사유 능력을 타고났다. 위장의 위액을 토해 낸 것을 보면 비위가 약하다기보다는 과도하게 타고난 토기를 주체하지 못한 것 같다. 그러니까 잘 사용하는 용법을 찾지 못했던 것. 하지만 그는 '사물에 대해 침착하게 철저히 사고'하기를 통해, 건강을 전혀 다르게 사유하는 데까지 나아간다. "어렸을 때부터 병을 달고 살았던 니체는 그럼에도 타고나게 건강했다. 니체만큼 건강에 대한 의지를 강력하게 보여 주는 존재도 없다. 그의 철학은 무엇인가. 바로 자신의 '건강에의 의지와 삶에의 의지'를 언어화한 것이라고 니체는 말하고 있다. 철

학이 건강학이라고? 그렇다. 삶의 건강을 위한 것이 아니라면 철학이 무슨 필요가 있는가. 잘 살기 위한 것, 그리고 잘 살기 위해서라도 남과 적합한 관계를 맺고, 그런 관계를 위해 자신도 적합하게 변화하는 것, 이것이 니체의 철학이다. 그래서 그의 철학은 생리학이자 의학이다."이수영, 『니체 강의: 전복의 사유와 변신의 기술』, 30~31쪽

그렇다. 니체의 사유 능력이야말로 위대한 건강의 토대이다. 그의 철학은 그의 위장에서 나온 것이고, 진토의 힘을 사용한 결과라고 난 생각한다.

3) 진토와 동물

진토와 연결되는 동물은 '용'이다. 용은 12지지 중 유일하게 상상 속의 동물이다. '용' 하면 생각나는 속담이 있다. '개천에서 용 난다!'는 불가능한 조건을 뚫고 비범한 인물이 됐다는 의미로 쓰인다. 요즘에는 개천에서 용이 날 수 없다며 절망적인 의미가 되었지만. 희망이든, 절망이든 용은 변화의 아이콘이다. 꿈 하면 용꿈을 중시한 것도 현실적인 한계를 넘어 불가능한 곳에 도달하고 싶은 염원이 담겨져 있다. 중국 황하 속 잉어가 상류에 있는 급류를 이룬 협곡인 용문(龍門)까지 거슬러 오르면 용이 된다는 전설이 있다. 해서 '등용문'이란 잉어가 용문을 오른다는 전설에서 나왔다. 등용문! 어려운 관문을 통과하여 질적 변형을 이루었음을 의미한다. 과거에는 잉어 그림을 집에 많이 걸어 놓았는데, 실력을 쌓아 등용문을 통과하라

는 의미이다. 용은 겨울 동안 연못이나 강가에 숨어 있다가 춘분이 되면 승천하는 상상 속 동물이다. 하늘로 상승하다가 추분이 오면 지상으로 내려와 깊은 물속으로 숨는다 하니 용은 진월의 자연 현상을 형상한, 우주적 스케일의 동물인 것이다.

자연의 원리를 궁구한 『주역』에는 중천건(重天乾)괘가 맨 처음에 나온다. 건괘는 6개의 효가 모두 용으로 표현되는데 6효는 기승전결의 과정을 잘 보여 준다. 그 과정마다 용의 역할은 달라진다. 처음의 용은 잠용이라 쓸 수가 없다. 아직은 사회에 진출할 때가 아니라는 의미이다. 갈고닦는 과정의 내공을 쌓아야 하는 때라는 것. 계절로 봐도 그렇다. 진월의 양기는 갑자기 생긴 게 아니다. 겨울 동안 충분히 응축해야 진월에 펼칠 수 있다. 그러므로 건괘의 효사들은 자신을 이끌어 줄 귀인을 만나고 스스로 훈련하면서 마침내 하늘을 나는 용이 되는 스토리를 담고 있다. 그러나 자신의 능력을 너무 자신한 나머지 너무 높이 오르면 후회가 생긴다. 이렇듯 건괘의 용들은 다양한 변화 양상을 보여 준다. 춘분에는 용이 되어 하늘로 올라갔다가 추분에는 땅으로 내려와 깊은 못 속에 숨는다. 작아지기도 하고 커지기도 하는 능소능대한 역량으로 천지를 오가며 다양한 변화를 일으킨다. 이런 자연의 변화는 인간에게 그대로 적용된다. 용은 존재가 아니라 변화이고 흐름이다. 해서 이무기가 용이 되듯, 용은 존재(being)가 아니라 되기(becoming)라 할 수 있다. 그러므로 건괘는 인간을 포함해 만물이 변화의 과정 속에 있음을 용을 통해 보여 주고 있다.

용은 그냥 승천하지 않는다. 늘 천둥과 번개를 동반하면서 빗속을 뚫고 승천한다. 이무기가 용이 되어 승천하듯이 그렇게 자연은 겨울의 어둠을 찢고 새로운 계절을 열어젖힌다. 무궁무진하게 조화를 부리는 용은 그 형상 또한 버라이어티하다. 머리는 낙타, 뿔은 사슴, 눈은 토끼, 코는 돼지, 귀는 소, 목덜미는 이무기, 비늘은 잉어, 발톱은 독수리, 그리고 발바닥은 호랑이를 닮았다. 아홉 동물이 조합하여 용의 형상을 이루는데, 동양에서 9는 가장 큰 수로 무한을 의미한다. 9개의 다른 성질의 조합은 어떤 것이든 생성할 수 있는 무한의 잠재력을 의미한다.

비바람을 동반하는 용은 농사와 가장 밀접한 동물이다. 비가 내려야 농사를 지을 수 있기 때문이다. 가뭄이 들면 사람들은 용에게 빌면서 기우제를 지냈다. 그러므로 용은 각종 신화와 고전에서 바다, 비, 우레, 태풍, 개천, 연못 등 다양한 자연 현상으로 표현된다. 용은 물을 내려 주는 주재신으로 인간의 염원을 들어주는 영험한 동물이다. 그렇다고 인간이 무조건 용에게 굽신거리진 않는다. 이런 구전 설화가 있다. 사람들이 승천하는 용을 보고 용이라 하지 않고 구렁이라고 하자 용이 승천하지 못했고 그해 흉년이 들었다. 그다음 해 용이 하늘로 올라가는 시도를 했는데 누군가 용이라고 하자 용이 되어 승천했다는 것이다. 이 설화는 알려 준다. 변신은 홀로 하는 게 아니라는 것. 아무리 대단한 용이라 해도 사람들이 용으로 인정해 주어야 승천이 가능하다는 것. 아무리 빼어난 용이라 해도, 인간이 구렁이라 부르면 구렁이에 머물 뿐이다. 그러므로 용을 만드는 것은 사람들의 염원과 함께한다. 변화는 단독으로 이루어지는 게 아니라 관계 속에서 이루어지는 것이다.

도약의 힘! 그리고 음식을 소화시켜 몸의 생명 에너지로 전환하는 힘은 불가능한 것을 가능하게 만드는 힘이다. 지상에서 좌충우돌하던 자연 현상은 하늘로 올라 대기 중에서 구름을 만들고 비를 뿌림으로써 지상을 풍년으로 이끈다. 결실을 맺기까지 자연의 현상은 제멋대로인 듯 보인다. 번개가 치고 태풍이 불면 얼마나 위험한가. 하지만 그 현상을 통과해야 만물이 진작되고 생명력이 커진다. 변화무쌍한 자연 현상을 용으로 상상하기! 그 무궁한 힘의 용법을 고민했던 고대인들의 지혜가 진토에 그리고 상상 속의 동물, 용에 담겨져 있다.

4) 진토 캐릭터 탐구, 당태종(feat. 용왕)

『서유기』의 시대적 배경은 당나라로 태종 치세 시기이다. 천하를 호령하는 국왕은 갑자기 서역에 가서 불경을 가져오라 명한다. 달라져도 이렇게 달라질 수가 있는 걸까. 그가 처음부터 불교에 관심이 있던 왕은 아니었다. 그가 국책 사업으로 삼장을 서역에 파견하기까지 우리가 알지 못한 숨은 스토리가 있다. 이야기는 어부와 사냥꾼으로부터 시작된다. 어부와 사냥꾼이 '산이 좋다, 바다가 좋다' 배틀을 하다가 관계가 틀어지자, 이제 서로 '호랑이에게 잡아먹혀라, 배가 뒤집혀라' 막말 배틀로 이어진다. 그런데 어부는 상대가 아무리 막말을 해도 자신은 절대 그런 일을 당할 일이 없다며 맞선다. 사냥꾼이 운에 달린 일을 어떻게 자신하냐며 다그치자, 어부는 용한 점쟁이에게 점괘를 받는데, 그 말만 들으면 늘 배 한가득 물고기를 잡는다는 것이다. 용왕에게 이 말이 전해졌고 용왕은 바닷속 생물들의 씨가 마를까 염려되어, 점쟁이를 혼내 주기 위해 손님인 척 찾아갔다.

용왕 : 날씨를 점치러 왔습니다.

점쟁이 : 내일 진시(辰時)에 구름이 몰려와 사시(巳時)에 번개가 치고 오시(午時)에 비가 내리고 미시(未時)에 그칠 것이오. 모두 석 자 석 치 마흔여덟 방울의 비가 올 것이오. 오승은, 『서유기 1』, 305쪽

비를 주관하는 자신 앞에서 비가 온다 확언하니 용왕은 자존심이 상해 만약 약속을 어긴다면 점집을 닫게 하겠다며 점쟁이에게 엄포를 놓고 돌아왔다. 용왕이 시간을 조절하려 하자 갑자기 옥황상제 교지가 내려와 점쟁이가 말한 시간에 비를 내리라고 명령한다. 용왕이 강과 비를 주관한다지만 하늘의 뜻을 거스를 순 없는 법. 용왕은 점쟁이에게 큰소리쳤으나 본때를 못 보여 준 것에 화가 나 있는데 신하 쏘가리가 조작 날조를 부추긴다. 비를 내릴 때 시간을 약간 어긋나게 하고 양을 조금 줄이자는 것. 비는 내렸으니 하늘의 명은 지킨 것이고, 점쟁이는 약속을 어긴 게 되니, 점쟁이를 쫓아낼 묘안을 내놓은 것이다! 이미 공정성을 잃은 용왕은 옳다구나 싶어 그대로 실행한 후, 점쟁이에게 당장 달려가 약속 어긴 죄에 대해 물었다. 그러자 점쟁이는 용왕의 꼼수를 이미 알아차리고, 옥황상제의 명을 어겼으니 천벌 받을 준비나 하라고 호통을 친다. 그제서야 용왕은 자신이 승부욕에 눈이 멀어 천명을 어겼음을 깨닫고, 점쟁이에게 살려 달라고 애원했다. 그러자 점쟁이는 용왕에게 살 방도를 알려 준다.

용왕이 하늘의 명을 어겼으니, 내일 낮 1시 45분에 당태종 신하 위징이 용왕을 죽이러 온다는 것. 위징은 당태종의 신하이니 왕에게 도움을 구해 보라는 것이었다.

용왕은 당태종 꿈에 나타나서 살려 달라고 애원을 했고 약속을 받아낸다. "폐하는 진정한 용이시고, 저는 죄 많은 용입니다." 용왕은 자신을 물속의 용이고, 왕을 지상의 용으로 칭한다. 동아시아 신화를 보면 왕과 용은 관계가 깊다. 성군과 폭군의 차이는 용을 어떻게 다루는가에 따라 갈라진다. 순임금을 섬기면서 용을 잘 기르는 동보라는 이가 있었다. 용을 매우 좋아해서 용의 습성을 잘 아는 그를 용들은 잘 따랐고, 동보는 이런 용들로 순임금의 일을 돕도록 했다. 그런데 공갑이란 자가 왕이 된 후에는 사정이 달라졌다. 폭군 공갑은 용을 기를 줄도 모르고 동보를 찾지도 않았다. 공갑은 용을 잘 기르지 못할 뿐 아니라 용 요리를 먹은 자로 그려진다. 성군은 용을 잘 기르고, 폭군은 자기 식욕을 위해 용을 잡아먹는다.

용은 변화무쌍한 자연 변화를 상징하는 진토와 통한다. 용을 잘 길렀다는 것은 그만큼 자연의 이치를 알고 그 변화에 잘 대응했음을 뜻한다. 그러므로 순임금과 동보는 이치를 따르는 통치자인 것이다. 하지만 공갑은 자연의 이치를 모르니 용을 잘 기를 수가 없었고, 용을 잘 돌보는 동보가 눈에 들어올 리가 없다. 용 요리를 먹었다는 것에서 탐욕스러운 왕의 이미지가 그려진다. 아니나 다를까 『사기』는 공갑이 중국의 대표적인 폭군으로, 그는 음란하여 귀신 흉내 내기를 좋아했다고 기록한다. 이처럼 하나라의 붕괴는 공갑으로부터 시작되었는데, 그 원인이 용 기르기의 실패와 용 요리 먹기였던 것이다.

이것을 보면 우리 시대를 돌아보게 한다. 동물과 교감은커녕 특히 고기 먹방이 판을 치는 세상이다. 이런 시대적 분위기를 붕괴의 징후로 읽어야 하지 않을까.

한나라 시조 유방도 어머니가 교룡과 관계하여 낳은 자로 그려진다. 그가 어디에 있든 하늘에는 늘 용이 서려 있었다고 한나라 역사서 『한서』는 기록한다. 그것은 중국만이 아니라 우리나라에서도 마찬가지로 『조선왕조실록』, 『삼국사기』, 『삼국유사』, 『고려사』 등에서 왕은 용과 동일시되었다. 동아시아에서 용=왕이라는 전제가 있기에 용왕은 당태종에게 자신과 왕을 용으로 동일시하면서 동정심을 이끌어 냈던 것이다. 하지만 용이든 왕이든 옥황상제의 명령을 어길 수는 없는 법! 도가에서 옥황상제는 최고의 신인데, 하늘을 인간신화한 것이다. 그만큼 하늘의 이치는 공정하고 만물을 살리는 데 있으므로 용과 왕은 하늘의 명과 함께하는 존재이다.

당태종이 용의 부탁을 들어준 것은 천명을 받는 자로서 동병상련을 느꼈기 때문이다. 왕은 용왕을 구하기 위해 신하 위징에게 바둑을 두자며 붙잡아 놓았다. 분명 위징은 당태종과 같이 있었는데, 용왕은 죽고 말았다. 알고 보니 위징이 유체 이탈하여 용왕을 죽였던 것이다. 그날 밤 목이 잘린 용이 당태종을 찾아와 자신을 살려 준다는 약속을 어겼으니 염라대왕에게 따지러 가자고 했고, 그날부터 당태종은 시름시름 앓다가 죽고 말았다. 하지만 당태종은 위징의 친구 판관의 도움으로 다시 살아난다. 환생 직전 판관은 저승 투어를 시켜 주었는데, 당태종은 충격적인 고통의 세계와 마주한다. 그가 정복 전쟁에서 죽인 혼령들이 자신의 목숨을 돌려 달라고 아우성을 쳤던 것! 판관은 당태종에게 환생하면 저승에서 고통받는 사람들이 환생할 수 있도록 도와 달라고 간곡하게 부탁한다.

이승으로 돌아온 당태종. 저승 체험 이후 그는 전혀 다른 존재가 되었다. 아무리 성군이라 해도 전쟁을 피할 수는 없는 법. 당태종은 저승 투어 이후 나라를 불국토로 만들 결심을 한다. 이런 태도가 진토의 힘이다. 용은 땅에 사는 이무기였으나 승천함으로써 존재 변신에 성공한 동물이다. 당태종의 변신은 이제 자국의 백성을 넘어 타국 백성에게도 영향력을 끼친다. 온 세상을 불국토로 만드는 프로젝트에 당태종이 앞장선 것이다.

용은 여의주를 물고 있다. 여의주는 물, 비, 바람, 구름을 의미한다. 진토가 천둥 번개를 동반하고 빗속을 뚫고 승천하듯, 용은 수를 통과해야 화의 세계로 나아갈 수 있다. 용이 제아무리 능력이 있다 해도 비바람을 만나지 못한다면 용이 될 수 없다. 자유자재로 조화를 부리는 용이라 해도 구름 없는 맑은 하늘은 오를 수 없기 때문이다. 어려운 일을 통과하지 않고는 용이 될 수 없는 법. 당태종은 죽음을 관통했기에, 이승과 저승을 연결하는 힘의 용법을 터득할 수 있었다. 이제 무소불위의 권력자에서 불법 전파의 리더로!

변화의 아이콘 용처럼 당태종은 권력에서 영성으로 중심축을 완전히 옮겼다. 매우 이기적인 삶을 살던 존재라 해도 중심축을 옮길 수만 있다면 살리는 존재가 될 수 있다! 진토 용은 폭풍 성장이자 흐름이며 되기(becoming)이다. 『서유기』 속 당태종은 진토의 모습을 잘 보여 준다. 하지만 잊지 말아야 할 게 있다. 진이 변화의 아이콘인 건 맞지만 한 방을 추구하지는 않는다. 왕이 아무리 권력이 있다 해도 바로 불국토가 될 수는 없는 법. 이무기가 비바람 속에서 끈질기게 노력하여 승천의 기회를 얻듯이 태종의 불국토 프로젝트는 차근차근 순서를 밟으면서 진행된다. 먼저 불교 장려를 위해 수륙대회를 개최하고 서역으로 보낼 승려를 뽑는다. 이어 삼장법사와 함께 할 일행이 낙점되면서 죽은 자를 승천시키고 번뇌에 빠진 자를 구원하기 위한 불국토 프로젝트가 구체화되었다. 『서유기』에서 당태종의 역할은 매우 중요하다. 마치 12지지 속에서 진토가 봄을 끝내고 여름으로 진입하는 것과 같다. 불국토를 만들겠다는 지상 최고 리더의 염원! 진토 당태종의 변화가 바탕이 되었기에 삼장 일행의 구도의 여정은 시작될 수 있었다.

사화,
화염 속에서 성찰하는
뱀의 힘

"허물 벗기—허물을 벗을 수 없는 뱀은 죽는다. 자신의 의견을 바꾸는 것을 방해하는 정신들도 마찬가지다. 그들은 정신이기를 그만두고자 하기 때문이다." 프리드리히 니체, 『아침놀』, 이동용 옮김, 세창출판, 2022, 579쪽

"그러므로 지극한 도는 무위로 작용하는 것이니, 용이 되었다가 뱀이 되기도 하고, 가득 찼다가 텅 비기도 하며, 둘둘 말렸다가도 활짝 펼쳐지기도 하면서 그때그때의 상황에 맞게 변화한다. 지인은 밖으로는 세상의 풍속을 따르되 안으로는 자기 본성을 지켜서, 눈과 귀의 감각기관이 지나치게 밖을 좇거나 생각이 미혹되지 않게 한다." 유안, 「숙진」, 『회남자 1』, 이석명 옮김, 소명출판, 2013, 126쪽

“‘사’(巳)는 자(子)와 함께 아이의 상형이다. 뱀의 모양을 본떠 만들었다는 설도 있지만 아이의 모습을 그렸다는 것이 정설이다. 흥미로운 건 자와의 차이점이다. 자가 엄마 뱃속에서 나온 아이라면 사는 아직 머리까지만 형성된 아이라는 것. 즉, 사는 아직 뱃속에 있을 때의 아이를 상형한 글자라는 말이다. 그래서 사에는 ‘태아’라는 뜻이 담겨 있다. (……) 사월(巳月; 음력 4월)은 여름의 시작이다. 이때부터는 목 기운을 받아 뻗어 나가던 것들은 자라기를 멈추고 화려하게 잎을 펼친다.”(류시성·손영달, 『갑자서당』, 175쪽)

1) 사화의 상징과 계절

사화 : 가장 화려할 때 마치다

『오행대의』에서 “사(巳)는 그치는 것이니, 옛 몸체를 씻어 내어 여기에서 마치게 되는” 것이라고 했고, 『삼례의종』에서 “사(巳)는 일어나는 것이니, 물건이 이때에 이르러서 모두 자라기를 마치고 일어나는 것이다”라고 했다. 사월(巳月)은 여름의 시작으로 모든 양기가 밖으로 드러난 때이다. 그런데 왜 그친다고 한 걸까. 모든 양이 드러났으니 더 이상 드러날 양이 없기 때문이다. 예컨대 달이 꽉 차면 더 이상 커질 수 없는 것과 같다. 자연의 원리상 계속된 확장은 불가능하므로 이제 멈추라는 것이다. 옛 몸체를 씻어 냈다는 것은 음기의 흔적이 사라졌음을 의미한다. 즉, 사월이 되면 언제 추웠냐는 듯 따뜻하고 화창하고 밝은 날들이 계속되며, 겨울의 춥고 어두운 흔적은 찾으려야 찾을 수가 없다. 『한서』에는 "사(巳)에서 매우 성"하다고 했고, 『사기』에서 "사(巳)는 양기가 쇠잔했음을 말한다"고 했다. 언뜻 『한서』와 『사기』의 입장이 서로 다른 듯하지만 결국 같은 이야기이다. 음기 입장에서 보면 양기가 매우 성한 것이고, 양기 입장에서 보면 양기를 모두 드러낸 것이니 쇠잔해질 일만 남은 것이다.

『설문해자』에는 "사(巳)는 그치는 것이다. 4월에 양기가 이미 나오고 음기가 이미 숨으니 만물을 보고 문장을 이룬다는 뜻이다. 그러므로 사는 뱀의 모양을 본뜬 것이다"라고 했다. 사월은 인-묘-진 봄이 지나고 여름이 시작되는 때이다. 『주역』으로 보면 6개의 효가 모두 양이니(육양무음☰), 음기가 들어설 자리가 없다. 사월은 양기의 절정으로 인해 안정적일 것 같지만 오히려 불안함을 자아내는 시기이다. 성공한 사람들이나 스타들의 삶을 잘 관찰해 보면 정상에 올랐을 때 오히려 공황장애나 우울증에 노출되는 경우가 많다. 자신들도 아는 것이다. 더 이상 올라갈 수도 없고 계속 정상을 유지할 수도 없다는 것을. 그래서 두려운 것이다.

최근에 반 클라이번 콩쿠르에서 두각을 나타낸 피아니스트 임윤찬을 알게 되었다. 그의 연주는 남달랐고 인터뷰도 인상 깊었다. 18세가 맞나 할 정도로 성숙한 태도로 정상의 위험성과 그다음에 무엇을 해야 할지, 그리고 어떤 자세를 취해야 하는지 등에 대해 말하는데, 그것을 보면서 사화의 용법에 대한 영감을 얻을 수 있었다. 그의 인터뷰를 짧게 소개하자면, 그는 콩쿠르 입상보다 더 중요한 것은 내년에 할 프로그램 고민이라고 했다. 바흐의 골드베르크 변주곡을 준비하느라 결과에 별 관심이 없다는 것. 상에 머물지 않고 그다음을 생각하는 태도는 사화가 양기의 극단에서 음기를 생성하는 것과 같다. 기존 성과(여름)에 머물지 않고 다음 곡(가을)을 대비하는 것은 여름 사화가 가을이 올 것을 알고 준비하는 것처럼 보였다. 그에게 어떤 무대가 좋았냐고 묻자 모든 무대에 몰입해서 기억이 나지 않는다고 했다. 매 순간 몰입하고 집착하지 않는 태도가 놀라웠다. 우리는 보통 연습을 하지도 않으면서 좋은 결과를 바라느라 매 순간 몰입하지 못한다. 또 늘 보상을 염두에 두기 때문에 결과가 좋으면 그것을 누리는 데 급급해서 한 발짝도 나아가지 못한다.

임윤찬은 달랐다. 그는 세계적으로 권위 있는 상을 받았지만 상은 세 달 정도 관심을 끄는 거라, 그것에 매이지 않는다고 담담하게 말한다. 대신 그가 중시하는 것은 배움이라는 것. 예컨대, 베토벤은 검토를 중시했는데, 그의 음악을 연주하면서 자신도 그런 태도를 기르게 되었다는 것이다. 그리고 알게 된 것은, 마음이 음악에 배어 나온다는 것이며, 진심으로 연주를 하면 사람들이 그것을 느끼기 때문에 진심을 다해 연주하려고 노력한다는 것이다. 임윤찬은 피아노 연주를 하지만 그것을 통해 수많은 연주자의 철학을 배운다. 그리고 그것을 자신의 몸을 통과시켜 사람들에게 전달한다. 그러니까 그의 연주는 배움이자 소통, 그 자체인 것이다. 이런 태도가 그만의 연주를 만들고 있었다.

사(巳)는 어떤 지지보다 확장하고 뻗어 나가는 기운이다. 아무리 확장한다 해도 그 자체에 머물면 흐르지 못한다. 임윤찬은 음악을 통해 삶을 배운다. 그리고 그 태도가 음악에 배어 나오고 그것으로 세상과 소통한다. 이것이 사화(巳火)에서 '그침'을 읽어 내는 태도와 비슷하다. 가장 번성하고 잘나갈 때 그친다는 건, 삶에서 무엇에 초점을 맞춰야 하는가를 아는 일이기 때문이다. 일의 우선순위를 알 때 눈앞의 성과에 머물지 않고 다음 스텝으로 발걸음을 옮길 수 있으며, 나락으로 떨어지는 상황이 와도 절망에 머물지 않고 한 걸음을 내디딜 수 있기 때문이다. 그러므로 사의 팽창은 동시에 수축을 잉태한다. 가장 화려하고 번성할 때에 멈춤과 그침의 걸음을 연출해야 함을 사화는 우리에게 가르쳐 주고 있다.

사(巳)는 몸을 틀고 있는 뱀을 형상화한 글자다. 뱀은 양기가 충만한 동물이다. 다른 동물들은 발로 걸어 다니지만 뱀은 발 없이 빠르게 움직인다. 선현들은 강한 양기로 인해 발 없이 빠른 속도로 가는 뱀을 보고 사와 연결시켰다. 또한 사는 태아를 의미한다. 여기서 태아란 음기이다. 양기가 다했으니 이제 음의 태아가 생긴 것. 사는 '그칠 이(已)' 자와도 통하는데 양기의 그침을 강조한다. 사화는 그 자체로는 팽창과 번영의 글자이지만 사의 이면을 드러내면서 삶의 균형을 잡으려는 선현들의 지혜가 돋보인다. 사의 지장간은 병화, 경금, 무토로 구성되어 있다. 사화는 맹렬한 병화 주도하에 있지만 무토가 중재해 주고 경금이 그다음 스텝을 준비한다. 만약 사화가 팽창만 한다면 가을을 맞이할 수 있을까? 예를 하나 들어 보자. 중국 한나라는 무제 때 가장 번성했다. 그때 무제는 더 큰 팽창을 향해 나아가기를 멈추고 교육이나 행정 등 내실 다지기에 주력했다. 그 덕분에 진나라가 천하 통일 후 14년 만에 망한 것에 비해, 한나라는 그 뒤를 밟지 않고, 전한에 이어 후한까지 갈 수 있었다. 그렇다. 사화는 가장 팽창하고 번성할 때 우리가 무엇을 해야 하는가를 알려 주는 글자이다.

 # 사화의 계절과 시간

사월(巳月)의 절기는 여름의 시작 '입하'와 햇빛이 충만하고 만물이 생장하여 가득 찬다는 '소만'으로 구성되어 있다. 하루로 치면 오전 9시 30분~11시 30분으로 모든 생명이 왕성하게 활동하는 시간이다. 사시에는 해가 떠올라 세상을 비추니 사물의 특성이 확연하게 드러난다. 그러므로 사화 기질을 타고난 사람은 자신의 속내를 숨기지 못한다. 이런 기질이 솔직하고 확 트인 느낌을 주지만 역으로 경솔하고 조급함으로 드러나기도 한다. 또한 이들은 애매모호한 것을 딱 싫어한다. 밝으면 밝고 어두우면 어두운 것이지 두루뭉술함을 매우 싫어한다. 이런 성질 때문에 시비를 가리다가 관계가 틀어지고, 자기주장이 강해 어려움을 겪기도 한다. 하여 맹렬한 사화의 화기를 조절하려면 가을 성찰의 힘을 잘 사용해야 한다.

 # 사화의 기운

우리 시대는 빠름을 추구하는, 사화의 시대라 할 수 있다. 거기에 중독되면 다른 속도와 만나지 못하는 무능한 신체가 되기 쉽다. 우리에게 열린 디지털 시대는 접속의 가능성이 열린 시대이다. 그런데 우리는 막상 디지털 기기에 의존하여 빠름 외에 다양한 힘들과 접속하지 못하는 신체가 되어 버렸다. 그러므로 균형을 잡으려면 화끈한 사화 속에 숨어 있는 냉철한 금기를 적극 사용해야 한다. 사화는 알려 준다. 맹렬한 여름을 통과하려면 여름 다음에 오는 가을을 준비하라고! 속도에 속박되지 말고 성찰의 기운으로 다양한 속도를 가진 사람과 사물들과 공감하는 내면의 힘을 계발하라고!

2) 사화와 몸

사화는 족태음비경(足太陰脾經), 즉 비장과 통한다. 비장은 위에서 소화된 것을 받아 흡수한 영양 물질을 각 장부와 조직 등 전신으로 수송하는 장부이다. 위가 음식물을 받아들이면 비장은 각 장부와 사지말단으로 배분하는 역할을 한다. 이런 비의 기능을 운화(運化)라고 하는데, 이 기능은 사화와 통한다. 사화는 봄부터 도약한 양기가 엄청난 팽창력으로 만물을 무성하게 만드는 여름의 시작이다. 비장의 기능도 그렇다. 비장은 위에서 소화된 음식물을 정미 물질로 변화시켜 온몸에 흡수되게 만든다. 그 덕분에 몸의 오장육부, 근육, 털 등이 유지될 수 있는 것이다.

비장이 약하면 아무리 좋은 음식을 먹어도 무소용이다. 위를 통과해도 비에서 정미 물질을 만들지 못하면 온몸으로 양분을 보낼 수 없기 때문이다. 즉, 비의 사화 기능이 정미 물질을 온몸에 배포할 수가 없다. 영양분이 몸에 골고루 공급되지 못하면 사지가 약해지고 몸이 마르고 힘이 없어진다. 이렇듯 비의 기능이 약해지면 기혈을 만들지 못해 피의 흐름에 문제가 생긴다. 피 순환이 원활하지 않으면 몸에 멍이 들고 생리 주기가 아닌 때에 피가 나오기도 한다. 비장 경맥이 움직이는 시간은 사시(오전 9시 30분~11시 30분)로 사람들이 가장 활발하게 움직이는 시간이다. 비장은 사시의 시공간과 감응하여 정미 물질을 전신에 배포한다.

앞서 보았듯, 비는 영양분을 전달하는 장부의 전령사이다. 전령의 신, 하면 그리스의 신 헤르메스가 대표적이다. 천사도 대표적인 전령이라 할 수 있다. 신과 세속을 연결해 주니까. 전령의 역할은 쉬운 일이 아니다. 앵무새처럼 전달하는 건 무능한 전령이다. 이곳의 의미가 저곳으로 찰떡같이 전달되려면 양쪽 모두의 니즈를 정확하게 파악해서 전하는 능력이 필요하다. 오장육부 중 비장은 이 능력을 가장 필요로 하는 장부이다. 만약 음식이 소화되지 않고 내 몸으로 들어간다면? 그 자체가 독이다. 비장이 음식물을 내 몸에 알맞게 변화시켰기 때문에 영양분이 될 수 있는 것이다. 그러므로 비장은 헤르메스나 천사 같은 전령의 장부라 할 수 있다.

동양에서 최고 전령사는 '땅'이다. 땅에 씨를 뿌려 보라. 땅은 우주의 생명 비전을 적극 수용해서 모든 만물을 키워 낸다. 씨를 심었는데 새싹이 돋고 꽃을 피우며 열매를 맺는 것은 땅의 생명 해석이 모든 것을 키워 낼 만큼 풍부하다는 것을 말해 준다. 『주역』 중지곤(重地坤)괘에는 함장가정(含章可貞)이란 말이 있다. "아름다움을 머금어 올바름을 지킨다"는 뜻인데, 땅 자체가 아름다운 건 아니지만 각각의 존재를 키워 내는 역능을 발휘한다. 이런 힘은 사화 속에 있는 높고 넓은 산, 무토로부터 나온다. 중지곤은 땅의 덕에 대해 말하는 괘이다. "안으로 아름다움을 머금어 올바름을 지킬 수 있으니 혹 나랏일에 종사하더라도, 그 성공을 자기 것으로 하지 말고 끝마침이 있어야 한다"고! 그러니까 땅의 능력이 아무리 대단해도 땅은 그 자체만으로는 아무것도 할 수가 없다. 비장 역시 그 기능이 탁월하다 해도 음식이 내 몸으로 들어와야 비장의 소화 능력이 발휘되는 것처럼, 재료 없는 비장은 그 능력이 무소용인 것이다. 하여 곤괘의 땅이 왕의 일을 돕는 것처럼 비장 또한 몸 전체의 순환을 도울 뿐이다. 만약 비장이 다른 장부와의 협업을 무시하고 자기 존재감을 드러낸다면 그 행위 자체가 병든 것이다. 비장은 철저하게 서포터즈라는 본분을 잊으면 안 된다. 『주역』에서의 '이루려 하지 않는다'를 비장으로 치환해 보면, 비장이 모든 장부와 공통감각을 기를 때 전신에 기혈이 공급될 수 있다. 이때 비장의 사화는 '이루지 않는데 이루어지는 경지'를 펼치게 된다!

『동의보감』에서 몸은 횡격막을 기준으로 하늘과 땅으로 나누어진다. 인시에 호흡하면 천기가 횡격막 위로 들어오고 진시에 음식을 먹으면 사시에 정미 물질이 생성되어 지기가 횡격막 아래로 들어온다. 이렇게 내 몸은 천지와 감응하면서 살아간다. 그러므로 인간은 천지 사이의 존재, 천지의 플랫폼이다. 호흡하고 음식을 먹어 나를 자양하는 것은 하늘과 땅과 나를 잇는 거룩한 활동이다. 불교에서 "배고프면 밥 먹고 목마르면 물 마시는 게 부처"라는 말은 비유가 아니라 우리가 도달해야 할 삶의 모습인 것이다.

어린 시절에 놀던 기억을 떠올려 보자. 엄마가 됐다가 아이가 되기도 하고 은행원이 됐다가 요술쟁이가 되는 등 역할을 자유자재로 바꾸면서 놀았다. 다양한 롤 플레이가 가능한 것은 비장이 건강했기 때문이다. 비장은 관계의 장부이다. 다른 위치에 서게 되면서 상대가 이럴 때는 이렇게 느끼겠지라거나 상황이 달라졌으니 다르게 해야겠다는 등의 유연한 사고를 하면서 우리는 다양한 삶을 배운다. 이것이 사화 안의 토기를 잘 쓰는 법이다. 그래야 역지사지를 할 수 있고 비장도 튼튼해진다. 반면 나를 고집하게 되면 관계에 문제가 생길 뿐 아니라 비장이 제 기능을 하지 못하므로 온몸에 영양분이 골고루 공급될 수가 없다. 온몸으로 뻗어 나가야 하는 사화 기운이 제대로 작동할 수 없는 것이다. 현대인들은 대부분 비위가 약하다. 삶에서 무조건 돈과 스펙을 향해 무한 질주를 하니 사화 중에 오직 화기만을 사용하기 때문이다.

디지털 시대는 모든 가치가 붕괴되는 시대이다. 남성과 여성의 구분이 사라지는 젠더리스, 세대를 넘나드는 에이지리스 등의 시대가 열리고 있다. 이때 이질적인 것을 연결하고 공존하는 능력이 무엇보다 필요하다. 이런 능력은 모든 장부를 자양하는 비장에서 나온다. 요즘 청년 꼰대와 노년 철부지를 종종 만난다. 유연하지 못한 청년과 이기적인 노인이 사는 세상! 생각만 해도 암담하다. 이런 조합을 해체하려면 비장을 튼튼하게 만들어야 한다. 그래야 남을 배려하고 받아들일 수 있는 능력이 생긴다.

내 몸이 나무라면 비장은 몸의 뿌리라 할 수 있다. 「용비어천가」에 이런 대목이 있다. "뿌리가 깊은 나무는 바람에 흔들리지 않으므로, 꽃이 좋고 열매가 많다. 샘이 깊은 물은 가뭄에도 끊어지지 않으므로, 냇물을 이뤄 바다로 흘러간다." 나무는 뿌리가 핵심이다. 뿌리가 약하면 마구 휘청일 뿐 아니라 꽃도 열매도 얻지 못한다. 샘도 근원이 깊어야 한다. 근원이 깊어야 끊어지지 않고 흘러 흘러 바다로 갈 수가 있다. 이처럼 비위 기능이 원활해야 내 몸이, 내 삶이 흔들리지 않는다. 비장의 깊은 뿌리가 음식물의 영양분을 흡수하고, 비장의 깊은 샘에서 나온 물이 내 몸 구석구석을 흐를 수 있다. 비위가 좋아야 낯선 것들과 관계를 맺고 깊은 사유를 통해 통찰력을 키울 수 있다. 이렇듯 사화의 기운, 적절한 스피디함으로 모든 장부와 연결하고 변용하는 능력이 비위에서 나온다. 비장은 팽창하는 화기를 사용하지만 음식을 기혈로 변화시키는 토기와 저장하는 금기도 함께 쓴다는 것을 잊지 말아야 한다.

3) 사화와 동물

사화와 연결되는 동물은 '뱀'이다. 우리에게 뱀은 그닥 친숙한 동물은 아니다. 친숙은커녕 혐오 동물에 속한다. 독이 있고 징그럽고 물컹하고…, 생각만 해도 오싹하다. 이런 동물이 12지지에 속할 뿐만 아니라 동서양 신화에서도 어느 동물보다 많이 등장한다. 널리 알려진 창세기의 이야기에서 이브를 유혹해 아담을 악의 구렁텅이에 밀어 넣은 것도 뱀이다. 이런 이미지가 남자를 유혹해서 한몫 잡으려는 여성, 꽃뱀을 만들었을 것이다. 어쨌든 뱀은 긍정적이든 부정적이든 이중적 이미지가 공존하는 동물이다. 징그럽게 싫으면서도 치명적인 매력 때문에 넘지 말아야 할 선을 넘게 만드는 딜레마의 동물이랄까.

사화가 딱 그렇다. 계절적으로 겉은 여름이지만 속에 가을을 품은 사화는 화기의 열정과 금기의 냉정을 가진, 복합성과 이중성을 가진 기운이다. 이것은 뱀의 생태에서도 드러난다. 뱀은 계속 허물을 벗으면서 성장한다. 몸이 비늘이고 그것은 딱딱해지기 때문에 성장을 하려면 반드시 탈피를 해야 한다. 이렇게 변신을 거듭하는 뱀을 보고 선현들은 여름을 통해 가을로 가는 사화의 향기를 맡았던 것이다.

그리스 의술의 신 아스클레피오스(Asclepios)의 지팡이에는 뱀이 감겨져 있다. 아스클레피오스는 죽은 자를 치료하던 중 뱀이 들어오자 놀라서 지팡이로 뱀을 때려 죽였다. 그런데 다른 뱀이 약초를 물고 나타나 죽은 뱀의 입 위에 그것을 올려놓았고 그러자 죽은 뱀이 살아났다. 이것을 본 아스클레피오스는 죽은 자에게 그 약초를 올려 사람을 살려냈고, 그후로 그는 지팡이에 뱀을 휘감고 다니며 자신의 상징으로 삼았다. 이 이야기는 허물을 벗으면서 재생하는 뱀의 이미지와 병과 죽음을 치유하는 의사가 오버랩된다. 뱀이 가진 독은 치명적이지만 특정한 맥락 속에서는 생명을 구하는 약이 된다. 중요한 것은 맥락을 읽는 유연함이다. 그 유연함이 없으면 약도 독이 되고 독도 약이 될 수도 있으니까. 바로 뱀은 맥락을 읽는 힘을 가진, 가장 틀에 갇히지 않는 유연한 동물인 것이다.

혐오와 매혹의 경계에 있는 신비롭고 변신 가능한 뱀! 그러고 보니 뱀의 형상도 어디까지가 머리, 허리, 꼬리인지 구분되지 않는다. 온몸이 머리인 것도 같고 허리이기도 하며 꼬리이기도 한 동물이기에 매 순간 다른 무언가가 되는 잠재력을 가졌다. 심플한 일자 모양이 됐다가 구불구불 움직이면 물결무늬가 됐다가 똬리를 틀면

원 모양이 된다. 이처럼 뱀은 자유자재로 늘어나고 줄어드는 스판덱스 같은 신축성과 유연성을 가진 동물이다!

뱀은 원초적 시원을 상징한다. 인간이 로고스의 힘을 가진 존재라면 뱀은 자연을 대표하는 에로스라고나 할까. 인간이 의식이라면 뱀은 무의식을 상징한다. 그리고 뱀은 "꼬리를 삼키는 자"라는 뜻을 가진 '우로보로스'와도 통한다. 그것은 두 마리의 뱀이 각각 상대의 꼬리를 물고 삼키는 고대의 상징으로, 순환되는 우주의 영원성으로 표현된다. 뱀은 발이 없다. 하지만 어떤 동물보다 속도가 빠르다. 이것이 사화와 통한다. 용도 그 속도가 엄청나게 빠르지만 용의 주 활동 무대는 하늘과 바다이다. 한데 뱀의 활동 무대는 용과 달리 '땅'이다. 사방팔방으로 트여 있는 하늘과 달리 울퉁불퉁하고 사방이 막힌 유형의 시공간을 뱀은 발도 없이 잘도 다닌다. 이런 성질은 여름 양기의 맹렬한 기운과 종착지인 가을을 모두 아우르는 사화의 용의주도함과 통한다. 이렇듯 여름과 가을을 잇는 사화는 두 갈래로 갈라진 뱀의 혀에 비유되기도 한다. 뱀은 양기가 강해 발 없이도 그 속도가 엄청나게 빠른데 그 힘은 땅에서 나온다. 보이지 않는 땅 속에서 기운을 응축했기 때문에 엄청난 양기 발산이 가능한 것이다. 이렇듯 뱀의 이중성은 다양한 곳에서 발견된다.

앞서 보았듯이 하늘의 변화 아이콘이 용이라면 땅의 변화 아이콘은 뱀이다. 12지지에서 진토 용 다음에 사화 뱀이 위치해 있는 게 오묘했다. 『주역』「계사전」에 '천존지비'(天尊地卑)가 있다. 하늘은 존귀하고 땅은 비천하다! 남존여비가 떠오르면서 이렇게 대놓고 땅을 무시해도 되나 싶었다. 그런데 남회근 선생 해석에 따르면 하늘은 영원히 도달할 수 없는 높은 곳에 있다는 뜻이고, 땅은 인간과 매우 가깝다는 뜻이란다. 여기서 문제가 생긴다. 인간은 먼 것은 소중히 여기고 가까운 것은 소홀히 여기는 습성이 있다는 것. 이렇게 거리가 주는 다른 감각은 어려운 것을 중히 여기고 쉬운 것을 소홀히 여기거나, 죽음을 중히 여기고 삶을 소홀히 여기는 식으로 드러난다. 그렇다. 우리는 일상을 소홀히 여기고 먼 곳을 동경한다. 하지만 막상 동경하던 것이 일상이 되면 소홀히 하는 게 인간의 한계이다. 예컨대 물건을 사기 전에는 안달복달하다가 지르고 나면 손도 대지 않는 것과 같은 이치랄까. 정말 변신하고 싶다면 일상을 소중히 하는 것에서 시작해야 한다. 이것이 땅의 힘으로 움직이는 사화를 잘 쓰는 용법이다.

아프리카 콩고에 사는 피그미족은 뱀의 신비한 능력과 감응하는 부족이다. 그들은 사냥하기 전에 선을 긋는다. 그들에게 선은 단순한 선이 아니다. 그들에게 선은 뱀의 생명력과 변신의 힘이 나오는 '리얼'이다. 그들은 선긋기 종교의식을 치르면서 자연의 힘과 하나 되기를 시도한다. 아무것도 아닌 선긋기에서 삶을 신성하게 만드는 그들의 능력이야말로 사화의 고차원적 용법이 아닐까 싶다.

4) 사화 캐릭터 탐구, 홍해아(선재동자)

『서유기』에 다양한 요괴가 등장하지만 그중 홍해아는 손오공이 손을 못 쓸 정도로 막강한 요괴다. 도대체 어떤 요괴길래? 홍해아, '붉은 아이'라는 뜻으로 이름부터 불의 이미지가 물씬 풍긴다. 워낙 막강 캐릭터라 영화 〈서유기〉에서도 홍해아 대전 등 계속 호출된다. 홍해아는 아버지가 우마왕('축토'편 참조)이고 나찰녀가 엄마로 요괴계의 금수저이다. 빵빵한 백그라운드에 신통력까지 갖추었으니 쉽지 않은 상대인 것. 그렇다고 그의 신통력이 절로 생긴 건 아니다. 화염산에서 3만 년 동안 수행하여 삼매진화(三昧眞火)의 경지에 도달했다. 그의 신통력은 다음과 같다.

"이글이글 탁탁 하늘 가득 타오르고 잡아먹을 듯 훨훨 온 땅이 새빨갛다. 불 바퀴 위아래로 날아다니는 듯하고 숯가루가 동서로 춤추는 듯하네. 이 불은 수인씨의 부싯돌 불도 아니고 또 노자가 단약 달이던 불도 아니네. 번갯불도 도깨비불도 아닌 이것은 바로 요괴가 수련으로 만들어 낸 삼매진화라네. 다섯 대 수레가 오행을 이루고 오행의 작용으로 불이 생겨난 것이네. 간목(肝木)은 심화(心火)를 왕성하게 피어나게 해주고 심화는 비토(脾土)를 눌러 평온하게 하네. 비토는 금을 낳고 금은 수로 변하여 수는 목을 낳으니 정말 신령하도다. 낳고 변하는 것이 모두 불 때문이고 불은 넓은 하늘 뒤덮었으니 만물이 빛나네. 요괴는 오랜 수련으로 깨달아 삼매를 부릴 줄 알고 길이길이 서역 땅의 일인자가 되었네." 오승은, 『서유기 5』, 34~35쪽

삼매란 무엇인가? 산스크리트어 사마디(Samādhi)의 한역어로 마음을 한곳에 집중하여 마음이 들뜨거나 가라앉지 않는 고요한 경지이다. 우리도 미약하긴 하지만 일상에서 독서삼매 등의 경험을 한다. 물론 홍해아는 고도의 집중 수행을 통해 삼매 경지에 이르렀고 진화, 참다운 불을 얻었다. 보통 불교에서는 세속에서 들끓는 번뇌

를 불로 비유한다. 그 불이 꺼지고 삼매진화를 얻었으니 욕망의 불이 꺼진, 누군가를 살리거나 따듯한, 고요하고 정미로운 불이다. 홍해아의 화기는 사화를 연상시킨다. 사화는 초여름 기운으로 꽃을 피우는 맹렬한 기운이다. 사화는 적극적인 표현, 공명정대, 혈기왕성, 열정으로 표현된다. 하지만 그 힘이 순환되지 못하면 주변을 싹 다 불태워 버린다. 카렌 암스트롱은『스스로 깨어난 자 붓다』에서 명상을 시작하기 전 도덕성의 건실한 기초를 놓을 것을 강조한다. 명상과 요가는 수행자들을 강한 집중력과 자기제어 능력으로 이끌지만 이 힘을 이기적인 목적으로 이용할 때 세상을 위태롭게 할 수도 있다는 것이다. 카렌 암스트롱은 방향 없는 집중 수행의 위험성에 대해 경계한다. 홍해아가 딱 그런 케이스이다. 수행으로 능력은 생겼지만 방향을 잃어버린 요괴인 것. 삼매진화를 세상을 위해 사용하지 않고 그 신통력으로 삼장법사를 잡아먹어 영생을 얻으려는 욕망에 불타 있다.

홍해아는 변신도 잘한다. 어린이가 되어 삼장의 동정심을 자극한다. 손오공은 요괴인 걸 간파해서 삼장에게 조심하라 했지만 삼장은 어린이의 모습에 마음이 약해져서 결국 요괴에게 납치당한다. 손오공은 화가 나자 구도고 뭐고 해체를 선언하면서 자신의 심정을 감추지 않는다. 요괴의 힘은 매우 강하고 사부님은 자신의 말을 듣지도 않고 저팔계는 삼장 옆에 붙어 손오공을 돕기는커녕 공격만 하고! 천하의 손오공도 지쳐 버린 것이다. 구도의 마음을 포기하게 만든 것! 이것이 홍해아의 위력이다. 불타는 사화로 구도의 마음 녹여버리기!

그런데 여기서 반전이 일어난다. 손오공이 포기하자 꼼수만 부리고 탐심이 먼저였던 저팔계가 반성하는 사태(?)가 일어난다. 해수(亥水)는 사화와 반대되는 글자로 수극화(水剋火)가 발생했다. 언제나 말이 없던 사오정도 참지 않고 나선다. 이것은 화를 토로 빼는 작용이다. 맏형 손오공이 무너지자 두 동생들이 정신을 차렸다. 해수 저팔계와 술토(戌土) 사오정이 뜨거운 사화를 자극하자 사화의 힘이 제대로 발동된다. 사화 속에는 화만 있는 게 아니다. 환절기 토, 신뢰의 기운과 가을 금, 성찰의 기운이 함께 내재하니 사화의 뜨거움 속에서도 신뢰하고 성찰하면서 모인 것이다. 어쨌든 홍해아의 삼매진화의 화력은 삼장 일행의 분열을 초래할 뻔했지만, 위기 상황에서 그들은 오히려 하나로 모이는 진정한 사화의 힘을 보여 준다. 이것이 구도의 힘이다. 구도의 비전이 굳건했기에 삼장 일행은 해체 위기에서 결집이 가능했던 것이다. 그러므로 사화를 제대로 사용하려면 비전 설정이 무엇보다 중요하다. 홍해아가 삼매진화의 능력을 갖고도 요괴가 된 것도, 홍해아의 이간질에도 삼장 일행이 해체되지 않은 것도 모두 정확한 비전이 있었기 때문이다.

이제 삼장의 제자들은 다시 의기투합해서 삼장법사를 구할 계획을 세운다. 먼저 자신을 위기에 빠트린 존재부터 알아본다. 손오공은 토지신과 산신령을 소집하여 요괴의 정체를 파악했다. 정체 파악을 했음에도 홍해아는 감당하기 어려운 요괴였다. 손오공은 신금에 해당한다. 오행적으로 금은 화에게 극을 당하는 운명이다. 천하의 손오공도 불 기운 앞에서는 맥을 출 수가 없는 것이다.

홍해아는 '화운동'(火雲洞), 불 구름 골짜기에 산다. 불은 아래에서 위로 타오르는 성질이다. 그러나 위에 있어야 할 불이 골짜기에 있고 밝게 빛나야 할 불이 구름이 됐으니, 이름부터가 불의 왜곡을 암시한다. 동양의학적으로는 '수승화강'이 안 되는 상황이다. 몸에서 수승화강이 안 될 때 정신이 맑지 못하고 연기가 낀 것처럼 몽롱해지는데 이런 상황을 화 운동으로 명명한 것이다. 손오공은 이 왜곡된 불을 끄기 위해 용왕을 대동하지만 맹렬한 삼매진화는 꺼지기는 커녕 기름을 부은 듯 더 극성스럽게 타오른다. 과거 제천대성 시절 태상노군은 손오공을 팔괘에 넣고 구워 버린 적이 있었다. 다행히 바람의 방위인 손방(巽方)에 있어서 타 죽지는 않았지만 바람이 연기를 휘저어 놓는 바람에 시뻘건 눈에 금빛 눈동자가 되었다. 불에 대한 트라우마가 있는 손오공은 홍해아가 뿜어내는 연기에 그만 줄행랑을 쳤다.

사화는 오운육기적으로 '사해궐음풍목'(巳亥厥陰風木)이다. 이것은 무엇을 의미할까. 궐음은 미약한 음기를 의미한다. 사화는 센 불이다. 맹렬한 사화가 유지되려면 더 큰 불이 필요한 게 아니라 미약하더라도 음기의 바람이 필요하다. 손오공이 팔괘 중 바람이 부는 손방에 있다는 것은 음기, 즉 화기를 잠재우고 싶은 마음을 일으켰다는 뜻이다. 이제 겁 없이 옥황상제에게 들이대는 손오공의 모습은 점점 희석되는 중이다.

다시 홍해아와 한판 승부가 벌어진다. 홍해아의 맹렬한 화력에 손오공은 참지 못하고 물속으로 뛰어든다. 홍해아의 화기가 손오공의 심장을 쳐서 모든 혼이 빠져나갔다. 이때 저팔계가 손오공의 몸을 전력으로 주물러서 살려낸다. 간신히 기운을 회복한 손오공은 관세음보살에게 홍해아를 처리해 달라고 도움을 요청한다. 관세음보살은 홍해아의 삼매진화를 제압하기 위해 4개의 바다와 5개의 호수와 36개의 칼을 사용한다. 사화 제어를 위해 지구의 수기를 모두 끌어온 것이다. 이것만으로는 부족하다. 그다음에는 36개의 칼을 연화좌로 만들어 홍해아가 앉도록 유인한다. 홍해아가 연화좌에 앉는 순간, 36개의 칼이 홍해아의 몸을 꿰뚫는다. 강력한 금기가 오히려 화기를 제압한 것이다. 결국 홍해아의 맹렬한 사화는 수와 금의 압박에 굴복하고 말았다.

관세음보살은 긴고테를 천방지축 홍해아에게 씌우고 일보일배를 하면서 되돌아가게 했다. 일보일배, 사화의 속도를 제어하기 위한 방편이다. 절을 하면서 빠르게 갈 수는 없으니까. 절은 불법승에 대한 예경과 상대방을 존경하는 마음의 표현이며, 자신을 낮추는 하심(下心) 수행법이다. 일보일배는 홍해아가 초발심으로 돌아가는 훈련이다. 요괴의 마음을 내려놓자 홍해아는 '선재동자'(善財童子)가 되었다. 그렇다. 홍해아와 선재동자는 동전의 양면과도 같다. 마음의 방향만 바꾸면 선과 악은 언제든지 바뀔 수 있는 법. 어떤 방향으로 마음을 내는가가 요괴와 보살을 결정한다. 홍해아는 사화의 양면성을 보여 준다. 사화처럼 강력한 기운을 타고날수록 무엇보다 방향 설정이 급선무이다. 자, 이제, 묻겠다. 홍해아와 선재동자, 어떤 길을 갈 것인가?

오화,
구도를 향한 일심
—말의 힘

"인디언이라면 정말 좋을 텐데! 달리는 말 위에 당장이라도 올라탈 만반의 준비를 하고, 비스듬히 대기를 가르며, 진동하는 대지 위에서 언제나 거듭 짧게 전율을 느끼며, 박차라는 게 없어도 마침내 박차를 내던질 때까지, 말고삐라는 게 없어도 마침내 말고삐를 집어 던질 때까지, 그리하여 앞에 보이는 땅이라고는, 이미 말의 목덜미도 말 머리도 없이, 매끈하게 풀을 베어 낸 광야밖에 없을 때까지." 카프카, 「인디언이 되고 싶은 소원」, 『프란츠 카프카』, 박병덕 옮김, 현대문학, 2020, 49쪽

"'오'(午)는 똑바로 세워 놓은 절굿공이의 상형이다. 시계가 없던 시절, 사람들은 땅에 절굿공이 같은 막대를 꽂아 시간을 확인했다. 오의 '한낮'이라는 뜻은 여기서 생겼다. (……) 오월(午月)은 한여름에 해당하는데 이때 가지와 꽃받침이 활짝 펴진다고 해서다. 오월은 음력 5월, 절기로는 망종(芒種)과 하지(夏至)에 해당한다. 과거 오월엔 큰 행사가 진행되었다. 단오(端午)가 그것이다. 음력 5월 5일인 단오는 일 년 중 양기가 가장 왕성한 날이다. 이때쯤 세계 곳곳에서 태양을 축복하는 축제가 열리곤 했다."(류시성·손영달, 『갑자서당』, 177쪽)

1) 오화의 상징과 계절

오화 : 만물이 펴지다

『오행대의』에서 "오(午)는 짝지어지는 것[仵]이며, 또한 꽃받침이 붙는 것[蕚]이다. 5월에 만물이 성대해져서 가지와 꽃받침이 짝으로 펴지는 것이다. 『회남자』에 말하기를 '오(午)는 어지러운 것이다'라고 했으며, 『삼례의종』에 말하기를 '오(午)는 길어지고 커진다는 뜻이니, 물건들이 모두 길어지고 크는 것을 말한다'"고 했다.

오가 '짝지을 오'와 의미가 통하는 건 오의 계절에 짝을 이루어 만물을 성대하게 만든다는 뜻이다. 꽃받침이 붙는다는 것은 오화(午火)의 계절에 이르러 생명체가 성장하여 형태를 갖추었다는 것이다. 『회남자』에서 '어지럽다'고 한 것은 너무 성대해지면 산만해진다는 뜻이다. 오는 다양함과 산만함, 화려함과 어지러움의 경계에서 균형을 잡는 기운이다. 『회남자』에서는 "오(午)는 돈장(敦壯)이라고 이름한다. 돈(敦)은 성한 것이고 장(壯)은 건장한 것으로, 만물이 장성한 것을 말한다"고 했고, 『한서』에서는 "오(午)에서 널리 퍼진다"고 했다. 이것은 이글거리는 태양으로 인해 만물이 길어지고 커지는 시기라는 뜻이다. 즉, 태양열로 가열된 대기는 만물에게 숨을 불어넣어 외적으로 팽창시킨다.

아무리 열기가 치성해도 달이 차면 기울듯이 그 열기는 계속 될 수가 없다. 양이 정점에 이르면 자연스럽게 음이 생기기 마련이다. 『사기』에서는 "오(午)는 음양이 교류하는 것을 말한다"고 했는데 꽃이 만개한 상태, 팽창이 과도해지면 수축 기운인 음이 생성되기 시작한다. 강한 양기가 음기를 불러와서 교류를 시도한 것이다. 만약 과도하게 펼치기만 하고 수렴하지 않으면 어떻게 될까? 펼친 것을 더 확장하기 위해 온갖 비리와 부정을 저지르거나 기존의 가치만을 고집하게 된다. 이 함정에 빠지지 않으려면 펼침이 계속될 수 없음을 알아차리고 접힘 운동으로 전환해야 한다. 이것이 음과 양의 교류이다. 이렇듯 기존의 것들과 결별하고 새로운 것을 생성하지 못할 때 인간은 감각적 쾌락만을 좇는, 생명력을 잃은 삶을 살 수밖에 없다. 그러므로 오화는 12지지를 시작했던 자수의 마음을 기억해야 한다. 오화는 강한 음기가 불러온 일양이 점점 자란 결과이기 때문이다. 오화는 본투비 오화가 아니다. 본투비 오화란 있을 수가 없다. 자수에서 시작한 일양의 마음, 초심이 시간을 통과하면서 자라난 기운이 오화이다. 그러므로 초심을 기억해야 오화의 시기에 음양의 교류, 순환이 가능하다. 오화가 초심을 잃게 되면 화기는 점점 치성해져서 모든 것을 불태워 버릴 것이다.

『설문해자』에서는 "오(午)는 거스르는 것이다. 5월에 음기가 양을 거슬러 뚫고 나오는 것이다. '화살 시(矢)'와 같은 의미"라고 했다. 오가 무엇을 거스른다는 걸까. 오는 양의 기운이자 불의 기운이다. 불은 위로 타오르듯 그 기운은 상승한다. 우리는 땅의 기운, 중력장의 영향을 받으며 살아가는 존재이다. 오는 상승하는 기운이니 아래로 향하는 땅의 기운을 거스른다는 뜻이다. 땅의 기운을 거스른 양기가 절정에 이르면 음기가 양을 뚫고 나와 양기를 또 거스른다. 양이 극에 달하면 음이 생성되고 음이 극에 달하면 양이 생성된다. 오화는 한 번은 땅의 기운에 순응하고 한 번은 땅의 기운을 거스르는, 하늘의 원리에 순종하는 삶을 온몸으로 보여 준다.

오는 지지 중 땅의 끌어당기는 기운과 완전히 반대되는 상승의 기운이다. 마치 궁수가 태양을 향해 화살을 쏘듯, 오는 태양을 향해 힘차게 달려간다. 이런 모습을 '화살 시'에 빗대었다. 하지만 아무리 성능 좋은 화살이 하늘을 향해 날아오른다 해도, 끝내 내려올 수밖에 없는 운명. 이것이 오화가 음기를 발생시키는 원리인 것이다.

 # 오화의 계절과 시간

오는 오전 11시 30분~오후 1시 30분, 한나절 정오의 기운이다. 정오는 태양이 머리 위로 떠서 그림자가 가장 짧은 시간이다. 1년으로 치면 양의 기운이 정점에 있어서 열기가 가장 강한 계절이다. 이 시기에는 양기가 극에 이를 정도로 치성하여 열기가 위로 상승한다.

태양은 대기를 데워 수분을 증발시켜 순환의 기류를 만들고, 이는 구름과 비가 되어 만물을 살린다. 그렇다. 우리는 오화의 아낌없이 펼치는 작용 덕분에 녹음 가득한 계절을 누리는 것이다.

오화가 대기를 순환시켜 만물을 살리듯 오화를 타고난 사람은 세상을 이롭게 하기 위해 열정적으로 살아간다. 오화는 강한 기운이지만, 치우친 기운이라 균형 잡기가 쉽지는 않다. 음기를 확보하지 못하고 화기만을 사용할 때 감정 기복이 큰, 조울증이나 우울증 등의 병증이 생길 수 있다. 그러므로 오화를 잘 쓰려면 음기, 휴식과 잠, 성찰 등 보이지 않는 기운을 확보해야만 한다.

2) 오화와 몸

오화는 한여름의 기운이다. 충천한 양기는 그 작용을 상승시켜 생명을 가장 많이 번성시킨다. 오화는 몸에서 수소음심경(手少陰心經)과 통한다. 『동의보감』에서는 "심장의 일곱 개 구멍은 북두칠성에 응하고, 세 가닥의 털은 삼태성(三台星)에 응한다. 때문에 마음이 지극히 정성스러우면 하늘이 감응하지 않을 수 없다"허준, 『낭송 동의보감 내경편』, 139쪽고 한다.

심장과 북두칠성이 같은 층위에서 말해질 수 있는 것은 오화가 하늘과 땅과 사람을 연결하기 때문이다. 오화의 절기는 망종과 하지로 1년 중 양기가 가장 강한 계절이다. 심장 경맥은 몸 상단 전면에 흐르는 경맥으로, 심장은 오화와 통한다. 그렇기 때문에 심장은 오화의 열기로 인해 끓어오른다. '뜨거운 가슴'은 동양의학에서 수사가 아니라 리얼이다. 심장은 군화(君火)로도 불린다. 몸을 국가로 볼 때 심장의 불이 군주 역할을 하기 때문이다. 군주가 정치를 잘하면 백성이 편안하듯 군화가 몸에 피를 잘 공급하면 세포, 오장육부 등이 잘 자양된다. 이것은 마치 오화의 뜨거운 열기가 대기를 데워 만물을 잘 자라게 하는 것과 같다.

동양에서 북극성은 하늘의 주재자이다. 그와 마찬가지로 심장 또한 몸의 주재자이다. 그러므로 심장은 사람의 정신이나 자유, 의식 활동을 주관한다. 이것은 모두 오화의 작용과 연결된다. 북극성이 계절의 운행을 지휘하듯이 심장은 온몸의 생리 대사를 관장한다. 오화를 타고난 사람은 누구보다 열정적이고 생각이 선명하고 행동이 재빠르다. 오화의 기운으로 응축된 수 기운을 자극하여 몸의 말단까지 두루두루 펼치기 때문이다. 그리고 이들은 자신을 밖으로 드러내길 좋아하거나 노출된 환경 조건에 잘 놓인다. 심장은 혀와 연결되므로 언변 또한 좋은 편이다. 하지만 양기가 지나치면 자기 과시나 허세, 사치로 흐를 수 있다. 이것이 지속되면 양기를 너무 소모해서 음기가 맥을 못 춘다. 이때 심장이 과열되어 피가 마르면 살이 빠진다. 오화의 양기가 치성해져서 심장의 열기가 끓어올라 피가 부족해졌기 때문이다. 그럴 때 꿈을 많이 꾸고, 심신 불안, 건망증 등의 증상이 나타난다. 심장의 오화 기운을 잘 사용하려면 '음기의 확보'가 무엇보다 중요하다. 오화는 지금까지 달려왔던 양기의 절정이므로 기존의 가치를 고수하려는 경향이 있다. 이런 태도가 이분법적으로 세상을 보게 만든다. 오화를 잘 사용하려면 이분법을 벗어나야 한다. 이제 황혼으로 가야 하므로 새로운 음기를 생성해야 한다. 오화는 겉은 가장 밝지만 속은 새로운 세계로의 이행, 저녁과 가을을 준비하는 모드 전환의 시간이다. 이것은 말이 쉽지 전혀 다른 세상, 한 번도 가 보지 않은 세계로의 도전이다. 그러므로 불확실할 수밖에 없다. 자연은 매일 정오에 빛나는 태양의 빛을 온몸으로 받는 동시에 황혼과 밤이라는 불확실성의 시간으로 온몸을 던진다. 우리 또한 매일 오화의 시간과 마주친다. 그 시간과 매일 감응하기 때문에 인간은 하루라는 밝음과 어두움의 경계 속에서 새로운 존재로 재탄생이 가능한 것이다. 이렇듯 오화는 이분법을 벗어날 때 심장 경맥이 원활하게 돌고 태양이 만물을 살리는 신체가 될 수 있다. 태양이 가장 강렬할 때야말로 밤의 문을 열 준비를 할 때이다! 가장 환할 때 어둠을 감지할 수 있고, 헤어질 결심을 할 때 새로운 만남을 시작할 수 있는 자만이 오화를 가장 오화답게 사용할 수 있을 것이다.

3) 오화와 동물

오화와 연결되는 동물은 '말'이다. 말, 하면 갈기를 휘날리며 초원을 달리는, 활력과 생동감 넘치는 동물이다. 천고마비, 하면 살진 말의 풍요로운 이미지를 상상한다. 한데 그 이미지와 달리 속사정은 다르다. 유목민들이 가을에 수확한 농작물을 약탈하기 위해 살진 말을 타고 온다는 두려움을 담고 있기 때문이다. 유목민은 말-되기의 삶을 살았다. 말을 타고 먼 곳에서 달려와 활을 쏘고 사라지면 한족

(漢族)은 맥을 추지 못했다. 말은 유목민에게는 이동 수단이자 힘이며 친구였다. 오화의 속성을 가진 말은 화기가 강해 생리 대사가 빠르기 때문에 살이 잘 찌지 않는 단단한 몸을 가졌다. 지방이 거의 없는 단단한 근육으로 천리를 간다. 힘의 단위를 말의 힘, 마력을 기준으로 삼기도 했으니 말은 강하고 빠름 그 자체였다.

빠르고 강한 힘, 하면 사자, 호랑이 등 맹수가 먼저 떠오른다. 이들은 절대 길들여지지 않는다. 하지만 힘과 속도를 모두 갖춘 말은 영특하고 총명하며 순종적이다. '길들이다, 순종하다'의 뜻을 지닌 '순'(馴) 자에는 말 마(馬)가 들어 있다. 말은 영특하고 총명한 감식력으로 주인을 알아보고 잘 따르기 때문에 인류가 말을 일찍부터 길들였다. 오화는 말–심장–정신 활동으로 연결된다. 그러므로 오화 기운을 타고난 말은 양기가 심장 기운을 자극하여 말의 의식을 높인 것 같다. 말에 얽힌 이야기에는 인간과의 운명적인 만남이나 자신을 알아주는 주인에게 절대적으로 충성하는 등 말과 인간의 우정의 감동 스토리가 이어진다. 관우의 적토마는 주인이 죽자 굶어 죽을 정도로 강한 교감을 보여 준다. 관우와 여포의 적토마, 항우의 오추마, 목왕의 천마, 한혈마 등 역사서에는 인물 못지않은 말의 활약이 기록되어 있다.

말은 오화의 강한 양기를 온몸으로 보여 주는 동물이다. 말은 잠잘 때도 서서 자는데, 이런 생태적 습성이 오화와 연결됐다. 말이 계속 서 있다는 것은 만물을 성장시키는 강한 양기와 통한다. 오화는 화살처럼 하늘을 향해 상승하는 기운이다. 말이 딱 그렇다. 뒤를 돌아보지 않고 앞만 보고 직진한다. 이 직진성은 몸은 땅에 있지만 하늘의 이치를 따르는 듯 보인다. 이런 모습이 땅과 하늘을 연결하는 매개의 동물로 인식됐을 것이다. 말은 신화, 전설, 역사 속에서 신성한 동물로 묘사된다. 『삼국유사』에는 나이가 들도록 아이를 낳지 못하는 부부 이야기가 있다. 그 부부는 아이를 낳고자 지성으로 제사를 지냈는데, 말이 그 모습을 보고 돌 앞에서 눈물을 흘렸고, 그 돌을 들춰 보니 개구리 모양의 어린애가 있었다. 금와왕의 탄생 신화인데, 이렇듯 말은 신화와 전설에서 하늘의 뜻을 인간에게 알리는 영물로 자주 등장한다.

신라 박혁거세 탄생 신화에서 알의 존재를 알려 준 것도 백마였고, 그 유명한 천마총의 천마(天馬)도 백마다. 백마는 왕이 타는 말로 하늘과 땅을 연결하는 전령사이다. 후백제에 등장한 말은 비운의 말로 등장한다. 견훤은 자신과 함께할 말을 선택하기 위해 테스트를 했다. 자신이 쏜 화살 속도와 말이 달린 속도를 비교하여 경쟁을 시킨 것이다. 여기서 말이 화살의 속도를 이기면 자신과 일생을 같이 하고 아니면 목을 치겠다고! 화살과 말이 경쟁을 했고 말은 도착했으나 화살이 보이지 않았다. 견훤은 화살보다 말이 늦게 왔다 여겨 말의 목을 베어 버렸다. 그런데 말의 목이 떨어지자마자 화살이 툭 하고 떨어진다. 말이 화살보다 먼저 도착했던 것. 천리마를 앞에 두고도 눈앞에서 죽인 견훤. 그의 급한 성질이 하늘이 내린 말을 죽인 것이다.

신라 김유신의 말 이야기는 유명하다. 기녀 천관의 집을 자주 갔으나 어머니의 훈계를 듣고 발길을 끊었다. 한데 그곳으로 가는 습관이 든 말이 기녀 집으로 자신을 데려가자 김유신은 말의 목을 내리친다. 말이 무슨 죄라고 말을 죽이나 싶긴 하지만, 김유신의 강한 결단을 말의 죽음으로 보여 준 것이다. 이 밖에도 백락의 준마 이야기 등 말에 관한 다양한 이야기들이 있다.

오화는 작열하는 태양을 향한 수직 상승의 기운이듯, 말은 한눈 팔지 않고 오직 주인을 위해 충성하는 동물이다. 말은 인간과 남다른 연대감이 있는데, 다른 동물과 달리 인간이 말을 타기 때문이다. 인간과 말의 신체적 밀착은 서로 분리되지 않는 연대감을 만든다. 인간과 말의 합치! 이것을 오화가 매개한다. 이상이 높고 공적 비전을 향해 나아가는 기질을 가진 주인과 충성심 높은 말은 분리되지 않는다. 말은 가축이지만 소, 닭, 개와는 다르다. 인간 곁에 있지만 인간을 다른 곳으로 이동시키는 동물이다. 그 범위는 점점 확장되어 하늘까지 이르는데, 이런 욕망이 천마를 등장시켰을 것이다.

우리는 자동차를 애마로 부르는 시대에 살고 있다. 말은 사라졌지만 여전히 말에 대한 향수가 남아 있는 게 아닐까. 그것은 단순히 힘이나 속도만의 문제는 아닐 것이다. 우리 안에 오화 본성이 계속 말을 호출하는 게 아닐까. 좀 더 나를 고양시키고 싶은 마음, 지금 여기를 떠나 낯선 곳으로 향하고 싶은 열망, 함께 길을 나서고 싶은 마음 등이 내 안의 말을 기억하게 한다. 그래서 오화는 말을 통해 이야기를 생산해 내고, 그 이야기는 다양한 것들과 끊임없이 연결된다. 말의 방향은 정남향이다. 말의 시간은 태양이 머리에 오르는 대낮 정오이다. 충만한 양기는 여성의 운명까지 아우른다. 백말띠 여성의 팔자는 세다고들 한다. 그것은 과거 농경사회에서 한 가정에 머물기에는 양기가 넘치는 기운을 타고났기 때문이다. 태양처럼 만물을 키우고 번성하는 리더십을 발휘해야 하는데 그것을 펼칠 장이 없으니 팔자가 세다 여겼던 것. 이제 그 기운을 활짝 펼칠 때가 왔다. 백말띠의 시대가 열린 것이다.

4) 오화 캐릭터 탐구, 용마

『서유기』의 삼장 일행을 삼장과 세 명의 제자뿐이라 생각하면 오산이다. 삼장을 태우고 가는 용마도 단순히 탈것이 아닌, 구법의 여정에서 빠질 수 없는 중요 멤버이다. 용마는 삼장 일행과 합류하기 전부터 많은 일을 겪었다. 삼장은 원래 백마를 타고 떠났으나 갑자기 용이 나타나 백마를 한입에 삼키고 사라졌다. 삼장은 서역으로 타고 가야 할 말이 사라지자 상심했고, 손오공은 사방으로 백마를 찾아다녔지만 용이 백마를 삼켰으니 못 찾을밖에!

용은 백마를 먹어 치운 후, 물속에서 정신 수양을 했다. 그러던 중 용은 손오공의 욕을 듣고 화가 나서 물 위로 튀어 오른다. 용과 원숭이의 한판 승부가 벌어진 것이다. 다행히 관세음보살이 중재하면서 용을 말로 변신시켜 사건은 종료된다. 말이 된 용! 원래는 용인데 말이 됐으니 말인지 용인지 헷갈린다. 아무튼 속은 용이고 겉은 말인 용마가 되었다. 불교에는 '의마심원'(意馬心猿)이란 말이 있다. "뜻은 날뛰는 말과 같고 마음은 원숭이처럼 잠시도 가만 있지 않는다"는 뜻이다. 요가(yoga)의 어원은 결합과 묶음을 뜻하는데 '말을 마차에 맨다'는 뜻이다. 그러니까 말이 마음이 되고 마차가 몸이 되니, 요가란 몸과 마음이 하나되는 경지를 터득하는 길인 것이다. 어쨌든 누구나 마음은 한시도 쉬지 않고 널을 뛴다. 원숭이 손오공과 용마의 만남이란 우리의 마음 상태를 표현한다. 의마심원에서 말은 인간의 '뜻'으로, 삼장이 말을 잃어버린 것은 그의 뜻이 굳건하지 못함을 표현하는 사건이다. 구법에 대한 뜻이 강건하지 못해 날뛰고 있는 것. 그런데 백마가 죽고 용마가 출현했으니 드디어 깨달음을 향한 뜻이 세워진 것이다.

양기 충만한 말은 활동적이고 적극적이라 장애를 만나도 두려워하지 않는다. 곤란과 역경이 와도 훌쩍 뛰어넘어 앞으로 앞으로 전진한다. 이렇듯 삼장이 세운 뜻, 구도를 향한 마음은 어떤 장애에도 굴하지 않는다. 이것이 용마가 등장한 이유이다. 오화의 충만한 양기는 오직 태양을 향한다. 정오의 태양은 머리 위에 있으니 오화 용마는 하늘과 가장 잘 통한다. 이 기운은 옆도 뒤도 돌아보지 않고 오직 구도를 향해 나아간다. 서역은 십만 팔천 리라는 엄청난 거리이다. 그 거리는 물리적인 거리가 아니라 깨달음으로 가는 심리적 거리이다.

이런 궁금증이 생긴다. 천마가 바로 등장해도 될 것 같은데 굳이 왜 용을 말로 변화시킨 것일까? 여기에는 깊은 뜻이 있다. 오화가 만들어 내는 음기를 강조하기 위함이다. 양이 극하면 음이 발생하듯이 오월(午月)에는 '일음'(一陰)이 발생한다. 실제로 오월은 밖은 덥지만 음기가 발생하므로 샘물 속의 물은 차가워지기 시작한다. 즉 표면적으로는 오화지만 은근한 음기가 생성되므로 그 음기를 바다의 용으로 등장시킨 것이다. 용의 과거 또한 불과 관련된다. 용은 서해 용왕오윤(敖閏)의 아들이었다. 그는 불장난을 하다가 하늘 궁전의 명주(明珠)를 태웠다. 용왕은 옥황상제에게 상소를 올려 아들을 사형에 처하게 했는데, 이때 관세음보살이 등장하여 용에게 죗값을 씻을 기회를 부여한다. 천방지축 용은 용마가 되어 구도의 여정에 합류하여 업장을 소멸하게 된 것이다.

용이 지은 죄는 불장난이었다. 물속의 용이 불장난이라니! 이런 설정은 이미 오화 말의 잠재태적 복선이다. 물과 불은 연결된 하나이다. 음 속에 양이 있고, 양 속에 음이 있는 원리가 바탕에 깔려 있다. 불을 잘 사용하려면 이면에 있는 물을 잘 다루어야 한다. 불장난을 해서 태웠다는 것은 불의 용법을 모르고 막 사용했음을 의미한다. 말을 길들이지 않고 멋대로 날뛰게 한 것이다. 그만큼 불의 화력은 세다. 만물을 살릴 수도 있지만 명주처럼 소중한 것을 불태워 버릴 수도 있다. 이때 중요한 게 '뜻을 세우는 것'이다. 만물을 살리기 위해 불을 사용하겠다는 뜻! 이것이 물속의 용이 땅으로 나와 말이 된 이유이다. 오화처럼 높은 뜻을 세우고 불의 용법을 터득하기 위해 용마는 삼장 일행과 구도의 여정을 함께 떠난 것이다.

용마는 이 여정에서 이동 수단 역할을 할 뿐 아니라, 모두 해체될 위기에 처했을 때 결정적 역할을 한다. 한때 손오공이 요괴를 함부로 죽여 삼장에게 쫓겨났고 남은 사람들은 싸우고 삼장은 잡혀가는 등 절체절명의 위기에 놓였다. 삼장 일행이 붕괴되어 해체밖에는 선택지가 없는 상황! 이때 용마가 변신하여 요괴와 싸울 뿐 아니라 말의 한계를 넘어 인간처럼 말문이 터진다. 용마는 변신을 통해 오화의 잠재력을 제대로 터트린다. 이동수단에서 전투 기계로, 말에서 소통의 달인이 되는 용마의 잠재력! 위기의 순간에 게으른 저팔계는 단박에 해체를 결정하지만 뜻이 확실했던 용마는 저팔계에게 태만한 마음을 먹으면 안 된다고 설득을 했고, 떠난 손오공을 찾기 위해 전력을 다한다. 결국 용마의 노력으로 흩어진 삼장 일행의 마음이 모아졌다. 이것이 진정한 오화의 힘이다. 어떤 상황에서도 상승하는 양기는 절대 꺾이지 않는다. 용마는 구도를 향한 마음을 끝까지 지켜 낸 것이다.

말은 실제로 앞으로 달릴 뿐, 뒤를 돌아보지 않는다. 용마도 오직 구도를 향한 마음을 낼 뿐 다른 것에는 마음을 두지 않았다. 말의 몸은 단단한 근육으로 이루어져 있다. 활력 있는 몸으로 갈기를 휘날리며 초원을 가로지른다. 『서유기』의 용마도 흔들리지 않는 구도의 마음으로 서역을 향해 멈추지 않고 나아간다. 용마라는 이동 수단에서 벗어나 요괴와 싸우기도 하고, 뿔뿔이 흩어진 제자들의 마음을 하나로 모으기 위해 백방으로 노력한 것도 구도의 마음을 잃지 않았기 때문이다. 늘 한계에 갇혀 변신하지 못하는 우리에게 용마는 자신의 한계를 갱신하는 능력을 보여 준다.

니체는 『우상의 황혼』에서 "우리는 참된 세계를 제거해 버렸다. 이제 무슨 세계가 남아 있는가? … 아니다! 참된 세계와 더불어 우리는 소위 현상의 세계도 없애 버렸다.(정오, 가장 짧게 그늘이 지는 순간, 가장 긴 오류의 끝, 인류의 정점. 차라투스트라의 등장)"프리드리히 니체, 『우상의 황혼』, 박찬국 옮김, 아카넷, 2015, 52~53쪽이라고 했다. 정오란 오화로 양기의 절정에서 음기가 시작되는 시공이다. 그가 말한 참된 세계란 양기의 세계를 연상시킨다. 참된 세계를 없애면 가상 세계가 남는 게 아니라 그것조차 없애 버리라고? 그렇다. 밤은 낮의 반대가 아니다. 지금까지 펼쳐졌던 낮의 세계의 한계를 넘은 자만이 불확실한 밤의 세계로 진입이 가능하다. 그렇다면 어떻게? 오직 생명을 살리는 비전을 견지할 때 용마처럼 한계를 넘어서는, 한 번도 경험하지 못한 삶 속으로 진입할 수 있다. 이것이 니체가 말한 차라투스트라의 등장이 아닐까. 용마에서 차라투스트라의 향기가 느껴진다.

미토,
척박한 땅을 조용히 옥토로 바꾸는 양의 힘

"어미가 새끼를 귀여워하는 동물의 모습을 관찰한 경험이 너희들에게도 있을 거다. 개, 고양이, 새, 염소, 말 같은 동물은 새끼를 외적으로부터 지키고, 먹을 것을 날라다 주거나 젖을 먹이거나 해서 정성껏 기른다. 예전에는 어머니였던 '사람'이 지금 이렇게 염소가 되어 인간에게 먹히기 위해 살해되려 한다. 이 염소는 생판 모르는 타인이 아니다. 게다가 그저 단순한 동물이 아니며, 고기로 먹히기 위해 살해되는 대상으로서의 물(物)도 아니다. 이 염소는 너의 어머니인 셈이다. 그렇게 생각했을 때, 자신의 마음에 이는 감정을 잘 지켜봐야 한다. 그 감정이 언젠가 '자비의 대목(大木)'으로 자라게 될 것이다. 이 세상의 모든 생물들은 네 어머니이자 아버지이며, 형제이자 자매였던 자들이다. 이 점을 잊어서는 안 된다."나카자와 신이치, 『대칭성 인류학』, 김옥희 옮김, 동아시아, 2009, 167쪽

"'미'(未)는 가지가 무성하게 자란 나무의 상형이다. 그래서 나무[木]가 정점[一]을 지나고 있는 상태라고 보기도 한다. 이제 더 무성하게 자랄 일이 없는 나무. 여기서 '아니다'라는 뜻이 파생되어 나왔다. (……) 미월(未月)은 음력 6월, 절기로는 소서(小暑)와 대서(大暑)다. 미월을 과거엔 재양(災陽)이라고 불렀다. 재앙이 될 만큼 혹독한 무더위가 찾아오기 때문이다. 미치도록 더운 삼복(三伏) 더위가 기승을 부리는 것도 미월이다. 그러나 이 무더위가 없으면 과일엔 맛이 들지 않는다. 죽을 고비를 넘겨야 달콤한 열매를 얻을 수 있는 법이다."(류시성·손영달, 『갑자서당』, 178쪽)

1) 미토의 상징과 계절

 # 미토 : 어두워지다

『오행대의』에서 "미(未)는 어두운 것이다. 음의 기운이 이미 자라남에, 만물이 점차 쇠퇴해져서 몸체가 어둡게 덮이는 것이다. 그러므로 미에서 어둡게 덮인다"고 했다. 그리고 『석명』에는 "미(未)는 어두워지는 것이니 해가 중천에 있으면 기울어져 어둠으로 향한다"고 했다. 1년으로 치면 미월은 양력 7월로 무더위가 기승을 부리는 시절이다. 절기로는 소서와 대서로, 하지부터 쌓이고 쌓인 태양 복사열이 고온다습한 고기압을 형성해서 견디기 힘든 무더위를 만드는 때이다. 미토의 위치는 어려운 자리이다. 외적으로는 여전히 여름이지만 내적으로는 여름에서 가을로 교차되는 시점이기 때문이다. 봄과 여름은 새싹이 나고 꽃을 피우는 화려한 시절이다. 하지만 아무리 번성해도 가을이 되면 한순간에 낙엽이 되어 떨어진다. 방향이 완전히 다른 두 기운, 봄·여름의 발산 단계와 가을·겨울의 수렴 단계가 미토 시기에서 교차되기 시작한다. 그러니까 미토는 봄·여름의 밝은 기운이 계속될 수 없음을 재빨리 눈치채서 가을로 방향을 트는 영리한 기운인 것이다. 오화에서 생긴 일음(一陰)은 미토에서 이음(二陰)으로 자라 어둠의 세계로 한 발짝 더 내딛는다. 만물이 쇠퇴하는 가을로의 이행을 미토는 무더위를 통해 예고하는 셈이다! 이런 과정을 미는 어두운 것이고, 미에서 어둡게 덮인다라고 말한 것이다.

"더위에 염소 뿔이 녹는다"는 속담이 있을 정도로 미월은 더위가 맹위를 떨치는 시기이다. 밤이 되어도 식지 않는 열대야 현상은 이 열기가 계속될 것 같은 착각을 불러일으킨다. 절대 수그러들지 않을 극성스러운 열기들! 밝고 뜨겁게 보이지만 그것을 액면 그대로 믿지 말라! "사물이 극에 달하면 반드시 반전하게 된다"는 물극필반(物極必反)의 이치가 미토에도 예외 없이 적용된다. 지금은 맑아도 비가 올 예정이니 우산을 준비할 것을 알려 주는 일기예보처럼, 미는 어두운 것이니 뜨거운 여름 열기에 취하지 말고 가을을 준비하라고 예고한다. 그러니까 미토는 밝음의 세상에서 앞으로 가야 할 방향을 알려 주는 어둠의 전주곡인 것이다.

『회남자』에서는 "미(未)는 맛이다", 『삼례의종』에서는 "물건이 때를 만나 성숙해짐에, 모두 각자의 기운과 맛이 있다"고 했고, 『사기』에는 "미(未)는 만물이 모두 성장하여 맛이 더해지는 것을 말한다"고 했다. 많은 고전들이 미토를 맛으로 표현했다. 왜 그런 걸까? 여름의 끝인 미토 시기를 잘 보내야 가을을 잘 맞이할 수 있기 때문이다. 미월은 삼복 중 중복이 있는 때이다. 삼복이란 더위를 초·중·말로 나눈 것으로 중복이 가장 덥다. 불볕더위, 찜통더위, 고열, 혹서, 폭염 등으로 불리는 이 시절은 이름처럼 매우 힘든 때이다. 하지만 만물은 이때를 통과하면서 과일 맛이 제대로 들듯 성숙해진다. 그리고 소서 전후의 뜨거운 햇볕과 많은 비는 식물들을 집중적으로 성장시킨다. 미토의 시기를 잘 보여 주는 속담이 있다. '오뉴월 장마에 돌도 큰다', '오뉴월에 오이 자라듯 한다'가 그것이다. 이 시기에 초목들이 얼마나 폭풍 성장했으면 돌도 자라는 것처럼 보였을까. 실제로 세포분열을 일으킨 식물들은 미미하게 유지하다가 미월이 되면 조직 속 액포에 물을 담아서 세포의 크기를 폭발적으로 부풀린다.

『설문해자』에서 "미(未)는 맛이다. 6월에 맛이 잘 드는 것이다. 오행의 목은 미에서 노쇠해지는데 목에 지엽을 더하여 본뜬 글자"라고 했다. '목은 미에서 노쇠해진다'고 했는데 무슨 뜻일까? 미의 지장간에 비밀이 숨어 있다. 미토는 기토, 정화, 을목을 품고 있다. 미토는 여름의 완성이자 가을 직전의 시기로 금의 활약을 돕는다. 금이 주관하는 가을로 나아가려면 성장하는 목의 작용을 멈추어야 한다. 해서 미토는 을목을 깊이 감추어 가을에 작용하지 못하게 막는다. 아무리 우거진 초목이라도 가을이 오면 모두 떨어질 운명인 걸 미토는 미리 알려 준다.

미토의 계절과 시간

미시는 오후 1시 30분~3시 30분, 하루 중 온도가 가장 상승하는 시간이지만, 해는 중천에서 서쪽으로 기울어져 점점 어둠을 향한다. 삶에서 미의 과정은 변화가 외적으로 드러나진 않는다. 우리도 무더위 때문에 힘들어하듯, 삶에서도 화끈하게 결론이 나지 않고 버텨야 하는 과정이 있다. 만물이 푹푹 찌는 무더위를 견뎌내듯, 역경과 고난이 다가와도 자신이 할 일을 하면서 묵묵히 가다 보면 어느덧 시원한 가을과 마주하게 된다. 삶에서 원하는 대로 되는 일이 얼마나 있겠는가. 미토는 결실을 맺기 위해 좌충우돌하는 사건들을 통과할 수밖에 없음을 알려 주는 잔인한(?) 글자지만, 인간을 성숙하게 만드는 글자이다. 무덥고 습하고 찌는 듯한 더위로 인해 과일이 제대로 맛이 들듯이, 미토를 통과하려면 당장의 어려움과 지루함에 투덜거리지 말고 시야를 넓혀, 다가올 가을 스텝을 볼 수 있어야 한다. 그래야 가을의 문, 성숙의 문과 만날 수 있다.

미토의 기운

외적 성장을 멈추고 내적 성숙으로의 전환은 쉬운 일이 아니다. 미토의 변화를 모르면 기존의 방식대로 힘을 쓰다가 방전될 수밖에 없다. 삶에서도 미의 타이밍을 알아차려야 한다. 인생 주기에서 30~40대는 미토의 시절이다. 지금은 뜨겁지만 차가움이 기다리는 시기. 미토가 발산과 수렴이라는, 급격한 변화를 매개한다는 것을 눈치챈 자만이 뜨겁고 무더운 청춘 시기를 넘어 쿨하고 성숙한 중년 가을로 진입할 수 있다. 계속 말하지만 미토는 외적인 변화는 아니다. 내적 변화를 만들어 내야 하는 시기다.

나도 30대 중반에 현타(?)가 세게 왔다. 이렇게 살다가 죽는 건가?라는 강렬한 질문이 밀려왔고, 그 강렬한 질문이 나를 공부의 장으로 이끌었다(고 믿고 있다). 내게 미토의 시간은 결과나 보상과 상관없이 책을 읽고 글을 쓰는 시간들이었다. 밖에서는 무척 지루하고 답답해 보였을 수 있겠지만, 배움은 나에게 말할 수 없는 기쁨을 선사했다. 인정욕망에서 벗어나 내면의 목소리를 듣기 위해 배우고 훈련하는 과정들! 열매가 맛이 드는 건 외적인 변화가 아니라 내적인 변화이듯, 삶에서 미토는 모든 시선을 밖으로부터 거둬들이고 나와 만나는 기쁨을 누리는 시간이다. 물론 그 과정은 만물이 고온다습한 더위를 견뎌내듯 쉬운 과정은 아니었다. 책을 읽고 배우는 과정은 즐거웠지만, 그것이 내 삶에 들어와 적용되는 과정은 좌충우돌의 연속이었다. 견고한 습관들이 튀어나오고, 관계 맺기의 어려움을 겪어야 했으며 내 스스로가 점점 낯설어지는 부끄럽고 창피한 과정들을 통과해야 했다. 그리고 여전히 쉽지 않은 길을 가는 중이다.

하지만 아픔이란 결국 변화를 인정하지 않을 때 내가 만들어 내는 통증이다. 미토의 지혜로 자신의 습관을 재빨리 내려놓고 다른 존재로 전환하는, 훈련과 기술이 필요하다. '번뇌즉보리'(煩惱卽菩提)는 미토에게 잘 어울린다. 번뇌가 보리가 되려면 미토의 시간을 잘 통과해야 한다. 미토를 사유하며 우주적 비의의 세계에서 '간지'나게 번뇌를 보리로 만드는 실험을 해보시라. 내적 충만함이 차오르는 즐거움을 실험해 보시라. 이것이야말로 혼자놀기(?)의 진수를 맛볼 수 있는 기회이다. 그런데 정말 이것의 진수가 무엇인지 아는가? 이 과정은 놀랍게도 친구를 부른다. 혼자놀기의 진수를 경험한 친구들을! 이것이 미토의 전복 기술이다.

2) 미토와 몸

미토는 여름과 가을을 매개하는 환절기로, 몸에서는 소장 경맥과 통한다. 뜨거운 여름과 차가운 가을, 서로 다른 기운의 매개는 그리 쉬운 일이 아니다. 소장 역할도 그렇다. 위로는 뜨거운 장부인 위(胃)와 아래로는 차가운 장부 대장(大腸) 중간에서 음식물을 소화시키고 진액을 흡수하며 노폐물을 배설하는 작용을 한다. 소장은 가운데에서 어느 쪽도 치우치지 않고 양극단을 잘 매개하는 장부라 쉽지 않은 포지션이다. 정리하자면, 소장은 위에서 소화를 거친 음식물을 받아들여 장시간 저장을 한 후에 그다음 소화를 진행시킨다. 소장이 7미터로 구불구불하게 긴 이유는 소화 시간을 충분히 갖기 위해서이다. 이런 과정을 거치면서 음식물은 정미 물질과 수액이 되어 몸에서 재흡수된다. 소장에서 소화된 후 남은 수액은 소변이 되고 탁한 찌꺼기는 대장에서 대변이 되어 배출된다.

소장은 미시에 작용하지만 오행상 심장과 함께 화기에 속한다. 소장은 화기의 장부인 심장이 활동한 후에 남은 열의 영향을 받는다. 뜨거운 장부와 인연을 맺다 보니 소장 경맥도 뜨거워진다. 하지만 미토가 그러하듯, 무더운 더위가 기승을 부려도 결국 가을로 가는 길, 차가운 길로 들어서야 한다. 만약 여름 늦더위와 같은 열기가 식지 않고 계속 기승을 부린다면 금기인 대장과 만나기는 어렵다. 열을 식힌다고 해서 무더운 여름 과정을 건너뛰라는 말은 아니다. 소장의 미션은 충분히 뜨거운 과정을 통과하되, 그다음에 이어지는 수렴 과정으로 전환을 하라는 것이다. 미토는 이음사양(䷠)으로 두 개의 음기가 생기는 시절이다. 뜨거움과 차가움의 균형을 잡지 못할 때 소장의 화는 더욱 뜨거워지고 수기를 담당하는 신장·방광은 화기를 감당하지 못해 문제가 생길 수밖에 없다.

소장은 진시에 먹은 음식이 피와 정을 만드는, 결정적 공정 과정을 주도한다. 먹은 음식은 분해·해체되어 소장에서 청기와 탁기로 분리된다. 청기는 정미 물질과 수액으로 변화되어 피와 진액이 되기 직전이다. 마치 과실이 뜨거운 무더위에 노출돼야 맛이 제대로 드는 것처럼! 이렇듯 소장은 음식물의 상태도 아니고 피와 진액 상태도 아닌 중간 과정이지만, 이 과정이 없으면 충실한 피와 정은 생성되지 않는다. 몸에 좋은 것을 많이 먹는다고 몸에 필요한 에너지가 생기는 게 아니다. 조금 먹더라도 소장이 소화시킨 것을 잘 받아들여야 피와 정으로 전환된다. 이것이 소장 길이가 7미터나 되는 이유이다. 음식이 피와 정이 되는 과정은 바닷물이 열을 받아 수증기가 생기고, 이들이 대기 중에서 응축하여 구름이 생기는 원리와 비슷하다. 진－사－오의 시간 동안 몸은 소화시킨 물질을 분산시킨다. 분산된 물질은 미시가 되면 여름철 습처럼 축축해지고 그 습은 물이 된다. 마치 바닷물이 기화하여 구름이 되고 비가 되듯이. 지상에 비가 와야 만물이 자라나듯 소장은 피와 정의 구름과 안개를 만든다.

먹은 음식물이 분해·해체되어 전혀 다른 혈과 정이 되는 것은,

삶에서 바닥을 쳐야 반등 의지가 다져지는 것과 닮았다. 『주역』「계사전」에 '궁즉변 변즉통'(窮則變 變則通)이란 말이 있다. "궁하면 변하고, 변하면 통한다!" 그렇다. 궁함, 절박한 상황 속에서만 변신이 가능하다. 백척간두에서 전 존재를 걸어야 진일보할 수 있는 것처럼! 그렇다. 소장은 존재를 걸고 음식을 몸을 자양하는 물질로 '완전히' 바꾼다. 소장은 이 미션을 음식을 먹을 때마다 수행한다. 오운육기로는 '축미태음습토'(丑未太陰濕土)이다. 미토의 과정은 지루하고 반복적이지만 점점 음이 주도하는 세력으로 커지므로 '클 태'의 태음(太陰)이 쓰였다. 미토는 무덥고 뜨거운 기운이라는 궁함 속에서 차가운 가을로 방향을 트는, 통하고자 애를 쓰는 힘이다. 그래야 온몸에 영양을 공급할 수 있으므로!

미토와 축토는 서로 반대되는 위치에 있지만, 통한다. 축시에는 간 경맥이 작동한다. 그 시간에 간에 저장되는 피는 하루 활동을 결정한다. 미토에서는 소장의 방향 전환이 피와 정의 생성을 결정한다. 소장은 가을에 열매 맺는 일을 한다. 열매를 맺어야 씨앗을 만들 수 있고 다음 순환을 기약할 수 있다. 소장이 발산에서 수렴으로 가지 않으면 순환의 길로 갈 수가 없다. 계속된 발산으로 소장이 열을 받으면 소변과 대변이 원활하게 배출되지 못한다. 즉, 소장의 과도한 열이 비위나 방광으로 옮겨 가, 수기의 과다 배출로 몸의 진액이 마르는데, 이때 면역력이 떨어진다. 미월은 여름 양기가 치성하지만 가을로 방향을 틀듯이, 삶에서 체감하는 것과 본질적인 것, 그 사이의 간극을 보는 만큼 소장의 건강성을 확보할 수 있을 것이다.

3) 미토와 동물

미토와 연결된 동물은 양이다. 양과 관련된 몇 가지 기억이 있다. 하나는 어릴 때 잠이 안 오면 엄마가 양을 세라고 했었던 기억이다. 양 한 마리, 두 마리를 세다가 잠이 들었다. 또 하나는 해외여행 자유화가 되고 갔던 첫 여행지인 호주 시드니에서의 기억이다. 그때 겨울방학 동안 랭귀지스쿨에 다녔는데, 좀 특별했다. 오전에는 공부하고 오후에는 문화탐방으로 양털 깎기 체험을 했다. 그때 만난 양이 생각보다 크고 털은 매우 꼬불거리며 따듯했던 기억이 난다. 그리고 푸른 하늘의 양떼구름을 보면 그 자체로 편안하고 포근한 느낌을 받았는데, 어느 날 조종사 친구가 비행할 때 그런 구름을 만나면 기상 변동이 심해서 가장 위험하다 해서 낭만적인 이미지와 실상의 간극에 깜짝 놀랐던 기억이 있다. 그리고 회사 생활을 하면서 합성섬유, 면직물 등의 원단들과 함께 울(Wool) 중에 퀄리티가 좋다는 메리노 울이나 캐시미어 등을 만지면서 보냈던 시절들…. 생각해보니 양은 내 일상에 많이 들어와 있었다.

그런데 과거 동양에서의 양은 지금과는 전혀 다른 이미지였다. 양은 좋은 것, 착한 것[善], 아름다운 것[美], 의로운 것[義], 희생하는 것[犧]과 통한다. 한마디로 좋은 단어에는 모조리 양이 들어 있다 해도 과언이 아니다. 『설문해자』에 양은 상서로운 것[祥]이라고 한 것에서 고대 중국에서의 양의 위상이 느껴진다. 양은 희생제의 등에서 신성한 동물로 여겨지면서 소나 닭 등 다른 가축과는 다른 위치를 가졌다. 동중서(董仲舒)의 『춘추번로』(春秋繁露)에는 양은 "뿔이 있어도 사용하지 않는 인자(仁者)의 모습이며, 잡아 죽여도 소리치지 않는 의로움이 있고, 무릎 꿇고 젖을 먹이는 예를 아는" 동물로 그려진다. 양의 생태를 보고 인자의 모습과 의롭고 예에 합당한 모습으로 읽어 내다니! 양의 어떤 모습이 저런 윤리적 단계까지 생각하게 한 것일까. 높은 공감 능력이 아니고는 불가능하다는 생각이 든다. 그런 면에서 선현들은 관찰의 천재들이다.

금화교역(金火交易)! 금은 가을이고 화는 여름으로, 금화교역이란 금기와 화기가 교체되는 시기이다. 봄에서 여름으로 가는 과정은 둘 다 발산의 과정이다. 하지만 여름에서 가을로 가는 것은 뜨거운 여름이 갑자기 차가운 가을로 바뀌는, '우주의 대혁명'이라 불릴 정도로 자연에서 어려운 구간이다. 한데 그 어려운 과정을 미토는 묵묵히 매개한다. 미토는 결과가 아니라 변화를 일으키는 바탕이자 배경이기 때문이다. 이런 미토의 매개의 힘은 잘 참고 온순하고 미덕 많은 양과 연결된다.

동양에는 양과 오곡에 대한 아름다운 설화가 있다. 양은 인간이 너무 배고파하자, 몰래 하늘나라 옥황상제 밭에 있는 오곡을 훔쳐다가 인간에게 가져다주었다. 프로메테우스가 불을 훔친 신화는 잘 알려져 있지만 양이 인간을 위해 오곡을 훔쳤다는 이야기는 생소하다. 전문 연구자들은 이것을 보고 양으로 대표되는 목축문화와 오곡으로 대표되는 농경문화의 충돌로 해석한다. 목축이 중심이 된 서양에서 양은 더더욱 인간과 떼려야 뗄 수 없는 동물이 되었다. 인쇄술이 발전하기 전, 양피지에 글을 썼으며, 양털 모직이 옷의 재료였으며 음식의 재료였다. 그리고 제물로 바쳐지는 희생양이기도 했다. 성경에는 목자가 99마리의 양을 두고 길 잃은 한 마리의 어린 양을 찾는 이야기가 나온다. 서양에서 양은 목자가 보호하고 리드해야 할 약한 동물이다. 그리고 이런 목자와 양의 관계는 정치·사회·문화 전반에 적용된다.

동서양 모두 유목과 목축의 대립은 있었지만 변화의 양상은 달랐다. 서양과 달리 동양에서는 정주와 유목의 충돌을 대립이 아니라 융합으로 보았고, 이런 시선에서 양으로부터 군자, 예, 의를 읽어 냈다. 또한 서양에서처럼 목자가 보호해야 할 대상이 아니라 리더십을 가진 동물로 양은 변신한다. 한고조가 되기 전, 유방의 꿈에 왕의 상징인 용과 함께 '양'이 등장한다. 그는 왕이 되기 전에 꿈속에서 큰 양을 만났고 그 양을 잡아서 뿔을 뽑고 꼬리를 자른다. 사람들은 이 꿈이 왕이 될 꿈이라 해몽했다. 이유는 간단하다. 한자 양(羊)에서 뿔을 자르고 꼬리를 자르면 왕(王) 자가 되니 왕이 될 꿈이라는 것. 이 꿈은 조선의 이성계에 이르러 재탕된다. 무학대사가 왕이 될 꿈이라고 해몽했고 역성혁명 정당화에 일조했다. 이렇듯, 동양에서 양은 온갖 좋은 덕목과 왕의 리더십까지 아우르는 상서로운 동물이었다.

양의 미덕은 양고기가 가진 뜨거운 기운과 무관하지 않다. 미토는 여름을 마무리하는 기운이라 그 자체는 매우 뜨겁다. 양고기도 다른 고기에 비해 뜨거운 기운이라 몸이 허할 때 먹는 보양식 중 하나이다. 『동의보감』에 양고기는 '성질이 몹시 뜨겁고 맛이 달며 독이 없다. 허로(虛勞)와 한랭증(寒冷症)을 치료한다. 속을 보하고 기를 더해 준다. 또한 마음을 안정시키고 놀라는 증상을 멎게 한다. 음식을 잘 먹게 하고 몸을 살찌우고 건강해지게 한다'고 했다. 물론 우리나라가 양고기를 먹는 문화는 아니지만 양과 염소는 같이 취급받기 때문에 보양식으로 염소를 많이 먹었다. 양이 다른 동물보다 에너지가 넘치는 건 추운 환경에 살기 때문이다. 실제로 추운 지역에 사는 동물들은 열을 많이 품고 있다. 반면 뜨거운 지역에 사는 동물들은 차가운 수분을 많이 품고 있다. 열대 과일이나 선인장을 떠올리면 된다. 인체에 적용해 보면 열대 지방 사람들은 수기에 배속된 생식기 쪽이 발달했고, 극지방 사람들은 화기에 배속된 심장이 발달했다. 그래서 북반구에 사는 사람들이 적도에 가깝게 사는 사람들보다 심장이 발달한 탓에, '열(熱)심(心)히—심장이 열나게' 사는 것이다.

양은 선하고 착함이 주된 이미지이지만 그렇지 않을 때도 있었다. 양과 관련된 고사성어 몇 개가 그것을 잘 보여 준다. 양두구육(羊頭狗肉), 양의 머리를 걸어 놓고 개고기를 판다는 뜻인데, 겉보기만 그럴듯하고 속은 허당인 사람이나 상황일 때 쓰인다. 양질호피(羊質虎皮)도 양의 몸에 호랑이 가죽을 걸친다는 뜻으로, 겉은 있어 보여도 속은 빈 것을 뜻한다. 『주역』에 뇌천대장괘에 나오는 '저양촉번'(羝羊觸藩)은 숫양이 울타리에 부딪힌다는 뜻이다. 앞으로 나아가려고 할 뿐 뒤로 물러설 줄 모르기 때문에 결국 울타리에 뿔이 박혀 움직일 수 없는 상황이라는 것. 뒤로 물러서면 길이 열리는데 돌진하다 옴짝달싹 못하는 형국이 되어 버렸다. 양은 온화하지만 그 온화함은 곧잘 고집스러운 성질로 둔갑한다. 미토의 원리로 보면 여름이 가고 가을이 오는 것을 모를 때 문제가 생긴다. 여름의 열기가 계속될 것을 믿고 고집을 부리다가 국면이 바뀌는 타이밍을 놓친다. 양은 실제로도 갔던 길을 되돌아오는 성질이 있다. 이런 성질은 꼼수 없는 정직성이기도 하지만 융통성 없는 고지식함이 될 수도 있다.

『장자』「변무」편에는 소중한 것을 말할 때 양이 등장한다. 장(臧)과 곡(穀)이라는 자가 양을 잃어버렸다. 한 사람은 책을 읽다가 잃었고, 한 사람은 놀다가 잃었다. 놀든, 공부하든 정신 줄을 놓아서 소중한 것을 잃어버린 것은 같다. 미월(未月)은 열매를 알차게 여물게 하기 위해 여름과 가을 중간에서 조절하는 과정이다. 가장 잘나갈 때와 내리막으로 넘어갈 때를 잘 살펴, 절제와 겸양의 태도를 행하라는 뜻이다. 그러니까 미토는 겉으로는 드러나지 않지만 실제로는 매우 위태로운 시기로 이때 가져야 할 태도는 겸양과 양보와 협동이다. 내 존재가 연결되어 있음을 잊고 다른 데 정신을 팔면 정작 소중한 것을 잃게 된다는 게 『장자』「변무」편의 메시지가 아닐까.

일본의 인류학자 나카자와 신이치의 『대칭성 인류학』에는 염소를 매개로 한 이야기가 나온다. 앞에서 얘기했지만 염소는 양과 통한다. 네팔에서는 도살장에서 염소와 마주하며 자비명상을 한다. 마음은 죽어서도 계속되므로 연속체로서의 마음은 거대한 생명윤회의 순환을 이루기 때문이다. 이와 같은 세계관에서 염소는 한 번은 자신의 어머니가 된다. 염소 자비명상을 통해 수많은 생애 동안 한 번은 나의 어머니였을 존재와 만나는 체험! 염소만 나의 어머니였겠는가. 많은 동물들뿐 아니라 모든 생명체가 나와 인연을 맺었을 것이다. 그럼에도 염소가 매개 동물이 되는 것은 미토의 미덕을 가졌기 때문이다. 염소 자비명상은 염소를 매개로 인간이 세상과 공감할 수 있는 최고의 경지를 열어젖힌다!

미월은 『주역』에서 천산둔(天山遯)괘와 통한다. 둔(遯)이란 '피해서 물러난다'는 뜻이다. 시류를 잘 읽어 이미 벌여 놓은 일에서 한 걸음 물러나야 한다는 뜻이다. 그렇게 시선이 멀고 깊게 되면 이생과 다음생의 흐름이 미월의 과정처럼 보일 때가 있다. 미토는 발산(삶)과 수렴(죽음)의 중간에서 변화를 조정하고 화합한다. 염소를 통한 자비명상이야말로 이생과 저생의 화합과 균형을 이루는 최선의 행위라 생각된다. 자비명상을 통해 시공을 초월할 수도 있고 존재에 대해 전혀 다른 접근을 할 수도 있다. 양이 식재료나 의복 공급원이 아니라 어머니가 될 때, 전 존재와 하나되는 마법의 순간을 경험하게 될 것이다. 즉, 이기심을 벗어나 이타적인 존재가 되는 기회가 우리에게 주어질 것이다.

대승불교에는 '사무량심'(四無量心)이라는 게 있다. 네 가지 한량없는 마음으로 중생을 자식처럼 생각할 때 일어나는 자비희사의 마음이다. 모든 사람을 아들로 여겨 무한한 자애심으로 상대를 기쁘고 즐겁게 해주고[慈], 불행이 닥쳤을 때 함께 슬퍼하고[悲], 상대에게 좋은 일이 생겼을 때 함께 기뻐하고[喜], 차별하는 마음을 버리고 모든 사람을 평등하게 보는 마음[捨]이다. 이 마음은 염소(양)에서 출발했지만 인류로 확장하는 마음이다. 이렇듯 양은 우리에게 사무량심을 일으키는, 고귀하고 마법적인 동물인 것이다.

4) 미토 캐릭터 탐구, 삼장법사

『서유기』에서 삼장은 바로 등장하지 않는다. 음악으로 치면 독주는 아니다. 마치 협주곡을 듣는 느낌이다. 오케스트라의 관악기와 현악기가 조화를 이루듯 삼장 부모의 기구한 운명 스토리와 당태종의 저승 체험 등 생사를 오가는 스토리들이 중층적으로 진행된다. 그리고 때마침 붓다가 남섬부주의 사람들을 선하게 만들기 위해 관세음보살을 파견 보내는 내용까지 더해지면서 많은 스토리들이 각자 독립된 지위를 가진 선율이 되어 대위법처럼 연주된다. 그 속에서 협연하는 피아노나 바이올린이 등장하듯 삼장은 멋있고 폼 나는 등장은 아니지만 그 여정을 알리는 연주가 흘러나온다.

『서유기』에서 주인공은 누구인가? 삼장법사인가, 손오공인가 솔직히 헷갈린다. 유명세로는 손오공이 압도적이지만, 인간의 몸으로 구도의 여정을 떠나는 건 삼장법사이기 때문이다. 전문 연구자들은 제자-요괴 삼인방을 삼장법사 내부의 탐진치(貪瞋癡)로 보기도 한다. 『서유기』에서 삼장의 이야기가 삼장 부모의 기구한 운명으로부터 시작되는 것을 보면, 『서유기』는 구도자에 대한 질문을 우리에게 던지는 듯하다. 또한 삼장의 스토리는 『주역』의 산풍고(山風蠱)괘와 오버랩 되기도 한다. 산풍고는 그릇에 벌레가 생길 정도로 부패한 상태를 의미한다. 『주역』은 이런 참담한 상황을 흉하다 여기지 않고 오히려 미션을 부여한다. 문제를 피하거나 포기하지 말고, 직시하여 부모의 잘못을 자식이 바로잡아야 한다는 것이다. 즉, 오래된 병폐와 폐단을 외면하지 말고 바로잡는 게 급선무라는 것. 한데 이 일은 소인은 할 수가 없고 군자만이 가능하다. 군자를 내세운 것은 사심 없는 공적인 마음으로 일의 폐단을 바로잡으라는 것이다. 그러니까 삼장은 이 미션 수행에 최적화된 군자 같은 존재인 것이다.

탐진치에 물든 세상의 병폐를 바로잡아 불국토로 만드는 이 엄청난 프로젝트에 적임자로 낙점되었으니, 삼장은 대단한 능력의 소유자일 것만 같다. 그런데 『서유기』에 등장하는 삼장은 우리가 아는 능력자의 모습은 아니다. 손오공은 삼장의 지질함에 실망해 구법의 여행을 중도 포기하고 싶을 정도로 난감해한다. 삼장이 눈물을 비오듯 흘리거나 나약한 모습을 보이는 것에 질려 관세음보살에게 "서쪽으로 가는 길이 이토록 험준한데 이 평범한 중을 보호해 언제 도착한단 말이오? 이렇게 많은 고난 속에 이 손 어르신의 목숨도 보존키 어렵겠는데, 어떻게 무슨 공덕의 결과를 이룰 수 있겠소? 안 가요, 안 가!"라고 말할 정도로 손오공에게 삼장은 믿고 의지하기는커녕, 자신이 보호해야 할 빌런 스승이었다. 말 위에서 꾸벅꾸벅 조는 건 다반사고, 자신을 해치는 사람 구별도 못해 무조건 믿다가 어려움에 빠지고, 저팔계만 편애해서 손오공의 분통을 터지게 하는 등, 구법의 여행에서 도움은커녕 위기에 빠트릴 때가 더 많아 보인다.

리더가 이 지경인데 삼장 일행의 구도 여정이 계속되는 게 신통하다. 위기가 없는 날이 없을 정도로 요괴들은 출몰하고 손오공은 요괴를 퇴치한다. 그런데 점점 갈수록 능력자 손오공이 못하는 것을 삼장이 해내는 장면이 등장한다. 예컨대 『반야심경』을 한 번 듣고 바로 외운 일 같은 것. 삼장은 외운 것에 그치지 않는다. "항상 외고 마음속에 간직하다 보니 한줄기 신령한 빛이 스스로 비"추어 『반야심경』을 완전히 터득하고 도를 닦는 길이 열렸다고 말한다. 몸에서 소장은 오랫동안 음식을 소화시켜 몸과 일치하는 영양분을 만드는 일을 한다. 삼장이 외고 또 외고 마음에서 계속 간직하는 태도는 소장의 미토 기운과 다르지 않다. 결국 『반야심경』을 소화시켜 존재가 빛이 되게 하는 경지에 이르렀으니 말이다! 이것이 삼장의 능력이다. 타고난 재능은 없지만 자기 '몸에 새길 때까지 배우고 익히는 힘'. 미월에 열매가 무덥고 뜨거운 여름 속에서 충실히 익어 가듯이, 삼장은 무더위 속에서 차가운 가을이 올 때까지 수행을 멈추지 않는다.

『반야심경』을 터득했다니, 도가 높아져 남다른 카리스마와 아우라가 생길 것 같은데 삼장을 보면 우리의 통념은 통하지 않는다. 백 번 양보해서 카리스마는 없다 쳐도 수행자는 특별할 것 같은데 평범은커녕 지질해 보일 정도다. 외국 다큐멘터리를 본 적이 있다. 수행자가 아닌 사람을 요가 수행자처럼 꾸몄는데 사람들은 그 외모에 반응하여 추앙하는 과정을 그린 다큐였다. 그걸 보면 우리가 얼마나 시각 이미지에 약한가를 알 수 있다. 삼장의 도가 아무리 높다 해도 인간의 몸을 타고난 이상, 태산같이 무거운 몸의 한계가 있다. 손오공은 삼장에 대해 이렇게 말한 바 있다. "사부님은 낯선 여러 나라를 몸소 다녀야만 고해를 초탈할 수 있지. 그래서 한 발자국씩 힘들게 가시는 거야. 너와 내가 할 수 있는 건 오직 사부님을 보호해서 몸과 생명을 위태롭지 않게 하는 것일 뿐, 이런 고통을 대신할 수도 경을 대신 가져다 드릴 수도 없어. 설사 우리가 앞질러 가 부처님을 뵌다 해도 우리에겐 경을 내주려 하지 않으실걸? '쉽게 얻은 것은 소홀히 여기게 된다.'"

인간의 몸을 타고난 이상 수행자라 해서 특별히 달라지는 건 없다. 다른 게 있다면 마음의 방향을 어디에 두는가의 문제이다. 몸에 붙은 탐진치의 욕망을 덜어 내서 이기심에서 벗어나 이타적인 존재가 되겠다는 비전! 마음의 방향을 바꾸고 그 길로 발을 내디디는 것은 대신해 줄 수가 없다. 삼장 스스로가 온몸으로 부딪혀서 통과해야 하는 과정인 것이다. 달라이 라마는 이렇게 말했다. "부처님도 남의 죄를 씻을 수 없으며 남의 고통을 대신 덜어 줄 수 없으며 대신 깨쳐 줄 수도 없나니 중생은 오직 진리를 통해서 해탈을 얻을 수 있느니라. 이것이 궁극의 진리이니라." 그렇다. 구도의 여정은 누구도 대신 해줄 수 없다. 스스로 두 발로 자기 문제를 정면으로 통과해야 한다. 신통력이나 권력 등 어떤 것에도 의존하지 않고 오직 자기 욕망을 덜어 내면서 뚜벅뚜벅 가야 하는 것이다. 이때 미토의 힘을 써야 한다. 모든 역경과 어려움을 온몸으로 소화하면서 세상과 균형을 잡으려는 노력들만이 존재를 자유롭게 한다!

방향을 틀었다 해서 갑자기 특별해지지 않는다. 수행의 힘은 고난이 닥칠 때 발휘된다. 우리는 예상치 못한 문제가 생기면 술이나 마약, 무속이나 권력에 의존하는 등 도피하기 바쁘다. 하지만 수행자들은 다르다. 문제가 생기면 그 문제에 집중하여 전력을 다해 벗어나는 법을 고민한다. 달라이 라마는 제국의 열강 속에서 나라를 잃고 자국민이 죽어 나가는 고통을 겪는다. 그는 이 속에서 붓다의 제자로서 문제를 풀어 나간다. 오직 중생의 고통을 남김없이 멸하기 위한 부단한 정진! 민족을 넘고, 인류를 넘어, 모든 생명체를 향한 발원! 이것이 미토의 힘이다. 미토는 발산과 수렴, 서로 다른 기운이 롤러코스터처럼 오고 가지만 그 중간에서 고요한 출구를 만들어 낸다. 마치 '태풍의 눈'처럼, 그 휘몰아치는 순간에도 고요한 구멍을 낼 수 있음을 알기 때문이다. 그래야 여름에 머물지 않고 가을에 배턴을 넘길 수 있다. 삼장도 요괴를 계속 만나면서 얼마나 마음이 흔들렸겠는가. 그럼에도 삼장은 구도를 포기하지 않는다.

삼장이 균형을 잃지 않는 노하우는 무엇이었을까? 그의 마음 씀이 남달랐기 때문이다. 이것을 잘 보여 주는 에피소드가 있다. 삼장이 요괴에게 잡혔을 때 거기에 나무꾼도 함께 있었다. 그들은 죽음을 앞에 두고서 서로 왜 죽으면 안 되는가에 대한 이야기를 나눈다. 나는 이 장면에서 이들이 하고 싶은 걸 못했기 때문에 억울하고 애통하다 말할 줄 알았다. 그런데 그런 이야기는 눈을 씻고 찾아봐도 없다. 나무꾼은 자기가 죽으면 어머니를 봉양할 사람이 없다며 눈물을 흘린다. 삼장은 서역에서 경전을 가져와 중생을 제도해야 하는데 그걸 못하니 슬프다고 애통해한다. 삼장과 나무꾼 모두 자기 목숨이 아니라 '누군가를 걱정한다'. 내가 누군가와 연결되어 있고 그것을 생각할 수 있는 자들의 대화는 다르다. 이것이 여름과 가을을 연결하는 미토의 마음이자, 어려움 속에서도 균형을 잡을 수 있는 노하우인 것이다.

요괴들은 오직 일신의 영달과 장생불사가 목표인 매우 이기적인 신체들이다. 삼장을 탐낸 것도 십생 동안 수행한 삼장의 원양을 빼앗아 불멸의 삶을 얻기 위해서이다. 손오공조차 스승이 그 유혹에 넘어갈까 봐 전전긍긍하지만 기우일 뿐, 삼장은 어떤 유혹에도 절대 흔들리지 않는다. 그는 늘 자신이 아닌 누군가를 구하려는 마음을 내는 존재이기 때문이다. 이타적인 마음을 내는 사람은 절대 혼자일 수가 없다. 천지가 모두 지원군이 되어 도와주기 때문이다. 균형을 잃을 때마다 내가 누구인가를 질문하고, 유혹에 넘어가려고 할 때마다 나와 연결된 존재를 생각하는 그 마음이 천지를 움직인다.

삼장의 남다른 면을 보여 주는 또 다른 에피소드가 있다. 삼장이 절 안에 들어가 등을 구경했다. 그때 삼장은 절의 주지에게 자신의 발원을 이루게 해달라고 부탁한다. 어떤 발원일 것 같은가? 난 빨리 깨닫게 해달라거나 도를 높게 해달라거나 등의 내용일 거라 생각했다. 한데 삼장의 발원은 예상을 깨고 '탑(塔)을 쓰는 것' 즉, 탑 청소였다. 난 이 장면에서 망치로 머리를 맞은 듯한 충격을 받았다. 난 언제나 폼 나는 것, 남에게 인정받는 것, 그런 것만을 하려고 했음을 알게 되었기 때문이다. 삼장은 그날이 마침 대보름의 좋은 날이니 탑문을 열어 자신의 발원을 이루게 해달라고 간곡하게 부탁한다. 삼장은 일층에서 기도를 올린 후, 꼭대기 층까지 정성스럽게 탑을 쓸면서 올라간다. 이 장면이 참으로 고귀하게 느껴졌다. 이런 마음씀씀이 하나하나가 역경과 고난 속에서 삼장을 구한 것이리라. 삼장의 능력은 이것만이 아니다. 그는 오래 앉아 있기의 달인이고 구도를 향한 마음을 단 한 번도 멈춘 적이 없는 불퇴전 그 자체이다. 삼장 일행이 툭하면 싸우거나 헤어지자고 하지만 삼장은 절대 구도의 마음을 거두지 않는다. 미토는 흙이다. 땅이 자신을 드러내는 법이 없고 그 자리에 늘 있듯이 삼장 역시 구도를 향한 마음은 일편단심이라 절대 흔들리지 않는다. 역경과 고난 앞에서도 일관된 태도로 임하는 것이다.

양은 척박한 환경에서도 잘 적응한다. 게다가 무리 지어 살면서도 우위 다툼이 없는 온순한 동물! 이런 양의 생태는 미토와 연결되고 삼장법사와 연결된다. 미토는 전혀 다른 시공간인 여름과 가을의 중간을 매개한다. 낯선 공간을 친숙한 공간으로 만드는 능력이랄까.

예컨대 메마르고 푸석푸석한, 척박한 조건에 놓여 있지만 결국 그곳에 적응해서 살게 만드는 능력이 미토의 힘이다. 삼장은 고난과 역경을 깨달음으로 만드는 능력의 소유자이다. 현대철학자 들뢰즈·가타리가 미토와 만났다면 '노마드적'(유목적)이라고 말하지 않았을까. 난 노마드를 많이 돌아다니는 걸로 착각한 적이 있었다. '노마드' 하면 회사 다닐 때 기억이 있다. '노마드'가 패션 트렌드, 키워드가 된 적이 있었다. 당시 '유비쿼터스'도 함께 유행했다. "언제 어디에나 존재한다"는 의미의 라틴어에서 온 말인데 언제 어디서든 네트워크 환경에 접속한다는 모토로 쓰였다. 그때부터 노트북과 휴대폰 등을 가지고 세계를 여행하며 일하는 이미지가 사람들을 자극했다.

난 그 이미지를 가지고 상품을 기획하는 일을 했다. 공부하면서 알게 된 것은 내가 회사에서 한 일이 소비자에게 욕망의 지도를 그려 주면서 부추기는 일을 했다는 거다. 생각해 보면 사람들의 욕망에 불을 붙이는 일을 열심히 하면서 내 밥벌이를 한 것인데 그것에 엄청 의미부여를 했다는 생각이 든다. 온갖 첨단 기기를 이용하여 전 세계를 아무리 다닌다 해도 존재가 바뀌진 않는다. 당시 회사에서 자재를 글로벌 소싱하는 것도 나의 업무 중 하나였다. 해외와 연락하고 일을 추진하고 바이어와 에이전트를 만나고 등등 엄청난 일을 한다고 여겼지만 결국 회사 이익 증대를 위한 거였고, 나의 연봉을 높이는 일을 했을 뿐이다. 무늬만 노마드였을 뿐, 누구보다 소유와 증식의 욕망은 점점 더 커지고 있었다. 삼장법사가 욕망을 덜어내는 일을 했다면 난 욕망의 불을 더 지피는 일을 했을 뿐이다. 미토는 기존의 기운을 멈추고 덜어 내는 힘이다. 여름을 멈추어야 가을과 만날 수 있으므로. 하여 삼장의 구도의 여정은 미토와 연결된다. 온갖 역경과 어려움을 만나면서 자의식을 덜어 내는 작업들! 그것은 탐진치를 덜어 내어 존재가 플랫폼이 되는 과정이다! 여름을 벗어나 가을을 품는 것, 이기심에서 벗어나 모든 것을 품을 수 있는 이타적인 신체가 되는 과정을 삼장은 구도의 여행을 통해 밟는다.

미토는 이익 증대를 위해 사용하는 힘이 아니다. 여름에 분산되었던, 외적으로 성장했던 그 힘을 한순간에 모두 버리고 방향을 전환하는 힘이다. 이것은 삶에서 존재가 바뀌는 일이기도 하다. 이기적인 존재에서 모든 존재를 살리는 방향으로 나아갈 수 있는 힘. 이것이 미토의 힘을 내재한 삼장법사가 우리에게 제시한 노마드적 메시지가 아닐까. 들뢰즈는 이주민과 유목민을 구분한다. 자기 필요에 의해 이동하는 자를 이주민이라고 했고 유목민이란 오히려 자신의 자리를 떠나지 않는 자라고 했다. 계속 돌아다니면서 먹튀를 하는 게 아니라 기존의 자리를 전혀 다른 자리로 만들어야 한다. 삼장은 구도의 여행길을 10만 8천 리의 물리적인 거리로 생각했지만, 사건을 겪으면서 구도란 '마음을 바꾸는' 문제임을 깨닫는다. 그렇다. 구도의 여정은 물리적인 거리가 아니라 무한의 잠재력을 지닌 마음의 변화를 일으키는 문제다. 해서 삼장의 여정은 다다익선에 취해 생각하지 못하는, 혹은 보려 하지 않는 정주민과 정주민의 무거움을 비추는 거울이다. 그러므로 삼장이야말로 정주민의 시대에 가장 노마적인 모습으로 우리에게 영감을 주는 존재인 것이다.

신금,
이삭 줍는
원숭이의 힘

"되풀이해서 드리는 말씀이지만, 저는 인간들을 모방하려는 유혹을 느끼지 않았습니다. 저는 탈출구를 찾으려 했기 때문에 흉내 낸 것이며, 결코 다른 이유는 없습니다. (……) 곧바로 제 목소리가 다시 나오지 않았던 것입니다. 몇 달이 지나고 나서야 비로소 목소리가 나왔습니다. 술병에 대한 거부감은 심지어 훨씬 더 커졌습니다. 그러나 아무튼 저에게 일단 방향은 주어졌습니다.

제가 함부르크에서 첫번째 조련사에게 인도되었을 때 저는 제 앞에 두 가지 가능성이 열려 있다는 것을 곧 알아차렸습니다. 그것은 동물원 아니면 바리에테 극장이었습니다. 저는 주저하지 않았습니다. 저는 속으로 이렇게 혼잣말을 했습니다. '바리에테 극장으로 가도록 전력을 다해라. 그것이 탈출구이다. 동물원이란 단지 새로운 격자 우리에 불과하다. 거기로 가는 날에는 넌 끝장이다.'

그리고 저는 배웠습니다, 신사 여러분. 아, 반드시 배워야만 한다면 배우는 법입니다. 만약 탈출구를 원한다면 배웁니다. 앞뒤 안 가리고 배웁니다. 회초리를 들고 스스로를 감시하고, 아주 사소한 저항에도 살이 찢기는 것처럼 괴로워합니다. 원숭이의 본성이 데굴데굴 뒹굴며 미친 듯이 저로부터 빠져나와 사라져 버렸고…." 카프카, 「어느 학술원에 드리는 보고」, 『프란츠 카프카』, 박병덕 옮김, 현대문학, 2020, 318~319쪽

"'신'(申)은 번개의 상형이다. 원래는 가운데[|]가 '번개 전(電)'처럼 구부러진 모양이었다. 그러나 후대에 오면서 지금의 형태로 변했다. (……) 신월(申月)은 음력 7월, 절기로는 입추(立秋)에서 처서(處暑) 사이에 해당한다. 하늘로부터 서늘한 바람이 불어오기 시작한다고 하여 양천(涼天)이라고도 불렀다. 그러나 아직 여름의 열기가 남아 있어 여전히 무더운 게 신월이다. 신월은 만물이 성장을 멈추고 구체적인 결실을 맺는 시기다."(류시성·손영달, 『갑자서당』, 180쪽)

1) 신금의 상징과 계절

신금 : 수렴하며 단단해지다

『오행대의』에서는 "신(申)은 '펼 신(伸)'과 같다. '펼 신'은 끌어당기는 것이며 크는 것이니, 쇠퇴하고 늙은 것을 촉진시켜 더욱 노쇠하게 하는 것이다. 『회남자』에 말하기를 신은 신음하는[呻] 것이라고 했고, 『삼례의종』에 말하기를 신은 몸[身]이니, 만물이 모두 몸체를 이루는 것"이라고 했다. 신(申)은 양력 8월로 여름이 끝나고 가을이 시작되는 때이다. 미월에는 무더운 날씨가 지루하게 진행되었다. 신월에도 낮에는 여전히 더위가 기승을 부리지만 저녁이 되면 미월과는 확실히 다른 차가운 기운이 느껴지기 시작한다. 신이 '펼 신'과 같다는 것은 이제 양기가 쇠락하고 음기를 펼칠 때가 왔다는 것이다. 쇠퇴하고 늙은 것을 촉진시켜 노쇠하게 된다는 것은 신월에 음기가 본격적으로 펼쳐진다는 의미이다. 신을 왜 신음하는 것으로 보았을까. 신월은 가을이다. 가을에 열매 맺기는 쉽게 이루어지는 일이 아니다. 여름에 무성하고 번성한 것들을 정리해야 하기 때문이다. 번성했던 초목들이 열매를 맺기 위해 잘려 나가야 하니, 얼마나 아프겠는가. 열매 맺기는 이렇듯, 신음 소리를 낼 만큼 아픈 과정을 통과하는 일이다.

『설문해자』에서 "신(申)은 신(神)이다. 7월이라 음기가 이루어지니 체(體)가 신으로부터 합쳐지는데 구(臼)를 따라 스스로 유지한다. 관리는 신시에 정사를 잘 듣나니, 그래서 아침의 정사를 신시에 펼치는 것이다"라고 했다. 신은 귀신을 뜻한다. 동양에서 귀신은 음과 양의 활동으로 자연의 발산과 수렴 운동을 의미한다. 또한 『동의보감』에서 신은 우리 몸의 질료, 정·기·신 중 '신'(神)과 통한다. 신은 몸의 정(精)과 기(氣)가 흘러갈 수 있도록 방향을 잡아 주는 정신 활동으로 몸의 내비게이션과도 같다. 왜 신금을 정신 활동으로 본 것일까. 신금은 가을로 외적 성장을 멈추고 그 기운을 안으로 모으는 시기이기 때문이다. 인생의 가을인 중년에 자기 삶을 되돌아보듯 신금은 성찰 활동이 활발해지는 시간인 것이다. 또 신(申)은 절구를 뜻하는 구(臼)에 짝대기(丨)를 세로로 그어 만들어진 글자로, 절구 속에 곡물이 담긴 모습이다. 이렇게 신은 절구 안의 곡식을 보여 줌으로써 수확과 성숙의 시절을 표현하고 있다.

『사기』「율서」에는 "신(申)이란 음이 작용하여 만물을 신장시키기 때문에 신이라 말한다"라고 했다. 그렇다. '인·묘·진·사·오·미'가

양의 구간이라면 신부터 음기가 신장되는 구간이다. 미토가 여름의 마지막으로 말단까지 온 힘을 다해 뻗쳤으니 이제 안으로 기운을 모아야 한다. 미토가 열매의 맛이 드는 때라면 신금은 겉이 마르면서 형태가 완전해지기 시작하는 때이다. 신월은 음기가 3음으로 늘어나기 때문에 더위가 물러가고 서서히 차가워진다. 『한서』「율력지」(律曆志)에는 "크고 단단해지며", 『석명』에는 "신(申)은 몸이니 그 몸을 이루어 각자 수렴하여 갖추어 이루게 하는 것"이라고 했다. 가을에는 날씨가 차가워지면서 겉이 굳어져 단단한 열매가 생기기 시작한다. 신을 몸으로 본 것은 어떤 형체나 틀이 생긴다는 뜻이다. 실제로 신금 기운을 잘 쓰는 사람은 가을의 힘을 아는 자로, 여름의 확장이 계속될 수 없음을 알고 힘을 멈추고 축적해서 그 힘으로 다시 시작하고자 한다.

 # 신금의 계절과 시간

신(申)은 하루로 보면 오후 3시 30분~5시 30분으로 일을 서서히 정리해 가야 하는 시간이다. 1년으로 보자면 더운 여름이 끝나고 차가운 계절이 시작된다. 생명들이 성장을 향해 달려왔다면 이제 모든 것을 멈추고 기운을 내장해야 한다. 하지만 외적으로는 여전히 여름의 열기가 기세를 부리는 듯 보인다. 그 기세가 아무리 성해 보여도 입추에 들어서면 한풀 꺾일 수밖에 없다. 인목이 꽃샘추위를 겪으면서 따듯해지듯 신금도 더위를 겪으면서 차가운 계절로 나아간다. 생의 주기로 보면 중년에 해당하기 때문에 이 시기가 되면 확장을 멈추고 수축하는 힘을 써야 한다.

 # 신금의 기운

아녜스 바르다 감독의 〈이삭 줍는 사람들과 나〉(2000)는 신금의 힘을 잘 보여 주는 다큐멘터리이다. 이 작품은 밀레의 그림 「이삭 줍는 여인들」 중 특히 '줍다'에 영감을 얻어 만든 작품으로, 바르다만의 색깔이 잘 드러난 다큐멘터리이다. 쓰레기를 줍는 사람, 버려진 물건을 줍는 사람, 버려진 음식을 줍는 사람 등등 물질과 비물질의 구분 없이 줍기의 향연이 펼쳐진다. 바르다는 말한다. "줍는 일은 지적 활동에 비유할 수 있다. 사실을 줍고 행위와 정보를 줍는다. 건망증이 있는 나로서는 주운 물건이 내가 여행한 곳을 떠오르게 한다"고 말한다.

그렇다. 산다는 건 세상과 만나면서 무언가 줍는 일이다. 기억 또한 내가 주운 생각과 느낌과 사람과 일 등일 테니까. 해서 신금과 아녜스 바르다의 통찰력은 묘하게 겹쳐진다. 신금은 만물의 '수렴성'에 주목한다. 바르다는 자신이 만나는 사람과 사물 등 어떤 것에도 편견 없이 '줍는다'에 주목한다. 그런 태도는 상품이 되지 못하고 버려진 감자들을 카메라로 줍게 만들고, 시침 없는 시계를 통해 무용지용의 질문을 줍게도 만든다. 그녀에게 줍기는 그냥 이것저것을 가져와서 쌓아 놓기가 아니다. 소외된 것에 마음 주기이고, 사유하기이고 질문하기이며 사랑하기 등의 창조 행위이다. 신금 기운을 수렴해서 봄을 여는 것처럼 그녀는 세상의 다양한 줍기를 통해 생각하고 사랑하고 질문하고 공감하기 등을 창조한다.

그녀의 작업은 끝이 없다. 88세에 55세 아래의 청년과 작업을 한 〈바르다가 사랑한 얼굴들〉(2018)은 많은 사람들에게 아녜스 바르다식의 영감을 주고 질문을 던진다. 그녀는 삶 속에서 자신의 활동을 '줍기'로 명명하는데 그 활동이 신금과 닮아 있다. 난 90세까지 계속 자신의 삶을 창조해 낸 그녀의 힘이 줍기 태도에서 나온다고 생각한다. 신금의 가을 활동은 시간이 흐르면서 자연스럽게 겨울에 배턴을 넘긴다. 그녀는 자연이 봄·여름·가을·겨울을 멈추지 않고 계속 변화하듯, 자신에게 주어진 노년을 늘 새롭게 살아 낸다.

"제가 나이를 먹고 있다는 느낌도 크게 다가왔어요. 저는 생각했죠. '세상에, 내 나이가 벌써… 그래도 나는 여전히 줍는 사람이네, 여전히 영화를 만들고 있어. 여전히 내 일을 즐기고 있고.' 영화 작업을 위한 여행도 여전히 즐기지만, 그럼에도 나이가 들어 가는 건 사실이죠. 제게 영화를 만드는 일은 아이디어를 줍고 감정들을 줍는 작업이에요."아녜스 바르다, 『아녜스 바르다의 말』, 오세인 옮김, 마음산책, 2020, 343~344쪽

2) 신금과 몸

신금은 가을을 시작하는 시간이다. 하루 시간으로는 오후 3시 30분~5시 30분인데, 이 시간에 방광 경맥이 흐른다. 『동의보감』에서 방광은, 구멍의 너비는 2치 5푼이고 방광 가운데 직경은 9치인데, 그 속에 오줌을 9되 9홉을 담을 수 있다. 방광은 소변을 저장했다가 배설하는 장부다. 대장이 음식물에서 생긴 정을 수렴했다면 방광은 정을 더욱더 압축하여 응고시킨다. 방광은 아랫배에 위치하는데 오줌이 모이는 곳이다. 『동의보감』에 그려진 방광은 풍선처럼 생겼다.

모양이 둥글어서 풍선과 비슷한 면이 있는데 그것도 그렇지만 결정적인 것은 풍선처럼 구멍이 하나라는 점이다. 구멍이 하나밖에 없는데 어떻게 물이 빠져나갈 수 있을까.

우리는 '흘러간다'고 하면 한쪽에서 다른 한쪽으로 흘러가는, 둘레가 둥글고 속이 비어 있는 튜브 같은 '관'을 상상한다. 한데 방광은 그런 구조가 아니다. 시루떡을 찔 때 쓰는 '시루'와 같은 구조에 더 가깝다. 시루에는 직접 열을 가하지 못하기 때문에 물을 끓일 수 있는 별도의 용기가 필요하다. 이것을 시루 솥이라고 한다. 물이 펄펄 끓으면서 기화된 기운이 떡을 익히는 방식이다. 기화된 기운으로 열을 가해 주는 시루 솥과 같은 곳이 우리 몸에서는 단전이다. 단전(丹田)의 한자를 풀면 붉을 단(丹)+ 밭 전(田) 자로 '붉은 밭'이란 뜻이다. 소변이 방광에 어느 정도 차게 되면 단전의 열을 기화시켜서 오줌이 뿜어져 나온다. 그러므로 단전에 힘이 없으면 기화할 힘이 부족하기 때문에 소변을 보는 데 문제가 생길 수밖에 없다. 보통 방광은 태양을 받을 수 있는 낮에 기화 작용이 활발하므로 낮에 소변을 보고 밤에는 쉬는 것이 자연스러운 리듬이다. 한데 밤에 소변을 자주 본다면 기화 작용이 원활하지 못한 것이고, 방광에 문제가 생겼다는 신호이다.

음식을 먹고 온몸을 돌다가 방광이 최종 오줌을 배출하는 것은 신장이 애벌 소변을 미리 준비하기 때문이다. 신장 기능이 받쳐 주어야 방광이 기화 작용을 하여 소변을 생성할 수가 있다. 신장은 음식을 소화시켜 비위와 폐·대장을 거친 가장 정미한 물질을 재흡수하게 되는데, 그것이 몸의 물질적 질료인 정(精)이 되는 과정이다. 방광 경맥은 신시(오후 3시 30분~5시 30분)에 작용한다. 신시는 하루의 일을 마무리하고 정리하는 시간이다. 이 시간에 마무리하지 않고, 일을 더 벌이거나 무리하면 피곤이 쌓이고 쌓여, 다음 날 리듬이 무너지고, 한 번 무너진 리듬은 도미노가 되어 일상의 리듬이 깨져 버린다. 특히 현대인들은 부(富)나 성공에 목을 매기 때문에 신시에 마무리하거나 성찰하는 리듬을 만들지 못한다. 이것은 가을이 왔는데 여전히 봄여름과 결별하지 못한 것과 같다. 가을인데 가을다운 활동을 못하고 기존의 욕망을 증식하려고만 하니 편안하게 쉴 수도 없고 불안만 가중된다. 이런 삶이 계속될 때, 방광은 약해진다. 신은 가을의 시작 기운이다. 이때 만물은 성장을 멈추고 본격적인 결실 맺기에 돌입한다. 방광 역시 소변을 저장하여 배설하려면 신금의 가을 수렴 기운을 사용해야 한다.

방광 경맥은 12지지로는 신금이지만, 오행으로는 차가운 수의 기운으로 연결되며 두려운 감정을 일으킨다. 예컨대 갑자기 괴한이 등장한다거나 공포 영화를 볼 때 등골이 오싹해지는 것은 방광 경맥이 작용하기 때문이다. 이 기능은 매우 중요하다. 과거 수렵·채집하던 시절, 맹수가 나타나면 방광 경맥이 수기를 내뿜어 등골을 오싹하게 해서 위험을 알렸다. 오늘날은 맹수가 등장하는 시대가 아니다. 겉으로는 평안한 시대처럼 보이는데 우리는 왜 여전히 불안 속에 사는 것일까.

바이바 크레건리드의 『의자의 배신』고현석 옮김, 아르테, 2020에서 나름 단서를 찾을 수 있었다. 디킨스 연구가이지만, 그는 현대인이 겪는 온갖 병을 앓으면서 몸에 대한 인류학적 탐사를 감행했는데, 그 결과물이 『의자의 배신』이다. 이 책에 의하면 현대인의 좌식생활이 온갖 질병의 근원이다. 인류학적으로 보면 인류는 걷기가 일상이었고 의자에 앉는 일은 왕이나 귀족 정도로 소수이고 대부분은 앉은 적이 거의 없었다는 것이다. 그러므로 좌식생활은 몸을 망가트릴 수밖에 없다는 것. 의자뿐 아니다. 인류는 과식 또한 한 적이 거의 없었다는 것이다. 그러므로 과식을 할 수 있는 조건이야말로 유해환경이라는 것. 우리는 문명이 발달한 시대에 살고 있다고 자부하지만 그는 전혀 다른 좌표를 그리고 있다. 인류의 역사를 7시 출근 5시 퇴근으로 보면, 농업혁명이 4시 58분에 일어났고 산업혁명은 4시 59분 58초에 시작됐다는 것이다. 인류학적인 시선에서 보면 농업혁명과 산업혁명은 최근도 아니고 바로 코앞의 일인 것이다. 그러므로 산업혁명 이후, 현대인은 물질의 풍요를 누리지만 무의식적 차원에서는 식량이나 식수 없는 환경, 위험한 조건으로 세상을 인식한다는 것이다. 즉, 우리 몸은 신석기 시대의 몸인데, 첨단 문명을 감당하려니 그 간극이 크다는 것이다. 그 결과 각종 불안, 우울, 심장질환, 유방암, 대장암, 제2형 당뇨병, 고혈압, 비만, 골다공증, 관절염, 요통 등 인류가 이전에 겪은 적이 없는 질병을 앓게 되었다는 게 그의 분석이다. 이런 크레건리드의 인류학적 접근은 현대인이 왜 신장과 방광에 병이 많은가에 대한 답으로 읽힌다. 최첨단의 문명 조건 속에서 불안은 가속화되고 방광 경맥은 그 열을 식히기 위해 쉬지 않고 일을 한다. 나만 해도 특히 직장생활할 때 근원적인 불안이 있었다. 불안은 계속 결핍을 찾고 그것을 해소하기 위해 휴식하지 못하고 뭐라도 계속하려고 하거나 하지 않으면 죄책감을 갖는, 그 회로를 오고 가는 삶을 살았다.

봉준호 감독은 불안이 창작의 동력이라 말한 바 있다. 사회생활이 불가능할 정도로 강박증이 심했는데 영화 작업으로 불안을 잊었다는 것이다. 또 그는 자신의 영화에 대해 '이질적 것들의 충돌'이라고 말한다. 〈살인의 추억〉에서 풍요로운 들판과 시체, 〈괴물〉에서는 한가로운 한강과 괴물의 등장, 〈기생충〉에서는 대저택과 반지하 등. 그가 말한 이질적인 것들의 충돌이란 자신과 사회에게 계속 질문을 던지는 일이다. 이런 그의 태도가 특정 장르에 갇히지 않는 봉준호 스타일의 작품을 탄생시켰을 것이다. 봉 감독의 태도는 신금과 닮았다. 지금까지 봄여름으로 흘러온 번성한 기운을 더욱 확장하는 게 아니라, 정반대의 기운으로 기존의 힘과 정면 대결하여 전혀 다른 국면으로 흘러가게 만든다.

현대인의 불안은 숙명 같아 보이지만, 의외로 해법은 간단할지 모른다. 바이바 크레건리드가 분석했듯, 코앞밖에 보지 못하는 좁은 시선 때문에 불안한 게 아닌가. 산업혁명 이후, 편리함을 추구했던 협소한 시선이 아니라 수렵·채집 시대부터 형성된 3만 년 전의 몸을 이해할 수 있는, 인류학적인 시선을 확보할 수 있다면, 넓고 깊은 시야의 삶을 창조할 수 있을 것이다. 봉 감독의 불안이 질문을 통해 자기 스타일의 영화로 전환되었던 것처럼! 『불안』으로 유명한 알랭 드 보통은 "자신이 하찮은 존재라는 생각 때문에 느끼는 불안의 좋은 치유책은 세계라는 거대한 공간을 여행하는 것, 그것이 불가능하다면 예술작품을 통하여 세상을 여행하는 것이다"알랭 드 보통, 『불안』, 정영목 옮김, 은행나무, 2011, 138쪽라고 했다. 자아에 머무는 한, 불안은 벗어날 길이 없다. 인류학적인 깊고 넓은 시선, 세계와 예술을 통한 여행 등 낯선 곳으로 자신을 던질 때만이 불안에서 탈주할 수 있는 길이 열릴 것이다.

자신의 영화를 이질적인 것들과의 충돌이라 한 봉 감독의 말은 내게 방광의 메커니즘, 방광의 차가운 기운이 기존의 뜨거운 기운과 충돌하는 과정을 연상시킨다. 만약 삶에서 충돌의 지점을 만들지 못한다면 방광은 약해질 수밖에 없다. 몸이 과열되면 방광 경맥은 차가움을 가동시켜 몸을 식힌다. 하지만 기존 욕망에 집착하면 몸은 계속 뜨거워져서 방광이 전하는 메시지, 뜨거움에서 차가움으로 전환하라는 메시지를 들을 수가 없다. 집착이 강하면 강할수록 그만큼 두려움은 커지고 방광은 과열된 열기를 식히기 위해 차가운 물줄기를 마구 뿜어낸다. 그러므로 방광이 건강해지려면 소유와 집착에서 벗어나야 한다. 불안을 외면하는 질주를 멈추고 질문을 던져야 한다. 질문은 자명한 것들에 대해 전혀 다른 해석을 낳고, 새로운 삶의 흐름을 타게 만든다. 그럴 때 봉 감독이 자기 스타일의 작품을 만들듯, 각자가 고유의 삶을 살 수 있고, 방광의 건강성도 동시에 확보될 것이다.

3) 신금과 동물

인간은 영장류 원숭이로부터 진화되어 왔다. 사람과 원숭이가 교차하는 지점에 공동 조상이 있으며, 각기 다른 종으로 진화했다. 원숭이는 인간과 동물 사이에서 생각하게 만드는 동물이다. '만물의 영장'이라는 표현은 원숭이를 포함한 다른 생물과 완전히 선을 긋는 거라 매우 거만해 보이고, '털 없는 원숭이'는 원숭이와 인간의 차이를 없애려는 애씀이 역력하게 느껴진다. 원숭이는 내칠 수도 포용할 수도 없는 애증의 동물이자, 인간을 계속 사유하게 만드는 생명체이다.

원숭이는 잔나비로도 불리는데 원래는 '납'으로 불렸다고 한다. 원숭이는 다른 동물에 비해 매우 재빠르다 해서 '재빠르다 + 납'이 '재납'이 되었고, 시간이 흐르면서 '잔나비'가 됐다는 것. 잔나비는 재빠른 원숭이라는 의미를 가진 이름이다. 이런 재빠른 재주 때문에 '원숭이도 나무에서 떨어진다'는 등의 속담이 생겼을 것이다. 그렇다. 원숭이는 다른 동물과 차별화된 무엇이 있다. 생태학적으로도 원숭이는 지상 생활이 아니라 나무 위에서 주로 생활한다. 지상에는 맹수들의 위험이 도사리지만 원숭이는 나무 위의 삶을 선택했기에 비교적 리스크가 적은 삶을 살았다. 이렇게 나무 위 생활이 가능했던 것은 손과 팔, 발, 시각이 발달했기 때문이다. 물론, 나무 위 생활이 손발을 발달시켰는지, 손발이 발달해서 수상 생활이 가능한 건지에 대해서는 잘 모르겠다. 확실한 것은 원숭이가 다른 동물들과는 다르고 인간과는 공통된 부분이 있다는 것이다.

원숭이는 손과 발가락 하나하나가 길고 자유자재로 움직일 뿐 아니라 물건을 쥘 수 있고 손금과 지문이 있을 정도로 예민한 손을 가졌다. 원숭이의 팔은 길고 어깨 관절은 유연해서 180도로 뒤집을 수 있을 정도로 손과 팔을 독립적으로 사용할 수 있다. 특히 발로 나뭇가지를 잡을 수 있게 되면서 손이 해방되었고 가지와 가지를 옮겨 다니게 되었다. 나무와 나무를 옮겨 다녀야 하니 정확한 거리를 측정해야 했다. 해서 원숭이는 후각이나 청각보다는 시각을 발달시켜서 흑백이 아니라 컬러를 보게 되었다. 이것은 원숭이의 얼굴 구조와도 관계가 있다. 다른 동물들은 코가 앞으로 튀어나오고 눈이 좌우 측면에 있어서 시각은 넓지만, 사물에 정확하게 초점을 맞추거나 입체화할 수가 없다. 하지만 입체화시킬 수 있는 정도를 비교해 보면 원숭이나 사람은 얼굴이 평면적이라 눈과 눈 사이의 각도가 180도로 범위가 좁지만 입체화시킬 수 있는 시각은 120도이다. 말은 코와 입이 튀어나온 만큼 눈과 눈 사이의 각도가 360도이지만 입체화 시각은 57이다. 고양이는 287/13이라고 한다. 얼굴의 평면화가 인간과 원숭이를 연결하는 힘이고, 그것을 통해 사물을 전혀 다르게 상상할 수 있는 능력이 생긴 것이다.

원숭이는 다른 동물과 확실히 차별화된다. 재주도 많고 지능도 높다. 이런 지점이 신금과 연결된다. 대부분의 동물들이 육지 생활을 하는데 수목 생활로의 전환은 여름이 가을로 바뀌는 금화교역의 힘과 연결된다. 한참 뜨거울 때 그 뜨거움에 머물지 않고, 차가움으로 전환하여 열매를 맺는 힘. 열기와 냉기를 오가는 신금의 힘이 재주 많은 원숭이를 연상시켰을 것이다.

〈단장의 미아리 고개〉의 단장(斷腸)은 '창자가 끊어질 정도의 슬픔'이라는 뜻이다. 그런데 단장의 유래가 인간이 아니라 원숭이에서 왔다니 놀라웠다. 진(晋)나라 환온(桓溫)이 촉(蜀)나라를 정벌하러 배를 타고 가던 중, 삼협이라는 곳에서 수행원이 원숭이 새끼를 잡아 왔다. 그러자 원숭이 어미가 슬피 울며 배를 따라 강기슭까지 죽기 살기로 달려왔고 그럼에도 끝내 죽고 말았다. 원숭이의 배를 갈라 보니 슬픔으로 인해 창자가 가닥가닥 끊어져 있었다. 환온은 원숭이 모성에 감동했고, 새끼를 데려온 자에게 벌을 주고 새끼를 풀어 주었다. 원숭이의 모성은 인간과 다르지 않다. 그런데 마음이 생기면 자신의 행동에 대한 해석이 따르기 마련이다. 그것이 원한이 되기도 하고 보은이 되기도 한다. 실제로 원숭이 생태 연구에 의하면 원숭이 뇌는 인간처럼 다른 개체와 이어져 있어서 몸을 회로로 동조하는 공감의 신체라는 것이다. 이것도 신금 기운과 연결된다. 신금의 금화교역은 번성하는 것을 멈추게 하는 기운이다. 갑자기 차가운 서리 기운으로 초목을 죽이는 활동의 전변이 일어난다. 겉으로 볼 때는 죽이는 듯하지만 양적 활동에서 질적 활동으로의 변화이다. 이것은 동물적인 개체성에서 벗어나 공감하는 마음의 출현으로 금화교역과 같은 도약인 것이다.

조삼모사(朝三暮四), 원숭이가 등장하는 유명한 고사이다. 중국 송나라 때 저공(狙公)은 원숭이를 많이 키웠다. 원숭이가 많아지고 식량이 부족해지자, 원숭이들에게 도토리를 아침에 3개, 저녁에 4개를 주겠다고 했다. 원숭이들은 반발했고 그래서 저공이 아침에 4개, 저녁에 3개로 변경하니 원숭이들은 만족해했다. 이 고사는 보통 어리석은 원숭이를 디스하거나, 저공의 교묘한 속임술 등으로 해석된다. 하지만 다른 방식의 해석도 가능하다. 양적으로는 모두 도토리 7개지만 처음엔 3개와 4개로, 나중엔 4개와 3개로 배분의 내용이 다르다. 이것은 양적 변화에서 질적 변화로 볼 수 있다. 양적으로는 7

개지만 용법에 따라 다른 효과, 서로 만족할 수 있는 결과를 낼 수 있기 때문이다. 이제 이 고사는 원숭이의 어리석음이 아닌 지혜에 대한 이야기로 탈바꿈된다. 신금 기운이 그렇다. 신금은 수렴하는 힘으로 물질적인 것에 머물면 소유와 집착에서 벗어나지 못한다. 하지만 신금의 수렴력은 기존의 것을 수렴하는 기운이 아니다. 유형에서 무형으로의 전환, 지금까지 얻은 유형의 것을 버리고 무형의 기운을 수렴해야 한다. 하여 원숭이는 저공에게 똑같이 7개를 받았지만 용법을 달리했기에 문제를 해결하는 지혜로운 존재가 되었다. 그렇다. 원숭이는 양면성을 가진다. 눈앞의 이익에 취해 저공에게 속는 어리석음과, 발산과 수렴을 넘나드는 지혜로움이 공존한다.

신금의 수렴력은 욕심이 되어 자기 꾀에 넘어가는 원숭이 이야기를 만들어 낸다. 아프리카의 한 원주민은 원숭이의 욕심을 이용하여 사냥을 한다. 입구가 좁은 가죽 자루를 만든 후 그 속에 원숭이가 좋아하는 먹을 것을 집어넣는다. 원숭이는 자루에 손을 넣고 과일을 움켜쥐고 빼려는 순간 작은 입구에 막혀 손을 빼지 못한다. 움켜쥔 것을 놓기만 하면 뺄 수 있지만 원숭이는 손에서 과일을 절대 놓지 않기 때문에 결국 잡히고 만다. 이것은 신금의 수렴력을 탐욕스럽게 쓰는 방식으로, 소탐대실하는 우리의 욕망을 보여 주는 듯하다.

신금의 시기는 인생 주기로 보면 중년이다. 중년이야말로 지금까지 얻은 소유와 집착을 내려놓고 그것을 세상에 증여하는 삶으로 전환하는 시기이다. 하지만 우리는 여전히 다다익선의 주술에 걸려, 죽을 때까지 물질적인 부에 집착하는 삶에서 벗어나지 못한다. 그러므로 우리는 신금을 탐구하면서 무엇을 수렴할 것인가에 대한 질문을 던져야 한다. 신금의 변신 능력을 발휘하지 못하면 중년이 되어서도 여전히 자본에 예속된 삶을 벗어나지 못할 것이다.

도교 수련 중에 '경신 수련'이 있다. 1년에 여섯 번 있는 60갑자 중 경신일(庚申日)마다 밤을 새워 수행하면 길흉화복에 매이지 않는 신체가 된다고 보았다(육경신). 『동의보감』에는 '삼시충'이라는 벌레가 있는데, 이름도 있다. 팽거·팽질·팽교, '팽 형제들'인데, 이 벌레들은 사람이 도를 닦는 것을 싫어하고 그 의지가 약해지는 것을 좋아하므로, 60일에 한 번씩 경신일이 오면 하늘로 올라가 주인의 방탕한 생활을 옥황상제에게 깨알같이 일러바치고, 상제는 나쁜 짓을 한 만큼 수명을 줄인다는 것이다. 그러니까 경신 수행이란 삼시충이 하늘에 못 가도록 밤을 새워 지키는 이벤트인 것이다. 생각하면 좀 웃긴 수련이다. 온갖 쾌락을 다 누리고 나서, 장수는 하고 싶으니 내가 한 짓을 아는 벌레들을 하늘에 못 가게 막다니! 말이 수련이지 인간의 탐욕과 꼼수의 이벤트이다. 나도 혹해서 경신 수련을 해본 적이 있다. 하지만 단 한 번도 성공한 적은 없다. 실패한 결과 경신 수련을 다르게 보게 되었다. 보통 사람은 절대 할 수가 없다. 육경신을 제대로 하려면 체력과 정신 상태가 남달라야 한다. 평소에 일상의 리듬을 잘 지키고 체력을 만들어야 하는 것이다. 그러니까, 경신 수련의 진정한 의미는 쾌락에 찌든 삶을 그대로 살다가 그날 밤을 새라는 게 아니라 밤샘을 통해 자신의 몸 상태를 점검하라는 뜻이다. 경신일에 밤을 새려면 체력이 받쳐 주어야 하지 않겠는가. 그러니까 평소에 심신을 단련하라는 게 경신일의 진정한 의미라고 난 생각한다.

그런데 이 수행은 60갑자 중 왜 경신일에 행해지는 걸까? 천간의 경금도 지지의 신금도 모두 '가을을 시작하는 금의 기운'이기 때문이다. 금기가 번성한 여름을 떨쳐 내듯이, 경금과 신금이 몸속 쾌락을 추구하는 벌레들을 떨쳐 버리고, 양생의 길을 연다고 본 것이다. 몸은 순환한다. 다다익선의 삶은 순환의 길이 아니다. 순환하는 삶이란 삶에서 차이를 만들어 내는 능력이다. 차이를 만들지 못할 때 쾌락으로 치닫게 되고, 생명력은 점점 고갈된다. 그러므로 원숭이의 힘, 신금의 힘으로 탐·진·치와 과감하게 결별할 때 기존의 습을 넘는 신체와 조우하게 될 것이다.

4) 신금 캐릭터 탐구, 손오공

손오공은 『서유기』에서 자타공인 슈퍼스타이다. 전투력은 만렙이고 분노의 아이콘이다. 말이 삼장 일행이지 삼장법사는 착하기만 하고, 저팔계는 꼼수의 달인이고, 사오정은 나서는 성격이 아니니, 손오공이 혼자 요괴를 퇴치했다 해도 과언이 아니다. 하지만 삼장은 손오공을 인정하기는커녕 나무라기만 한다. 이유가 무엇일까. 손오공은 척 보면 요괴를 알아보기 때문에 바로 때려죽인다. 삼장은 이런 손오공의 생명을 중시하지 않는 태도에 기함하게 되고 화가 나서 결별을 몇 번이나 선언했다. 그럼에도 손오공은 삼장의 마음을 헤아리지 못한다. 당장 요괴를 죽이지 않으면 자신들이 죽는다는 위기의식이 우선하기 때문이다. 손오공이 보기에 스승 삼장은 마음만 좋아서 요괴에게 계속 당하고, 스승이긴 한데 무능력하고 트러블 메이커로까지 보였다. 일단 살아야 서역에 갈 것 아닌가. 이것이 손오공의 마음이었다. 그러니까 손오공의 출발은 늘 악의 무리 죽이기에서 시작한다. 이것이 신금의 성질이다. 신금은 가을의 숙살지기로 봄의 살리는 기운과는 반대되는 힘이다. 가을 기운은 '심평'(心平)이라고 하는데, 공평하게 심사해서 죽일 것을 죽이는 기운이다. 신금 기운을 타고난 손오공은 요괴의 허장성세를 먼저 포착하고, 그다음엔 자동 퇴치 모드로 변신한다. 신금의 숙살지기가 먼저 작용하는 것이다.

손오공은 남다른 능력을 타고났다. 72가지 변신술을 부릴 줄 알고 근두운을 타고 10만 8천 리를 단박에 주파한다. 영화 〈어벤져스〉(2012)에 나오는 슈퍼히어로들—아이언맨, 헐크, 토르, 블랙위도우, 호크아이 등을 합친 만큼의 막강 파워를 자랑한다. 어찌 보면 『서유기』의 삼장 일행은 어벤져스처럼 보이는 면도 있다. 손오공이 요괴와 싸우는 것처럼 에벤져스 히어로들도 악당과 싸우니까. 한데 두 그룹이 가는 길은 전혀 다르다. 삼장 일행은 깨달음을 위해 요괴와 싸우고, 마블 히어로들은 지구를 지키기 위해 악당과 싸운다. 제목도 어벤져스(The Avengers), '복수자들'이라는 뜻으로 영웅들이 복수자가 되어 악당을 물리친다. 결국 4탄인 〈어벤져스: 엔드 게임〉에서는 엄청난 대결을 벌이다가 지구의 절반을 잃는 지경에 이른다. 지구를 구하기 위해 싸웠는데 결국 너도 죽고 나도 죽는 길로 가 버렸다. 하지만 삼장 일행의 길은 그와 정반대로 가기 위해 싸운다. 나도 살고 너도 사는 길을 향할 뿐만 아니라, 실제로 그런 길을 열어 간다. 그 길은 영웅과 악당으로 고정된 길이 아니라 삼장 일행과 요괴까지 모두 변화시키는 길이다. 그중 손오공은 극명한 변화를 보여 줄 뿐 아니라 우리에게 존재에 대한 질문을 계속 던지고 있다

신금은 12지지 중 개혁과 혁명의 글자이다. 자(子)에서 시작된 양기가 점점 자라 오화에서 꺾이게 되는데 그 변화가 신금에서 본격적으로 드러난다. 신금에서 변화하려면 지지의 시작 기운인 자수의 변화를 읽어 내야 하듯, 『서유기』에서 손오공의 등장은 우주의 시원에서부터 시작한다. 우리는 보통 사계절이 봄에서 시작된다고 생각하지만 자연은 순환하기에 신금, 가을을 만물의 시작점으로 삼을 수 있다. 생명의 세계에는 출발지와 종착지가 따로 없기 때문이다. 삼합의 원리에서 신금은 수의 궤도를 그린다. 그러므로 신-자-진, 신은 가을, 자는 겨울, 진은 봄으로 12지지의 흐름 중에 수의 흐름은 가을(신금)에서 시작하여 봄(진토)에서 마무리된다. 즉, 낙엽이 떨어지는 시간, 결실을 맺는 그 시간에 무형의 기운을 축적해야 다가올 봄과 여름을 열 수 있는 것이다.

『서유기』 1권 1회의 제목이 '손오공, 돌에서 태어나다'인데, 우주의 생성부터 시작해서 손오공이 태어난 오래국, 화과산 꼭대기에 위치한 신령한 돌로 이어지는 장엄한 우주적 시간이 펼쳐진다. 그 돌이 하늘과 땅의 참된 기운을 받아 감응했고 마침내 신령하게 통하는 마음이 생겨나서 '신선의 태'를 키운다. 이 이야기는 인류학, 생물학, 과학, 종교, 철학 등 분과를 넘어선, 존재에 대한 질문으로 다가온다. 그 돌은 쪼개지면서 돌알 하나를 낳았는데 그 돌알이 바람에 깎이면서 원숭이 형상이 되었다. 오관이 갖추어지고 두 팔과 다리가 완전해지자 움직이게 되었는데, 그 존재는 기고 '달리는 법'을 배웠

고, 사방을 향해 절까지 했다. 이런 과정을 통해 손오공은 탄생했다. 『동의보감』에는 "열 살이 되면 오장이 비로소 안정되고 혈기가 통하기 시작하며 진기(眞氣)가 아래로 내려가기 때문에 잘 달린다"라고 했는데, '달린다'에 깊은 뜻이 있다. 오장육부가 음식을 받아들여서 기와 혈을 만든 것은 생명활동을 스스로 할 수 있는 신체가 되었다는 뜻이다. 다시 말해, 인간이 달린다는 것은 충만한 생명 에너지의 신체적 표현인 것이다. 음식을 먹는다는 것은 외부의 것, 내가 아닌 자연의 일부를 먹는 일이다. 즉, 자연을 몸으로 받아들이는 일이자 자연과 하나되는 과정으로, 이것을 잊지 않을 때 인간은 저절로 감사의 신체가 된다. 사방을 향해 절을 한 손오공은 자연과 공감하는 신체의 소유자인 것이다.

이렇게 자연과 하나였던 손오공이 어느 순간 변하고 말았다. 손오공은 수보리조사에게 술법을 배워 능력이 생기자 우월감을 이기지 못해 하늘까지 가서 깽판을 치고 결국, 붓다에게 딱 걸려서 500년 동안 오행산에 갇히는 신세가 되었다. 얼마나 천방지축이었으면 가둠을 당했을까. 500년 동안 손오공을 가둘 수밖에 없는 붓다의 심정은 오죽했을까. 손오공은 드디어 오행산에서 나왔다. 붓다의 중생구제 프로젝트에 합류했기 때문이다. 지금껏 자기밖에 모르는 손오공이 타자를 위한 여행을 떠나다니! 삶의 방향을 완전히 튼 것이다. 기존의 습이 얼마나 견고하겠는가. 이기적인 신체로 이타적인 길을 간다는 것은 자신의 업장을 떨쳐 내는 것으로, 81난을 겪으면서 구도의 여정이 펼쳐진다. 초기엔 자기 능력으로 요괴를 제압하면서 여전히 자뻑 병을 고치지 못했다. 하지만, 여행 레벨이 높아지자 혼자서는 해결할 수 없음을 깨달으면서 변신에 변신을 거듭한다. 교만과 분노가 폭발하는 신체에서 자비와 공감의 신체로! 손오공을 보면 능력의 탁월함과 행복한 삶은 무관함을 알게 된다. 능력이 커질수록 분노만 커질 뿐, 오히려 반비례하기 때문이다.

그가 결정적으로 변화를 한 사건이 있었다. 물론 81난을 겪는 모든 과정이 변화의 과정이긴 했지만 특히 홍해아('사화'편 참조)를 만났을 때 손오공은 죽을 뻔했다. 손오공은 금기를 타고난지라, 쇠가 불에 제련되듯, 화기에는 맥을 추지 못했다. 홍해아(사화)가 치명적인 화기를 뿜어내자 참지 못해 물속으로 뛰어들었는데, 화기가 심장을 쳐서 삼혼(三魂)이 빠져나갔다. 온몸이 굳고 얼음처럼 차가워져서 목숨이 위태로워지자, 그렇게 미워했던 저팔계가 지극정성으로 삼관(三關)을 마사지해서 손오공을 살려냈다. 삼관이란 무엇인가. 『동의보감』에 의하면 "『선경』(仙經)에서 '몸의 뒷면에는 세 개의 관[三關]이 있다. 뒷머리를 옥침관이라고 하고 천추 양 옆을 녹로관이라 하고 수화가 만나는 곳을 미려관이라고 한다. 세 개의 관은 모두 정기가 오르내리고 드나드는 도로이다. 만약 북두칠성의 자루가 돌듯이 세 관이 잘 돌아간다면, 정기가 위아래로 순환하는 것은 은하수가 북두칠성을 따라서 도는 것과 같을 것이다'고 하였다".허준, 『낭송 동의보감 내경편』, 25쪽 삼관은 등에 있는 정·기·신의 흐름이다. 『참동계』(參同契)에 의하면 "사람의 기혈은 위 아래로 왕래하며 밤낮으로 쉬지 않고 돌아간다. 마치 강물이 바다에 닿을 때까지 끊임없이 동쪽으로 흘러도 고갈되지 않는 것과 같다. 고갈되지 않는 이유는 산과 강의 구멍이 모두 서로 통하고 있기 때문이다. 물은 땅속에서 순환하여 흐른다. 해와 달의 운행도 마찬가지다"라고 하였다.

삼관은 등 뒤에 있는 무형의 관으로 도르레와 같은 역할을 한다. 한데 손오공은 홍해아의 충격으로 몸속 도르레가 고장 났으니 곧 죽음이다. 이런 일촉즉발 상황에서 손오공이 그렇게 무시했던 저팔계가 손오공의 생명을 살린다. 홍해아 전투는 위기였지만 그가 저팔계의 소중함을 아는 사건이었다. 그후 견원지간이었던 이들 사이는 핑크빛 브로맨스로 전환되어, 어려움이 와도 협업하는 우정의 케미를 보여 준다. 우정이란 저절로 생기지 않는다는 것, 반드시 길을 떠나는 자만이 우정의 참맛을 경험할 수 있음을 손오공과 저팔계는 잘 보여 주고 있는 것이다.

저팔계가 손오공을 살리는 장면으로 돌아가 보자. 손오공은 깨어났다. 그때 손오공이 외친 한마디가 있다. 무엇을 외쳤을까. "나 살아 있는 거 맞아?" "꿈이야, 생시야?" 난 이런 정도로 생각했다. 그런데 손오공이 외친 세 음절은 바로 "사부님!"이다. 죽음이 오락가락하는데 사부님이라니, 스승과 자신을 한몸으로 여긴 것이다. 즉, 자신의 업장을 소멸하려면 스승을 따라야 함을 정확하게 알았던 것. 자신을 오행산에서 꺼내 준 것도 삼장이었다. 그는 스승에 대한 감사의 마음을 잃지 않았다. 죽음 앞에서도 변함없는 구법의 뜻! 이것이 금화교역의 힘이자 신금의 마음인 것이다.

가을 숙살지기는 여름의 무작위적으로 번성한 것들을 결단하고 정리하는 기운이다. 이렇게 하려면 기준이 필요하다. 스승 삼장은 역경과 고난 속에서도 흔들리지 않는 '구도의 내비게이션' 그 자체이다. 손오공은 스승을 지표 삼아 그 미션을 끝내 완수한다. 이것이 삼합의 원리에서 신-자-진 수라는 근원의 세계를 여는 신금의 내공이다. 오행은 인의예지신으로 표현되는데 금은 '의'(義)와 연결된다. 의로움과 의리, 이것은 '중요한 무엇'을 지키는 힘이다. 손오공의 신금 기질은 스승에 대한 의리를 지키게 했고 마침내 자신을 구원함으로써 모든 존재가 가야 할 길까지 제시하고 있다.

티베트 창조 신화는 원숭이로 시작하는데 원숭이-유인원-인간이 되는 진화론과 부합한다. 티베트 신화에는 변종 원숭이가 등장한다. 원숭이는 군집 생활을 하므로 손오공이 우두머리가 되는 욕망까지는 상상 가능하다. 수행하고 싶은, 중생을 이롭게 하고자 서원을 세운 원숭이의 등장은 차마 생각해 보지 못한 상상력이다. 아마도 이 신화가 『서유기』에 영향을 미쳤을 것이다. 『서유기』에는 우마왕 부인으로 나찰녀가 등장하지만, 티베트 신화에는 바위 정령 나찰녀가 수행하는 원숭이에게 홀딱 반해 결혼을 청하고 거절당하자 원숭이 만 마리를 잡아먹겠다고 협박한다. 원숭이는 이 사태를 관음보살에게 의논했고, 관음보살은 생명을 살리기 위해 결혼을 하라고 당부한다. 그 결과 낳은 자손이 티베트 민족이다. 티베트 민족은 '원숭이 + 바위 정령'이 낳은 후손들인 것. 티베트 원숭이 신화는 인간 탄생 과정을 보여 주는데 여기에 다윈의 진화론을 거쳐 인간이 탄생하는 과정을 연상케 만드는 지점이 있다.

바위의 정령인 나찰녀와 원숭이는 모두 신금과 통하는 존재들이다. 신금은 참으로 오묘한 기운이다. 오화(午火)에서 일음(一陰)이 시작되어 미토(未土)에서 열매가 생기고 신금(申金)의 수렴력으로 열매가 굳어진다. 우리의 몸도 나이가 들면 건조해져서 각질이 생기게 되는데 그것은 금기가 작동하기 때문이다. 이렇게 굳고 단단해지므로 중년이 되면 청년보다 물질적으로는 풍족해진다. 하지만 자연에서 가을은 완성의 시기가 아니라 내년에 다가올 봄을 위한 준비이듯, 중년 또한 새로운 삶을 위한 내적인 성숙 시기여야 한다.

이런 측면에서 보면 바위 정령과 수행하는 원숭이는 물질적 수렴성과 내적 성숙함을 각각 대변하는 존재로 읽힌다. 이들이 잘 결합될 때 가을처럼 철든 인간이 되는 게 아닐까. 어느 한쪽으로 치우치면 위험해질 수 있다. 나찰녀가 자기 욕망이 실현되지 않자, 바로 만 마리를 죽이려고 하지 않던가. 이것은 가을 숙살지기의 폭력성을 잘 보여 준다. 그리고 아무리 수행을 발심한 원숭이라 해도 혼자서는 어려움을 헤쳐 나갈 수가 없다. 하지만 남다른 원숭이는 어려운 상황 속에서 절망하거나 고립되지 않고 관세음보살에게 의논해서 그다음 스텝을 풀어 나간다. 관음보살에게 길을 묻는 원숭이라니! 우리도 어려움에 처할 때, 문제를 어떻게 풀어 가야 하는가에 대해 생각하게 만든다. 원숭이가 선택한 멘토는 관음보살이었다. 자기 삶에서 어떤 비전을 향해 갈 것인가. 그리고 어떤 길을 가는 자와 의논할 것인가. 가장 고귀한 길을 간 자와 의논하고 싶지 않은가.

손오공과 수행하는 원숭이 모두 도전하는 존재들이다. 원숭이는 나무 위로 올라가는 삶에 도전했고, 그다음에는 인간 되기에 도전했다. 그 도전은 결국 땅의 조건을 넘어 하늘과 통하겠다는 의지, 나를 넘어 너를 생각할 수 있는 경지까지 밀어붙였다. 신금, 뜨거운 여름을 서늘한 기운으로 바꾸는 힘이다. 손오공처럼 구도의 여정을 떠날 발심을 한 것도 신금의 힘을 사용한 것이다. 이렇게 존재가 도약하고자 할 때 손오공이 삼장을 만나듯, 삶에서 스승을 만나게 된다. 오행산에서 오도 가도 못하고 눌려 있던 손오공이 스승을 만나 구도의 여정을 떠나게 되었듯이! 티베트 신화 속 원숭이 스승은 관음보살이다. 관음보살의 소리를 들었기 때문에 원숭이는 자신도 구하고 나찰녀도 구했으며 티베트 민족을 구했다. 결국 그 신화는 우리 시대에 달라이 라마라는 스승까지 이어졌으니 수행을 발심한 원숭이의 힘을 실감하게 된다. 솔직히 모든 영적 멘토들은 에고를 넘은 삶을 살았기에 2천 년이 지난 지금까지 우리에게 고귀한 삶의 길이 제시된 게 아닐까. 신금은 우리에게 계속 질문을 던진다. 인간은 무엇이고, 어떤 과정으로 왔으며, 앞으로 어떤 길을 가야 하는가에 대해. 지금과 어떻게 다르게 존재할 것인가의 미션을 손오공이, 티베트 신화 속 원숭이가, 영적 멘토들이 고민했듯 우리에게 그 질문을 끊임없이 던지고 있다.

유금,
풍요의 시대를 제대로 누리는 기쁨
—닭의 힘

기성자가 주나라 선왕을 위해 싸움닭을 길렀다. 10일 만에 닭을 싸움시킬 만하냐고 묻자 그는 대답했다. "안 됐습니다. 지금 헛되이 교만하게 자기 기운만을 믿고 있습니다." 다시 10일 만에 묻자 대답했다. "아직 안 됐습니다. 마치 그림자나 소리 울림처럼 닭만 보면 싸우려 듭니다." 다시 10일 만에 묻자 대답했다. "아직 안 됐습니다. 아직도 상대방을 노려보고 기운이 왕성합니다." 다시 10일 만에 묻자 말했다. "거의 다 됐습니다. 닭이란 비록 우리 짐승이라 하지만 이제는 변화가 없게 되었습니다. 저놈을 바라보면 마치 나무로 만든 닭 같은데 그의 덕이 온전하기 때문입니다."열자, 『열자』, 김학주 옮김, 연암서가, 2011, 141쪽

"'유'(酉)는 배가 불룩하고 목이 잘록하며 끝이 뾰족한 술독의 상형이다. 고대인들은 가을의 추수가 끝나면 그간의 노고를 위로하기 위해 술을 빚었다. 이때가 보통 음력 8월경이었는데 여기서 '음력 8월'이라는 뜻이 유에 첨가되었다. (……) 만물이 극도로 성숙하고 늙어 가는 것이 유월(酉月)이라는 것이다. 유월은 음력 8월에 해당하고 절기로는 백로(白露)와 추분(秋分)이다. 과거엔 유월을 장월(壯月)이라고 불렀는데 음의 기운이 한창 성하다[壯]고 봤기 때문이다. 이때는 찬이슬과 서리가 내려 열매를 더 굳고 단단하게 만든다. 이제 지상에서는 음기가 양기보다 앞서게 되어 본격적으로 음의 세상을 열어 간다."(류시성·손영달, 『갑자서당』, 181쪽)

1) 유금의 상징과 계절

유금 : 만물이 성숙하다

『오행대의』에서 "유(酉)는 늙은 것이며 또한 익었다는 것이니, 만물이 극도로 늙어서 성숙한 것이다. 『회남자』에 말하기를 유(酉)는 배부른 것이라고 했고, 『삼례의종』에 말하기를 유(酉)는 앓는 것이니, 앓아서 피로한 뜻이다. 이때는 만물이 모두 축소되어서 작아진다고 했다." 신월(申月)에 가을이 시작되었다면 유월(酉月)은 가을의 기세가 점점 커져 정점에 이른 시기이다. 24절기로는 백로와 추분으로 찬이슬이 내려 지금까지 무성했던 초목들을 제거하는 때이다. 오곡백과가 익듯 결실을 맺는 시기로 1년을 인생으로 보면 유월은 중년기를 넘어선 시기로 늙은 것이고 만물이 극도로 늙어서 성숙해진 것이다.

『설문해자』에는 "유(酉)는 나아간다[就]의 뜻이다. 8월에 기장이 익으면, 술을 빚을 수 있다. 고문인 유의 모양을 상형하였다. 유부(酉部)에 속하는 모든 한자는 유의 의미를 따른다. 묘(卯)는 봄의 문이라서, 만물이 밖으로 나온다. 유는 가을의 문이라서, 만물이 안으로 들어온다. 일(一)은 하나로 문을 여닫는 모양이다." 유는 취(就)로 '이루다', '나아가다'라는 뜻과 통한다. '서울 경'(京)의 갑골문을 보면 세워진 큰 건축물로 '높다, 크다'라는 뜻이다. 도읍에는 큰 건물이 많으므로 수도, 서울로까지 뜻까지 확장됐다. 우(尤)는 '더욱'이나 '한층 더'라는 뜻으로 취(就)는 '더욱 높아지다'라는 뜻이다. 한데 '취'는 양적 변화가 아니라 질적 변화를 의미한다. 물이 끓어서 액체가 기체로 변하는 것과 같다. 8월에 기장이 익으면 술을 빚는다고 했는데, 이것은 발효의 과정으로 몸속 미생물이 효소를 이용하여 유기물을 분해하는 과정이다. 재료는 같은데 효소 분해를 통해 질적인 변화가 일어난 것이다.

이렇듯 유금(酉金)은 발효되어 전혀 다른 것이 된 기운을 표현한다. 발효와 관계된 대부분의 글자에는 '유'(酉)가 들어 있다. 술 주(酒), 누룩 임(醂), 빚을 양(釀) 등. 발효는 술뿐만 아니라 김치가 신 김치로, 우유가 치즈로, 메주가 된장과 고추장이 되는 과정에서도 일어난다. 유는 가을의 문이라 만물이 안으로 들어온다 했는데, 만물이 들어온다는 것은 기존의 것을 쌓는 게 아니라, 기존의 것이 분해되어 재구성됨을 의미한다. 일(一)은 하나로 문을 여닫는다고 했는데, 봄의 목기가 만물을 살리고 가을 금기가 만물을 죽이는 것을, 문을 여닫는 것으로 본 것이다. 그러니까 묘목처럼 따듯하고 부드러운, 살리는 기운도 필요하지만 유금의 쌀쌀하고 차가운, 죽이는 기운 또한 문을 여닫듯이 필요하다는 것이다.

『한서』「율력지」에서는 "유(酉)에서 머물러 잡히고"라고 했는데, 가을에는 봄·여름처럼 상승하거나 뻗어 가는 성장을 멈추고 열매 맺기에 주력해야 한다는 뜻이다. 『사기』「율서」에는 "유(酉)는 만물이 늙은 상태이므로 유"라고 했다. 만물이 늙었다는 것은 소멸인 동시에 완전한 결실로 지금까지 진행한 것을 소멸시키고 씨앗을 준비하는 과정이다. 그러므로 유금은 소멸되지 않으면 생성 또한 없음을 알려 주는 글자이다. 유금은 늙은 상태라 매우 성숙하다. 유금의 성숙함은 무엇일까. 당장 성장을 추구하기보다는 다음에 올 봄을 대비하기 위해 죽이는 결단을 내리는 힘이다. 기꺼이 고통을 감수하고 엄격하게 통제하고 불필요한 것들을 단호하게 제거해야 한다. 봄의 시선으로 보면, 잔인하게 보이지만, 유금의 시절에는 앞으로 다가올 혹독한 겨울을 대비하여 남길 것만을 남기고 불필요한 것은 반드시 제거해야 한다. 겉은 모두 죽이는 듯 보이지만 속은 새로운 생성을 위해 고군분투하는 과정인 것이다.

『석명』에서 "유(酉)는 꽃피는 것이니, 꽃이 핀다는 것은 만물이 완성되는 것이다. 『역』에 있어서는 태괘가 되니 태(兌)는 기뻐한다는 뜻이다. 만물이 만족하게 갖추어짐을 얻어 기뻐하는 것이다"라고 했다. 『주역』은 64괘로 자연의 스텝이 담긴 텍스트이다. 그중 중택태(重澤兌)는 58번째에 해당한다. 『주역』에서 순서는 매우 중요하다. 봄 다음에 여름이 아닌 가을이 오면 자연의 질서는 뒤죽박죽이 될 것이다. 제 타이밍에 맞는 계절이 오기 때문에 순환이 가능한 것이다. 공자님이 쓴 『주역』의 주석서, 「서괘전」에는 순서에 대한 설명이 있다. 그것에 따르면 새로운 변화에 진입해서 '타자와 뜻이 통하면' 기쁨이 있으므로 태괘가 되었다고 말한다. 태괘의 기쁨은 타자와 소통할 때 생긴다. 태괘는 유금과 통하니, 유금의 기쁨을 유추해 볼 수 있다. 유금은 만물이 갖추어짐을 얻어서 기뻐한다고 했다. 유가 겉으로는 죽이는 시간이지만, 꽃이 핀다고 표현한 것은 자연이 선물한 결실을 얻을 때 타자들과 나누라는 것, 즉 이타심을 꽃피우라는 말로 읽힌다.

공자는 태괘 주석에서 기쁨에 대해 말한다. 연못이 서로 붙어 있으면서 스며들어 함께 불어나게 된다는 것. 인간사로 보면 벗과 함께 이치를 배우면서 더불어 사는 것이야말로 기쁨의 정수라는 것이다. 그러니까 함께 나누어야 할 것은 추수해서 얻은 물질적인 것뿐 아니라 진리를 배우고 나누는 것까지 포함한다. 『논어』 「학이편」에서 "배우고 때때로 그것을 익히면 또한 기쁘지 아니한가? 벗이 멀리서 오면 또한 즐겁지 아니한가. 남이 알아주지 않아도 성내지 않으니 또한 군자답지 않은가." 『논어』에서 유명한 이 문장은 태괘 주석에 대한 펼침 버전이다. 『주역』은 자연의 이치가 인간의 윤리로 전환되는 과정을 잘 보여 준다. 태괘는 유금과 연결되고, 유금은 수확의 시절이다. 우리는 인류가 지상에서 존재한 이래, 물질적으로 가장 풍요로운 시대를 살고 있다. 태괘와 유금은 이제 물질적인 축적에서 벗어나, 발효되듯이 존재의 도약을 이루라는 뜻으로 읽힌다.

 # 유금의 계절과 시간

유는 저녁 5시 30분~7시 30분으로 낮에 하던 일을 본격적으로 마무리하는 시간이다. 절기로는 백로와 추분이다. 백로는 날씨가 차가워져서 풀잎이나 물체에 이슬이 맺히는 때이다. 이때 하늘은 높아지고 대기는 건조해지면서 벼 이삭이 충실해지기 시작한다. 그러므로 이 시기까지 벼가 익지 않으면 추수할 수가 없다. 우리의 일도 그렇다. 준비된 것이 없으면 결과물을 낼 수가 없다. 가을에 열매를 맺고 싶어도 봄, 여름 동안 준비한 것들이 없기 때문이다. 아무리 결실의 시절이라 해도 무에서 유를 만들어 낼 수는 없는 법. 한데 이런 당연한 원리를 우리는 망각해 버렸다. 갑자기 대박 나기를 꿈꾸지 않는가! 유금의 원리상 결실이 갑자기 생길 수는 없다. 만약 그런 일이 있다면 자연의 법칙에 위배된 것이다. 자-축-인-묘-진-사-오-미-신의 과정을 밟지 않았는데, 결과가 주어진다면 그것은 남의 것을 약탈하지 않고는 불가능하기 때문이다. 그러니 대박 난다는 말은 남의 것을 빼앗겠다는 말이고, 누군가의 대박은 누군가의 쪽박을 의미한다. 이런 원리를 생각하면 대박이라는 말을 함부로 하기 어려울 것이다. 자연은 우리에게 프로세스를 밟으라고 말한다. 이 프로세스를 어떻게 밟아 갈 것인가. 그리고 이 과정을 밟아 얻은 결과물을 어떻게 사용해야 할 것인가. 모든 결과물이 프로세스의 산물이므로 내 소유라 할 수가 없기 때문이다.

백로 다음에 오는 절기는 낮과 밤의 길이가 같은 추분이다. 춘분이 지나면 낮의 길이가 길어졌지만, 추분 후에는 점점 밤의 길이가 길어진다. 하지만 여름의 지열이 남아 있어서 낮의 온도는 오히려 춘분보다 추분이 더 높다. 이렇듯 체감하는 온도가 높다 보니 우리는 여전히 여름에 집착하면서 가을로 진입하지 못하는지도 모르겠다. 하지만 아무리 여름 열기가 남아 있다 해도 차가운 가을은 오고야 만다. 그래야 곡식이 완전히 여물 수 있으므로. 이렇듯 유금의 시기는 만물이 충실하게 결실을 맺는 시절이다. 이제 얻은 수확물을 사람들과 나누어야 한다. 그러니 기쁨이 클 수밖에!

우리의 삶은 풍요롭지만 전 세대가 길을 잃은 느낌이다. 삶의 방향을 찾기는커녕 무조건 많은 돈을 원한다. 그것으로 물질 세상이 제공하는 온갖 쾌락을 누리려는 욕망으로 가득하다. 자연은 음과 양이라는 상반되는 기운의 마주침 속에서 작동한다. 그러므로 삶은 죽음을, 사랑은 혐오를 품는다. 즉, 삶은 죽음을 감당해야 하고 사랑은 혐오를 감당해야 한다. 이렇듯 물질적 쾌락 또한 정신적 빈곤에서 오는 환멸을 감당해야 한다. 이것을 넘으려면 물질적 쾌락을 넘어서는, 삶의 이치를 탐구해야만 한다. 그래야 물질과 정신이 크로스되는 풍요의 기쁨을 누릴 수 있을 것이다.

2) 유금과 몸

유금은 가을 절정의 시기이다. 가을에 배속된 장부는 폐·대장이다. 한데 유시(酉時)에는 폐·대장이 아닌 신장이 활성화된다. 신장은 방광과 함께 오장 중에 겨울에 해당하는 장부이다. 겨울은 수기로 응축하는 기운으로, 초목을 완전히 응고시켜 씨앗을 만드는 시절이다. 몸에서 신장은 응축 작용을 하는데 그 작용으로 만들어진 질료가 정(精)인 것이다. 정은 선천지정과 후천지정이 있다. 선천지정은 부모에게 받게 되고 후천지정은 음식을 통해 공급된다. 겨울에 씨앗이 만들어져야 봄이 시작되듯, 정이 바탕이 되어야 몸의 형체와 조직을 갖추게 되므로 정을 생명의 근본으로 보았다.

신장은 수액 대사를 조절하는데, 음식 섭취를 통해 만들어진 진액을 정의 형태로 저장한 후 온몸에 산포하는 작용과 수분을 배출하는 작용을 한다. 몸의 수액 대사의 과정을 짚어 보면 음식물이 위로 들어와 진액을 만들면, 위는 진액을 폐로 보내고, 폐는 숙강 작용을 하며 방광으로 내려보낸다. 이렇듯 방광으로 내려간 진액은 신장의 도움으로 기화 작용을 일으켜 청기와 탁기로 구분된다. 청기는 폐로 올라가고 탁기는 방광을 통해 밖으로 배출된다. 이것이 몸속에서 이루어지는 진액의 여정이다. 이 여정이 원활하려면 신장의 정이 충실하게 받쳐 주어야 한다. 또한 가을의 절정인 유금의 기운이 필요하다. 유금이 정 저장을 위한 필터링 작업을 하기 때문이다. 이런 이유로 신장 경맥은 유시(오후 5시 30분~7시 30분)에 작동하는 것이다.

신장 기능 중에 납기(納氣)가 있다. 우리는 호흡을 폐가 주도한다 여기지만 신장의 도움이 없으면 원활한 호흡을 할 수가 없다. 신장은 공기를 폐의 깊숙한 곳으로 끌어당기고 탁한 공기를 배출시킨다. 경맥의 흐름을 보면, 신장 경맥이 횡격막을 통과하여 폐 쪽으로 진입한 뒤 후두부에 닿아 있다.

신장 경맥이 폐 경맥과 연결된 것은 원활한 호흡을 돕기 위함이다. 신장 경맥이 유시에 공기를 잡아당기므로 호흡을 원활하게 할 수 있다. 신장이 약해 공기를 당기지 못하면 기가 상역하여 천식 상태가 되거나 발이 차갑고 진땀이 나며 맥이 약한 증상이 나타날 수 있다. 호흡이 짧고 급한 증상이 나타난다면, 폐의 문제도 있지만 신장의 납기 기능과 관련이 있다. 신장 기능이 허약하면 기를 충분히 돌리지 못해 항상 헐떡거린다. 이건 몸뿐 아니라 일상에서도 약속을 어기거나 긴 호흡으로 일처리를 못하는 것 등으로 드러난다. 그러므로 약속 지키기와 지구력에 문제가 있다면 신장의 건강부터 점검해야 한다.

정리하자면 신장 기운이 충실해야 원활한 호흡을 할 수 있고, 일상에서도 전체 일정을 조율할 수 있다. 『주역』의 수택절(水澤節)괘는 절도 있는 생활에 대해 말해 준다. 삶에서도 계절이 변화하듯 절도 있는 태도가 필요하다. 『주역』에서 수택절 다음에 오는 괘가 신뢰의 괘, 풍택중부(風澤中孚)로 삶에서 절도가 있어야 신뢰가 생긴다. 신장 기능이 뒷받침되지 않으면 자기 절제가 어려우니, 타자의 신뢰를 얻을 수가 없다. 그러므로 타자의 신뢰를 얻으려면 신장의 납기 기능부터 길러야 한다. 그래야 깊은 호흡을 할 수 있고, 절도 있고 신뢰 있는 삶을 살아갈 수가 있다. 이 모든 것을 가능하게 하는 기운이 유금이다. 열매를 맺으려면 기준에 합당한 것과 아닌 것을 구분해야 한다. 과감하게 자를 것은 자르고 정리해야 한다.

앞서 말했듯, 신장 경맥은 유시에 흐른다. 유금은 밖으로 드러내고 성장하는 기운이 아니다. 양기를 안으로 수렴하여 열매를 익게 하는 성숙한 기운이다. 그러므로 신장이 건강하려면 밖을 향해 표출하고 내세우기보다는 성찰하고 절제하는 삶으로 전환해야 한다.

유금의 시간은 공자가 말한 40세의 불혹(不惑)과 50세 지천명(知天命)의 때이다. 『동의보감』에 따르면 간기는 쇠약해지지만 정신적으로는 성숙해지는 시간이다. 40세의 불혹은 삶에서 확실한 기준을 필요로 한다. 기준이 있어야 삶에서 생기는 세파나 유혹에 흔들리지 않고 균형을 잡을 수 있다. 지천명은 우주 만물의 근원과 하나임을 아는 일이다. 자연의 이치를 탐구해서 자기 삶을 계속 창조하라는 것. 이것이 바로 유금의 혁명적 능력이다.

달라이 라마에게 행복 비결을 묻자, '나는 특별하다'라는 생각을 버리는 것이라고 말한다. 그런 생각은 '죄수 되기'를 자처하는 거라면서, 우리는 지구 70억 명 중 한 명이라는 사실을 기억하라고 했다. 이것은 모든 존재가 하나로 수렴되는 방식으로 세상을 보라는 것으로 읽힌다. 이것이 바로 성숙한 유금의 마음이다. 가을에는 새싹의 부드러움은 사라지고 딱딱한 껍질에 둘러싸인다. 청년기에는 성장해야 하므로 물오른 피부를 자랑한다. 하지만 장년기가 되면 소멸하므로 피부가 건조하고 푸석푸석해진다.

가을에 열매를 맺기 위해 딱딱하게 굳는 것은 내적 성숙을 위해서이다. 고귀한 삶을 제시한 영적 멘토들의 삶을 보면 우리에게 필요한 것은 맹목적인 장수가 아니라 나를 벗어나기 위해 더 깊이 사유하고 함께 실천하는 성숙한 삶의 태도이다. 생각은 힘이 세다. 좋은 생각은 좋은 실천을 만들고 좋은 삶으로 이어진다. 성숙한 사유 속에서 좋은 삶이 생성된다. 그리고 신장이야말로 창조의 잠재력이 충만한 씨앗의 장부이다. 유금의 성숙한 사유야말로 신장을 건강하게 만드는 근원적인 길인 것이다.

3) 유금과 동물

닭은 캄캄한 밤을 깨고 새벽이 다가옴을 알려 주는 빛과 태양의 전령사로, 매우 상서롭고 영험한 동물이다. 닭은 분명 '새'지만 지상에서 생활한 탓에, 밤과 낮 사이에서 새벽을 여는 신령한 동물이 되었다. 새벽은 빛의 시간이지만 모두가 잠들어 있는 시간이다. 이때 새벽을 가르고 우는 닭소리! 닭의 생태는 유금 성향을 잘 드러낸다. 닭이 다른 동물들과 달리 새벽에 우는 이유는 무엇일까. 조류는 빛을 인식하는 송과체라는 빛 센서 기관이 있다. 그중 닭은 그 기관이 유독 발달해서 빛이 조금만 들어와도 민감하게 감지하므로 이른 새벽부터 울기 시작한다. 닭의 시력은 좋지 않지만 빛 센서 기관, 송과체는 종을 치듯 소리를 내는 유금의 역할을 한다. 즉, 새벽과 반대되는 저녁 유금 기운이 새벽 대기에 충격을 가하면, 밤을 점령하는 귀신이나 요괴가 혼비백산하게 되고, 깊이 잠들었던 사람들도 깨어난다. 닭이 운다는 것은 가을, 저녁, 음기의 수렴력을 가진 유금 기운을 가진 닭을 통해 새벽 대기에 충격을 가하는 일이다. 사주명리학에 '충'(沖)이란 개념이 있는데, 충은 깨짐이 아니라 변화와 개혁의 기운이다. 닭 울음이 새벽에 가을 유금 기운으로 나는 소리라면, 동쪽에 있는 닭이 더 큰 소리로 울 가능성이 높다. 그래서 그런가, 『본초강목』(本草綱目)에는 중국 세력가들에게 조선 닭이 좋다는 소문이 돌아, 조선에 와서 닭을 구해 갔다는 이야기가 있다. 중국이 중앙 토에 해당한다면 조선은 동방 목기에 해당하기 때문이다. 또한 고려 시대 궁궐에서는 자시, 축시, 인시 등 시간대별로 우는 닭을 길러서 닭 우는 소리로 시간을 알렸다 하니, 닭은 당시 자명종 역할을 톡톡히 한 셈이다.

유금 닭은 새벽을 깨우는 것에서부터 건국 신화, 전설, 민담에서 천지개벽까지 스펙트럼이 매우 넓다. 신라 박혁거세 부인 알영의 탄생 신화는 닭과 인연이 깊다. 박혁거세가 태어나던 날, 연못에 계룡(鷄龍), 닭 모습을 한 용이 나타나 왼쪽 옆구리로 여자아이를 낳았는데, 입술이 닭의 부리처럼 생겨서 월성 북천에 가서 목욕을 시키니 부리가 빠졌다. 닭 부리로 태어남은 가을의 풍요로움을 타고났으며, 닭이 새벽을 알리듯 백성을 깨우치는 신성한 존재라는 뜻이다. 왕후가 된 후 알영은 백성들에게 농사일과 누에 치는 법을 알려 준다. 신라계 김씨의 시조 김알지도 태어날 때 숲에서 닭이 울어서 나라 이름을 '계림'(鷄林)이라 지었을 정도로 닭은 상서로운 동물이었다. 하지만 건국 신화에도 등장하는 닭은 역으로 백제 멸망을 미리 알려 주는 예언자적 역할로도 등장한다.

닭은 꿩과에 속하는 척추동물로, 날개는 작아서 잘 날지 못하지만 다른 조류에 비해 다리가 크고 강하여 뛰는 데 유리하다. 보통 새가 하늘 기운을 받아서 날기 때문에 화기에 배속되지만, 닭은 날지 못하므로 금기에 배속된다. 몸에서도 가장 높은 위치에 심장(화)과 폐(금)가 있다. 좀 더 정확히 말하자면 폐가 심장보다 더 높은 곳에 위치해 있다. 닭은 자신의 영역을 침범하는 걸 극도로 경계하는데, 이런 점이 기준이 정확한 유금과 닮아 있다. 유금은 열매를 맺는 것과 열매를 맺지 못하는 쭉정이 구분 기준이 확실한 기운이다. 유금은 24절기 중 하얀 서리가 내리는 백로와 추분의 시절이다. 음기가 강한 때로 알찬 열매 맺기에 주력하므로, 밖은 차갑다.

오늘날 우리는 닭과 어떤 관계를 맺고 있을까. 우리나라는 치킨 공화국에, 닭을 치느님이라 부를 정도로 닭을 사랑(?)하는 민족이다. 한데 이 사랑(?)은 혀를 자극하는 치킨 맛 때문에 붙여졌으니 가히 치킨 공화국은 감각 공화국이며, 치느님은 내 미각을 위해서만 닭은 존재하라는 무시무시한 명령으로 들린다. 인간에게 닭은 치킨으로만 존재하고, 닭에게 인간은 잡아먹히는 공포의 대상일 뿐이다. 이 관계를 어떻게 다르게 맺을 수는 있을까. 인류학자 나카자와 신이치식으로 질문을 하자면 대칭성 관계가 될 수 있을까가 될 것이다. 신화적 사고에서는 인간은 언제든지 동물이 되고, 동물은 언제든지 인간이 된다. 그는 무의식인 유동적 지성에 기반을 둔 지성이 출현해야 대칭성 관계를 맺을 수 있다고 주장한다. 그는 우리가 고작 100~150년 전에 출현한 근대의 지식에 주입되어 인간 외의 다른 생명체를 대상화하는 삶을 산다고 지적한다.

그렇다. 근대적 삶은 닭을 치킨으로밖에 만나지 못하게 한다. 즉, 닭을 인간의 미각을 위해 존재하게 할 뿐, 인간과 대등한 관계를 못 맺게 하는 것이다. 나카자와 신이치는 근대를 넘기 위해 대칭성 사유가 지극히 실현된, 신화에 주목한다. 신화는 가장 오래된 최초의 철학이자, 인간이 축척해 온 지혜와 지성으로 우리는 이 지혜를 발휘해야 한다는 것. 하여 인간과 자연, 인간과 신이 다르지 않다는 전제 위에서 삶을 펼쳐야 한다는 것이다. 이제 유금의 기운으로. 닭과 다른 관계를 맺어야 할 때이다.

4) 유금 캐릭터 탐구, 석가모니(feat.서방정토)

손오공 : (그는 화가 나서 씩씩거리며 노기등등 소리를 지르며) 너는 어디서 굴러온 잘난 놈이기에, 감히 싸움을 말려 놓고 날 심문하겠다는 게냐?

붓다 : (웃으며) 나는 서방 극락(정토)세계의 석가모니 존자 나무아미타불이다. 지금 들으니 네가 방약무도하게 날뛰며 여러 차례 하늘 궁전을 어지럽혔다 하던데, 대체 어디서 자라 언제 도를 깨쳤으며, 왜 이런 난폭한 짓을 하는고?

손오공 : 하늘과 땅이 낳아 길러 영험하게 신선 반열에 든 화과산의 최고 원숭이로다. 수렴동에서 가업을 일으키고 벗을 사귀고 스승을 찾아 우주의 도를 깨우쳤도다. 수련하여 여러 불로장생법을 이루었고 광대무변한 변화의 법술을 익혔네. 그래서 범속한 세상은 협소하여 싫어졌으니 반드시 하늘나라에 살리라 결심하였네. 영소보전이 옥황상제만 살 곳도 아니요, 역대 제왕 자리도 서로 나누어 전하던 것! 강한 자가 존귀한 법이니 마땅히 내게 양보해야지. 영웅은 이 몸뿐 누가 감히 겨루려 하는가! 오승은, 『서유기 1』, 215~216쪽

손오공과 붓다의 첫 만남에서 이루어진 대화이다. 손오공이 하늘을 쑥대밭으로 만들어 버려 옥황상제조차 손대지 못하자, 붓다께 구원 요청을 했다. 손오공은 자신의 능력에 한껏 취해 있다. 붓다를 봐도 알아보지 못하고, 시건방이 하늘을 찌른다. 붓다는 손오공에게 옥황상제 자리를 왜 빼앗으려 하냐고 호통을 친다. 옥황상제는 그 자리를 그냥 얻은 게 아니라 한 겁=129,600년인데, 무려 1,500겁의

고행을 쌓아서 그 자리를 얻은 거라고 말한다. 아무리 설명해도 손오공은 붓다의 말을 듣기는커녕 황제도 돌아가면서 하는데 왜 옥황상제만 장기집권하냐고 따진다. 그러자 붓다는 손오공에게 장생법과 둔갑술 외에 뭔 재주가 있기에 하늘 궁전을 차지하려느냐고 일갈한다. 손오공은 여전히 자기 재주 자랑 퍼레이드를 멈추지 않는다.

붓다의 서방정토는 유금이 만든 최선의 세계이다. 가을에 열매가 익으면 추수를 해야 하고, 다음 해를 위해 에너지를 모아야 한다. 곡식이 익으면 고개를 숙이듯, 인간 또한 나이가 들수록 겸손해져야 한다. 유금은 중년 이후로 정신적 성숙을 통해 에너지를 모으는 시기이다. 손오공이 능력을 연마할 때까지를 유금 이전이라 볼 수 있고, 능력이 커진 때를 유금의 시기로 볼 수 있다. 하지만 손오공은 자아만 커질 뿐 그 힘을 남을 위해 사용할 생각을 하지 않는다. 여전히 봄·여름의 발산을 가을로 전환하지 않고, 자신의 능력에 취해 머무는 것이다. 하지만 붓다의 세계, 유금의 세계는 물질을 더 증식하는 게 아니라 정신적 세계로 전환하는 시간이다. 붓다는 손오공에게 옥황상제는 긴 수행의 결과로 둔갑술과 장생불사로 도달할 수 없다 말하지만, 하늘까지 지배하고 싶은 욕망을 가진 손오공에게 그 말은 들리지 않는다.

붓다는 손오공과 소통이 불가하자, 근두운을 타고 자신의 손바닥을 빠져나가면 옥황상제 자리를 주겠다고 제안한다. 손오공은 코웃음을 치며, 그 자리에서 빛의 속도로 쏜살같이 날아갔다. 자신의 능력으로 붓다의 연잎 같은 손바닥을 벗어나지 못할까 싶었던 것. 전력질주를 하다 보니 5개 기둥이 보였고, 그곳에 인증 글과 인증 오줌을 남기고 돌아온다. 한데 웬걸, 붓다의 손바닥에 자신이 남긴 모든 것이 그대로 남아 있는 게 아닌가. 붓다의 승! 붓다는 오만방자한 손오공의 기운을 꺾기 위해 오행산에 가두어 버린다.

『주역』 중택태(重澤兌)괘는 유금과 통하는데 유금의 시기에 무엇을 해야 하는가를 잘 보여 준다. 태괘는 연못의 모습인데, 물이 가득한 연못이 만물을 자라게 하므로 만물이 기뻐한다는 것이다. 만물을 자라게 하는 촉촉한 영양분은 봄·여름의 성장 기운과는 전혀 다르다. 마치 곡물이 발효되어 술이 되듯이, 전혀 다른 것이 되는 마법의 순간들! 태괘는 만물이 무르익는 가을, 유금은 방향으로는 서쪽이다. 물이 흘러가다가 결국 연못에 모여들듯이, 가을이 되면 농사지은 것을 수확해서 곡간에 쌓아 놓는다. 이것은 낮에는 열심히 활동을 하다가 유시가 되면 휴식하기 위해 집으로 모이는 것과 같다. 집에 와서는 하루를 돌아보면서 정리하고 성찰하는 시간으로 전환해야 한다. 손오공에게 멈춤이나 휴식은 없다! 능력이 생기자 욕망이 커져, 하늘 궁전의 옥황상제 자리까지 넘보았다. 만약 손오공이 옥황상제가 된다 해도 만족을 했을까. 그럴 리가! 계속 자기 힘을 과시하기 위해 전쟁을 벌이고, 전쟁 후 힘을 과시하는 무한 루프 속으로 들어갔을 것이다.

붓다는 손오공의 욕망을 누구보다 잘 알고 있었다. 붓다가 활동하던 시기는 경제 기반이 농업사회에서 도시사회로 급변하는, 유금의 풍요로운 시기였다. 붓다는 인도 북부 네팔 국경 가까운 곳에 샤카족 왕자, 금수저로 태어났다. 그는 모든 것이 보장되는 조건에서 태어났지만 타고난 최상의 조건을 권리로 생각하지 않았다. 다른 사람의 삶이 먼저 보였기 때문이다. 가난하고 병들고 죽는 자들. 그것은 강자가 약자에 대해 갖는 동정심 같은 건 아니었다. 그의 시선은 남달랐다. 예컨대 병든 사람을 보면서 자신의 병듦을 보았고, 타자의 죽음도 자기 죽음으로 여겼다. 왕자로서 누리는 부도 누군가의 노동 대가로 누리는 게 보였고, 사랑도 영원한 게 아니라 변하는 게 느껴졌다. 그의 시선에 비친 인간의 삶은 고통 그 자체였다.

아버지 슈도다나 왕은 사랑하는 아들에게 왕위를 물려주고자 했다. 그는 싯다르타의 출가를 막기 위해 세속적 향락을 제공했지만, 그는 쾌락에 흔들리지 않았다. 왕은 가족을 이루면 안정될 거라 여겨 결혼을 제안해서 출가를 막았다. 싯다르타는 아버지의 부탁을 뿌리치기 어려워 결혼을 했고 아들을 낳았다. 그런데도 안정은커녕 출가할 결심은 더 커져만 갔다. 왕이 된다 해도 인간의 근원적 고통은 해결할 수 없기 때문이다. 아버지가 출가를 끝까지 막자 그는 아버지에게 4가지 소원을 들어주면 출가하지 않겠다고 말한다. 그것은 영원한 젊음을 누리는 것, 영원히 병들지 않는 것, 죽지 않고 영원히 사는 것, 사랑하는 사람과 영원히 사는 것이다. 슈도다나 왕은 출가를 막을 수 없자 중년 이후 출가를 권한다. 지금은 젊으니 당장은 나라와 가족 부양에 책임을 다하고, 그다음에 하라고. 하지만 붓다의 결심은 단호했다. 이것이 유금의 힘이다. 무엇이 인생에서 중한지 기준을 잡아서 맺고 끊고를 정확히 하는 힘! 붓다는 이런 힘으로 당장의 즐거움이 아니라 생로병사를 고려한 삶을 볼 수 있었다! 그래서 그는 흔들리지 않고 아버지께 어려서 죽은 사람에게 중년은 없다며 인간의 근원적인 고통을 해결하는 데 노년까지 미룰 수 없다고 단호하게 말한다. 또한 출가는 개인의 문제가 아니라 인간의 번뇌 해결을 위한 여정을 떠나는 거라고 덧붙인다. 이런 붓다의 성찰은 아버지 또한 생로병사에 대해 질문을 하게 했고 결국 아버지까지 열반으로 이끌었다. 결국 붓다는 불멸의 세계이자 속박 없는 자유의 세계를 향했고, 마침내 대자유의 길을 열었다.

손오공이 제아무리 엄청난 능력의 소유자라 해도 생로병사의 문제를 풀 수는 없는 법. 인생에서 봄과 여름만 계속되지 않기 때문이다. 그러므로 유금은 가을의 절정으로 번성한 모든 것이 일거에 떨어지듯 노병사의 소멸을 아는 성숙한 기운이다. 가장 풍요로운 가을에 초목은 보이지 않는 양기를 내부에서 기르듯, 인간도 생로병사라는 삶 전체를 조망하면서 전혀 다른 삶의 방식을 창조해야 한다. 이것이 서방정토로 말해지는, 붓다가 열어젖힌 대자유의 길이다.

완연한 가을에는 결실의 풍족함을 누리지만 나무는 열매와 분리되는 고통을 감수해야 한다. 삶에서도 유금의 시기에는 내가 성취하거나 인연 맺은 것들과 분리되는 아픔을 겪어야 한다. 이것은 노병사의 과정과 다르지 않다. 이렇듯 봄여름의 찬란한 시절이 계속되지 않을 때 누구나 힘들 수밖에 없다. 성공은 물론이고 작은 성취라도 얻으면 집착이 솟구친다. 하지만 유금의 성숙함이 발휘되면 이 함정에 빠지지 않고, 삶 자체가 탐구의 영역으로 방향을 틀 수 있다.

붓다는 가장 풍요로움을 누리는 그 시기에 아프고 죽는 사람들을 보았고, 그것을 자신의 문제로 삼았다! 이것이 붓다의 힘이고, 붓다가 우리에게 주는 고귀한 삶의 태도이다. 그렇다. 물질적으로 풍요로울 때야말로 영성을 탐구할 때이다. 유금이 신금을 거쳐 완전한 수렴을 이루듯, 나와 타자가, 나와 자연이, 나와 우주가 연결되어 하나로 수렴되어야 한다. 이런 탐구 과정이 없다면, 우리는 젊음이나 능력의 교만에 빠져 노병사를 외면한 삶이 기다릴 뿐이다. 그러다 아프면 죽겠다고 아우성을 치고, 막상 가족과 자신의 죽음이 닥쳐오면 엄청난 두려움에 휩싸인다. 이것이 우리의 실상이다. 여기서 벗어나려면 삶에서 유금의 성숙함이 필요하다. 노병사의 문제가 모두가 겪는 문제라는 것을 인정할 때 소통의 통로가 열리고 번뇌는 사라질 수 있다. 영적 멘토들은 에고 속에 갇히지 않았다. 나의 번뇌가 너의 번뇌이며 모두의 번뇌라는 그 지점에서 시작하기 때문이다. 이것이 바로 유금의 마음으로, 붓다가 걸어간 길이다. 하여 번뇌의 보편성을 깨달을 때, 이때 번뇌는 지혜가 된다.

우리는 과거 어떤 대단한 왕보다 일반인이 물질적 풍요를 누리는 시대를 살고 있다. 물질적인 풍요에 집착하며 성숙한 삶의 길을 내지 않는다면 삶은 각질화되어 딱딱하게 굳어 버릴 것이다. 자신만의 방에 홀로 앉아 자신의 고통을 몰라준다며 괴로워해 봤자 고립된 삶이 기다릴 뿐이다. 이것을 해결할 수 있는 길은 오직 하나, 유금의 시대에 서방정토를 창조하는 것이다! 붓다를 멘토 삼아, 각자 삼장 일행처럼 네트워크를 조직하여 탐진치를 덜어 내는 구도의 여정을 떠나는 것. 그 길만이 나를, 우리를, 풍요로운 유금 시대를 제대로 누리도록 만들어 줄 것이다. 붓다의 서방정토는 특별한 사람만이 가는 길이 아니다. 유금의 길이 그러하듯, 풍요의 시대를 제대로 누리고 싶은 누구나가 가야 하는, 아니, 갈 수밖에 없는 가장 고귀하고 자유로운 순환의 길인 것이다.

술토,
세상을 밝힐 불씨를 품고 기다리는 개의 힘

"초기 인간들이 약 4만 년 전 아프리카를 떠나 유라시아로 이동한 후 늑대와 처음 마주치게 됐을 때, 두 종은 동반자 관계를 맺었고, 그 덕분에 결국 호모 사피엔스가 지구 전체를 지배하게 된 것으로 보인다. 현대의 개와 인간의 DNA 증거를 살펴보면, 늑대와 인간이 관계를 맺은 각각의 사건들이 거의 동시에 일어난 것으로 추정된다. 이런 초기의 동반자 관계 덕분에 호모 사피엔스는 자신과 경쟁하는 사람——유럽의 네안데르탈인, 아시아의 데니소바인, 호모 에렉투스——을 밀어내고 지구상의 주거가 가능한 모든 지역에 퍼지게 되었을 수도 있다. 인간은 늑대·개와 동맹을 맺으면서 살기에 척박한 지역에도 퍼질 수 있었으며, 결국에는 신세계에도 침투할 수 있게 했다. 인간은 늑대와의 연대 또는 늑대의 가축화가 이뤄지기 훨씬 전부터 늑대로부터 이득을 보고 배움을 얻었던 것이다.

늑대는 다른 호모 종보다는 인간에게 우선적으로 협력적인 사냥법을 가르쳤을 것이다. 늑대와 개는 협력적인 성향이 다른 모든 동물에 비해 월등하게 강하다. 이들은 경쟁하지 않고 친구 관계를 형성한다. 유인원도 자기 새끼와 유대를 이룰 수 있지만, 마셜 토머스가 설명한 대로 개는 친척 관계를 넘어서는 연합을 형성한다. 늑대는 다른 종, 예를 들어 큰 까마귀나 심지어 곰 같은 종과 협력하는 성향이 있다. 인간과 늑대는 힘을 합쳐 사냥했으며, 이 과정에서 오늘날 협력적으로 살아가는 우리의 모습으로 인간의 행동이 변했을 것이다."레이먼드 피에로티·브랜디 R. 포그, 『최초의 가축, 그러나 개는 늑대다』, 고현석 옮김, 뿌리와이파리, 2019, 97~98쪽

"'술'(戌)은 창[戈]을 들고서 무언가를 지키기 위해 보초를 서는 사람[人]을 그렸다. 일설에는 술을 무(戊)와 일(一)이 합쳐진 글자로 보기도 한다. 무는 '무성할 무(茂)'의 뜻으로 초목이 성숙해지는 음력 9월을 의미한다. (……) 술월(戌月)의 절기는 한로(寒露)와 상강(霜降)이다. 이때는 서리가 내려 비로소 추워지고, 누에를 치고 길쌈하는 일이 이루어졌다. 식구들에게 옷을 만들어 주어 추위를 피하게 한 것이다. 그래서 술월을 옷을 지어 준다는 의미의 수의(授衣)라고도 불렀다."(류시성·손영달, 『갑자서당』, 183쪽)

1) 술토의 상징과 계절

술토 : 만물이 멸하다

『설문해자』에서 말하길, "술(戌)은 멸(滅)의 뜻이 있다. 9월에 양기가 미약하니 만물이 다 이루어지고 양기가 내려가 땅속으로 들어간다. 오행에서 토는 무에서 생기고 술에서 성해진다". 신월(申月)에 가을이 시작됐다면 유월(酉月)에는 가을의 기세가 절정에 이르고 술월(戌月)에는 가을의 마무리 단계로 만물이 쇠퇴하여 소멸한다. 술월에는 여름 동안 번성했던 초목들이 소멸하므로 술은 멸과 같은 뜻이라고 했다. 음력 9월은 양기가 미약하기 때문에 만물이 운동을 멈추고 휴식 모드로 접어든다. 양기의 미약함은 음기의 강함을 의미하므로 금기의 갈무리하는 힘으로 결실이 충실하게 이루어진다.

강한 음기의 수렴력으로 인해 열매가 충실하게 맺어지지만 강한 양기는 술토 시기에는 밖으로 나올 수가 없으므로 땅속 깊이 들어갈 수밖에 없다.

『사기』「율서」에는 "만물이 다 되어 멸하는 상태이므로 술(戌)이라 말한 것이다"라고 했다. 이것은 만물이 시들어 없어지는 겨울 직전의 시기이다. 『한서』「율력지」에는 "마쳐들며"라고 했는데 이것도 가을의 마무리를 의미한다. 『오행대의』에서는 "술(戌)은 멸하는 것이며 죽는 것이다. 음력 9월에 전부 죽으니, 만물이 모두 멸하게 되는 것이다. 『삼례의종』에 말하기를 이때는 만물이 쇠퇴하여 멸망하는 것이라고 했다". 『회남자』에도 "술(戌)은 멸하는 것이다"라고 했다. 술을 멸하고 죽는 것이라고 한 것은, 봄은 살리는 계절인 데 반해 가을은 죽이는 계절이기 때문이다. 술월에는 씨앗을 심어도 싹이 나지 않는다. 이런 깨달음은 매우 중요하다. 이런 시간 감각이 없는 우리는 내가 언제든 열심히 하기만 하면 이룰 수 있을 거라고 생각한다. 결과가 좋아도 내가 한 것이고, 결과가 나빠도 내가 한 것이다. 자연의 이치에 비추어 보면 내가 했다는 생각이야말로 얼마나 황당한 것인지 자각하게 된다. 술의 시공간에서 아무리 질 좋은 씨앗을 심는다 해도 싹이 나지 않는다. 지지에 있는 4개의 토(축토, 진토, 미토, 술토) 중 술토(戌土)는 생명을 죽이는 건조한 토이기 때문이다.

 # 술토의 계절과 시간

하루 중 술시는 오후 7시 30분~9시 30분으로 휴식의 시간이다. 낮에 활동을 열심히 했다면 술시에 모든 것을 멈추고 휴식을 해야 한다. 술토는 다른 토들, 진·축·미와 함께 화개살(華蓋殺)로 불리는데, 그중 대표 화개가 술토이다. 화개는 '빛날 화(華)'와 '덮을 개(蓋)'로 '빛나는 것을 덮는다'는 뜻이다. 빛나는 것은 부귀영화, 인기, 성공, 재능 등, 우리가 살면서 얻고 싶은 것들이다. 한데 그것을 덮는다는 것은 빛나는 걸 할 수 없는 시기라는 뜻이다. 예컨대 능력은 갖추었지만 당장은 펼칠 수 없거나 인정받지 못하는 조건에 놓여 있다는 것. 당장 펼치지 못한다는 점에서 보면 화개가 나쁜 것처럼 보이지만 원리적으로 보면 길흉의 문제가 아니다. 술시에 태양은 져야 하고 인시가 되어야 태양이 뜨듯이, 원하는 활동을 하려면 기다려야 한다. 그러므로 술은 능력을 펼치기 위해 힘을 비축하는 시간일 뿐이다.

 # 술토의 기운

술토는 삼합의 원리 중 인-오-술로 화의 국면을 만들어 내는 글자 중 하나이다. 인오술이란 인목에서 시작된 봄의 기운이 오화, 화끈한 여름으로 이어지고 술월, 가을에서 마무리 짓는 흐름이다. 하루로 치면 인시에 새벽을 열고 오시에 태양이 가장 빛나며 술시에 노을 속 태양이 지는 자연의 변화를 인오술 세 글자로 압축 표현하고 있다. 아무리 밝고 빛나는 하루를 보냈다 해도, 술시에는 어둠 속으로 진입해야 한다. 이것이 천지만물의 운명이다. 어떤 존재도 이 원리를 거스를 수는 없다.

겨울을 코앞에 둔 술토가 해야 할 일은, '신금, 정화, 무토'를 품는 일이다. 겨울이 열리면 화와 금은 더 이상 활동할 수 없으므로 토

속에 깊이 숨겨 놓는다. 석양이 질 때 하늘은 아름답다. 하지만 그 아름다움은 계속되지 않는다. 석양은 곧 모든 것이 어둠으로 들어가는 예고편이기 때문이다. 눈앞에 펼쳐졌던 것들이 사라지지만 없어진 것이 아니라 술이 여름과 가을(정화와 신금)을 잠시 품고 있는 것이다. 술은 인목과 오화의 때가 올 때까지 불씨를 완전히 꺼트리지 않고 보호하면서 기다린다. 그러므로 술의 시간에는 화려하고 시끄러운 곳보다 한적하고 조용한 곳이 어울린다. 당장은 대낮처럼 환하게 밝힐 수는 없지만 반딧불 같은 불씨를 남겨서 그것을 씨앗 삼아 세상을 밝히겠다는 발원을 세우는 마음이 술의 마음이기도 하다. 술월은 가을 열매가 완성되고 낙엽도 모두 떨어져서 황량해진 대지, 한겨울의 진입 직전의 시간이다. 하지만 불씨를 품은 술토는 안으로 온기를 제공하면서 봄과 여름이 올 때까지 끈질기게 기다린다. 그러므로 화개 기운을 타고나거나 그런 시간을 맞이하게 되면 종교나 철학, 문학, 예술 등 정신적인 분야에 관심을 가진다.

『화개집』, 중국의 사상가 루쉰의 두번째 산문집(1925년, 31편의 잡문 수록) 제목이다. 그는 화개의 원리를 알았던가. 중국의 암담한 현실, 어쩌지 못하는 그 상황을 화개로 보았다. 술은 사방이 캄캄해지는 시간이다. 그도 철방에 갇힌 듯한 적막을 느꼈다. 하지만 만물이 모두 죽는 시절이 온다 해도 때가 오면 소생함을 알았던 것이다. 그러므로 루쉰은 술토 속에 불씨를 살리는 마음으로 암흑 속에서도 글쓰기를 했을 것이다. 때가 오면 자신의 불씨(글)가 존재를 살리고 세상을 밝힌다는 믿음을 가지고! 『화개집』이란 제목에서 암흑과 적막을 돌파하려는 그의 의지가 전해진다.

2) 술토와 몸

술토는 가을을 마무리하는 기운이다. 심포경(心包經)은 술시인 저녁 7시 30분~9시 30분 사이에 흐른다. 심장을 에워싼 막을 심포라고 한다. 심포는 '마음 심(心) + 쌀 포(包)'로, 심장을 싸고 있다는 뜻이다. 단중(膻中)이라고도 하는데 단(膻)은 '심장 아래 있는 격막'이라는 뜻으로, 심포와 단중을 연결하면 심장을 싸고 있는 격막이 된다. 한데 다른 장부와 다르게 심포는 왜 심장을 싸고 있는 걸까. 심장은 '군주지관'으로 왕의 역할을 하는 장부이다. 왕은 신하들이 보필하듯, 심장은 심포의 엄격한 보호를 받는다. 만약 왕의 목숨이 위태로우면 신하가 목숨을 던지듯, 심장에 병이 들면 심포부터 병들기 시작한다.

오장육부는 각각 감정을 주관한다. 그중 심장은 기쁨과 즐거움으로, 이것 또한 심포가 주관한다. 심장은 기쁨뿐 아니라 모든 감정을 주관하는 신명의 거처이기 때문이다. 우리는 여러 감정 중 기쁨이 계속되면 좋을 것 같지만 좋은 감정도 지나치면 병이 된다. 한데 기쁨의 감정이 심장에서 지나치게 나오면 오히려 심장을 칠 수 있으므로, 심포는 심장 보호뿐 아니라, 감정 수행도 함께한다. 이렇듯 심포는 임금의 명령을 수행하는 신하와 사신 같다 하여 심포를 '신사지관'이라고 부른다. 우리는 '심보가 고약하다'는 말을 종종 쓴다. 심보가 바로 심포로, 특정 감정에 치우칠 때 마음씀씀이가 고약해지고 심포 경맥에 문제가 생긴다. 반대로 심포 경락에 문제가 생겨도, 감정이 치우쳐서 마음씀씀이가 고약해진다. 이렇듯, 마음과 심포는 매우 긴밀한 관계를 맺고 있다.

심포는 삼초와 함께 무형의 장부이다. 이 둘은 모두 이름은 있으나 오장육부처럼 형태가 없다. 동양에서는 형태보다는 관계를 중시하고, 말단보다는 뿌리를 중시한다. 우리도 꽃이나 잎이 아무리 아름답다 해도 다음 해를 위해 꽃과 잎을 저장하지는 않는다. 다음 해에 초목을 싹트게 하려면, 뿌리나 씨앗이 필요하다. 심장과 심포, 두 관계에서도 심포보다는 심장이 더 근원적인 장부이다. 술토 또한 이런 원리에 바탕을 두고 있다. 술토는 만물이 활동을 멈추고 휴식하거나 잠을 자거나 죽음을 준비하는 시간이다. 술시에는 노을이 진다. 하늘의 노을은 아름답지만 그것은 계속되지는 않는다. 밤은 곧 태양이 선사한 세계와 아름다운 노을까지 삼켜 버리고 언제 그랬냐는 듯, 모차르트의 오페라 〈마술피리〉에 등장하는 밤의 여왕처럼 칠흑같은 모습으로 얼굴을 싹 바꾸면서 복수의 아리아를 부르는 듯 보인다. 하지만 술은 〈마술피리〉의 내용처럼 태양의 제국과 밤의 제국의 대결 구도가 아니다. 술토 안에는 정화(태양의 기운)가 숨겨져 있는데, 이것은 자연이 순환을 지속하기 위한 큰 그림이다. 그러니까 밤의 제국은 태양 제국과 대결구도가 아니라 다시 올 태양 제국을 준비하기 위해 불씨를 품은 시간이다. 밤의 여왕이 술토의 원리를 알았더라면, 아리아에 '지옥의 복수심이 내 마음속에 끓어오르고'라는 무시무시한 제목은 달지 않았을 것이다. '내 안에 태양 제국의 빛을 품고서'라는 제목을 붙여 밤을 여유롭게 즐기는 아리아를 부르지 않았을까.

술토는 겨울의 수기가 오기 전에 먼저 화를 흡수해서 저장한다.

그런 과정은 자연스럽게 수기가 방출되는 과정이기도 하다. 이것과 반대로 진토는 수기를 흡수하므로 자연스럽게 화기가 방출된다. 진월에는 양기가 밖으로 뻗어 나가므로 만물은 예측할 수 없을 정도로 화려함과 번성함을 향한다. 진이 상상 속의 동물, 구불구불한 용으로 만물의 신묘막측한 변화를 표현했다면, 술토는 그와는 정반대의 기운이다. 음기가 밖으로 뻗어 나가므로 속세를 넘어선, 영성, 종교, 철학 등 정신적인 것을 추구한다. 진술축미의 토가 그러하듯, 술은 사이의 글자이다. 낮과 밤, 이승과 저승, 삶과 죽음 사이. 하여 술은 해(亥)와 함께 천문(天門)이라 불린다. 천문은 '하늘 문이 열려 있'는 것으로 지상의 욕망을 넘어 하늘의 문, 세속 이면의 성스러움을 보려는 시도이다.

"『회춘』에서는 '심(心)은 일신(一身)의 주인이요, 청정한 장부로서 겉에는 포락(包絡)이 있어 싸고 있는데, 그중에 정화(精華)가 모인 것을 신(神)이라고 한다. 신은 음과 양에 모두 통하면서 섬세한 것까지 살피되 문란한 바가 없다'라고 하였다."허준, 『동의보감』「내경편·신」, 동의문헌연구실 옮김, 법인문화사, 2012, 269쪽

심장은 정신 활동, 마음을 주관한다. 정·기·신 중 신을 말하는데 신은 정신 활동으로 삶의 내비게이션이라 할 수 있다. 해서 심장과 심포의 건강성은 어떻게 살 것인가의 질문에 답하는 만큼 확보될 수 있다. 그 답을 하려면 먼저 천문, 하늘의 원리를 알아야 한다. 동시에 물질과 정신, 땅과 하늘을 아우르는 지도를 그려야 한다. 삶의 지도가 없으면 심장과 심포에 문제가 생길 수 있다.

주변을 보면 심장 질환으로 고생하는 사람들이 종종 보인다. 경

제학자 로버트 H. 프랭크의 『사치열병』이한 옮김, 미지북스, 2011에 의하면 성공한 사람들이 심장마비로 많이 사망한다고 했다. 『동의보감』의 원리로 보면 이해되는 지점이 있다. 성공이란 계속 확장하는 일이다. 심장은 발산의 장부라 계속 잘나가기 위해 달려가니 심장에 과부하가 걸려 버린 게 아닌가 싶다. 만약 심장이 너무 무리해서 쉬기 위해 선택한 길이 심장마비라면 아찔하지 않은가!

우리는 많은 사람들이 심장 질환에 노출되는 것을 보지만 질문하지 않는다. 빨리 수술로 해결한 후, 성공을 위해 또다시 열심히 달린다. 목숨까지 불사하면서 일한 후에 결국 원하는 건 더 좋은 집, 땅, 차 그리고 감각적 쾌락의 극대화이다. 로버트 H. 프랭크는 『사치열병』에서 "우리의 소비 증가는, 저축을 더 적게 하고 빚을 더 많이 져서 이룬 것일 뿐 아니라, 우리가 가치 있게 여기는 다른 많은 것들을 희생한 결과이기도 하다"라고 했다. 이런 욕망 추구는 몸의 원리와는 정반대의 삶이다. 이것은 술의 시간에 화기를 멈추지 않고 그 화기까지 꺼내서 불살라 버리는 것과 같다. 이런 삶을 살면 몸에 열이 뜨게 되고 여러 가지 병증이 생긴다. 심장이 전체 감정을 주관하기 때문에 감정조절이 어렵거나, 심장과 반대인 신장을 자극하면 성욕이 항진돼서 조절이 어려워진다. 또한 열은 몸 안의 진액을 졸여서 정체시키는데 이것을 담이라고 한다. 담은 몸속 물길의 흐름을 막게 되는데 막히면 통증이 발생하고 그것이 더 진행되면 정신 질환까지 일으킬 수 있다.

군주의 은혜는 온 나라에 미쳐야 하듯이, 몸에서 심장은 군주와 같이 온몸의 혈액 순환을 주관하는데, 이를 '심주혈맥'(心主血脈)

이라고 한다. 심장은 정신 활동과 함께 움직이므로 삶에서 소통하지 않고 소유를 향해 달릴 때, 소통의 장부 심장에 문제가 생기고, 심장을 보호하는 심포 또한 장애를 일으킬 수밖에 없다. 심포가 술시에 작용하는 이유가 있다. 태양이 천하를 비추려면 술시에는 태양이 져야 한다. 이처럼 심장이 기혈을 온몸에 산포하려면 술시에는 기혈 확산이 아니라 수렴을 해야 한다.

『열자』「탕문편」(湯問編)에 전설의 명의 편작에게 공호(公扈)와 제영(齊嬰)이 심장 치료를 받는 내용이 나온다. 공호는 의지가 강하고 기는 약해서 일은 잘하지만 결단력이 약하다. 그러나 제영은 의지는 약하나 기가 강해서 생각은 부족한데 제멋대로 행동한다. 명의 편작의 치료법은, 서로의 심장 바꾸기! 그 결과 병이 씻은 듯이 나았다. 한데 문제가 생겼다. 수술 후 공호는 제영의 집으로, 제영은 공호의 집으로 향했기 때문이다. 그러니까 거죽을 감싸는 몸이 아니라 심장 주인이 자신이 된 것. 우리는 외적인 몸을 절차탁마하지만 이 이야기로 보면, 나로 인식하는 것은 심장인 것이다.

현대의학에서도 심장 이식을 받은 후 변화된 사례가 보고되고 있다. "장기가 이식되면서 기억도 정확히 따라간다는 사실은 우연으로 볼 수 없다. 어떤 소녀는 심장 이식을 받은 후 악몽에 시달리기 시작했다. (……) 이식된 기관은 여전히 기증자의 자아 수용기를 갖고 있고, 따라서 환경신호 일부를 계속해서 다운로드받고 있다는 사실을 이해한다면 이런 식으로 행동 및 신체와 관련된 기억이 옮겨 가는 것은 이상한 일이 아니다."브루스 H. 립턴, 『당신의 주인은 DNA가 아니다』, 263~264쪽 이 밖에도 살인자의 심장을 이식받은 사람이 살인의 기억으로 고통받거나 글을 전혀 쓰지 못했던 사람이 글을 쓰고 싶은 욕망을 일으키거나 등등. 심장은 그것의 고유 파동으로 인해 존재를 바꾸어 버린다. 그렇다. 환골탈태하려면 심장의 파동을 바꾸어야 한다.

동양에서 심장은 전체에서 한 부분이 아니다. 몸 전체가 심장이다. 모세혈관부터 두꺼운 혈관까지, 경맥과 낙맥, 오장육부와 그에 속한 부위까지 피가 안 가는 곳이 없으니 온몸이 심장이라 해도 과언이 아니다. 정리하자면, 나의 마음이 결국 심장으로 대표되는 몸의 표현인 것이다. 그러므로 불교에서 '나란 누구인가?'라고 할 때 신구의(身口意), 생각과 말과 행동의 총체라는 것이 가능해진다. 그러니까 나를 바꾸고 싶다면 나의 생각과 말과 행동을 바꾸어야 한다. 특히 술시에 활동을 멈추고 신구의 삼업을 닦는다면 심포의 건강성은 확보될 것이다.

3) 술토와 동물

술토와 연결된 동물은 개이다. 개에 대한 이야기는 차고 넘친다. 주인을 찾아 엄청난 거리를 주파한 개부터 물에 빠진 주인을 구하거나 죽은 주인을 그리워하며 10년 동안 같은 장소에서 기다렸다는 충견 등…, 개는 충직하고 영원한 인간의 친구이다.

나도 개에 대한 남다른 기억이 있다. 초등학교 들어가기 전 눈처럼 하얀 흰둥이가 우리 집에 왔을 때 무척이나 좋아했다. 당시 개를 풀어놓고 키울 수 없었기에 목줄을 해놓았는데 흰둥이가 혼자서 놀다가 목줄에 감겨 죽어 버렸다. 그때 어찌할 수 없는 당황스러움이란! 아버지는 바로 지방을 써서 붙이시고, 말린 북어를 놓고 절을 하라고 하셨고, 난 아버지를 따라 멋도 모르고 절을 했다. 워낙 기억력이 별로라 어릴 때 기억은 거의 없는 편인데, 이 기억만은 당장이라도 잡을 듯 선명하다. 그 이후 연구실을 오가는 길에 차에 부딪혀서 죽은 고양이, 생쥐, 참새 등 죽은 동물들이 가끔씩 내 앞에서 발견될 경우, 그때마다 난 자연스럽게 땅을 파서 묻어 주고 『금강경』 등 불교 경전을 읽어 주는 나만의 의식으로 동물과 결별을 했다. 어릴 때 개 제사를 지낸 기억이 나만의 예식을 만들게 했던 듯하다. 아마도 나뿐 아니라 대부분의 사람들이 개에 대한 다양한 기억이 있을 것이다. 요즘 '개'는 인터넷 신조어를 만드는 데 가장 중요한 단어기도 하다. 과거엔 욕이 많았는데 요즘은 '개이득'부터 모든 단어에 개를 붙여 '매우'의 의미가 생기게 하는 등 확장 용법이 대세다. 이런저런 방식으로 개는 우리 일상 깊숙이 들어와 있다.

개는 원래 늑대였으나 만 오천 년 전에 개로 변화하여 인간과 공존하는, 최초의 가축이 되었다. 늑대와 인간은 원래 생존경쟁하는 관계였다. 둘 다 군집 생활을 하고 지구력을 이용하여 사냥을 했다. 서로 경쟁하다가 어느 순간 인간과의 공존을 선택한 늑대가 생겨났고 가축이라는 특별한 동물이 출현했다. 동시에 인간도 수렵·채집민과는 전혀 다른, 동물과 공생하는 인간이 출현했는데, 그 포문을 개가 열었다. 그렇다. 개는 야생성과 가축 사이의 동물이다. 이런 개의 발생 과정은 술토와 연결된다. 가을 결실의 시기를 무사히 완수하고 나서, 겨울로의 진입! 또는 하루 일과를 끝내고 휴식으로 가는 시간,

노을이 지면서 밤으로 진입하는 시간, 이 세상과 저 세상을 연결하는 시간, 이 모든 것이 술토의 시간이다. 술토처럼 개는 야생과 가축을 연결한다.

개와 늑대의 시간! 들어 봤을 것이다. 서양의 양치기들이 해 질 녘이 되면 하늘이 어두워지므로 내가 기르던 개인지, 야생의 늑대인지 구분이 어려워지는 시간과 만난다. 개와 늑대는 원래 같은 종에서 분화되었기 때문에 실루엣만으로는 구분이 어렵다. 원래는 늑대였지만 개로 분화되어 인간과 전혀 다른 관계를 맺게 된 동물. 개는 양치기를 돕는 등 친밀한 관계가 되었고, 늑대는 여전히 생명을 위협하는 관계다. 이것이 술토의 딜레마이다. 술의 시간은 낮일까, 밤일까. 낮이라고도 할 수도 없고 밤이라고도 할 수 없는 양다리, 이중성의 글자이다. 낮에는 나를 돕던 개를 해 질 녘에 보는 순간, 양치기는 자신을 해칠지 모르는 늑대가 아닐까 하는 불안감에 휩싸인다. 이렇듯 우리도 살면서 너무 자명했던 것들이 무너져 버리는 순간과 만난다. 한 치의 의심 없이 매달려 온 것들이 무너지는 순간! 모든 것이 붕괴되면 죽을 것만 같은! 하지만 낮이 밤이 된 게 붕괴가 아니듯, 자연의 시선으로 보면 붕괴는 새로운 시공간의 출현일 뿐이다.

술은 개와 늑대의 이중성을 잘 보여 주는 글자이다. 낮이 계속되다가 해가 지평선 너머로 사라지는, 그렇다고 완전히 깜깜하지 않은 어둑어둑한 상태가 술의 시간이다. 늑대인지 개인지 구분해야 하는 시간! 그런데 잘 생각해 보면 늑대가 나쁜 동물은 아니다. 나와 친숙한 동물, 개만을 선호할 때 늑대는 배제되고, 늑대를 이해할 수 있는 기회는 박탈된다. "우리가 인간과 늑대의 관계를 논하는 방식을 이해하기 위해서는, 이 관계가 언제든지 변할 수 있으며 동적이라고 생각해야 한다. 이 관계는 시간대에 따라, 사회생태학적 맥락에 따라 속성이 변해 왔기 때문이다. 또한 이 관계는 종들이 때로는 협력하지만 독립적으로 기능하기도 하는 공진화 관계로 시작했다."레이먼드 피에로티·브랜디 R. 포그, 『최초의 가축, 그러나 개는 늑대다』, 25쪽 그렇다. 고정된 관계는 없다. 지금 나와 맺는 관계가 고정돼 보여도 언제든 변할 수 있음을 열어 놓아야 한다. 술토, 개의 시간은 늑대와 개의 변화를 잘 보여 주는 글자이다. 늑대가 공진화하면서 개가 되었다면 개를 통해 늑대까지 포용해야 한다. 그러므로 술의 시간은 낮과 함께 밤을, 삶과 함께 죽음을, 활동과 함께 휴식을 포용해야 함을 알려 준다.

중앙아시아 고대 무덤에는 개가 많이 발견되는데, 개가 이승과 저승을 매개하는 동물로 여겨졌기 때문이다. 고구려 무용총에는 말을 타고 가는 사람 앞에 길을 안내하는, 죽은 자의 영혼을 인도하는 개의 그림이 있다. 또한 신라의 작은 토우 중에는 생생한 모습을 지닌 개 토우들이 많다. 고대 유적에서 나온 발굴품은 오랜 세월 동안 개가 인간과 친숙한 동물이었음을 알려 준다.

개는 인간에게 순응하고 충직한 동물이다. 이것도 술토와 연결된다. 술의 시간은 어둠의 시작으로 활발한 활동이 이루어지는 시간은 아니다. 가을의 마무리로 화기를 머금은 시간이라 당장 화기 사용이 어렵기 때문에 태양이 뜰 때까지 기다려야 한다. 이런 술의 기다림과 개가 주인을 잘 따르고 충성스러운 점은 통한다. 『삼국사기』에는 '흰 개가 궁중 담장 위에 올라갔다'는 내용이 나온다. 원래 개는 충직하고 자기 자리를 잘 지키는 성질인데 담장 위에 올랐으니 불길한 징조로 본 것이다. 아니나 다를까, 그다음에 '모반했다'라는 내용이 이어진다. 이 밖에도 '개가 지붕 위에 올라가면 흉사가 있거나, 가문이 망한다'거나 '개가 문 앞의 땅을 파면 불길하고, 문 앞에 굴을 파면 주인이 죽는다'고 보았다. 사자성어 견마지로(犬馬之勞)는 개나 말 정도의 하찮은 힘이란 뜻이다. 큰일을 한 후, 겸사의 표현으로 사용된다. 술토 기질이 있는 사람은 조심성이 많고 미래를 위해 계속 준비한다. 불을 준비해야, 때가 오면 그 불을 펼칠 수 있음을 알기 때문이다. 하지만 당장은 활동이 어렵기 때문에 술토의 시기에는 개가 야생성을 숨기고 가축이 되었듯이 조용히 있는 시절을 보내야 한다.

『주역』「서괘전」에는 동물과 괘사를 매칭하는 내용이 나오는데, 개와 매칭되는 괘는 '간괘'(艮卦)이다. 간은 멈춤의 괘로 만물의 움직임이 계속될 수 없기에 간괘는 그침을 의미한다. 간괘는 자신의 분수에 맞게 편안하게 안주한다는 뜻이다. 그렇다고 무조건 움직이지 말라는 게 아니다. 가야 할 때는 가는 것, 이것도 간의 의미이다. 합당한 자리에 멈추거나 가야 할 때 가지 못하는 것은 모두 욕심에 휘둘리기 때문이다. 해서 중산간(重山艮)괘에서는 등에서 멈추라고 했는데 눈앞에 있는 소유와 집착을 등질 때 비로소 멈출 수 있기 때문이다. 술토가 우리에게 전하는 바는, 우리는 낮이 계속되길 바라듯 내가 원하는 욕망이 계속되길 바라지만 땅거미가 지면 밤이 온다는 것. 내가 원하는 대로 일이 이루어지지 않음을 알아차릴 때 새로운 시공간이 열림을 알려 준다. 개의 감각이 그렇다. 개는 시각은 떨어지지만 어두운 곳에서 움직이는 물체에는 매우 민감하다. 인간은 시각을 많이 사용하지만 개는 인간보다 수천, 수만 배 발달한 후각으로 세상을 살핀다. 늑대가 개가 되는 과정은 개가 인간과 교감하기 위해 감각을 완전히 바꾸었기 때문이다. 그러므로 술은 늑대가 개가 되는 잠재력의 글자인 동시에 어떤 것과도 교감할 수 있는 트랜스적인 글자인 것이다. 그리고『주역』의 통찰대로 개가 그침의 괘와 통한다는 것은 그침은 강압적인 멈춤이 아니라 늑대가 개가 되듯, 술의 시간에 변용할 수 있는 신체의 능력이라 할 수 있다.

에롤 모리스의 〈천국의 문〉(Gates of Heaven, 1978)이라는 다큐멘터리가 있다. 반려동물 공동묘지를 하는 사람들의 인터뷰 내용인데, 그 당시 개의 죽음을 다루는 내용이 어릴 때 경험과 교차되면서 자극을 받았었다. 다양한 인터뷰가 나오는데, 동물의 죽음과 그리고 공존에 대한 질문이 묵직하게 다가왔다. 오늘날은 반려견이 없다면 인간이 살 수 있을까라는 질문이 들 정도로 개 세상이 되었다. 그런데 우리는 개에 대해 얼마나 알고 있을까. 개를 인간화하면서 인간적 방식대로 개와 관계 맺는 건 아닐까. 정말 개를 사랑한다면 개를 통해 늑대와 교감하고, 늑대를 통해 모든 동물과의 교감으로 나아가야 하는 게 아닐까.

세계적인 동물학자이자 탐험가인 팀 플래너리는 말한다. "개는 우리와 함께 살게 된 늑대다"라고. 그는 늑대가 개가 됐다고 말하지 않는다. 늑대 안에 개가, 개 안에 늑대가 있다는 것. 모든 존재가 서로를 품고 있음을 아는 것! 늑대는 늑대의 습성을 잃는 것을 두려워하지 않고 개가 되었고 인간의 친구가 되었다. 이제 우리도 인간을 버리고 모든 동물과 친구가 되는, 새로운 길을 열어야 할 때가 왔다. 이것이 술토, 개·늑대가 우리에게 주는 생명의 메시지이다.

4) 술토 캐릭터 탐구, 사오정

1990년대 사오정 개그 시리즈가 유행했었다. 지금도 맥락 파악 못하고 엉뚱하게 말하는 사람을 사오정이라고 하니, 그 여파가 꽤 오래 지속되고 있다. 사오정 캐릭터는 『서유기』를 패러디한 애니메이션 〈날아라 슈퍼보드〉에서 시작됐다. 『서유기』의 사오정은 가는귀를 먹지 않았지만 멍 때리는 캐릭터라는 점에서 공통점이 있다. 사실 『서유기』에서 사오정은 손오공과 저팔계에 묻혀 부각되는 캐릭터는 아니다. 〈날아라 슈퍼보드〉에서는 사오정의 성질을 극단으로 밀어붙여 가는귀 먹은 사오정을 탄생시켰고, 결국 우리 무의식 속, 맥락을 파악하지 못하는 소통 부재의 인간, 사오정을 흔들어 깨웠다. 독백을 하면서 소통이 안 된다고 좌절하고 그럼에도 뭐가 문제인지 질문하지 않고 똑같은 방식으로 반복 소통하는 캐릭터! 이런 사오정이 우리의 자화상처럼 느껴진 것이다. 『서유기』의 사오정은 조금 다르지만 큰 맥락에서 보자면 다르지 않다. 그런데 이런 사오정이 어떻게 구법의 길에 합류하게 된 것일까.

관음보살이 붓다의 중생 구제 프로젝트 아바타로, 서역에 보낼 자를 찾을 때 가장 먼저 만난 제자가 사오정이었다. 그때 그의 외모는 극혐 그 자체였다. "푸른 듯 푸르지도 않고 검은 듯 검지도 않은 침침한 낯빛, 큰 듯 크지도 않고 작은 듯 작지도 않으며 맨발에 힘줄 솟은 근육질 몸, 눈빛은 번쩍번쩍 부뚜막 밑의 한 쌍 등불 같네. 입은 쭉 찢어져 백정 집의 화로 같네. 삐쭉 튀어나온 송곳니는 칼날을 걸어 놓은 듯하고 시뻘건 머리를 어지럽게 풀어헤쳤네. 한번 내지르는 소리 뇌성벽력 같고 두 다리로 파도 차는 모습 몰아치는 바람 같네."

오승은, 『서유기 1』, 245~246쪽

누가 봐도 추악하고 혐오스러운 외모를 가졌을 뿐 아니라 모든 존재에게 적대적인 캐릭터였다. 당시에도 사오정은 잡아먹으려고 달려들었는데, 상대가 관음보살인 걸 알자, 바로 머리를 숙이고 곧바로 자기 정체를 밝혔다. 자신은 원래 요마가 아니라 황제의 수레를 모시는 권렴대장이었는데, 반도대회 때 실수로 유리잔을 깨뜨려서 옥황상제가 800대를 때린 후 외모를 흉측하게 만들어서 지상으로 내려보냈다는 것. 이후로도 일주일에 한 번씩 칼이 날아와 옆구리를 백 번도 넘게 찔러서 괴롭다는 것. 배고픔과 추위를 참을 길이 없어 7일에 한 번씩 물속에서 뛰쳐나와 행인을 잡아먹고 산다는 것이다.

사오정은 술시에 태양이 낮을 삼키고 어둠으로 들어가듯, 땅거미에 갇힌 존재처럼 보인다. 봄은 따듯하고 여름은 뜨겁다. 이런 높은 온도는 모든 것을 번성시킨다. 하지만 가을의 마무리 기운인 술토에 오면 차가운 이슬이 맺힐 정도로 대기는 냉각된다. 봄여름과 달리 기온은 하루가 다르게 하강하면서 지상의 화려함은 신기루처럼 사라져 버린다. 술토의 음기는 양기를 펼치지 못하게 완전히 가두기 때문이다. 즉, 술은 압도적인 음기를 사용해서 양기를 잡아 가두는 무서운 기운이다. 술토의 기운을 타고난 사오정은 만물이 죽은 시절처럼 배고픔과 추위에 시달리다가 참을 수 없으면 뛰쳐나가 행인을 마구 잡아먹고, 생명을 죽인 후에는 심하게 자책했다. 폭력과 자책의 무한 루프! 사오정은 칼로 찌르는 아픔, 배고픔, 추위로 세상을 보고 느낀다. 술토는 소멸의 시간, 쌓인 것이 사라지는 시간이다. 이 시간이 전부인 줄 아는 자는 밝음과 번성의 시절을 경험한 적이 없기 때문에 이유 없는 원한 감정이 생길 수 있다. 죽여야 내가 산다는 무시무시한 삶의 태도! 하지만, 술은 종말과 소멸의 시간이 아니다. 자신의 음기가 양기를 압도(?)한 것은 죽이기 위함이 아니라 장기적으로는 '살리기 위한' 것임을 알아야 한다. 그러므로 술토에 대한 이해가 없으면 사오정처럼 술토의 저주에 걸려들 수 있다.

유사하(流沙河), 사오정이 있는 곳이다. 사오정은 유사하에 들어가면 나오지 않았다. 거위 깃털조차 가라앉는 블랙홀과 같은 곳. 유사하는 술토와 통한다. 술시에는 화려한 석양 노을까지 삼키고, 블랙홀처럼 깜깜한 밤 속으로 침잠해 버린다. 유사하, 모래인지 강인지 도무지 알 수 없는 이름. 모래와 강 사이 정도로 해두자. 이것도 술토와 연결된다. 술은 명확하게 지정할 수 없는 시공간이다. 강이긴 한데 거위 깃털도 가라앉을 정도라 배가 뜰 수 없으니 늪이나 모래사막에 더 가까운 곳이다. 강인데 흐르지 못하고 사막이라 하기에는 열기가 없는 곳! 도무지 출구를 찾을 수 없는, 은산철벽과 같은 상황! 사오정은 출구를 찾고 싶었지만 발견하지 못했다. 그러던 어느 날 사오정이 실낱같은 희망을 갖게 되는 사건이 있었다.

사오정이 유사하에서 많은 사람을 잡아먹고 버린 뼈는 모두 가라앉았다. 그런데 경전을 가지러 간 아홉 명의 해골만 가라앉지 않고 떠오른 것이다. 그는 신기해서 떠오른 해골을 목걸이로 꿰어 심심할 때 가지고 놀았다. 놀면서 질문이 생겼을 것이다. 모든 것은 다 가라앉는데, 왜 수행자의 해골만 위로 뜨는 거지? 블랙홀 같은 곳에서 위로 뜨는 해골을 보면서 출구의 희망을 품은 것이다. 섬광과 같은 한 마음이 자신을 구원할 자, 관음보살과 만나게 했을 것이다. 술 다음에 오는 글자는 해수(亥水)로 술토는 해수로 흘러간다. 아무리 술토가 지옥 같아도 계속 같은 시공에 머물 수는 없다. 결국 사오정은 삼장 일행에 합류하게 되었고, 관음보살이 준 조롱박에 수행자들의 해골을 연결하여 배를 만든 후 유사하를 무사히 건너게 된다. 유사하, 이름 그대로 모래가 흐르는 강으로 정체되고 막힌 시공간이다. 마치 술토가 불을 삼키고 어둠 속으로 침잠하는 기운처럼 보인다. 하지만 술토가 해수로 흘러가듯, 사오정은 유사하에서 관음보살을 기다렸고, 삼장 일행을 만나 유사하를 탈출하여 구도의 여정을 떠날 수 있었다.

발터 벤야민은 과거 기억과 해석 여부에 따라 다른 미래가 존재한다고 말한다. 우리는 역사를 과거-현재-미래로, 연속적이고 발전적이라고 여기지만 우리가 과거라 여기는 것은 현재의 관점에서 선택되고 해석된 과거이다. 우리에게 익숙한 성공 신화가 딱 그렇다. 지금 내가 성공한 현재에서 과거 기억이 선택되고 나머지 기억은 소멸된다. 니체는 자신을 무덤을 파헤치는 자로 불렀다. 성공 신화에 의해 선택되지 못한 비과거적 순간들의 발굴자 되기! 다른 과거를 발굴함으로써 전혀 다른 삶의 도약을 만들어 내야 한다. 사오정은 블랙홀 같은 유사하에서 '구도자들의 해골이 물에 뜬 경험'을 단서로 고통에서 자신을 해방할 수 있는, 구원의 순간에서 해수로 나가는 길을 만든다. 그러기 위해 그는 자신을 구원해 줄 존재를 기다렸다. 그 마음이 관음보살과 만나게 했고 구도의 여행을 함께할 스승과 도반을 만나게 한 것이다.

기다림은 술토의 마음이다. 니체는 기다리는 법을 배워야 한다고 했다. 그는 기다림이란 끊임없는 '물음과 시도'라고 했는데, 이것이 술토의 마음일 것이다. 술은 기다림의 시간이다. 아무리 능력자라 해도 술시가 오면 그 이전의 시간으로는 절대 돌아갈 수가 없다. 하지만 술의 시간을 받아들이고 기다리면서 질문과 시도를 할 수만 있다면 전혀 다른 감각과 언어가 만들어지면서 단 한 번도 경험하지 못한 세상과 접속할 수 있다. 낮이 밤을 만나듯, 사오정이 유사하에서 구도의 여정을 떠날 수 있었듯이! 술토의 여정에 절망이란 없다. 만물을 밝히는 불씨를 품고 기다리면서 기존의 감각을 바꾸는 훈련을 해야 할 때이다. 그러므로 기다림은 정적인 활동이 아니다. 기존의 생각을 되씹는 게 아니라, 수련을 통해 자신에게 고착된 습을 바꾸는, 고도의 능동성이 요구되는 가장 액티브한 활동이다. 니체가 말한 위버멘쉬야말로 술토의 원리를 잘 구현한 자가 아닐까.

해수,
해체 속 근원에서 생성되는
돼지의 힘

"제게 보여 주신 편지 및 시부와 잡문은 자세히 읽었습니다. 대략 흘러가는 구름이나 흐르는 물 같아서, 처음에는 일정한 바탕이 없지만, 항상 마땅히 가야 될 때 가고, 항상 멈추지 않을 수 없을 때 멈춰서, 문리(文理)가 자연스러우며 자태가 끊임없이 나타납니다. 공자가 말하기를, '말에 문채가 나지 않으면, 가더라도 멀리 가지 않는다.' 또 말하길, '글은 의미를 전달하면 될 뿐이다'라고 했습니다. 무릇 말이 의미를 전달하는 데 그친다면, 곧 아마 문체가 필요하지 않는 것이라고 오해할 수 있겠으나, 이는 전혀 옳지 않습니다.
사물의 묘함을 구하는 것은 마치 바람을 붙들어 매고 그림자를 잡는 것같이 어렵습니다. 사물을 마음에 분명하게 할 수 있는 것은 대개 천 명이나 만 명 가운데 한 명도 만나지 못합니다. 하물며 입과 손에 분명하게 표현함에 있어서는 어떻겠습니까? 이것을 일러 '문장은 정확히 전달하는 것'이라고 하는 것입니다. 문장이 마음속의 뜻을 정확하게 표현하게 되면, 문채(각종 수사수단을 포함)는 이루 다 쓸 수가 없습니다."소동파, 『소동파 산문선』, 조규백 역주, 백산출판사, 2011, 267쪽

“‘해’(亥)는 돼지의 상형이라는 주장이 있지만 그 근거는 희박하다. 대개는 대가리 잘린 짐승의 상형으로 보는 게 일반적이다. 그러나 땅 밑의 풀뿌리의 모양을 그렸다고도 본다. (……) 해월(亥月)은 음력 10월이며 절기상으로는 입동(立冬)과 소설(小雪)에 해당한다. 예전엔 해월을 ‘상달’(上月)이라고 불렀다. 해월은 일 년의 농사를 마무리하고 햇곡식과 햇과일을 수확하는 계절이다. 이때 사람들은 풍성하게 거둔 것을 가지고 하늘과 조상께 감사의 예를 올렸다. 열두 달 가운데 가장 으뜸가는 달이라는 뜻으로 ‘상달’이라고 부른 이유도 여기에 있다.”(류시성·손영달, 『갑자서당』, 184쪽)

1) 해수의 상징과 계절

해수 : 문을 잠그고 씨를 맺다

『오행대의』에는 “해(亥)는 씨앗이며 문을 잠그는 것이다. 10월에 만물이 닫히고 숨어서 모두 씨를 맺고 감추는 것이다. 『삼례의종』에 말하기를 해는 탄핵(劾)하는 것이니, 음기가 만물을 탄핵하고 죽이는 것”이라고 했다. 해는 음의 기운이 정점에 있어 만물이 닫고 숨는 계절이다. 그렇다고 죽은 것은 아니다. 씨앗의 형태로 있으면서 새로운 생명을 시작할 준비 단계이다. 즉, 내일 아침에 문을 열고 나오기 위해 밤에 문을 잠그고 휴식을 취하는 시간인 것이다.

『석명』에서 “해(亥)는 핵심이니 백물(百物)을 거두어 갈무리하여 그 좋고 나쁘고 참되고 거짓된 것의 핵심을 취하는 것이다. 또한 만물이 완성되어 단단해지는 것을 말한다"고 했는데, 자·축·인·묘·진·사·오·미·신·유·술을 거치면서 가장 핵심되는 것만을 취해 갈무리하라는 것이다. 핵심을 취함의 물상이 씨앗이다. 삶에서 핵심을 취하려면 무엇을 해야 할까? 답은 간단하다. 낮에 했던 일을 안 하면 된다. 해시(亥時)는 일을 멈추고 충분한 휴식과 성찰을 하는 시간이어야 한다. 다시 말해 열심히(?) 살지 않을 시간을 가져야 한다.^^;

『한서』의 「율력지」에는 "해(亥)에서 음양이 서로 해당하여 관계를 맺는다. 그렇기 때문에 음양이 베풀고 변화되어 만물은 종시를 이루는 것이다"라고 했다. 해수(亥水)는 겨울의 시작으로 24절기 중 입동과 소설에 해당한다. 겨울의 시작이긴 한데, 해수의 지장간을 보면 무토, 갑목, 임수로 구성된다. 천간 갑목은 초봄을 의미한다. 초봄 갑목이 왜 겨울의 시작, 해수 속에 있는 걸까? 완전히 죽은 겨울, 해수의 시공간이지만 자연은 새로 도래할 봄의 준비를 그때부터 하기 때문이다. 자연의 세계에 종착점은 없다. 자연스러운 소멸 속에서도 생명 잉태의 몸부림은 계속된다. 우리가 눈치채지 못할 뿐! 이것이 해수 속에 갑목이 있는 이유이고, 음기 속에 양기를 만드는 작업이니, 이것을 보고 음양이 서로 관계 맺는다고 한 것이다.

『설문해자』에는 "해(亥)는 풀뿌리이다. 10월에 미세하게 양이 일어나 성한 음과 교접하는 것이다"라고 했다. 식물에서 생명력을 지속시키려면 잎, 줄기, 꽃보다 뿌리를 보호해야 한다. 뿌리를 심어야 나머지가 자랄 수 있으니까. '해'가 뿌리라는 것은 해를 생명의 원천으로 본다는 뜻이다. 해월에 만물이 죽은 것 같아도 뿌리만 있으면 생명이 재생하기 때문이다. 이렇게 해수에서 뿌리를 강조한 이유는 추운 외부 조건만 봐서는 죽은 듯 보이니, 희망이 없어 보이기 때문이다. 하지만 뿌리만 확보할 수 있다면 강력한 음기 속에서도 보이지 않는 미세한 양기를 일으킬 수가 있다. 그러므로 『사기』「율서」에는 "해(亥)는 해당한다는 뜻이다. 양기가 땅속으로 잠겨 들기에 해(該, 갖추다·갖추어지다)라 말한 것이다"라고 했는데, 해수는 양기가 몸을 숨기고 땅속 깊숙이 파고들기 때문에 모든 것이 땅속으로 잠겨 드는, 죽음의 세계라 할 수 있다. 그렇다고 양기가 사라지는 게 아니라 땅속 깊이 잠겨 있으면서 새로운 시작을 준비하기에 '갖출 해'자와 통용된다.

카렌 암스트롱은 원자 폭탄 투하나 9·11 테러 등을 겪으며 과학기술에 걸맞은 정신 혁명이 없으면 지구를 구할 수 없다는 위기감을 느꼈다. 그녀는 이 문제를 해결하기 위해 축의 시대의 영적 멘토들을 호출한다. '축의 시대'(Axial Age)는 독일의 철학자 칼 야스퍼스가 이름한 것으로 인류가 정신적 발전에서 중심축을 이룬 시대를 말한다. "대략 기원전 900년부터 기원전 200년 사이에 세계의 네 지역에서 이후 계속해서 인류의 정신에 자양분이 될 위대한 전통이 탄생했다. 중국의 유교와 도교, 인도의 힌두교와 불교, 이스라엘의 유일신교, 그리스의 철학적 합리주의가 그것이다. (……) 그러나 실제로 우리는 축의 시대의 통찰을 넘어선 적이 없다. 정신적이고 사회적인 위기의 시기에 사람들은 늘 축의 시대를 돌아보며 길을 찾았다."카렌 암스트롱, 「머리말」, 『축의 시대』, 정영목 옮김, 교양인, 2013 인류가 축의 시대의 통찰을 넘은 적이 없다고 한 것은 근원을 사유했음을 의미한다. 아무리 대단한 문명일지라도 근원적인 통찰 속에서 삶의 윤리가 나오기 때문이다. 카렌 암스트롱의 또 다른 책, 『스스로 깨어난 자 붓다』에는 뿌리와 붓다에 관한 이야기가 있다. 이것은 근원의 글자, 해수를 사유하게 만든다.

"한 왕이 깊은 상심에 빠져, 어느 날 거대한 열대 고목들이 가득한 공원 안으로 마차를 달렸다. 뿌리들만 해도 보통 사람의 키를 넘었다. 왕은 그 뿌리들이 '신뢰와 자신감을 불러일으킨다'는 것을 알았다. 그 뿌리들은 고요했다. 서로 어긋난 목소리들이 그것의 평화를 방해하지 않았다. 그 뿌리들은 보통 사람들의 세상으로부터 멀리 떨어져 있다는 느낌을 주었다. 그것은 사람들을 피해 머물 수 있는 것이었다. 왕은 삶의 잔혹한 현실로부터 피할 수 있는 곳을 발견한 셈이었다. 왕은 이 훌륭한 나무들을 보다가 바로 붓다를 떠올렸다. 왕은 붓다를 찾았다." 카렌 암스트롱, 『스스로 깨어난 자 붓다』, 정영목 옮김, 푸른숲, 2013, 29쪽

우리는 왕이 되면 무소불위의 권력을 가졌으니 별 걱정이 없을 거라 생각한다. 나쁜 왕이니 그렇지 않겠냐고? 그렇지 않다. 좋은 왕도 전쟁을 통해 다른 나라를 정복해야 하는 게 왕의 운명이다. 그렇다. 왕은 권력의 정점에 있지만 많은 사람이 흘린 피가 그 자리를 떠받치고 있다. 늘 공격받거나 공격해야 하는 자리. 이겨도 불안하고 져도 불안한 자리! 이것이 왕의 실상이다. 한데 우리의 삶도 왕과 그닥 달라 보이지 않는다. 늘 남보다 더 나은 스펙, 직업, 돈 등을 소유해야 하는 서바이벌 게임을 멈추지 않고 있으므로.

전쟁과 폭력을 일삼았던 왕은 어느 날 열대 고목의 뿌리가 보였고 뿌리에서 고요함과 만난다. 그 뿌리에서 세속과의 거리, 잔혹한

현실에서 피할 수 있는 곳을 발견하면서 왕은 붓다를 떠올린다. 그렇다. 그는 붓다를 뿌리와 같은 존재로 여겼다. 나무의 말단에서 뿌리로 시선이 옮겨지면서 왕은 붓다를 통해 근원을 사유한다. 지지에서 해수는 근원, 뿌리와 연결되는 글자이다. "세상으로부터 멀리 떨어져 세상과 구별되어 있으면서도 놀랍게도 세상 안에 있는 곳, 불편부당하고, 공정하고, 차분하고, 어떤 곤경에도 불구하고 우리 삶에는 가치가 있다는 믿음을 일깨워 주는 곳! 자아의 한계와 편파성을 넘어 버린 붓다에게서 그것을 찾은 것이다."카렌 암스트롱, 『스스로 깨어난 자 붓다』, 29쪽 그곳은 해수와 통하는 세계이다. 해수는 음의 공간이다. 모두가 해체된 그곳은 종착지가 아니라 근원이자 뿌리이다. 눈에 보이는 화려함을 떠받치는 것은 보이지 않을 뿐, 공기처럼 허공처럼 세계를 꽉 채운 세계이다. 이것을 이해하려면 해수의 힘이 필요하다.

18세인데 '피아노 도인'으로 불리는 신예, 피아니스트 임윤찬은 해수적인 캐릭터라 할 수 있다. 그는 모든 것을 단절하고 피아노만 치고 싶은데, 그 이유인즉슨 '작곡가들의 뿌리'가 되는 곡을 연주하고 싶어서란다. 과거 작곡가들은 죽은 자들이지만 그들과 감응할 수 있다면 그들의 음악은 죽지 않고 불멸할 수 있다는 것. 해수가 딱 그렇다. 모든 것이 죽은 것 같지만 그 속에 갑목의 솟구침이 있다. 임윤찬은 죽은 작곡가들의 악보에 숨결을 불어넣는다. 반 클라이번 콩쿠르에서 바흐를 연주한 뒤 다음 곡으로 넘어가기 전, 90초 동안 침묵해서 전 세계 관객들의 궁금증을 유발시켰다. 이유인즉, 고귀한 곡을 연주한 뒤 다른 곡으로 곧바로 넘어갈 수가 없어서, 자신의 영혼을 바치는 의식을 치렀다는 것이다. 이것만 봐도 그는 기계적으로 연주하는 자와는 다르다. 그에게 연주는 테크닉이 아니라, 죽은 작곡가와 교감하는 과정이다. 이런 마음은 이전의 연주 문법을 깨트린다. 사람들은 그의 연주를 지금과 다른 방식의 창의적인 연주라며 극찬하지만, 창의력이란 듣도 보도 못한 것이 갑자기 튀어나오는 것이 아니라 가장 근원에, 기본기에 충실할 때 생성된다는 걸 그는 잘 보여 준다. 이것은 해수가 죽음 속에서 생명의 온기를 찾는 과정처럼 보인다. 그는 18세 청년이다. 청년의 솟구치는 힘으로 뿌리를 사유할 때, 그만의 오리지널한 연주가 터져 나온다. 그 결과, 절대 의도하지 않았지만 스펙터클의 시대, 온갖 기교와 화려함이 판치는 시대, 특히 매너리즘에 빠진 클래식계에 그는 반향을 일으키는 중이다. 기존의 진부한 방식에서 탈주하고 싶은가? 그렇다면 '해수 되기'가 절대적으로 필요한 시간이다.

 # 해수의 계절과 시간

해시는 오후 9시 30분~11시 30분의 깜깜한 밤으로, 빛을 찾으려 해도 찾을 수가 없는 시간이다. 해월은 절기로는 입동과 소설로 초목들이 죽은 듯이 고개를 숙이는 계절이다. 해수는 어둠과 죽음의 세상으로 활동이 아니라 휴식의 시기이다. 모든 것이 소멸되는 죽음의 시기지만 동시에 소생의 시기이기도 하다. 익숙한 시공을 떠나 새로운 시공으로 모드 전환을 하려면 어떻게 해야 할까. 기존 감각을 해체하고 전혀 다른 감각을 계발해야 한다.

인간은 다른 감각에 비해 시각이 발달했다. 눈은 빛의 좁은 대역 전자기파만을 감지한다. 하지만 해수의 시간에는 빛이 사라지고 어둠이 펼쳐진다. 이때는 시각이 아닌 다른 감각, 특히 청각을 사용해야 하지만, 우리는 익숙한 시각을 계속 쓰고자 한다. 그 결과 도시는 환한 불빛으로 채워지고 인간은 특정 감각 외에 다른 감각은 퇴화하는 중이다. 어둠의 때에 빛이 지배하니 이 빛은 생태계를 엄청나게 교란시킨다. 인간도 예외는 아니다. 여러 질병에 노출될 뿐 아니라 특화된 시각을 고집함으로써 밤의 세계, 이질적인 세계와 접속하지 못하는 무능력한 신체를 만든다. 그렇다면 어떻게 능력 있는 신체가 될 것인가! 망치를 든 철학자로 알려진 니체는 시각이 아닌 청각에 대해 얘기한다.

니체는 근대의 시각적 폭력성을 감지했고 청각의 세계를 열기 위해 음악과 철학을 강조했다. 그는 철학자이지만 무려 70여 개의 작품을 작곡한 작곡가이다. 그의 철학과 음악은 기존과 전혀 다른 방식으로 세상을 보기 위한 해수적 태도라 할 수 있다. "사유하는 것은 듣는 것이고 음악은 철학자가 더 '잘 듣는 사람'이 되게 가르친다. 음악은 귀를 통해 생명력을 얻고, 귀로 흘러 들어온 음악은 한 사람의 실존 전체를 울린다. 니체가 지중해 불빛 아래서 들은 음악은 경쾌하고 발랄하며 투명하고 건조한 공기를 조성함으로써 이 세계를 이전과 다른 세계로 바라보게 했다." 프랑수아 누델만, 『건반 위의 철학자』, 이미연 옮김, 시간의흐름, 2021, 126~127쪽

그가 강조한 청각과 철학은 기존과 다르게 감각하는 신체 변용의 결과라 할 수 있다. 니체가 단지 청각만 계발하라는 것이겠는가. 작곡을 한다는 건 악기를 연주하는 일이다. 악기를 연주하려면 모든 감각이 다 동원되어야 한다. 그렇다. 우리는 낮이 어둠을 만나는 것

처럼 늘 타자에게 열려 있어야 한다. 그때마다 신체의 변용이 일어나고 다른 감각이 열리면서 한 번도 경험하지 못한 세계와 접속해야 한다. 이렇게 하려면 해수의 힘이 필요하다!

2) 해수와 몸

해수는 겨울을 시작하는 기운이다. 수기에 배속된 장부는 신장·방광이다. 그런데 해시에 신장·방광이 아닌 삼초 경맥이 활성화된다. 삼초(三焦)? 생소한 이름이다. 삼초는 기와 수액의 흐름을 담당한다. 삼초 외에도 기와 수액을 담당하는 장부들이 있지만, 삼초를 별도로 설정한 이유는 몸 전체의 흐름 즉, 관계에 더 주목하기 위해서이다. 삼초는 다른 장부처럼 형태가 없지만, 몸을 상·중·하로 나누어 기와 수액이 바다와 강물처럼 흘러가도록 만든다. 물의 흐름이 그러하듯이, 모든 것을 연결시켜 흩어 버리고 밀어낸다.

상초에 자리 잡은 장부는 '폐와 심장'이다. 『동의보감』에서 "상초는 안개와 같고 중초는 거품과 같으며 하초는 도랑과 같다"고 했다. 상초에 있는 심장의 양기가 피부와 살 사이를 따듯하게 하는데, 이것이 안개가 만들어지는 메커니즘과 같다는 것. 음식을 소화시켜 만들어진 정미 물질은 안개와 같은데 이렇게 되려면 '양기'가 필요하다. 양기는 정미 물질을 안개처럼 만들어 온몸에 영양분을 공급한다. 하지만 상초가 차가우면 안개를 만들지 못해 정체되므로, 상체 순환이 막혀, 숨쉬기가 힘들어진다.

중초에 자리 잡은 장부는 '비와 위'로, 음식물을 받아들이고 진액을 훈증하여 정미 물질로 변화시켜 피를 만든다. 피는 생명 유지에 가장 귀중한 것으로 경맥을 돌면서 오장육부와 온몸을 영양한다. 피를 공급받은 오장육부를 포함한 몸은 다시 음식을 소화시켜 진액과 피를 만든다. 상체가 안개 형태로 작용한다면 중초는 거품의 형태로 작용한다. 그러므로 거품이 만들어지지 않거나 만들어져도 정체되어 흩어지지 않으면 뱃속이 그득해서 순환하지 못한다.

하초는 배설과 생식기관으로, 음식물 찌꺼기를 대소변으로 배설하여 몸의 순환을 돕는다. 상초는 안개, 중초는 거품, 하초는 도랑과 같다고 했다. 외부 기운인, 천기와 지기가 몸으로 들어와 삼초를 통과하면서 몸에 필요한 기운은 흡수되고 나머지 불필요한 것들은 밖으로 배출되는데, 이런 전체 흐름을 '도랑'으로 보았다. 해수는 카오스적 시간이자 몸을 정화하는 시간이다. 이 시간에 야식은 금물이다. 야식을 먹으면 소화에 에너지를 사용하므로 삼초 상중하 물길의 순환이 원활하게 이루어지지 않는다. 지지는 자부터 술까지 분화된 11개의 과정을 거친 후 해수에 이르러 모든 것이 해체되고 녹아 버린다. 이렇듯 해수에서 지지 12개의 흐름은 마무리가 된다. 그렇다고 끝은 아니다. 해수는 하나로 통합하는 과정이지만 그곳에서 전혀 다른 시작을 해야 하는 과정이다. 마치 온 사방의 물줄기가 흘러들어 강이나 바다에 모이지만 그곳에서 다시 흐름이 시작되는 것과 같다.

삼초 경맥은 밤 9시 30분~11시 30분에 흐른다. 해수는 오운육기로는 '사해궐음풍목'(巳亥厥陰風木)으로, 해수가 반대 기운 사화를 끌고 와서 풍목이라는 목의 발생 조건을 만든다. 여기서 궐음은 음적인 바탕 위에서 풍목을 만든다는 뜻이다. 오운육기라는 개념은 생소하지만, 여기서는 목기 생성에 주목하시라. 해수는 혼돈의 시기이지만 새로운 목기 생성의 의미도 동시에 있다. 자수부터 술토까지 애써 밟아 온 과정을 모두 해체한다는 것은 쉬운 일이 아니다. 해수의 시간이 오면 싹이 트고 꽃이 피며 열매 맺는 전 과정이 한순간에 접히고 차가운 죽음의 시공간이 펼쳐진다. 그러니까 해수는 지금까지 이룬 성과들, 믿고 의지했던 것들과 결별해야 하므로 이 과정을 잘 통과해야 새로운 목의 바람과 만날 수가 있다. 삼초 경맥은 음기인 수기가 가장 왕성한 해시에 흐른다. 그러므로 해시에 수기를 충분히 응축하지 못하면(잠과 휴식) 삼초 경락에 문제가 생겨 수액 대사가 원활하게 흐르지 못한다.

해시에 흐르는 삼초 경맥은 음기인 수기로 가득하다. 이런 음적인 조건에서 상중하의 물길 내기는 어려운 일이다. 우리 몸에는 두 개의 불, 군화와 상화가 있는데, 군화가 군주의 불이라면 상화는 군주를 돕는 대신의 불이다. 그중 상화가 제대로 작동해야 삼초가 순환할 수 있다. 상화는 군주(군화)의 명을 받아 움직인다. 하지만 군주를 보필하지 않고 대신이 권력을 제멋대로 휘두르면 나라는 엉망이 되듯 몸에서 상화가 망동하면 삼초 경맥에 문제가 생긴다. 상화가 망동하는 이유는 감정과 성욕 조절이 안 되기 때문이다. 그러므로 이 문제를 일상에서 훈련해야 한다. 휴식, 명상, 성찰을 통해 일어난 감정을 해소시켜 묵은 감정에 머물지 않도록 해야 한다.

해수는 음기의 마찰 속에서 목기를 살리므로, 기존 가치에 포획

되지 않아야 한다. 그래야 새로운 가치를 생산할 수 있다. 우리는 안정 추구를 지상과제로 삼기에 다른 시도를 불편하게 여긴다. 낯설고 불편한 것을 피하고 늘 익숙한 것만 찾는다. 이때 우리 몸은 중독적인 신체가 될 수밖에 없다. 아마도 니체가 불확실성 그 위에서 춤을 추라고 한 것은 해수의 힘을 쓰라는 게 아닐까 싶다.

'애매모호하다'는 뜻을 이름으로 삼은 엠비규어스 댄스 컴퍼니라는 현대무용 단체가 있다. 그들의 이름도 그렇고 작업도 매우 해수적이다. 리더 김보람은 자신들은 춤이 아니라 춤이 언어가 되게 한다고 말한다. 처음엔 무슨 말인가 싶었다. 춤이란 심장이 뛰는 것과 비슷하다는 것. 자연이 존재하는 패턴과 리듬, 우리가 먹는 삼시 세끼가 삼박자를 이루듯, 삶을 비롯해 모든 자연에 기반한 패턴이 춤이라는 것이다. 삶의 패턴, 지구가 돌면서 생기는 자연의 리듬이 춤이므로 몸을 통해 그것을 표현하고 싶다는 것. 그것이 가장 진실된 언어라는 믿음으로 춤을 춘다고 했다. 그는 모든 활동을 춤으로 본다. 이것은 동양의 선현들이 만물을 보는 시선과 비슷하다.

"고대 중국인들은 어떠한 형이상학 없이도 이러한 해방의 신호들을 들을 줄 알았다. 그들에게 해방의 신호는 제자리에서 발을 구르며 춤을 추는 꿩들의 소리를 듣는 것으로 충분했다. 그들은 꿩의 습성과 몸짓을 간과하지 않았을 뿐 아니라 꿩의 깃털을 자신들의 몸에 두르고 꿩이 추는 춤을 배웠다. 왜냐하면 그들은 꿩들이 땅속의 뱀이나 물속의 굴의 양상으로 동절기를 보낸 끝에 마침내 소생의 첫 기운을 태동시키고 수액을 상승시키면서, 해빙의 채비를 갖추는 것으로 보았기 때문이다." 마르셀 그라네, 『중국사유』, 유병태 옮김, 한길사, 2015, 145~146쪽 동물만 그렇겠는가! 호흡, 걷기 등 우리 삶의 모든 동작들이 음양이라는 춤을 춘다. 김보람도 자연의 율동을 춤이란 언어로 말하고 싶어 한다. 동양은 주체를 고정시키지 않는다. 나도 율동하고 자연도 움직이기 때문에 만나서 무엇이 될지 예측이 불가능하다. 첨단과학인 양자역학은 불확실성, 우연과 확률이 지배하는 세상에 대해 말한다. 이렇듯 디지털 첨단과학과 동양의 자연과학은 묘하게 통한다. 그리고 삶의 언어를 찾고자 애쓰는 존재들, 니체, 엠비규어스 댄스 컴퍼니, 동양의 선현들까지! 불확실성 속에서 생명의 춤을 춘다. 해수는 불확실성, 그 자체를 긍정하는 기운이다. 소멸과 생성이 동시에 작용하는 기운. 우리는 모든 것이 소멸되는 그 시간을 온전히 받아들이고 통과해야 한다. 그때 해수는 새로운 봄바람 같은 삶을 생성한다. 그렇다. 엠비규어스하고 불확실한 해수의 원리를 아는 자만이 모든 것이 무너진 시공간에 자신을 온전히 맡기는 자유를 누릴 것이다.

3) 해수와 동물

어릴 때 읽은 동화에서 다양한 돼지들과 만났다. 날렵한 몸은 아니지만 영리하고 지혜로운 동물로도, 어리석은 동물로도 등장했다. 돼지는 친근감을 주지만 소·닭·개와 달리 더러운 이미지가 있다. 더러운 곳을 보고 돼지우리라고 하거나 식탐 많은 자들을 보고 돼지 같다는 등, 돼지는 더럽고 탐욕스러우며 멍청하다는 인식이 지배적이다. 한데, 이것 모두 가짜 뉴스라는 사실! 실제 돼지는 매우 깔끔해서 잠자리와 배설자리의 구분이 명확하다. 인간이 생산성을 높이느라 비좁은 공간에 쑤셔 넣어서 어쩔 수 없이 더러워졌을 뿐이다. 돼지는 다른 동물에 비해 땀샘이 없고 지방층이 두터워서 열 배출이 어렵다. 높은 온도에 노출되면 장내 미생물이 달라져서 소화 능력과 면역력이 저하된다. 이렇듯 다른 동물보다 온도 유지가 중요한 돼지는 자기 배설물을 몸에 문질러서라도 올라간 체온을 낮추려고 한다. 돼지의 이런저런 맥락을 짚지 않고 무조건 더러운 동물로 치부하는 것은 올바르지 않다. 고온에 취약하고 땀샘이 없으며 생리 대사가 느린 돼지는 해수와 통한다. 해수는 1년 중 샘물이 가장 차가워지는 추운 시기로, 겨울이 시작되는 때이다. 사화가 육양으로 양기가 가장 많은 시기라면 해수는 육음으로 음기가 가장 많은 시기이다.

돼지가 더러운 동물로 인식된 것은 근대 이후이고, 그 이전에는 매우 길한 동물로 여겨졌다. 돼지꿈을 가장 좋은 꿈으로 여겼고, 돼지는 부의 상징이라, 저금통도 돼지 모양으로 만들었다. 그리고 술을 담글 때도 돼지날(해일)에 담그고 아이의 별명을 부를 때 돼지라고 많이 불렀다. 이 모든 것이 해수의 응축하는 음의 기운과 관계된다. 양기는 발산하고 흩어지지만, 음기는 모으고 저장한다. 돼지꿈은 재물이 모인다는 뜻이고, 돼지 자체가 응축의 기운이니 돼지 저금통에 돈을 넣어야 잘 저장된다고 보았다. 술도 곡물을 저장부터 해야 하니 음기가 많은 날에 담가야 술맛이 좋다고 본 것이다. 아이의 별명도 그렇다. 선현들은 인생에서 좋은 운과 나쁜 운의 총량이 있다고 보았다. 해서 어릴 때 좋은 운은 가능한 숨겨서 최대한 빠져나가지 않게 했는데, 음기를 품은 돼지로 불러서 좋은 운이 밖으로 나가지 않게 단속했던 것이다. 선현들은 세상에 일찍부터 이름이 알려지는 것을 흉한 일로 보았는데, 일찍부터 이름이 나면 운의 총량을 미리 당겨쓴다고 생각했기 때문이다.

해수가 응축의 기운이듯, 돼지의 몸 또한 저장형이다. 돼지는 인간이 남긴 밥찌꺼기나 대변까지 먹을 수 있는 잡식성으로 먹은 것을 배출하지 않고 몸에 잘 저장한다. 돼지가 살이 쪘다고 멍청하다 생각하면 오산이다. 돼지는 매우 영리하다. 해월, 겨울에는 만물이 죽은 듯 보여도 내부에는 봄의 생명력이 아지랑이처럼 피어오르기 시작한다. 돼지는 움직이지 않는 게으른 동물로 보이지만 개, 침팬지, 돌고래와 비슷하거나 더 높은 수준에 속할 정도로 지능이 매우 높다. 사람 얼굴 구별은 물론이고, 특정 단어도 구분하며, 장기 기억력이 매우 좋고, 후각은 개보다 더 뛰어나다. 서양에는 송로버섯이 정력식재로 정평이 나 있는데, 돼지만이 찾을 수 있다고 한다. 다른 동물은 감지하지 못하는 것을 감지할 정도로 돼지는 섬세하고 예민한 후각을 가졌다.

정리하자면 돼지는 저장 체질이지만 몸이 둔하지 않고 날쌔다. 둔한 이미지가 생긴 것 또한 우리에서 사육했기 때문에 생긴 오해이다. 사육된 돼지 이전에 멧돼지는 짙은 색 털을 가졌다. 한데 품종 개량을 하면서 털을 없애고 피부도 멜라닌 생성이 안 되는 핑크빛 피부가 되었다. 우리가 알고 있는 돼지의 모습은 원래 돼지와 한참 멀어져 있다. 오직 인간이 먹기 위해 개량된 돼지인 것. 가슴이 먹먹해져 온다. 생명으로 태어나 자기 삶을 누리지 못하고 누군가의 먹이로만 살다 가다니! 내가 그런 존재로 태어났다면? 오직 누군가의 먹이로 사육되고 일생을 마친다면? 돼지의 아픔은 여기서 끝나지 않는다. 돼지는 몸속 구조와 장기가 인간과 닮아서 장기 이식을 위한 실험에 투입 중이다. 돼지는 오직 인간을 위해 존재하는 동물인가?

나카자와 신이치의 『대칭성 인류학』은 동물과 인간의 관계에 대한 인류학적인 내용을 담고 있다. 수렵민들은 사냥꾼의 무기 앞에서 자신을 내던지듯 나타나는 동물이 있다고 말한다. 마치 곰이 배고파 힘들어하는 인간을 구원하기 위해 자신의 몸을 내던지는 것처럼 보인다는 것이다. 붓다의 전생담 중 굶주린 호랑이에게 자신의 생명을 내던지는, 보시 장면이 연출되는 듯하다. 우리가 산다는 것은 다른 생명을 먹을 수밖에 없는 운명에 처하는 일이다. 하지만 이 세계에서는 인간이 동물을 일방적으로 먹는 관계가 아니다. 사냥꾼은 죽은 후 동물이 되고, 동물은 죽은 후 사냥꾼이 되는 대칭성 세계를 전제로 한다. 여기서는 인간과 동물은 전혀 다른 관계를 맺는다. "수렵민들은 자신들이 죽인 동물의 몸을 매우 조심스럽게 다루었고 털가죽을 재빨리, 상처가 나지 않도록 벗겨 낸 다음 고기나 지방 부분은 정성스럽게 구분하고 아무리 작은 기관도 함부로 취급하지 않았다. 그리고 조금도 남기지 않고 전부 먹는다. 마지막으로 남은 뼈는 정성스럽게 모아, 기도를 하면서 강이나 호수에 흘려보낸다. 이런 수렵민의 행동은 인간과 동물을 구별하거나 분리하는 비대칭성의 논리에서는 절대 나오지 않는다."나카자와 신이치, 『대칭성 인류학』, 172쪽

수렵민이나 현대인 모두 동물을 먹어야 하지만, 대칭성 세계에

서는 서로를 존중한다. 하지만 우리는 동물을 존중하지 않는다. 오직 맛, 감각적 쾌락을 위해 고기를 소비할 뿐이다. 해수 기운을 가진 돼지는 모든 것을 해체하고 창조하는 생명력 있는 동물이다. 돼지가 해수와 연결된 것은 선현들이 돼지와 충분히 교감했기 때문이다. 비대칭 관계에서 돼지는 그냥 고기일 뿐이다. 하지만 대칭성 관계에서 돼지는 해수로 전환되고, 인간적 관점을 떠나, 12지지 전체를 조망하는 지혜로 작동한다. 즉, 자연과 우주의 관점을 획득한 것이다.

인간과 동물에 대한 질문을 던진 영화가 봉준호 감독의 '슈퍼 돼지' 〈옥자〉이다. 자신과 함께 자란 슈퍼 돼지 옥자가 기업의 이익을 위해 길러져 고기 생산 공장으로 가자, 미자는 맹활약하여 옥자를 구출한다. 결국 봉준호 감독은 우리에게 묻는다. 돼지는 우리에게 고기인가, 친구인가. 이 질문은 다시 나에게 되돌아온다. 돼지를 고기로 대하는 한, 나도 누군가에게 고기 취급을 당할 수밖에 없기 때문이다. 아마도 현대인의 알 수 없는 불안감은 비대칭 관계 속에서 오는 걸 거다.

그러므로 원초적 불안에서 벗어나려면 돼지(동물)와 인간의 관계부터 짚어야 한다. 그것은 돼지에 대한 잘못된 편견 없애기에서 시작되어야 한다. 돼지들은 호기심이 강하다. 환경이 변해도 달라진 환경을 선택할 정도로 외부 자극을 두려워하지 않고 즐기는 유쾌한 생명체이다. 이것이 해수 속 갑목의 생명력과 통한다. 돼지에게 관심을 가져 보시라. 돼지의 모든 것을 보고 듣고 느껴 보시라. 고기가 아닌 다른 방식으로 관계를 맺어 보시라. 돼지가 해수를 통과하는 순간, 맛의 쾌락, 순환하지 않는 자본, 인간 중심주의로 구성된 세계가 해체되고 생명력으로 충만한 세계가 열릴 것이다. 이 과정은 돼지의 이해에서 시작하지만 결국 자신의 본성과 마주하게 될 것이다.

4) 해수 캐릭터 탐구, 저팔계

돼지 형상을 한 저팔계는 탐욕의 아이콘이다. 먹는 거 밝히는 건 기본이고 여자만 보면 환장한다. 엄청 게으른데 머리는 팍팍 돌아가서, 그는 꼼수의 달인이다. 이 모든 것을 꿰뚫어 본, 손오공은 매번 분통이 터지는데, 스승 삼장법사는 무조건 저팔계만 편애한다. (물론 이 관계는 구도의 여정을 통해 변화를 겪지만 초기 세팅은 이렇다.) 지지에는 '삼합'이라는 원리가 있다. 12지지 중 3개의 글자가 목·화·금·수의 국면을 이루게 되는데, 여기선 목의 해-묘-미 흐름으로, 해수에서 시작된 겨울 기운이 묘목 봄으로 이어지고, 미토 여름에서 마무리되는 흐름이다. 옥토끼 요괴가 묘목, 삼장이 미토, 저팔계는 해수이다. 옥토끼, 삼장, 저팔계는 해-묘-미 삼합의 관계를 타고났기에, 삼장은 저팔계가 어떤 짓을 해도 미워하지 않는다. 우리만 해도 이유 없이 끌리는 사람과 이유 없이 미운 사람이 있지 않은가. 결국 어쩌지 못하는, 타고난 몸의 체질이 있다.

특히 삼장 일행의 여정은 각기 다른 몸과 몸이 충돌하는 현장이다. 각자 자기가 타고난 몸의 시선으로 타자를 보기 때문에 늘 좌충우돌이다. 솔직히 말하면 서로를 너무너무 미워한다. 구법의 여행을 떠나는데 이 지경일 수 있을까 싶다. 그러다가도 내가 맺는 관계를 생각하면 아찔하다. 어쨌든 삼장 일행은 어설프고 욕심 많고 분노조절장애에 멍 때리고 스승은 툭하면 울고… 도무지 이런 오합지졸 일행이 서역에 도착할 수 있을까 의문이 들 정도이다. 특히 저팔계는 속이는 건 기본이고 질투심 만렙이다. 게다가 흉측한 외모로도 무장해제시키는 애교까지…, 울퉁불퉁 뭐라 말할 수 없는 캐릭터가 저팔계이다.

한데, 이런 탐욕의 화신, 저팔계가 구법의 여행을 떠나는 게 미스터리이다. 그냥 속세에서 쾌락을 즐기며 살 것 같은 캐릭터가 아닌가. 그런데 그의 과거 수행 스펙이 어마어마하다는 사실! 저팔계도 잘나가던 시절이 있었다. 하늘에 근무하려면 신선이어야 하는데, 신선은 기본이고 은하수를 관장하는 천봉원수까지 지냈다. 탐욕의 화신, 저팔계가 과거 신선이었다니 믿을 수가 없지만 이건 팩트다. 그는 어떻게 천봉원수가 되었을까. 그는 원래 한가한 걸 좋아하는 게으름뱅이였는데, 어쩌다 '찐 신선'을 만나 자연의 이치를 배워 알게 되었다. 이치를 통달하게 되자 그전으로는 돌아갈 수가 없었다. 살생을 멈추고 수행하지 않으면 죽어서 8개의 고난과 3개의 고행 길이 기다리기 때문이다. 생사의 원리를 터득한 저팔계는 수행을 하였고 결국 신선이 되어 천봉원수가 되었다. 인생역전! 저팔계 스토리는 많은 것을 알려 준다. 아무리 게으른 한량도 도약을 하려면 스승을 만나야 한다는 것. 그리고 이치를 배워 수행에 정진할 때 존재의 변화가 일어남을 보여 준다.

해시는 저녁 9시 30분~11시 30분으로 잠자는 시간이다. 해수는 매우 정적인 기운이다. 해수 저팔계 역시 움직이는 걸 별로 좋아하지 않는다. 우리 시대가 속도를 중시하는 시대라 속도가 느리면 게으르거나 멍청하게 보는 경향이 있다. 하지만 전혀 다른 속도와 리듬이 있다. 우리가 느리다고 느끼는 사람들은 오히려 앉아서 세상 돌아가는 이치를 꿰뚫기에 움직일 필요를 느끼지 않을 뿐이다. 해수가 그런 기운이다. 해월은 만물이 해체되어 하나로 모이는 바다와 같다. 이 기운은 속도보다는 근원을 탐구하려는 영적인 기운이다. 하지만 이 기운을 계발하지 않으면 꼼수나 음모를 구사하거나 질투의 화신에 머물 수 있다. 저팔계는 탐욕 절정의 요괴와 최고 신선을 오고 간다. 탐욕의 화신에서 천봉원수가 되면 해피엔딩일 것 같은데, 거기서 끝나지 않는다. 하늘 신선이 되었는데 갑자기 리셋되어 땅으로 추락할 줄이야! 그렇다. 추락하는 것에는 날개가 없다.

하늘에서 잔치가 열렸고 저팔계 아니 천봉원수는 술 한잔 먹고 아름다운 선녀 항아를 보자 지금까지 한 수행을 모두 잊어버렸다. 항아에게 들이댔다가 옥황상제에게 흠씬 쳐 맞고 땅으로 추락했다. 죄를 지었으니 돼지 태에 들어가 요괴로 태어난다. 여기서 잠깐, 묘목에서 등장한 옥토끼 항아를 기억하는가. 그러니까 해묘미(亥卯未) 삼합의 원리로 보면 묘목은 항아이고 저팔계는 해수라 원초적 끌림이 있었다. 우리는 자신의 의지로 산다고 생각하지만 그렇지 않다. 우리는 습관화된 행위나 사고방식이 몸에 배어 있는데, 불교에서는 이것을 카르마라고 한다. 이것을 떨치지 못하는 이유는 쾌락이 주는 달콤함이 크기 때문이다. 저팔계도 수행해서 천봉원수가 되었지만, 술을 마시고 아름다운 항아를 보는 순간, 제어할 수 없는 욕망이 솟구쳤던 것이다.

하늘에서 땅으로의 추락은 인간에서 동물 돼지로의 추락이다. 해수는 음이 6개로 모든 기운을 빨아들이는 기운이다. 돼지가 먹는 족족 살이 찌는 것도, 해시에 만물이 어두워지는 것도 모두 해수 기운이 작용했기 때문이다. 반대되는 사화는 세속적이고 물질적이며 화려한 세상이다. 관음보살은 저팔계가 과거에 천상의 존재였음을 알아보고, 삼장의 제자가 될 것을 제안한다. 즉, 업장 소멸의 길을 열어 준 것이다. 저팔계는 올바르게 살고 싶다며, 관음보살의 부름에 응답한다.

관음보살은 지켜야 할 계율을 주고, 돼지의 몸을 따서 성을 '저'씨라 하고, 법명을 '오능'(悟能)이라 지어 준다. 저팔계의 원래 이름은 저강렵(猪剛鬣)으로 '돼지 저 + 굳셀 강 + 갈기 렵'으로 '굳센 갈기의 돼지'라는 멧돼지 성질을 드러낸 이름이었다. 관세음보살이 지어 준 저오능(猪悟能)에서 능(能)은 원래 곰을 그린 것인데 후에 '능하다', '할 수 있다'라는 뜻이 되었다. 오는 '깨닫다'의 뜻이니, 오능은 '능히 깨달을 수 있다'는 뜻이다. 저팔계처럼 탐욕적인 인간도 능히 깨달을 수 있다. 아니 그렇기 때문에 능히 깨달아야 한다는 뜻이 아닐까. 초기 경전에 보면 천상이 나온다. 그곳은 어떤 고통도 없는 곳이다. 우리는 고통 없이 좋은 곳에 태어나길 원한다. 그런 곳에 태어난다 해서 번뇌가 사라지는 것은 아니다. 그러므로 붓다가 보리수 아래에서 깨달음을 얻을 때 천신들도 대자유를 얻고자 붓다의 깨달음을 열렬히 응원했던 것이다.

탐진치의 욕망이 올라오는 순간, 도가 높은 천봉원수도 항아를 보고, 바로 나락으로 떨어졌다. 쌓기는 어려워도 추락은 한순간이다.

아무리 추락한다 해도 우리가 가야 할 길은 오직 하나! 붓다는 초기 경전, 『우다나』에서 "바닷물이 오직 한 가지 맛, 짠맛만 있듯이 이 법도 오직 한 가지 맛, 자유의 맛만 있다"고 했다.

바닷물 비유가 모든 기운을 수용한 후 해체시키는 해수를 연상시킨다. 세상은 다양하고 화려해 보여도 진리는 하나라는 것. 탐욕과 분노가 일어날 때 사물을 있는 그대로 보기가 어렵다. 감각기능에서 일어나는 자극이 탐욕과 성냄과 다른 불선한 생각들을 일으키기 때문이다. 오직 진리의 법만이 탐진치를 덜어 내고, 세상을 '있는 그대로' 보게 만든다. 탐욕의 아이콘 저팔계가 떠난 구도의 여정은 특별한 길이 아니라, 세상을 있는 그대로 보기 위한 여정인 것이다. 이제 모든 것을 하나로 녹이는 해수의 힘으로 진리의 길에 나서야 한다. 두렵고 겁이 난다고? 그럴 수 있다. 하지만 탐욕의 아이콘 저팔계도 그 길을 떠났으니, 누구라도 마음만 먹으면 가능한 일이다. 자기 삶에 충실하고 싶다면, 자기 운명을 사랑한다면 진리의 길에 나서지 않을 수 없다. 그것은 외부에서 찾을 수 있는 문제가 아니다. 내 안에서 솟구치는 진리의 목소리를 들을 수 있는 자만이 구도의 길을 걷게 될 것이다.

부록

간지 문헌 출처

열 개의 천간과 열두 개의 지지 글자에 대한 고전에서의 자해(字解)를 따로 모아 부록으로 싣습니다. 출처는 다음과 같습니다.

소길, 『오행대의』, 김수길·윤상철 옮김, 대유학당, 1998.
허신, 『설문해자』, 하영삼 역주, 도서출판3, 2022.
사마천, 『사기 표·서』, 정범진 외 옮김, 까치, 2010.
반고, 『한서』, 이한우 옮김, 21세기북스, 2020.
반고, 『백호통의』, 신정근 역주, 소명출판, 2005.
유안, 『회남자』, 이석명 옮김, 소명출판, 2013.
김만태, 「민속신앙을 읽는 부호, 십간·십이지에 대한 근원적 고찰」, 『민족문화연구』 54호(20110630), 고려대학교 민족문화연구원.

갑甲

오행대의 : 『시위추탁재』에 말하기를 "갑은 억누르고 잡아 가두는 것이니, 봄에는 열고 겨울에는 닫는다"고 했다. 정현이 『예기』의 월령에 주를 달아 말하기를 "갑은 싹 틔우고 잡아당기는 것이며, 을은 꼬불꼬불한 것이니, 봄이 되면 모든 물건이 씨앗의 껍질을 뚫고 나오는 것이다"라고 했다.

설문해자 : '동방을 상징하는 우두머리로, 양기가 생겨나 움직이며, 초목의 머리에 씨를 뜻하는 갑을 덮어쓴 모습이다.' 일설에는 '사람 머리 부분이 갑이며 갑은 사람의 머리를 형상했다'라고도 한다. 갑 부수에 귀속된 글자들은 모두 갑이 의미부이다. 갑은 갑의 고문체인데, 십(十)에

서 시작되고, 천(千)에서 드러나며, 목에서 이루어진다는 형상이다. 독음은 고(古)와 압(押)의 반절이다.

사기 : 갑이란 만물의 껍데기를 벗겨내고 싹이 트게 하는 것이다.

한서 : 갑에서 껍질을 깨고 나온다.

석명 : 갑은 껍질이다. 만물이 껍질을 벗고 생겨나는 것이다.

백호통의 : 갑은 만물의 껍질, 껍데기, 씨방이다.

회남자 : 갑자일(甲子日)에 정령(政令)을 받으면 부드럽고 은혜로운 정책을 시행하고 뭇 금지 사항을 없애 버리며, 닫힌 문을 열고 막힌 길을 터 주며 나무를 베지 못하게 한다.

을乙

오행대의 : 정현이 『예기』의 월령에 주를 달아 말하기를 "갑은 싹 틔우고 잡아당기는 것이며, 을은 꼬불꼬불한 것이니, 봄이 되면 모든 물건이 씨앗의 껍질을 뚫고 나오는 것이다"라고 했다.

설문해자 : '봄이 되어 초목이 구불구불 움을 틔워 자라나는 모습'인데, 이때는 음기가 아직 강성할 때라 자라나기가 매우 어렵다. 곤(丨)과 같은 뜻이다. 을이 갑에 이어 나오는 것은, 사람의 [머리 다음에] 목이 있는 것과 같은 이치이다.

사기 : 을이란 만물이 한꺼번에 일어나는 모양을 말하는 것이다.

한서 : 을에서 땅을 비집고 구부러져 올라온다.

석명 : 을은 꼬불꼬불함이다. 스스로 싹 틔워 굽어서 나오는 것이다.

백호통의 : 을은 만물이 빼곡하게 구부러져 있다. 절기에 맞춰 [씨방, 껍질에서] 나가려는 것이다.

병丙

오행대의 : "병은 자루[柄]이다. 물건이 생겨나 자라면 각각 줄기자루를 잡는 것이다"는 말에 정현이 주를 달아 말하기를 "병은 빛나는 것[炳]이니, 여름에 모든 물건이 강대해져서 빛나게 나타나 보이는 것이다"라고 했다.

설문해자 : 남방에 자리한다. [남방이 뜻하는 여름] 이때는 만물이 성숙하며, 햇빛도 타는 듯하다. 또 음기가 막 일어나기 시작하며, 양기는 점차 이지러질 때이다. 일(一)과 입(入)과 경(冂)이 의미부이다. 일은 양을 뜻한다. 병(丙)이 을(乙) 뒤에 나오는 것은 사람의 몸체에서 어깨가 [목 다음에] 자리한 이치와 같다.

사기 : 병이란 양기의 통로가 분명히 드러났다는 뜻이며, 그래서 병이라고 한다.

한서 : 병에서 밝게 빛난다.

석명 : 병은 빛남이다. 만물이 생겨나 모두 뚜렷하게 보이는 것이다.

백호통의 : 병은 만물이 윤기가 나고 분명해진다는 뜻이다.

회남자 : 병자일(丙子日)에 정령을 받으면 어진 사람을 등용하고 공이 있는 사람에게 상을 주며, 제후를 세우고 재화를 방출한다.

정丁

오행대의 : 정(丁)은 '머무를 정(亭)' 자와 같고, 정(亭)은 그쳐 쉬는 것이니, 물건이 생겨나서 크다가 그치게 되는 것이다.

설문해자 : 여름에는 만물이 모두 장정처럼 견실한 열매를 맺는다. 정이 병에 이어서 나오는 것은 사람에게서 심장이 [정의 상징인] 어깨 다음에

이어지는 것과 같다.

사기 : 정이란 만물을 강하고 왕성하게 한다는 뜻이며, 그래서 정이라고 한다.

한서 : 정에서 대성한다.

석명 : 정은 씩씩함이다. 물체가 다 장성하여 씩씩한 것이다.

백호통의 : 정은 강성해진다[强]는 뜻이다.

무戊

오행대의 : 무(戊)는 '바꿀 무(貿)'와 같으니, 생겨나서 극에 달하도록 크면 당연히 이전의 몸체를 변하여 바꾸게 된다.

설문해자 : '중앙의 자리'를 뜻한다. 육갑에서 다섯 가지 용이 서로 얽혀 있는 것을 상징한다. 무가 정에 이어서 나오는 것은 사람에게서 옆구리가 [정의 상징인] 어깨 다음에 자리한 것과 같다.

한서 : 무에서 풍요롭고 무성하다.

석명 : 무는 무성함이다. 만물이 다 무성한 것이다.

백호통의 : 무는 '우거지다'[茂]의 뜻이다.

회남자 : 무자일(戊子日)에 정령을 받으면 늙은이와 홀아비와 과부를 잘 보살펴 주고, (굶주리는 자에게) 죽을 나누어 주며 은택을 베푼다.

기己

오행대의 : 기(己)는 '벼리 기(紀)'와 같은 것이니, 물건이 이미 이루어지면 줄기와 바탕 되는 것이 있게 된다. 『예기』「월령」 정현 주석에 따르면

“무는 무성한 것[茂]이고 기는 일어나는[起] 것이다. 즉 모든 만물의 가지와 잎새가 무성해지니, 그중에서 빼어난 것이 억눌리고 굽혔다가 일어서는 것이다”라고 했다.

설문해자 : ‘중앙의 자리’를 뜻한다. 만물이 회피하여 몸을 구부려 감추고 있는 모습을 형상했다. 기가 무에 이어서 나오는 것은 사람에게서 배가 [무의 상징인] 옆구리에 이어져 있는 것과 같은 이치이다.

한서 : 기에서 다스려서 기강이 잡힌다.

석명 : 기는 벼리다. 모두 정해진 모양이 있으므로 그 바탕을 알 수 있다.

백호통의 : 기는 [떡잎이] 구부러져 있다 일어나는 것이다.

경庚

오행대의 : 경(庚)은 고치는 것이다.

설문해자 : ‘방위에서 서방을 상징’하는데, 가을이 되면 만물이 단단한 열매를 맺는 것과 같은 것을 상징한다. 경이 기에 이어서 나오는 것은 사람에게서 배꼽이 [기(己)의 상징인] 배에 연결되어 있는 것과 같은 이치이다.

사기 : 경이란 음기가 만물을 바꾸는 것을 말한다. 그래서 경이라고 한다.

한서 : 경에서 성장이 멈추고 수렴되기 시작하여 신(辛)에서 모두 새롭게 된다.

석명 : 경은 고침이다. 굳센 모양으로 바뀌는 것이다.

백호통의 : 경은 만물이 바뀌어 간다는 뜻이다.

회남자 : 경자일(庚子日)에 정령을 받으면 담장을 수선하고 성곽을 수리하며, 금령들을 자세히 살피고 병장기를 손질하며, 백관이 게으르지 않도

록 주의를 주고 법을 어긴 자를 죽인다.

신辛

오행대의 : 신은 새롭게 하는 것이다. 만물이 이루어짐에 교대하고 고쳐져서 새롭게 됨을 말한다. 정현이 말하기를 "만물이 엄숙하게 고치고 변경되어서, 열매가 빼어나고 새롭게 이루어지는 것이다"라고 했다.

설문해자 : '가을이 되면 만물이 성장하여 익게 된다.' 쇠를 뜻하는데 쇠는 단단함의 상징이다. 또 신맛을 뜻하는데, 신맛은 고통스러워 눈물이 남을 상징한다. 일(一)이 의미부이고 건도 의미부인데, 건은 죄를 뜻한다. 신이 경에 이어서 나오는 것은 사람에게서 넓적다리[股]가 [경의 상징인] 배꼽에 이어져 있는 것과 같은 이치이다.

사기 : 신이란 만물이 새롭게 일어나는 것을 말하며, 그래서 신이라고 한다.

한서 : 경(庚)에서 성장이 멈추고 수렴되기 시작하여 신(辛)에서 모두 새롭게 된다.

석명 : 신은 새로움이다. 만물이 비로소 새롭게 되어 두루 거두고 이루는 것이다.

백호통의 : 신은 음기가 틀을 갖추어 간다는 뜻이다.

임壬

오행대의 : 임은 맡기는 것[任]이다.

설문해자 : '방위에서 북방을 뜻한다.' 음이 극에 이르면 양이 생겨나기 마

련이다. 그래서 『역·곤괘』에서 "용이 벌판에서 전투를 벌인다"라고 했는데, 전(戰)은 '접전을 벌이다'라는 뜻이다. 사람이 아이를 밴 모습을 그렸다. 해(亥)와 임(壬) 다음에 자(子)가 등장하는 것은 파생의 순서를 뜻하기 때문이다. 무(巫)와 같은 뜻이다. 임이 신(辛)에 이어서 나오는 것은 사람에게서 정강이가 [신의 상징인] 넓적다리에 이어져 있는 것과 같은 이치이다. 정강이는 몸통을 지탱하는 신체 부위이다.

사기 : 임이란 임신한다[姙]는 뜻이다. 양기가 만물을 땅 밑에서 낳고 길러내는 것을 뜻한다.

한서 : 임에서 맡겨진 것을 품게 된다.

석명 : 임은 임신이다. 음양이 교합하여 만물이 회임하는 것이다. 자에 이르면 싹트는 것이다.

백호통의 : 임은 음이 양의 부림을 받는다는 뜻이다.

회남자 : 임자일(壬子日)에 정령을 받으면 문을 닫아걸고 대대적으로 수상한 사람을 수색하며, 형벌을 집행하고 죽여야 할 사람을 죽이며, 국경의 관문과 다리를 폐쇄하고 국외로 나가는 것을 막는다.

계 癸

오행대의 : 계(癸)는 헤아리고 계책을 하는 것이다. 정현이 말하기를 "만물을 닫아 감추는 때이니, 아래에서 회임을 해서 싹이 돋아나도록 하는 것이다"라고 했다.

설문해자 : 겨울을 대표하는데, 겨울이 되면 물과 흙이 형평을 이루어 측량을 할 수 있다. 물이 사방으로부터 땅속으로 유입되는 모습을 형상했다. 계가 임에 이어서 나오는 것은 사람에게서 발이 [임의 상징인] 정강

이에 연이어 있는 이치와 같다.

사기 : 계란 규(揆)와 통하는 것으로, 만물은 가히 추측할 수 있는 까닭에 계라고 한 것이다.

한서 : 계에서 헤아리니 새로운 생명이 잉태되기 시작한다.

석명 : 계는 헤아림이다. 헤아렸다가 낳아서 비로소 나오는 것이다.

백호통의 : 계는 헤아린다의 뜻이다. 그 계절이 겨울이다. 동(冬)은 끝나다[終]의 뜻이다.

자子

오행대의 : 자(子)는 낳는 것이니, 양기가 이미 움직임에 만물이 새끼 낳고 싹트는 것이다. 『삼례의종』에 말하기를 "양기가 일어나서 새끼 낳고 길러서 커 가는 것이다"라고 했다.

이아(爾雅) : 자는 곤돈(困敦)이라고 이름한다. 곤은 섞이는 것이고 돈은 어두운 것이니, 양의 기운이 혼돈(混沌)해서 만물이 싹트려고 하는 것이다.

설문해자 : '11월을 상징하는데, 이때는 양기가 움직이며, 만물이 불어나기 때문에, 아이의 모습을 그린 자를 빌려 이때를 지칭한다.' 상형이다. 자 부수에 귀속된 글자들은 모두 자가 의미부이다.

사기 : 자는 생육한다[滋]는 뜻이다. 자(滋)란 만물이 땅 밑에서 낳고 길러 내는 것을 뜻한다.

한서 : 자에서 양기가 일어나 싹이 터서 번식한다.

석명 : 자는 불어나는 것이니 양기가 처음 싹터서 아래로부터 자라나는 것이다. 『역』에서는 감괘가 되는데 감은 험하다는 뜻이다.

백호통의 : 자는 '생기다', '불어나다'의 뜻이고 십이율로는 황종(黃鐘)에 해당된다.

회남자 : (11월에는 북두성의 자루가) 자를 가리킨다. 자는 '불어나다'[茲]는 뜻이니, 12음률 중 이에 상응하는 것은 황종이다. '황종'이란 양기가 이미 지하의 황천에 많이 모여 있다는 뜻이다.

축丑

오행대의 : 축(丑)은 '끈 뉴'이고 뉴는 연결하는 것이니, 계속 싹터서 연달아 자라는 것이다. 그러므로 자에서 싹터서 축에서 어금니같이 맺혀지는 것이다. 『삼례의종』에 말하기를 "시작하고 마치는 때에 있기 때문에, 매듭짓는 것으로 이름을 했다"고 했다.

이아 : 축은 적분약(赤奮若)이라 이름하니, 분은 일어나는 것이고 약은 따르는 것이다. 양의 기운이 만물을 빠르게 떨쳐 일으키니, 모두 양의 성질을 따르는 것이다. 적분약의 '적'(赤) 자는 양의 빛을 뜻한다.

설문해자 : '뉴(紐)와 같아 단단하게 맨 끈'을 뜻한다. 12월을 상징하는데, 이때가 되면 만물이 움직이기 시작하여 장차 농사일에 사용하게 된다. 손의 모습을 형상했다. 하루에서 축시는 손을 움직여 일을 할 때를 뜻한다.

사기 : 우(牛)란 상승한다는 뜻이다. 땅이 비록 얼었지만 능히 상승하여 성장하게 할 수 있다는 뜻이다. 우란 만물을 심고 경작한다는 뜻이다. 동쪽으로 건성(建星)에까지 이르게 된다. 건성이란 모든 생명을 생성시킨다는 뜻이다. 12월은 율관 중에서 대려(大呂)에 속한다. 대려는 12지지 중에서 축에 속한다.

한서 : 축에서 얽혀 나온다.

석명 : 축은 묶는 것이니 한기가 스스로 굽혀서 묶는 것이다. 『역』에서는 간괘가 되는데, 간은 그치게 하는 것이니 아직 할 수 없는 때이므로 만물이 생겨나는 것을 살펴서 나아가기를 그만두는 뜻이다.

백호통의 : 축은 묶다[紐]의 뜻이고 십이율로는 대려에 해당된다.

회남자 : (12월에는 북두성의 자루가) 축(丑)을 가리킨다. 축(丑)은 '묶여 있다'[紐]는 뜻이니, 12음률 중 이에 상응하는 것은 대려다. '대려'는 (음기가) 무리 지어 떠나간다는 말이다.

인寅

오행대의 : 인은 옮기는 것[移]이며 또한 이끄는 것[引]이다. 물건의 싹이 점차 몸 밖으로 토해져서, 이끌리고 펴져 땅으로 옮겨 나오는 것이다. 『회남자』에 말하기를 "인은 지렁이가 살아나서 움직이는 것이다"라고 했으며, 『삼례의종』에 말하기를 "인은 이끄는 것[引]이니, 사열하고 세우는 뜻이다"라고 했다.

이아 : 『이아』의 세차(歲次: 해의 차례)에 말하기를 "태세가 인에 있는 것을 섭제격이라 한다"고 했다. 『회남자』의 주석에서 말하기를 "격은 일으키는 것이니, 만물이 양을 받들어 일어나는 것이다"라고 했다.

설문해자 : '빈(髕: 종지뼈 빈)과 같아, 배척하여 내치다'라는 뜻이다. 정월을 상징하는데, 이때가 되면 양기가 움직여 황천으로부터 벗어나 위로 나오려고 한다. 그러나 음기가 아직 강해, 지붕으로 뒤덮인 집처럼 위에까지는 도달하지 못한 채 아래쪽에 내쳐진다는 뜻이다.

사기 : 인이란 만물이 꿈틀꿈틀 일어나기 시작하는 것을 말하며, 그 때문

에 인이라고 하는 것이다.

한서 : 인(寅)에서 땅에 모인 양기가 만물에 도달한다(절후를 계칩啓蟄이라 한다).

석명 : 인은 펼치는 것이니 널리 펴서 만물을 낳는 것이다.

백호통의 : 인은 불어나다[演]의 뜻이고 십이율의 태주(太簇)에 해당된다.

회남자 : 천제(天帝)는 4개 모퉁이를 펼쳐 놓고 그 사이를 북두성이 운행하게 하였으니, 북두성은 한 달에 1진(辰)씩 옮겨 가 열두 달 만에 제자리로 돌아간다. 북두성의 자루는 1월에는 인(寅)의 자리를 가리키고 12월에는 축(丑)의 자리를 가리키는데, 1년에 한 바퀴를 빙 돌고 끝나면 다시 시작한다. (1월에는 북두성의 자루가) 인(寅)을 가리킨다. 인(寅)은 '꿈틀꿈틀 움직인다'는 뜻이니, 12음률 중 이것과 상응하는 것은 태주다. '태주'는 빽빽이 무리 지어 있으나 아직 밖으로 나오지 않은 것을 말한다.

묘卯

오행대의 : 묘는 덮는 것이니, 물건이 나서 커져 땅을 덮는 것이다. 『회남자』에 말하기를 "묘는 무성한 것이니, 무성해지는 것이다"라고 했으며 『삼례의종』에 말하기를 "묘는 무성해지는 것이니, 양기가 여기에 이르면, 물건이 나고 커서 무성해지는 것이다"라고 했다.

이아 : 묘를 단알(單閼)이라고 한다. 단은 다하는 것[盡]이고, 알은 그치는 것이니, 양의 기운이 만물을 일으킴에 음의 기운이 모두 그치는 것이다.

설문해자 : '모(冒)와 같아, 무릅쓰다'라는 뜻이다. 2월을 상징하는데, 이

때가 되면 만물이 모든 것을 무릅쓰고 땅을 비집고 올라온다. 마치 문이 열리는 듯한 모습을 형상하였다. 그래서 2월을 천문이라 부른다.

사기 : 묘는 무성하다는 뜻으로 만물이 무성함을 말한 것이다.

한서 : 묘에서 위를 덮어쓰고 나온다(冒는 冂+二+目으로 두 개의 눈이 지경을 뚫고 나오는 상).

석명 : 묘는 무릅쓰는 것이니 흙을 뚫고 나오는 것이다. 역에서는 진괘가 되는데 2월에 비로소 우레가 울리는 것이다.

백호통의 : 묘는 우거지다[茂]의 뜻이다.

회남자 : (2월에는 북두성의 자루가) 묘(卯)를 가리킨다. 묘(卯)는 '무성하다'는 뜻이니, 12음률 중 이에 상응하는 것은 협종(夾鍾)이다. '협종'은 씨앗이 처음 싹트는 것을 말한다.

진辰

오행대의 : 진은 진동하는 것이니, 빠르게 진동해서 옛 몸체를 벗어나는 것이다. 『삼례의종』에 말하기를 "이달(진월)이 되면 물건이 모두 움직이고 자라난다"고 했다.

이아 : 진을 집서(執徐)라고 한다. 집은 움츠리는 것이고, 서는 펴는 것이니, 엎드려 움츠렸던 물건이 다 흩어지고 펴져서 나오는 것이다.

설문해자 : '진(震)과 같아, 진동하다'라는 뜻이다. 3월을 상징하는데, 이때가 되면 양기가 움직이고, 번개와 천둥이 진동하는데, 백성들이 농사지을 시기라는 뜻이다. 만물이 모두 자라날 때이다. 을(乙)과 화(匕)가 의미부인데, 까끄라기가 자라 위에 도달한 모습을 그렸다. 엄(厂)은 소리부이다. 또 신(辰)은 [28수 중에서] 방성(房星)을 뜻하는데, 이는 하늘

의 시간을 알려 주는 별이다.

사기 : 진은 만물이 움직인다는 뜻이다.

한서 : 진(辰)에서 떨치게 된다.

석명 : 진은 펴는 것이니 만물이 다 펼쳐져서 나오는 것이다.

백호통의 : 진은 천둥[震]의 뜻이고 십이율의 고선(姑洗)에 해당된다.

회남자 : (3월에는 북두성의 자루가) 진(辰)을 가리킨다. 진(辰)은 '떨치고 일어나게 하다'는 뜻이니, 12음률 중 이에 상응하는 것은 고선이다. '고선'은 묵은 것을 떨쳐 버리고 새것을 받아들인다는 말이다.

사巳

오행대의 : 사(巳)는 그치는 것[已]이니, 옛 몸체를 씻어 내어 여기에서 마치게 되는 것이다. 『삼례의종』에 말하기를 "사는 일어나는 것이니, 물건이 이때에 이르러서 모두 자라기를 마치고 일어나는 것이다"라고 했다.

이아 : 사를 대황락(大荒落)이라고 한다. 황(荒)은 큰 것이니, 만물이 치열하고 성해져서, 크게 나와 낙락(落落)하고 넓게 흩어지는 것이다.

설문해자 : '이(已)와 같아 이미'라는 뜻이다. 4월을 상징하는데, 이때가 되면, 양기가 이미 땅 밖으로 나오고, 음기는 감추어지며, 만물이 나타나고, 아름다운 무늬가 화려한 색깔을 갖추게 된다. 그래서 사는 뱀을 뜻한다.

사기 : 사라는 것은 양기가 이미 쇠진하였음을 말한다.

한서 : 사에서 무성하게 성숙한다.

석명 : 사는 그치는 것이니 양기가 다 펼쳐지고서 그친 것이다. 역에서는 손괘가 되는데 손은 흩어지는 것이고 만물이 다 생겨나서 펼쳐지고 흩

어지는 것이다.

백호통의 : 사는 만물이 [성장을] 모두 마친다는 뜻이다.

회남자 : (4월에는 북두성의 자루가) 사(巳)를 가리킨다. 사(巳)는 '생명이 이미 안정되다'는 뜻이니, 12음률 중 이에 상응하는 것은 중려(仲呂)다. '중려'는 속이 크게 채워진다는 것을 말한다.

오午

오행대의 : 오(午)는 짝지어지는 것[仵]이며, 또한 꽃받침이 붙는 것이다. 5월에 만물이 성대해져서 가지와 꽃받침이 짝으로 펴지는 것이다. 『회남자』에 말하기를 "오는 어지러운 것이다"라고 했으며, 『삼례의종』에 말하기를 "오는 길어지고 커지는 뜻이니, 물건들이 모두 길어지고 크는 것을 말한다"고 했다.

이아 : 오는 돈장(敦牂)이라고 이름한다. 『회남자』에 말하기를 "돈은 성한 것이고 장은 건장한 것으로, 만물이 장성한 것을 말한다"라고 했다.

설문해자 : '오와 같아 거스르다'라는 뜻이다. 5월을 상징하는데, 이때가 되면 음기가 양기를 거슬러 땅을 박차고 올라온다. 이 글자는 베틀의 북이나 화살처럼 꿰뚫고 나가도록 뾰족하게 된 모습이다.

사기 : 오라는 것은 음양이 뒤섞인다는 뜻이며, 그래서 오라고 한다.

한서 : 오에서 음양이 교합하여 널리 퍼진다.

석명 : 오는 거스르는 것이니 음기가 아래로부터 올라와 양기와 서로 거스르는 것이다. 역에서는 리괘가 되는데 리는 붙는 것이다. 만물이 다 양기에 붙어서 무성해지는 것이다.

백호통의 : 오는 만물이 가득 자란다는 뜻이고 십이율의 유빈(蕤賓)에 해

당된다.

회남자 : (5월에는 북두성의 자루가) 오를 가리킨다. 오는 (미약한 음기가 강한 양기를) '거스르다'는 뜻이니, 12음률 중 이에 상응하는 것은 유빈이다. '유빈'은 (양기가 음기에게) 편안히 복종한다는 말이다.

미未

오행대의 : 미는 어두운 것[昧]이다. 음의 기운이 이미 자라남에, 만물이 점차 쇠퇴해져서 몸체가 어둡게 덮이는 것이다. 그러므로 "미에서 어둡게 덮인다"고 했다. 『회남자』에 말하기를 "미는 맛[味]이다"라고 했고, 『삼례의종』에 말하기를 "물건이 때를 만나 성숙해짐에, 모두 각자의 기운과 맛이 있다"고 했다.

이아 : 미는 협흡이라고 한다. 『회남자』에 말하기를 "협은 조화하는 것이고, 흡은 합하는 것이니, 음이 조화를 부리려 함에 만물이 화합하는 것이다"라고 했다.

설문해자 : '미(味)와 같아 맛을 느끼다'라는 뜻이다. 6월을 상징하는데, 이때가 되면, 만물이 성장하여 맛을 느끼게 된다. 오행에서 목은 미에 해당하는 날에 시들게 된다. 이 글자는 나무에 나뭇잎이 중첩되어 달린 모습이다.

사기 : 미는 만물이 모두 성숙하여 충분히 생장하였음을 뜻한다.

한서 : 미에서 양기가 기울어져 어두워지기 시작한다.

석명 : 미는 어두워지는 것이니 해가 중천에 있으면 기울어져 어둠으로 향한다.

백호통의 : 미는 맛보다의 뜻이고 십이율로는 임종(林鍾)에 해당된다.

회남자 : (6월에는 북두성의 자루가) 미를 가리킨다. 미는 '맛있다'는 뜻이니, 12음률 중 이에 상응하는 것은 임종이다. '임종'은 (맛있는 것은 만물을) 끌어당겨 멈추게 한다는 말이다.

신申

오행대의 : 신은 '펼 신(伸)'과 같다. '펼 신'은 끌어당기는 것이며 크는 것이니, 쇠퇴하고 늙은 것을 촉진시켜 더욱 노쇠하게 하는 것이다. 『회남자』에 말하기를 "신은 신음하는 것[呻]이다"라고 했고, 『삼례의종』에 말하기를 "신은 몸이니, 만물이 모두 몸체를 이루는 것이다"라고 했다.

이아 : 신은 군탄(涒灘)이라고 이름한다. 『회남자』에 말하기를 "군탄은 크게 닦는 것이니, 만물이 모두 그 정기(精氣)를 닦는 것이다"라고 했다.

설문해자 : '신과 같아 신성스럽다'라는 뜻이다. 7월을 상징하는데, 이때가 되면 음기가 자라나고, 몸체는 스스로 뻗거나 수그러든다. [두 손을 그린] 구(臼)가 의미부인데, 스스로를 쥐고 있는 모습이다. 관리들은 신시에 식사를 하고 정무를 돌보는데, 이는 아침에 반포한 정사를 자세히 밝히기 위함이다.

사기 : 신이란 음기가 사물에 작용한다는 뜻이며, 만물을 꺾고 손상시키기 때문에 신이라고 한다.

한서 : 신에서 몸이 굳건해져서 만물이 완성된다.

석명 : 신은 몸이니 만물이 다 그 몸을 이루어서 각기 단단하도록 하며, 갖추어서 이루도록 하는 것이다.

백호통의 : 신은 몸, 꼴을 갖추다[身]의 뜻이다.

회남자 : (7월에는 북두성의 자루가) 신을 가리킨다. 신은 '신음하다'는 뜻

이니, 12음률 중 이에 상응하는 것은 이칙(夷則)이다. '이칙'은 기존의 법칙을 바꾸어 생성의 덕이 떠나가게 한다는 말이다.

유酉

오행대의 : 유는 늙은 것이며 또한 익었다는 것이니, 만물이 극도로 늙어서 성숙한 것이다. 『회남자』에 말하기를 "유는 배부른 것이다"라고 했고, 『삼례의종』에 말하기를 "유는 앓는 것이니, 앓아서 피로하다는 뜻이다. 이때는 만물이 모두 축소되어서 작아진다"고 했다.

이아 : 유는 작악이라고 이름한다. 『회남자』에 말하기를 "작악은 떨어지는 것이니, 만물이 모두 떨어지는 것이다"라고 했다.

설문해자 : '나아가다'[就]라는 뜻이다. 8월을 상징하는데, 이때가 되면 기장이 익고, 진한 술을 빚을 수 있게 된다. 고문에서의 유(酉)를 닮았다. 유부수에 귀속된 글자들은 모두 유가 의미부이다. 유가 유(酉)의 고문체인데, 묘로 구성되었다. 묘는 봄의 문을 상징하며, 이때는 만물이 이미 모습을 드러낸다. 유는 가을의 문을 상징하며, 이때는 만물이 이미 들어갔을 때이다. 가로획[一]은 문을 닫은 모습이다.

사기 : 유는 만물이 늙었다는 뜻이며, 그래서 유라고 하는 것이다.

한서 : 유에서 저장되어 갈무리된다.

석명 : 유는 빼어나는 것이니 빼어나다는 것은 만물이 다 이뤄지는 것이다. 역에서는 태괘가 되는데 태는 기쁨이다. 만물이 다 갖추므로 모두 기뻐하는 것이다.

백호통의 : 유는 '늙다'의 뜻으로 만물을 거두어들이고 십이율려로는 남려(南呂)에 해당된다.

회남자 : (8월에는 북두성의 자루가) 유를 가리킨다. 유는 '배부르다'는 뜻이니, 12음률 중 이에 상응하는 것은 남려다. '남려'란 맡겨 감싸는 것이 크다는 말이다.

술戌

오행대의 : 술(戌)은 멸하는 것이며 죽이는 것이다. 음력 9월에 전부 죽이니, 만물이 모두 멸하게 되는 것이다. 『삼례의종』에 말하기를 "이때는 만물이 쇠퇴하여 멸망하는 것이다"라고 했다.

이아 : 술은 엄무(掩茂)라고 한다. 엄무의 엄은 엄폐하는 것이고, 무는 엎는 것이니, 만물을 다 가리고 덮는 것이다.

설문해자 : '멸(滅)과 같아 소멸하다'라는 뜻이다. 9월을 상징하는데, 이때가 되면 양기가 약해지고 만물이 다 자라게 되며, 양기는 내려가 땅속으로 들어간다. 오행에서 토는 술에 해당하는 중앙에서 생겨나며, 술에 해당하는 달, 즉 9월은 기세가 가장 왕성한 때이다. 그래서 무(戊)에 일(一)이 맞물린 모습을 하였다.

사기 : 만물이 모두 없어진다는 의미이며, 이러한 까닭에 술이라고 한다.

한서 : 술에서 씨앗으로 저장된다.

석명 : 술은 구휼하는 것이니 만물이 응당 수렴되어서 구휼하는 것이다. 또한 겉을 벗고 떨어지는 것을 말한다.

백호통의 : 술은 없어지다[滅]의 뜻이고 십이율려로는 무역(無射)에 해당된다.

회남자 : (9월에는 북두성의 자루가) 술을 가리킨다. 술은 '사라져 가다'라는 뜻이니, 12음률 중 이에 상응하는 것은 무역이다. '무역'이란 (만물이

사멸해 아무리 많이 땅속으로) 들어와도 그것을 싫어함이 없다는 말이다.

해亥

오행대의 : 해는 씨앗이며 문을 잠그는 것[閡]이다. 10월에 만물이 닫히고 숨어서, 모두 씨를 맺고 감추는 것이다. 『삼례의종』에 말하기를 "해는 탄핵하는 것[劾]이니, 음기가 만물을 탄핵하고 죽이는 것이다"라고 하였다.

이아 : 해는 대연헌(大淵獻)이라고 한다. 연은 감추는 것이고 헌은 영접하는 것이다. 만물이 해에서 마침에, 크고 작은 것이 모두 깊게 감추어져서, 움츠리고 엎드렸다가 양을 맞이하는 것이다.

설문해자 : '해(荄)와 같아 풀의 뿌리'를 뜻한다. 10월을 상징하는데, 이때가 되면 미약한 양기가 일어나, 성한 음기를 맞아들인다. 상(二)이 의미부인데, 상(二)은 상(上)의 고문체이다. 한 사람은 남자고 한 사람은 여자라는 뜻이다. 을(乙)이 의미부인데, 뱃속에 든 아이가 구부리고 있는 모습을 그렸다. 『춘추전』(『좌전』 양공 30년, 기원전 543)에서 "[태사 사조가 말했다.] 해(亥) 자의 두 획은 머리를, 여섯 획은 몸을 뜻합니다"라고 했다. 해 부수에 귀속된 글자들은 모두 해가 의미부이다. 해(亥)는 돼지[豕]를 상징하며, 시(豕)와 같다. 해(亥)가 되면 아이[子]를 낳게 되고, 다시 일(一)로부터 시작하게 된다.

사기 : 해는 박히고 감추어진다는 뜻이다. 양기가 땅속에 감추어지는 까닭에 해라고 하는 것이다.

한서 : 해에서 양기를 모두 수장하여 씨앗 속에 집어넣는다.

석명 : 해는 핵심이다. 만물을 거두어 감추면서 핵심은 그 좋고 나쁨과 참

됨과 거짓을 취하는 것이다. 또한 만물이 이뤄져 모두 견실해지는 것을 말한다.

백호통의 : 해는 씨의 뜻이고 십이율상으로 응종(應鐘)에 해당된다.

회남자 : (10월에는 북두성의 자루가) 해(亥)를 가리킨다. 해는 '문을 닫다'[閡]라는 뜻이니, 12음률 중 이에 상응하는 것은 응종이다. '응종'은 '종소리'에 반응하여 모여든다는 말이다.